促进我国制造业
迈向全球价值链中高端研究

祝树金　著

研究阐释党的十九大精神国家社科基金专项课题（18VSJ055）
国家自然科学基金面上项目（72173040）　　　　资助

科 学 出 版 社

北　京

内 容 简 介

本书遵循"提出问题—分析问题—解决问题"的思路，研究我国制造业全球价值链攀升。首先，多维度评判我国制造业全球价值链地位，阐释我国制造业价值链攀升存在的问题和现实基础；其次，围绕创新驱动发展、质量升级与标准治理并重、制造业服务化等方面，研究我国制造业向全球价值链中高端攀升的根本动力、基本路径和发展模式；最后，提出相关政策建议。本书不仅为我国制造业价值链攀升提供理论和实证支撑，而且为进一步推动我国企业参与全球生产网络提供决策依据，为发展中国家制造业价值链攀升提供参考模式和对策建议。

本书适合高等院校经济、管理等专业的师生阅读、参考，也可供研究机构、政府部门和企业管理者决策借鉴。

图书在版编目（CIP）数据

促进我国制造业迈向全球价值链中高端研究 / 祝树金著. -- 北京：科学出版社，2024. 12. -- ISBN 978-7-03-079565-6

Ⅰ．F426.4

中国国家版本馆 CIP 数据核字第 2024KY5435 号

责任编辑：郝　悦 / 责任校对：王晓茜
责任印制：张　伟 / 封面设计：有道文化

科 学 出 版 社 出版

北京东黄城根北街 16 号
邮政编码：100717
http://www.sciencep.com

三河市春园印刷有限公司印刷
科学出版社发行　各地新华书店经销

*

2024 年 12 月第 一 版　开本：720×1000　B5
2024 年 12 月第一次印刷　印张：25 3/4
字数：520 000

定价：298.00 元
（如有印装质量问题，我社负责调换）

作者简介

祝树金，1974 年 1 月出生，湖南大学经济与贸易学院院长、教授、博士生导师。曾在中国社会科学院世界经济与政治研究所从事博士后研究，先后在英国牛津大学、丹麦奥胡斯大学、美国波士顿学院留学访问，主要从事国际贸易与经济增长、技术创新与产业发展、全球价值链、区域贸易自由化等领域的研究。近年来主持研究阐释党的十九大精神国家社科基金专项课题及国家社科基金重大项目各 1 项、国家自然/社会科学基金项目 5 项，以及教育部新世纪优秀人才支持计划项目、湖南省自然科学杰出青年基金项目、湖南省社会科学基金重大项目等部省级项目 30 余项；已在人民出版社、科学出版社、社会科学文献出版社、经济科学出版社、上海三联书店等出版专著 6 部，在《人民日报·理论版》《管理世界》《世界经济》《金融研究》《中国工业经济》，以及 *World Development*、*China Economic Review* 等国内外报刊上发表论文 100 余篇。研究成果曾获得高等教育国家级教学成果奖二等奖、教育部科技进步奖一等奖、湖南省哲学社会科学优秀成果奖一等奖、教育部高等学校科研优秀成果奖（人文社科类）三等奖等奖励 10 余项。

前　言

改革开放以来，我国制造业发展突飞猛进，我国逐渐成为全球制造业大国。但相对发达国家，我国制造业存在自主创新较少、技术含量较低、增加值率不高等问题，总体上处于全球价值链中低端位置。制造业作为我国实体经济的主体，对国民经济发展、人民生活需求具有至关重要的作用。党的十九大报告提出"促进我国产业迈向全球价值链中高端，培育若干世界级先进制造业集群"①；党的二十大报告指出"坚持把发展经济的着力点放在实体经济上，推进新型工业化，加快建设制造强国"②。但从国内外环境来看，我国制造业迈向全球价值链中高端及建设制造强国面临多重挑战，全球经济增长乏力，逆全球化趋势加剧，全球优势要素争夺日趋激烈，我国制造业发展面临"两端挤压"局面；我国经济发展进入新常态，处于转变发展方式、优化经济结构、转换增长动力的攻关期；尤其是前几年新冠病毒感染在世界范围内暴发，我国经济发展面临巨大冲击。当然，新一轮科技革命和产业变革蓬勃兴起、数字经济和智能制造快速发展、全球产业链与供应链深度调整等因素也为我国制造业"由大变强"带来重大战略机遇。立足于国内外经济发展背景，本书考察我国制造业在全球价值链中的地位，探讨我国制造业迈向全球价值链中高端的根本动力、基本路径和发展模式，系统研究我国制造业全球价值链攀升问题。本书具有重要的理论价值和实践意义，丰富和发展了全球价值链研究范畴，拓展了国际贸易与产业组织理论体系，为全面理解我国制造业贸易发展的真实水平及贸易利得提供了新思路，为促进我国制造业参与全球价值链、提升贸易竞争力提供了理论基础和实证支撑；响应了我国现代化经济体系建设要求，为推动中国企业嵌入全球生产网络、制定企业发展升级战略提供重要的政策启示和决策依据，为发展中国家制造业价值链攀升提供了理论模式和经验借鉴。

本书基于现实背景和研究现状，遵循"提出问题—分析问题—解决问题"的

---

① 中国政府网. 习近平：决胜全面建成小康社会 夺取新时代中国特色社会主义伟大胜利——在中国共产党第十九次全国代表大会上的报告[EB/OL].（2017-10-27）[2024-04-03]. https://www.gov.cn/zhuanti/2017-10/27/content_5234876.htm.

② 中国政府网. 高举中国特色社会主义伟大旗帜 为全面建设社会主义现代化国家而团结奋斗——在中国共产党第二十次全国代表大会上的报告[EB/OL].（2022-10-16）[2024-04-03]. https://www.gov.cn/gongbao/content/2022/content_5722378.htm.

研究思路，系统研究促进我国制造业迈向全球价值链中高端的关键问题。第一，多维度、多层面评判我国制造业在全球价值链中所处地位。综合结构指标与价值指标，从全球、区域、企业三个层面对我国制造业价值链地位进行测度和比较分析，阐释了我国制造业迈向全球价值链中高端存在的问题与现实基础。研究发现，整体上我国制造业参与国际生产分工的程度有所提高，但依然"大而不强"，在全球价值链中处于中低端环节；自主创新能力不足、标准建设处于劣势及制造业服务化水平较低等是抑制我国制造业向全球价值链中高端攀升的重要问题。第二，考察我国制造业迈向全球价值链中高端的动力转换问题。在分析我国制造业创新驱动发展的现实背景、基础条件及现状的基础上，研究创新对制造业价值链攀升的影响机制与效应，考察企业内外部因素对创新驱动价值链攀升的调节作用。结果发现，企业创新水平提升能显著提高其出口国内增加值率；企业规模、进口中间品质量等内部因素，以及市场竞争程度、政府补贴等外部因素对技术创新影响制造业价值链升级具有调节效应。第三，探讨我国制造业迈向全球价值链中高端的质量升级与标准治理问题。在测度和分析我国制造业出口产品质量和标准化水平现状的基础上，考察质量升级、标准治理及二者共同促进我国制造业全球价值链攀升的影响效应和作用机制。研究发现，样本期间我国制造业出口产品质量提升没有显著促进企业出口国内增加值率提高，其内在原因是制造业企业出口产品较大程度依赖进口中间品；标准化水平提升则显著促进了制造业企业价值链攀升，企业成本、市场势力及国内中间品对进口中间品的替代是标准化影响企业出口国内增加值率的潜在渠道；出口产品质量与标准治理的交互作用强化了标准化水平对企业出口国内增加值率的促进效应。第四，研究我国制造业迈向全球价值链中高端的发展模式问题。在分析制造业服务化内涵和发展现状的基础上，研究制造业服务化影响价值链攀升的效应、机制及其影响因素。研究发现，制造业投入服务化对制造业全球价值链地位、企业出口国内增加值率有 U 形影响效应；成本效应、质量效应、生产率效应和技术创新效应是制造投入服务化影响我国制造业全球价值链攀升的中介渠道；扩大企业规模、降低融资约束、提高工资收入和加强市场竞争对制造业服务化影响制造业价值链升级有显著正向调节作用。第五，结合研究结论，为促进我国制造业迈向全球价值链中高端提供了相关的政策建议。

　　本书是研究团队集体智慧和辛勤工作的结晶。本书前期研究及写作过程得到了赖明勇、盛斌、杨翠红、张亚斌、许和连、包群等国内外专家学者的指点和帮助，在此向他们表示衷心的感谢！段凡、王梓瑄等博士研究生积极参与了部分章节的讨论和撰写，其中，李江、唐一丁等参与了第 2 章部分内容的修改和补充；王梓瑄、段文静、陈贺等参与了第 3 章部分内容的撰写和修改；段凡、孙京洲、彭彬、申志轩等参与了第 4 章部分内容的撰写和修改；汤超、龚世豪、李丹、彭彬等参与了第 5 章部分内容的撰写与修改；罗彦、谢煜、朱捷尧等参与了第 6 章部分内容的撰写和修改，盛汐凌参与了相关文献的整理工作。

　　本书部分前期成果以论文形式已发表在《人民日报（理论版）》《管理世界》《世界经济》《中国工业经济》《经济学动态》《财贸经济》《国际贸易问题》《经济评论》《财经理论与实践》等报刊上。本书及前期相关研究得到了研究阐释党的十九大精神国家社科基金专项课题（18VSJ055）、国家自然科学基金面上项目（72173040）的资助，书中部分内容也是国家社会科学基金重大项目（22&ZD100）的阶段性研究成果。在本书付梓出版之际，特别感谢科学出版社对本书出版的大力支持，感谢出版社邓娴老师的指导与帮助！由于时间仓促，研究水平有限，书中内容难免存在疏漏和不足之处，敬请国内外同仁批评指正。

目　录

第1章 绪 论

1.1 研究背景与意义

改革开放以来，我国制造业经历突飞猛进的发展，就生产和出口而言，已成为名副其实的制造业大国，但相对一些发达国家，我国制造业自主创新程度不高，关键核心技术缺乏，特别是原创性、颠覆性技术创新少；技术含量较低，增加值率不高（Zhu and Fu，2013；康志勇，2018）。2017 年，我国制造业增加值率仅为 21%左右，而同期发达国家为 35%～40%（中国宏观经济研究院产业经济与技术经济研究所课题组和黄汉权，2017）。在全球生产网络中，各种产品生产在全球范围内进行优化布局，产业价值链被不断分片并分散于不同国家或地区，形成资本、商品、服务、技术与人员的全球流动与配置模式；全球各利益主体根据自身比较优势嵌入全球价值链的各个环节；各利益主体通过竞争与合作的双重途径，建立相互依存与相互联动的关系。全球生产网络中各产业价值链条中的国家或者地区根据其在产品价值链中的分工构成金字塔式结构：研发、销售、核心部件生产国（地区）处于塔尖，一般技术密集型工序生产国（地区）处于塔身，劳动密集型工序生产国（地区）处于塔基；处于生产网络价值链高端的经济体倾向于制定规则维护其对全球价值链的控制与主导地位，而处于生产网络价值链低端的经济体通过技术创新、结构优化、质量升级等渠道努力实现价值链攀升。在全球价值链中，"中国制造"凭借劳动力、土地等成本优势参与国际分工和竞争，尽管有少量产业处于世界前沿，但所占比例不高，总体上中国制造业"大而不强"，还处于全球价值链的中低端（金碚，2004；张杰等，2013；岑丽君，2015）。

党的十九大报告提出"促进我国产业迈向全球价值链中高端，培育若干世界级先进制造业集群"[①]。这不仅是对我国产业在新时代的发展提出的新要求，也是对经济研究提出的新课题。正如党的十九大报告中所阐述的，"建设现代化经济体系，必须把发展经济的着力点放在实体经济上"；党的二十大报告也提出"坚持把发展经济的着力点放在实体经济上，推进新型工业化，加快建设制

[①] 中国政府网. 习近平: 决胜全面建成小康社会 夺取新时代中国特色社会主义伟大胜利——在中国共产党第十九次全国代表大会上的报告[EB/OL]. (2017-10-27) [2024-04-03]. https://www.gov.cn/zhuanti/2017-10/27/content_5234876.htm.

造强国"①。制造业作为我国实体经济的主体，对于发展国民经济、提高居民生活水平具有至关重要的作用。纵观历史上各世界强国的崛起，无不是以强大的制造业为支撑，制造业始终是国家富强、民族振兴的坚强保障。因此，促进我国产业迈向全球价值链中高端，首先就要促进我国制造业价值链攀升。2016 年 5 月国务院印发的《国务院关于深化制造业与互联网融合发展的指导意见》强调要"加快制造强国建设"；党的十九大之后，国家发展改革委发布了《增强制造业核心竞争力三年行动计划（2018—2020 年）》，提出要加快发展先进制造业，推动互联网、大数据、人工智能和实体经济深度融合，突破制造业重点领域关键技术实现产业化等。"智能制造、标准先行"，2018 年 10 月，工业和信息化部、国家标准化管理委员会共同组织制定了《国家智能制造标准体系建设指南（2018 年版）》，加快推进了我国智能制造的发展。2019 年 11 月，国家发展改革委等 15 个部委联合印发了《关于推动先进制造业和现代服务业深度融合发展的实施意见》，指出应加快"先进制造业和现代服务业深度融合发展"，使"两业融合成为推动制造业高质量发展的重要支撑"。2020 年 7 月，工业和信息化部等 15 个部委联合印发了《关于进一步促进服务型制造发展的指导意见》，进一步强调"加快培育发展服务型制造新业态新模式""为制造强国建设提供有力支撑"。2023 年 5 月，国务院总理李强召开国务院常务会议，审议通过关于加快发展先进制造业集群的意见，强调"要把发展先进制造业集群摆到更加突出位置""壮大优质企业群体，加快建设现代化产业体系"②。

近十年来，我国制造业发展面临的国内外环境和形势正在发生深刻复杂变化，全球经济格局加速调整，我国制造业迈向全球价值链中高端面临重大机遇和挑战。首先，从世界经济形势来看，全球经济复苏仍不稳定，全球总需求不振，需求结构深度调整；同时，逆全球化趋势加剧，贸易投资保护主义渐趋盛行，美欧等发达国家和地区加快推动"再工业化"和"制造业回归"，美主导实施对华"小院高墙"科技围堵战略等，对我国的贸易摩擦和技术封锁不断升级，并且发展中国家推进工业化进程步伐加快，全球优势要素争夺加剧。其次，全球制造业发展进入了一个全方位竞争阶段。我国制造业发展面临"两端挤压"局面：在中低端环节，我国面临发展中国家的低成本、低价格竞争；在中高端领域，发达国家把控重点行业和领域的关键核心技术、国际标准等，我国面临发达国家对全球价值链的主导和控制。再次，我国经济进入增长速度换挡、结构调整阵痛和前期刺激

---

① 中国政府网. 高举中国特色社会主义伟大旗帜 为全面建设社会主义现代化国家而团结奋斗——在中国共产党第二十次全国代表大会上的报告[EB/OL]. （2022-10-16）[2024-04-03]. https://www.gov.cn/gongbao/content/2022/content_5722378.htm.

② 中国政府网. 国常会部署加快发展先进制造业集群：引导各地发挥比较优势，做到有所为、有所不为[EB/OL]. （2023-05-06）[2024-06-05]. https://www.gov.cn/zhengce/2023-05/06/content_5754432.htm.

政策消化"三期叠加"的新常态发展阶段,"已由高速增长阶段转向高质量发展阶段,正处在转变发展方式、优化经济结构、转换增长动力的攻关期"①;同时,受人口结构和消费结构转变、需求层次提升、节能减排和环保要求提高等多种因素影响,我国劳动力、土地、资源、原材料等要素面临成本上升和供应趋紧的双重压力,经济发展进入中等收入陷阱阶段。最后,2020年在世界范围内暴发的新冠病毒感染给供给端和需求端造成了巨大的冲击,我国经济发展面临着更多的不确定性,产业链安全面临诸多风险和挑战,产业链基础能力和产业链水平亟须加强和提高(黄群慧和倪红福,2020)。因此,在这种情况下,促进我国制造业迈向全球价值链中高端,既是抓住了我国制造业发展的突出问题,也是破解前述瓶颈和痛点的有效途径。此外,新一轮科技革命和产业变革蓬勃兴起,随着数字经济成为全球新一轮产业变革的重要驱动力,以智能制造为代表的新的工业经济将成为经济发展的主导性力量,全球范围内创新资源快速流动,全球产业转移呈现新趋势、新特征,产业格局将深度调整;同时,全球价值链发展深化了世界各国或地区之间的相互依存、相互联动,发展中国家能够通过发挥自身的比较优势,融入全球价值链,通过技术创新、结构优化、质量升级等向全球价值链中高端转移,我国制造业发展面临"由大变强"的重大战略机遇。促进我国制造业迈向全球价值链中高端,顺应了当今产业竞争发展的趋势。立足于新时代,正确认识我国制造业在全球价值链中的地位,研究"促进我国制造业迈向全球价值链中高端"这一重大现实课题,具有重要的理论价值和实践意义。

第一,本书不仅响应了我国现代化经济体系建设的要求,而且为发展中国家制造业价值链攀升提供了理论依据和经验借鉴。促进我国制造业迈向全球价值链中高端,不仅是我国建设现代化经济体系的要求,而且是我国供给侧结构性改革的重点内容。党的十九大报告明确指出"建设现代化经济体系是跨越关口的迫切要求和我国发展的战略目标";要"贯彻新发展理念,建设现代化经济体系";"建设现代化经济体系,必须把发展经济的着力点放在实体经济上,把提高供给体系质量作为主攻方向,显著增强我国经济质量优势"②。现代化经济体系建设必然要求产业在全球价值链中不断攀升;制造业作为我国实体经济的主体,质量改善仍然滞后于市场需求,以价格为主的产品竞争格局亟待重塑;由于高品质产品供给不足,我国中高端购买力通过"海淘"、境外消费等形式持续外流,部分制造业产

---

① 中国政府网. 习近平:决胜全面建成小康社会 夺取新时代中国特色社会主义伟大胜利——在中国共产党第十九次全国代表大会上的报告[EB/OL].(2017-10-27)[2024-04-03]. https://www.gov.cn/zhuanti/2017-10/27/content_5234876.htm.

② 中国政府网. 习近平:决胜全面建成小康社会 夺取新时代中国特色社会主义伟大胜利——在中国共产党第十九次全国代表大会上的报告[EB/OL].(2017-10-27)[2024-04-03]. https://www.gov.cn/zhuanti/2017-10/27/content_5234876.htm.

品因达不到其他国家的质量标准导致出口受阻。供给侧结构性改革的重点也是要不断提高产品质量，提升产品增加值，促进我国制造业价值链攀升。此外，近几年国际环境复杂多变，地区冲突频繁发生，逆全球化趋势加剧，世界经济复苏艰难，在这样的全球背景下，我国提出要"促进产业迈向全球价值链中高端"，将为世界经济发展起到引领作用，增强落后国家的经济发展信心，充分体现了一个负责任的发展中大国的担当。目前尚没有形成发展中国家制造业在全球价值链中攀升的系统理论和范式，本书针对这一主题展开研究，分析我国制造业价值链攀升的动力机制、主要途径及政策，在一定程度上丰富后发国家产业升级与价值链攀升的理论基础，为发展中国家制造业价值链攀升提供科学依据和政策借鉴。

第二，本书拓展与丰富了国际贸易、产业组织理论体系，为促进我国制造业参与全球价值链、提升贸易竞争力提供了理论基础。全球价值链理论主要源于国际贸易、国际投资和产业组织理论的交叉和融合。正如 Ernst 和 Kim（2002）、邱斌等（2012）、Gereffi 和 Fernandez-Stark（2019）所阐述的，全球生产网络可以定义为生产和提供产品与服务的一系列企业的关系，这种关系将分布于世界各地的价值链环节和增值活动连接起来，形成全球价值链，构成了全球化的重要微观基础。总体上，我国制造业出口增加值、产业竞争力相对较低，还处于全球价值链的中低端环节。促进我国制造业全球价值链攀升，既是巩固贸易大国、建设贸易强国的必由之路，也是促进我国经济持续健康发展的战略选择。本书在科学评判我国制造业在全球价值链中地位的基础上，从中观产业、微观企业层面系统研究促进我国制造业价值链攀升的动力机制、基本路径和发展模式。这不仅进一步丰富了相关领域的理论研究，而且为我国制造业参与全球价值链分工提供了政策依据，有助于更进一步理解和明晰我国外贸竞争力提升的内涵与路径。

第三，本书丰富和发展了全球价值链理论及方法，为全面了解中国制造业贸易发展的真实水平及贸易利得提供了新的研究思路。当前，国际产业分工的深化和范围的扩大使得产品跨界生产的现象越来越普遍，因此产品的价值实际上被多国分享而不是由最终出口国独享。然而传统国际贸易统计常常以出口总额来衡量，导致贸易关系被误读、双边贸易平衡被歪曲，从而可能导致贸易决策和宏观经济决策的误判。从中国的贸易现状来看，加工贸易在出口贸易中占支配地位，而加工出口获取的国内增加值（domestic value added，DVA）远低于一般出口；中国出口的国内利得远低于发达国家甚至部分发展中国家。因此，基于全球价值链理论框架，区分加工贸易和一般贸易，研究我国制造业发展在全球价值链中的地位，有助于全面了解中国在全球贸易中所获得的真实收益，这也为促进我国贸易结构、产业结构升级及相关政策调整起到科学的指导作用。

第四，本书为推动中国企业参与全球生产网络、制定企业发展升级战略提供重要的政策启示和决策依据。目前我国国内外环境和发展条件发生了重大变化，全球经济格局深度调整，我国经济发展进入新常态，外贸发展既面临重要机遇，又面临"内忧外患"的双重压力和各种严峻挑战。《中共中央 国务院关于推进贸易高质量发展的指导意见》提出，"鼓励行业龙头企业提高国际化经营水平，逐步融入全球供应链、产业链、价值链，形成在全球范围内配置要素资源、布局市场网络的能力"。促进我国制造业企业积极参与构建全球价值链、提升竞争力，是在系统总结我国对外开放伟大实践的基础上，面对世情、国情发展变化，对未来培育我国制造业企业竞争新优势所提出的具体要求。本书不仅从制造业产业层面，而且结合我国工业企业数据、海关贸易数据等，从制造业企业层面来衡量我国制造业在全球价值链中的地位；进一步拓展了企业异质性贸易理论，考察了技术创新、质量升级等对企业价值链攀升的机制和效应，研究结论有助于准确把握我国制造业价值链攀升的着力点和升级路径，为推动我国企业积极融入全球生产网络、科学制定发展战略提供决策依据和政策启示。

1.2 研究的主要问题

党的十九大报告指出"建设现代化经济体系，必须把发展经济的着力点放在实体经济上"[①]；党的二十大报告进一步提出"坚持把发展经济的着力点放在实体经济上"[②]。制造业是我国现代经济体系的基石，是实体经济的主体，是贸易发展的主要载体，是参与全球竞争的前沿阵地，无疑也是我国产业迈向全球价值链中高端的重要领域和关键环节。然而，从"制造大国"向"制造强国"、从"贸易大国"向"贸易强国"的每一步转化并非水到渠成的事情，需要破解动力、路径和发展模式等方面的问题。特别是在中国特色社会主义进入新时代的历史阶段，全球贸易环境、产业发展基础、政策驱动因素等多方面的变化无疑给我国制造业迈向全球价值链中高端的研究赋予了更深层次、更广维度的内涵，亟须对我国制造业在全球价值链中的地位、价值链攀升的动力机制和关键问题、政策体系等予以系统思考和充分考量。

首先，实现全球价值链攀升是一项复杂的系统工程。促进我国制造业全球价值链攀升可以通过不同路径实现。以经典的微笑曲线为例（图1.1）：①产品层面

① 中国政府网. 习近平：决胜全面建成小康社会 夺取新时代中国特色社会主义伟大胜利——在中国共产党第十九次全国代表大会上的报告[EB/OL].（2017-10-27）[2024-04-03]. https://www.gov.cn/zhuanti/2017-10/27/content_5234876.htm.

② 中国政府网. 高举中国特色社会主义伟大旗帜 为全面建设社会主义现代化国家而团结奋斗——在中国共产党第二十次全国代表大会上的报告[EB/OL].（2022-10-16）[2024-04-03]. https://www.gov.cn/gongbao/content/2022/content_5722378.htm.

升级，直接作用于生产与制造环节，如提高传统要素的供给质量、优化生产制造流程、提升产品质量等；②向微笑曲线两端升级，引导资源向研发与设计、营销与服务环节配置；③微笑曲线整体上移升级，全面提高产品生产整个环节的增加值率；④产业链上中下游协同发展促进价值链升级，如增加上游产品国内增加值率（domestic value added ratio，DVAR）、提高下游产品对国内产品的需求份额等。此外，全球价值链攀升各条路径之间是层层嵌套与相互影响的，内部各驱动因素是相互耦合且相互制约的，涉及企业生产、产业组织和产业链等不同层级资源配置，需要在更大经济范围内予以系统思考和分层解析。

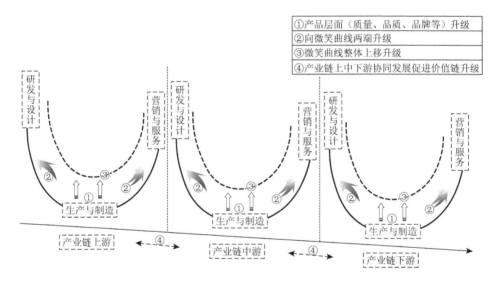

图 1.1　价值链攀升的微笑曲线图

其次，新阶段对我国制造业迈向全球价值链中高端赋予了丰富内涵。长期以来"低端嵌入"这一全球价值链分工体系的粗放式发展道路带来了不平衡、不协调、不可持续等问题，尤其是 2008 年全球金融危机冲击后越发凸显。党的十九大报告指出，"我国经济已由高速增长阶段转向高质量发展阶段，正处在转变发展方式、优化经济结构、转换增长动力的攻关期"，强调"创新是引领发展的第一动力""支持传统产业优化升级，加快发展现代服务业，瞄准国际标准提高水平"等[①]。党的二十大报告进一步强调"建设现代化产业体系。坚持把发展经济的着力点放在实体经济上，推进新型工业化，加快建设制造强国、质量强国、航

---

① 中国政府网. 习近平：决胜全面建成小康社会 夺取新时代中国特色社会主义伟大胜利——在中国共产党第十九次全国代表大会上的报告[EB/OL].（2017-10-27）[2024-04-03]. https://www.gov.cn/zhuanti/2017/10/27/content_5234876.htm.

天强国、交通强国、网络强国、数字中国"①。因此，新阶段我国制造业迈向全球价值链中高端不仅是简单的增加值率提高，而且对技术创新、产品质量、标准引领等提出了更高要求，需要在综合评判我国制造业在全球价值链地位的基础上，挖掘现代经济体系建设所赋予的更深层次内涵。

最后，遵循动态比较优势原则、从被动走向主动是我国制造业迈向全球价值链中高端的战略前提。一方面，比较优势并非一成不变，而是会随着经济发展阶段的不同而发生变化，且与过去的比较优势往往具有关联性和渐进性。开展促进制造业价值链攀升研究，必须认识到中国制造业迈向全球价值链中高端的现实条件和基础，立足动态比较优势。另一方面，需以发展的眼光看待当前战略环境的深刻变化，顺应消费升级的大趋势，抓住供给侧结构性改革的时机，跟上"逆向创新"的发展潮流，适应新一轮全球经贸规则重构的趋势，把握构建双循环新发展格局带来的历史性机遇，从要素驱动到创新驱动，从"被动嵌入"到"主动引领"，促进制造业迈向全球价值链中高端。

总而言之，在新的历史阶段促进我国制造业迈向全球价值链中高端研究，应厘清我国制造业在全球价值链中的地位，顺应全球价值链分工演进的新趋势，以新时代科技革命和宏观战略环境变化为前提，基于动态比较优势原则，把握制造业全球价值链攀升的主要痛点和方向，抓住全球价值链从"被动嵌入"到"主动引领"的矛盾变化，着眼于"企业—产业—产业链"的发展模式，遵循"提出问题—分析问题—解决问题"的研究思路，分析促进我国制造业迈向全球价值链中高端的关键问题。本书主要从以下四个方面展开。

第一，多维度、多层面评判我国制造业在全球价值链中所处地位。尽管最新发展的贸易增加值、上下游度指数、基于贸易增加值的显性比较优势（revealed comparative advantage，RCA）指数等回答了"所见非所得"、产业分工地位、实际出口竞争力等问题，但仍无法反映参与全球价值链背后的要素质量、产品质量、技术含量等深层次内容，缺乏对我国制造业全球价值链位置的综合研究。同时，我国技术创新正从"跟跑"为主向"并跑和领跑"攀升，开放与技术的关系正从"以市场换技术"向自主创新与逆向技术溢出新阶段转化，势必要求由静态的、单一维度的地位评判向动态的、综合的地位预判转变。本书在梳理和比较全球价值链地位评判指标的基础上，综合结构指标、价值指标等，分别从全球、区域、企业三个层面对我国制造业价值链地位进行测度和比较分析，考察我国制造业在全球价值链中的地位、演变特征及差异性，分析我国制造业全球价值链攀升存在的问题与现实基础。

---

① 中国政府网. 高举中国特色社会主义伟大旗帜　为全面建设社会主义现代化国家而团结奋斗——在中国共产党第二十次全国代表大会上的报告[EB/OL]. (2022-10-16) [2024-04-03]. https://www.gov.cn/gongbao/content/2022/content_5722378.htm.

　　第二，考察我国制造业迈向全球价值链中高端的动力转换问题。长期以来，我国制造业发展依赖要素驱动，但随着劳动力成本上升及资源、环境约束，这已不可持续。在我国制造业迈向全球价值链中高端的过程中，需要由要素驱动向创新驱动转换，把创新作为制造业发展的第一动力，特别是要以科技创新为核心，"抓创新首先要抓科技创新，补短板首先要补科技创新的短板"①。此外，科技创新需要持续地进行研发投入，由于技术外部性与信息不对称，科技型企业存在研发投资激励不足与融资约束问题，针对市场失灵对研发投资的制约，政府政策发挥着重要作用，通过制度安排来弥补市场缺陷。因此，本书在分析我国制造业创新驱动发展的现实背景、基础条件及创新发展现状的基础上，研究创新对制造业价值链攀升的影响机制与效应，考察企业内外部因素对创新驱动价值链攀升的调节作用，并结合我国关于技术创新的相关制度政策，分别从政府税收优惠和信贷融资支持角度，专题研究高新技术企业认定与高成长性科技企业创新融资支持对企业出口国内增加值率的影响。

　　第三，探讨我国制造业迈向全球价值链中高端的质量升级与标准治理问题。目前，我国制造业产品在国内需求方面面临消费者日益增长的产品升级需求与国内供给品质量不匹配的矛盾，在国际需求方面面临因初始要素生产成本不断上升导致国际竞争力下降的现状，制造业产品质量升级已经成为制造业重塑新优势的重要途径。党的十九大报告提出，"建设现代化经济体系是跨越关口的迫切要求和我国发展的战略目标。必须坚持质量第一、效益优先，以供给侧结构性改革为主线，推动经济发展质量变革、效率变革、动力变革"②；《中华人民共和国国民经济和社会发展第十四个五年规划和 2035 年远景目标纲要》强调，推动制造业优化升级，需要"深入实施质量提升行动，推动制造业产品'增品种、提品质、创品牌'"；《增强制造业核心竞争力三年行动计划（2018—2020 年）》提出，"质量是制造业强大的重要标志"。此外，有了高质量产品并不意味着出口竞争优势顺势形成。制造标准制定等已经成为国际贸易高水平竞争的重要形式，也是质量升级中的高级形式和关键要素。习近平主席在致第 39 届国际标准化组织大会的贺信中说，"国际标准是全球治理体系和经贸合作发展的重要技术基础"③；《国家标准化发展纲要》强调，"新时代推动高质量发展、全面建设社会主义现代化国家，迫切

———————————

① 中国政府网. 中共中央 国务院印发《国家创新驱动发展战略纲要》[EB/OL].（2016-05-19）[2024-04-03]. https://www.gov.cn/zhengce/2016-05/19/content_5074812.htm.

② 中国政府网. 习近平：决胜全面建成小康社会 夺取新时代中国特色社会主义伟大胜利——在中国共产党第十九次全国代表大会上的报告[EB/OL].（2017-10-27）[2024-04-03]. https://www.gov.cn/zhuanti/2017-10/27/content_5234876.htm.

③ 新华网. 习近平致第 39 届国际标准化组织大会的贺信[EB/OL].（2016-09-12）[2024-04-03]. http://www.xinhuanet.com/politics/2016-09/12/c_1119554153.htm.

需要进一步加强标准化工作"①。对于制造业而言,这就是要围绕质量升级,强化质量标准建设和管理,更好地发挥标准治理在我国制造业价值链攀升中的引领作用。质量升级和标准治理作为基本路径,对于我国制造业价值链攀升发挥重要的"内推外引"作用,也是我国制造业突围发展中国家、发达国家"双向挤压"的必由之路;质量促进标准,标准把控质量,引领价值链攀升。本书在分析我国制造业出口产品质量和标准化水平现状的基础上,考察质量升级、标准治理及两者共同促进我国制造业全球价值链攀升的影响效应和作用机制,并进一步探讨质量升级和标准治理的影响因素。

第四,研究我国制造业迈向全球价值链中高端的服务化发展模式问题。在当今信息化时代,以移动互联网、云计算、大数据、物联网等为标志的新一代信息技术飞速发展,促进了制造业与服务业的深度融合,全球制造业呈现出服务化的重要趋势(荆林波和袁平红,2019)。制造业服务化既包括营销与服务端升级的产出服务化,也包括对服务要素需求增加的投入服务化。长期以来,我国制造业服务化水平普遍较低、出口中服务业比例较低是制约我国制造业增加值提升的重要因素。促进制造业与服务业融合发展、提升制造业服务化水平不仅为我国传统制造业的创新和转型提供了契机和动力,而且是我国制造业参与新的国际分工和产业重构、培育新的比较优势、重塑产业发展新动力的重要模式(刘志彪,2015)。同时,我国综合物流成本相对较高,民营企业面临融资约束问题,市场配置资源优势没有充分发挥,"互联网 + "经济带来了资源配置的新"潮涌现象"等,这些制约了制造业服务化的发展。因此,本书在对制造业服务化内涵和发展现状进行分析的基础上,研究制造业服务化影响制造业价值链攀升的机制和效应,探讨我国制造业服务化促进制造业价值链攀升的影响因素。

1.3 研究内容及主要创新

1.3.1 研究的主要内容

本书共七章,围绕"促进我国制造业迈向全球价值链中高端"而展开,各章主要内容如下。

第 1 章,绪论。主要阐述本书的研究背景、研究的理论价值和现实意义;介绍本书主要研究问题、研究内容及其创新点。

第 2 章,国内外相关研究综述。从全球价值链视角的贸易增加值核算、全球

---

① 国家发展改革委. 国家标准化发展纲要[EB/OL]. (2021-12-01) [2024-04-03]. https://www.ndrc.gov.cn/fggz/fzzlgh/gjjzxgh/202112/t20211201_1306575_ext.html.

价值链治理及攀升的动力机制、我国制造业在全球价值链的地位、我国产业价值链攀升的影响因素等方面，对相关已有文献进行梳理与简要评述，探讨可进一步突破的空间。

第3章，我国制造业向全球价值链中高端攀升：地位评判及存在问题研究。首先从生产阶梯和贸易增加值两个视角，梳理、比较和评判全球价值链地位的相关指标；其次综合结构指标、价值指标，从全球、区域、企业三个层面对我国制造业在全球价值链中的地位分别进行测算和比较分析，多角度地考察我国制造业价值链中的地位、演变特征及差异性；最后分析我国制造业全球价值链攀升存在的问题和现实基础。

第4章，我国制造业向全球价值链中高端攀升的根本动力：从要素驱动向创新驱动转变。首先界定创新驱动的研究对象和内涵，集中于科技创新，阐释我国制造业发展从要素驱动转向创新驱动的基础条件，从宏观、中观、微观等层面分析我国创新发展现状；其次考察创新驱动全球价值链攀升的理论机制，实证研究创新驱动对制造业价值链攀升的影响效应，并考察企业内外部因素的调节作用；最后针对高新技术企业认定、高成长性科技企业创新融资支持影响价值链攀升进行专题研究。

第5章，我国制造业向全球价值链中高端攀升的基本路径：质量升级和标准治理并重。首先对制造业质量升级和标准治理进行内涵界定与阐释，分析我国制造业质量升级和标准治理的现状及存在的问题；其次实证研究质量升级、标准治理及两者共同影响制造业价值链攀升的渠道机制与效应；再次从出口目的地非正式制度、老龄化、企业上市视角对我国制造业质量升级进行专题研究；最后考察全球价值链视阈下我国制造业标准治理的影响因素。

第6章，我国制造业向全球价值链中高端攀升的发展模式：制造业服务化转型。首先对制造业服务化内涵和发展现状进行分析，阐述制造业服务化影响全球价值链攀升的理论机制；其次实证检验制造业服务化对制造业全球价值链攀升的影响效应，以及制造业服务化促进制造业价值链攀升的内外部因素；最后专题研究制造业服务化对制造业企业出口产品质量、加成率两个方面的影响。

第7章，结论与政策建议。

1.3.2 研究的主要创新

（1）问题选择及研究视角的创新。党的十九大报告提出要"促进我国产业迈向全球价值链中高端"[①]，这为我国产业在新时代的发展提出了新要求，也为学术

---

① 中国政府网. 习近平：决胜全面建成小康社会 夺取新时代中国特色社会主义伟大胜利——在中国共产党第十九次全国代表大会上的报告[EB/OL].（2017-10-27）[2024-04-03]. https://www.gov.cn/zhuanti/2017-10/27/content_5234876.htm.

研究提出了新的重大课题。从已有文献资料来看，尚缺乏对我国制造业全球价值链攀升的系统研究。部分文献单独从技术创新、制度因素、制造业服务化等方面进行了考察，但没有综合回答我国制造业向全球价值链中高端攀升的重大问题。因此，非常有必要对这个重大课题进行系统研究，为促进我国制造业迈向全球价值链中高端、实现跻身世界制造强国前列的战略目标建言献策。本书集中围绕"促进我国制造业迈向全球价值链中高端"展开，测度了我国制造业在全球价值链中的地位，基于动力机制、基本路径和发展模式的视角，系统探讨了创新驱动、质量升级和标准治理、制造业服务化对我国制造业价值链攀升的影响。本书拓展了制造业全球价值链升级研究的范畴和领域，为发展中国家制造业价值链攀升提供一定的研究依据和经验借鉴。

（2）理论机制分析的创新。本书从生产成本效应与产品质量效应等方面，探讨了创新驱动对价值链攀升的影响机制，特别是发现我国制造业出口质量升级更多地源于进口中间品而非劳动力质量或技术提升作用，进一步解释了样本期间我国产品质量升级对制造业全球价值链攀升存在的负向影响；从企业成本、市场势力和中间品等渠道，分析了标准化对出口国内增加值率的作用机制；从成本效应、技术创新效应、质量效应和生产率效应等方面，研究了制造业服务化影响价值链攀升的作用渠道，拓展和深化了制造业服务化影响价值链攀升机制的认识。此外，相关专题研究中，本书发现高新技术企业认定降低了企业出口国内增加值率，进口中间品相对份额提高带来的负向效应大于加成率的正向效应是产生这一结果的重要原因；以普遍道德水平来衡量的出口目的地非正式制度改善，通过降低出口企业预期的违约风险及产品被侵权风险，促进了企业出口更高质量的产品；企业上市通过管理质量提升、生产技术复杂性提高促进了出口产品质量升级，丰富了出口产品质量升级影响因素的研究；以技术创新为渠道研究了制造业投入服务化对出口产品质量的影响，基于成本效应和技术创新效应机制考察了制造业投入服务化对加成率的影响，拓展和丰富了相关领域的理论分析。

（3）研究指标及实证方法的创新。现有文献往往用单一指标或以单一维度来分析我国制造业在全球价值链中的地位、创新能力等。本书综合全球价值链（global value chain，GVC）位置指数、参与度指数、地位指数、企业出口上（下）游度、出口国内增加值率等多个结构指标、价值指标来评判我国制造业在全球价值链中的地位；从宏观、中观、微观等层面，结合考虑国家创新基础、创新环境、创新投入、创新产出、创新竞争力；行业有效专利发明数、研发费用及人员投入、内外部研发经费支出比例，以及企业研发投入强度、研发人员占比、专利申请总量、专利授权总量等多个维度来衡量我国制造业创新能力；构建了我国制造业标准治理特色数据库，以各行业标准存量来衡量标准化水平。在实证研究方面，为了克服估计的内生性问题、保证估计结果的稳健性及准确识别影响机制，本书科学选择、综合运用相关方法，例如，为了规避遗漏变量、逆向因果关系产生的内生性问题，针对性运用三重差分（difference-in-difference-in-difference，DDD）法考察了高新技术企业认定对企业出口国内增加值率在不同外部环境下的差异化影响；结合断点回归（regression discontinuity，RD）和双重差分（difference-in-difference，DID）法来估计企业上市对出口产品质量的影响效应；对于估计样本可能导致的选择性偏误问题，运用了广义精确匹配（coarsened exact matching，CEM）法选取未认定为高新技术企业的企业样本作为控制组，选取未入选"瞪羚计划"的企业样本作为控制组。上述指标构建和研究方法的选择、集成和创新是本书的突破和特色。

（4）研究结论和政策建议的创新。本书得到了关于我国制造业全球价值链攀升的一些新结论。例如，创新驱动促进了我国制造业向全球价值链中高端攀升，但受到市场竞争程度、进口中间品质量、政府补贴等因素的影响。又如，样本期间标准化水平提升能显著促进企业出口国内增加值率提高，但出口产品质量提升并未带来价值链地位的显著改善，这主要是因为企业中间品进口、出口产品质量与标准治理的交互影响既有助于缓解出口产品质量对出口国内增加值率的负向效应，又能强化技术标准对出口国内增加值率的正向效应。再如，制造业服务化与制造业行业全球价值链地位及企业出口国内增加值率之间均呈显著的 U 形关系；扩大企业规模、降低融资约束、提高工资收入和强化市场竞争程度有助于提高制造业服务化水平，实现价值链升级。

本书还提出了促进我国制造业向全球价值链中高端攀升的一些新建议。例如，建立和健全我国制造业关键核心技术的调查预警和清单机制；促进互联网、大数据、人工智能等新技术与传统创新要素相结合，综合集成各类基础技术、创新人才与研发资金；持续推动制造业多层次人才培养，特别是加强关键技术创新型人才、高技能业务型人才、国际化管理型人才、服务型人才培养。再如，充分发挥质量升级、标准治理的"内推外引"作用，夯实制造业全球价值链攀升的路径基础，尤其是通过改善融资环境，提高管理质量，注重多样化中间品，加强制造工艺的创新与改进，推动我国制造业出口产品质量升级；加大前沿技术的研发与投入，布局未来产业的技术标准制定，实现标准治理的"弯道超车"。本书也认为，要全面推进制造业服务化转型升级，创新我国制造业全球价值链攀升的发展方式，特别是构建制造业服务化示范案例库，搭建示范企业与其他制造业企业交流和合作平台；以共建"一带一路"为核心，以自贸区建设为抓手，构建"一带一路"区域价值链和投资链；深化经济体制变革与政策机制创新，完善内需体系的制度建设和空间布局，加快形成国内国际双循环相互促进的新发展格局，推动我国制造业全球价值链重构和攀升。

第 2 章   国内外相关研究综述

与研究主题相关的文献主要集中在以下方面：全球价值链视角的贸易增加值核算、全球价值链治理及攀升的动力机制、我国制造业在全球价值链的地位、我国产业价值链攀升的影响因素。以下从这些方面进行文献梳理和综述。

2.1   全球价值链视角的贸易增加值核算

随着国际分工的深化，产品生产环节分散至多个国家或地区，不同国家或者地区以增加值的形式参与到其他国家或者地区进出口价值链的各个环节，从而形成了以任务分割为特点的新型国际生产体系。在这种国际分工体系下，传统贸易统计就会存在大量的重复计算，贸易对经济增长和收入的作用变得错综复杂，其背后隐藏着看不到的东西（Maurer and Degain，2012）。世界贸易组织（World Trade Organization，WTO）和经济合作与发展组织（Organisation for Economic Co-operation and Development，OECD）等世界主要贸易机构明确表示传统的官方贸易统计数据已经不能反映全球经济的真实情况，亟须采用基于全球价值链视角的"增加值"方法来核算贸易流量（增加值出口或者进口）。这种方法能够去除重复计算部分，为重新审视进出口对国内生产总值（gross domestic product，GDP）和经济增长的贡献、厘清贸易增加值国内贡献含量、准确判断中国制造业在全球价值链的地位提供了一个新的视角。

关于全球价值链分工背景下贸易增加值核算的研究源于 Hummels 等（2001）的研究。他们针对国际贸易中的垂直关联现象，定义了垂直专业化的概念及其计算方法，即出口中所使用的进口中间投入（记为 HIY 方法，以 Hummels、Ishii 和 Yi 首字母命名）。HIY 方法首次实现了对垂直分工程度的度量，后续研究进一步扩展和改进了该方法。根据数据来源，这些方法主要包括两类。一类是基于投入产出表的宏观估计方法。与 HIY 方法类似，这类方法主要使用投入产出表估计国家或产业层面的垂直专业化分工或贸易增加值，代表性文献有 Koopman 等（2010）（记为 KPWW 方法，以 Koopman、Powers、Wang 和 Wei 首字母命名）和 Daudin 等（2011）（记为 DRS 方法，以 Daudin、Rifflart 和 Schweisguth 首字母命名）的研究。DRS 方法通过测算垂直专业化来间接度量贸易增加值。Miroudot 和 Ragoussis（2009）、Dean 等（2011）利用 DRS 方法针对不同国家进行了测算分析。

但 HIY 方法和 DRS 方法因数据完整性而受到限制与约束，隐含较多估算假设，假定出口和国内消费使用相同比例的进口中间品且进口中间品全部为国外增加值，从而造成对贸易增加值的估计误差。相比之下，KPWW 方法突破了这些假定，通过追溯出口中的增加值来源，结合国家间投入产出（inter-country input-ouput，ICIO）表，将一国总出口分解为各个增加值组成部分，从而实现了对贸易增加值的分解和度量，完善了贸易增加值核算。Koopman 等（2014）则在 KPWW 方法的基础上进一步细化了总出口分解，主要包括九个组成部分，即最终品出口国内增加值、被直接进口国吸收的中间品出口国内增加值、被第三国吸收的中间品出口国内增加值、最终品进口中的返回国内增加值、中间品进口中的返回国内增加值、最终品出口中的国外增加值、中间品出口中的国外增加值，以及两项纯重复计算部分。Wang 等（2013）认为 KPWW 方法没有区分出口中的国内增加值和国内增加值出口，提出了前向关联和后向关联方法，进一步从双边和产业层面对出口进行了分解（记为 WWZ 方法，以 Wang、Wei 和 Zhu 首字母命名）；王直等（2015）则进一步基于 KPWW 框架拓展了国家、部门和双边贸易的出口分解，以更清晰地反映增加值的来源和最终吸收地；Wang 等（2017）根据平均生产长度和相对上游度指数将国家-行业层面的增加值划分为国内形成和吸收的增加值、跨境一次且用于消费的增加值、跨境一次且用于生产的增加值和跨境超出一次的增加值等四个部分，结果发现 2002～2014 年全球价值链生产长度增加，四类增加值在国家和行业之间存在较大的差异性。另一类是基于企业或产品数据的微观估计方法。例如，Belke 和 Wang（2006）、Trefler 和 Zhu（2010）测算了中间品与贸易品的要素含量；Upward 等（2013）、Kee 和 Tang（2016）、张杰等（2013）、戴翔等（2018）、高翔等（2019）主要结合中国工业企业数据库和中国海关贸易数据库等微观层面数据，在区分一般贸易和加工贸易的基础上，测算了不同贸易方式下企业层面的出口国内增加值率，即出口中非进口中间品占企业总出口的比例。这些文献使用产品层面的数据，深化了增加值微观层面的研究，但其局限性是数据范围较小，数据匹配难度较大，尚且无法全面、系统、有序地反映全球范围内中国增加值贸易的多层级特征和双边状况。

2.2　全球价值链治理及攀升的动力机制研究

现有一些文献延续了 Gereffi（1999）提出的两种全球商品链运行模式，即生产者驱动型和购买者驱动型，认为全球价值链的治理和驱动力基本体现在生产者和购买者两个方面（二元动力机制）；Kaplinsky 和 Morris（2002）提出了四种全球价值链升级类型和路径，包括工艺升级、产品升级、功能升级和链条升级；

Humphrey 和 Schmitz（2004）在研究由购买者驱动的全球价值链时指出，一国的购买者未必能够帮助价值链低端企业进行产业升级。

国内部分学者结合中国的现实情况，对全球价值链治理机制（特别是价值链攀升的动力研究）进行了补充。一些研究从宏观层面上探讨驱动全球价值链攀升的作用机制与全球价值链治理。江心英等（2009）认为生产者和购买者所驱动的全球价值链的动力存在差异，前者通过生产活动驱动全球价值链，后者则通过市场营销和品牌声誉等驱动全球价值链，因此供应商需要结合自身的驱动类型，采取差异化策略实现价值链的跃升。崔焕金和张强（2012）从产业结构视角分析了全球价值链治理的二元效应，研究发现以垂直型为主的价值链分工模式会导致企业更注重初级要素的比较优势，这种初级要素驱动制造业发展的同时也形成了低端技术锁定，并进一步加剧了产业失衡。戴翔和金碚（2014）研究表明，制度质量的改善有助于促进以出口技术复杂度来衡量的价值链攀升，也能提高融入产品内国际分工程度对价值链攀升的促进作用。戴翔和刘梦（2018）从要素质量匹配的视角探讨了人才要素对价值链攀升的影响，发现当技术与制度达成友好匹配时，有助于实现人才对价值链攀升的红利效应。徐兰和吴超林（2022）认为在制造业数字化背景下实现价值链攀升，应当树立以国内用户需求为主、国际用户需求为辅的制造生产理念，利用数字经济夯实产业创新基础。一些研究从微观层面上探讨全球价值链治理与价值链攀升的动力机制。刘志彪和张杰（2007）认为企业可以利用国内市场和要素的优势，在向国内价值链高端环节攀升之后完成功能升级和链条升级，再进一步参与全球价值链。马海燕和马子坤（2010）指出全球价值链治理模式既能够直接影响代工企业升级，也可以通过影响加工企业链条中的组织学习绩效而间接影响代工企业升级；陶锋（2011）基于珠三角地区代工企业的调查数据实证发现，代工企业的吸收能力对知识溢出和创新绩效的关系具有正向的调节效应，吸收能力不仅直接决定了技术创新，而且能增强知识溢出对创新绩效的促进作用；其在生产者驱动型价值链中的调节效应较购买者驱动型价值链表现得更为重要。赖磊（2012）以珠三角地区代工企业为研究对象，发现全球价值链、知识转移与代工企业的升级之间存在着密切关系，并且从流程、产品到功能升级是俘获型治理模式下珠三角地区代工企业的升级路径，但不包括最高级的链条升级或跨部门升级，他还提出了珠三角地区突破俘获型治理的全球领先企业与代工企业之间的知识转移模型。大数据、人工智能、物联网的兴起不仅重塑了价值链中的生产者，而且影响了消费者，使全球价值链的驱动机制发生变化，世界经济正由服务主导型向数字驱动型转变，数字经济成为促进价值链升级的新驱动力（荆林波和袁平红，2019）。数字化不仅会降低贸易成本和提升交易效率，而且通过赋能生产者，增加生产者、消费者和政府的沟通频率，改变贸易对象与贸易方式，重构国际贸易格局（González and Jouanjean，2017）。徐金海和夏杰长（2020）

认为，数字贸易正在使全球化迈入新阶段，数字贸易的发展会对传统的国际贸易规则产生深远且严峻的挑战，深刻改变现有国际经济格局，重塑全球价值链分工网络体系和利益分配格局。在数字贸易驱动的全球化新阶段，不管是对于发达国家还是对于发展中国家，数字化能力会决定一国在全球价值链中的地位，以及在全球价值链治理体系中的话语权。戴翔和王如雪（2023）基于当前中国人口老龄化的现实背景，探索了人工智能在不同类型劳动力要素促进价值链攀升过程中的作用，研究发现人工智能的发展削弱了人口老龄化对中国价值链分工地位的不利影响，并进一步探索了其在不同类型劳动力要素中驱动全球价值链攀升的差异化路径。

另外，一些学者关注了全球价值链分工体系中发展中国家面临的低端锁定困境及其治理机制。Kaplinsky 和 Morris（2002）提出了在全球价值链背景下"工艺流程升级—产品升级—功能升级—链条升级"的产业升级路径，但并不意味着这是唯一的或者容易实现的。"嵌入全球价值链只是产业迈向了谋求全球发展的第一步，进入全球价值链绝不等于登上了升级的自动扶梯"（聂鸣和刘锦英，2006）。Bair 和 Peters（2006）指出企业或产业集群嵌入全球价值链的行为不一定会带来稳定持续的产业升级与发展。随着国际产业分工的持续深化与产业结构的不断调整，有更多的地区和企业嵌入全球价值链，价值链片段化趋势更加明显，导致企业间竞争进一步加剧。Kaplinsky（2000）指出，如果发展中国家企业的竞争优势只来源于控制人力成本和产品售价，就会出现产量和出口增加、收入下降的低端发展现象，发展中国家会因层级型的全球价值链治理模式和其中的权利不对称关系，被锁定在全球价值链低端环节。Humphrey 和 Schmitz（2002）研究发现，虽然企业在嵌入全球价值链之后能够完成产品和工艺的升级，但是很难完成功能和链条升级，这就表现为价值链的低端锁定效应。具体而言，下游厂商往往只能参与价值链的中低端环节，如低技术含量中间品生产和产品组装等环节，很难进入产品的研发和设计等高增加值环节，特别是企业原本参与的高增加值生产过程也将面临被价值链领导企业取代的困境。Schmitz（2004）研究表明，发展中国家在进入全球价值链的过程中普遍存在低端锁定困境，并将其称为被俘获现象。企业被俘获的主要原因在于现有的全球价值链已经发展到了非常成熟的阶段，限制了提供给发展中国家产业升级的机会，价值链领导企业往往拒绝在高增加值环节如设计、品牌、营销和链协调（chain coordination）等方面与价值链内其他成员分享知识（Bazan and Navas-Alemán，2004）。在发展中国家企业进入全球价值链的过程中，一旦发达国家领导企业认为发展中国家企业可能威胁到自身的垄断地位和利益，便会利用本身的市场优势限制发展中国家企业实现功能升级和链条升级。Schmitz（2004）、van Grunsven 和 Smakman（2005）研究发现，导致企业陷入低端锁定困境的主要原因有三个：一是企业与领导企业在设计、营销和生产能力方面存在差距；二是企业在价值链低端环节投入大规模的沉没成本；三是企业摆脱低端锁定困境需要巨大的转换成本。

改革开放以来，我国制造业参与全球价值链分工的程度日益深化，但大部分制造业企业因为生产规模、核心技术、品牌影响等方面的劣势，在嵌入全球价值链过程中可能陷入低端锁定困境。针对这一问题，国内学者展开了广泛而深入的讨论。吕越等（2018）认为导致我国制造业企业陷入低端锁定困境的原因源于三个方面。第一，制造业企业在嵌入全球价值过程中存在进口中间品依赖，这会遏制企业的自主研发创新，导致企业因丧失自主创新的动力而被锁定在价值链低端环节。例如，周长富和杜宇玮（2012）认为，长期的代加工模式是我国制造业企业形成低增加值活动路径依赖的重要推手，这是因为长期的代工环境会极大地限制研发设计、品牌运营能力的培育和维护，使得企业无法完成创新活动所需的资金积累。第二，国内企业自身吸收能力较弱，导致全球价值链的技术外溢效应无法被充分吸收。进口的技术溢出效应往往取决于企业的吸收能力，谢建国和周露昭（2009）使用企业人力资本作为衡量企业吸收能力的代理指标，发现进口溢出对企业技术水平和效率的影响与其吸收能力成正比。第三，低端锁定效应源于发达国家在价值链升级阶段对我国制造业企业的俘获效应。发达国家利用自身技术优势和市场势力对我国制造业企业进行封锁，导致我国制造业企业在价值链升级过程中被俘获，企业依靠自身现有能力很难突破低端锁定困境（卢福财和胡平波，2008）。此外，李美娟（2010）认为除发达国家跨国公司对我国企业技术创新进行严密封锁之外，我国企业自主创新能力的缺乏、制度的滞后、工作经验和经营理念的不成熟等也是陷入低端锁定困境的主要原因，因此企业可以尝试通过构建市场势力、培育市场需求以突破价值链低端锁定困境。杨林生和曹东坡（2017）认为在全球价值链领导企业的俘获型价值链治理模式下，我国制造业企业将长期陷入价值链低端锁定困境，而生产性服务业集聚有助于突破低端锁定困境，对我国制造业转型升级具有重要意义。陈雯等（2023）探讨了目的地收入与我国出口企业全球价值链分工之间的倒 U 形关系，证明了低端锁定效应的存在，并从贸易模式选择、价值链参与位置和出口结构变动等方面分析了影响渠道。

2.3　我国制造业在全球价值链的地位研究

总体层面上，国内外学者基于不同视角，采用不同指标测度中国制造业在全球价值链中的地位，得到了差异化的研究结论。

（1）垂直专业化水平较低但快速增长。Hummels 等（2001）采用垂直专业化水平来反映国际分工地位，国内学者使用该指标度量中国制造业在全球价值链分工中的地位。例如，文东伟和冼国明（2010）基于垂直专业化分工视角，利用 OECD 投入产出数据库，测算了中国制造业的垂直专业化水平，结果发现中国制造业垂直专业化水平较低但是快速增长。何雅兴和马丹（2022）基于垂直专业化分工视角，对我国各区域制造业部门的双重价值链垂直分工模式进行了测度，发现东部地区制造业更倾向于参与全球价值链分工，而中西部地区制造业偏向于参与国内价值链分工，并进一步指出双重分工的协同发展能有效提高制造业出口竞争力。

（2）出口产品技术复杂度较高且不断增长。Lall 等（2006）、Hausmann 等（2007）指出出口产品技术复杂度能够衡量一国出口产品在全球价值链中的地位，并提出了测算方法。基于此，国内学者测算了中国出口产品技术复杂度，并且得到了基本一致的结论：基于出口产品技术复杂度测算的全球价值链的地位较高（祝树金等，2010；邱斌等，2012；赵增耀和沈能，2014）。例如，邱斌等（2012）研究发现，整体上看，绝大多数行业的出口产品技术复杂度呈上升态势，正在实现由全球价值链中低增加值环节向中高增加值环节的升级。

（3）出口产品单位价值较低。出口产品单位价值一定程度上可以反映产品质量，部分学者也将其作为衡量中国制造业在全球价值链中的地位的指标（施炳展，2010；陈爱贞和刘志彪，2011；胡昭玲和宋佳，2013；张慧明和蔡银寅，2015；魏方，2019）。例如，胡昭玲和宋佳（2013）采用中国出口价格与世界平均出口价格之比来测算我国国际分工地位，发现加入 WTO 后我国国际分工地位有所提高。

（4）产业上游度指数较高。国内学者借鉴 Antràs 等（2012）提出的产业上游度指数衡量中国制造业在全球价值链中的地位（鞠建东和余心玎，2014；王金亮，2014；王岚，2014；苏庆义和高凌云，2015；高翔等，2022）。例如，苏庆义和高凌云（2015）研究了中国的出口上游度指数，结果发现中国目前的出口上游度指数依然较高，这意味着出口增加值较低，价值链地位处于低端水平。

（5）价值链位置指数较低。近些年国内学者更多地使用 Koopman 等（2012）提出的价值链位置指数衡量价值链地位（周升起等，2014；岑丽君，2015；林桂军和何武，2015；侯俊军等，2015）。例如，周升起等（2014）分别从全球价值链收入和全球价值链地位指数的角度分析得出，尽管中国制造业全球价值链分工地位有所提高，但中国仍然位于制造业全球价值链的低端环节。

（6）出口国内增加值率相对较低但在提高。基于 Koopman 等（2010）的研究，国内学者采用中国出口国内增加值来衡量全球价值链位置（祝树金和张鹏辉，2013；李昕和徐滇庆，2013；樊茂清和黄薇，2014；殷凤等，2023）。例如，樊茂清和黄薇（2014）借鉴 KPWW 方法，根据 ICIO 表并利用基于非竞争性投入产出表的宏观估算方法，采用增加值来源结构分解及其贡献为主要表征指标，探析中国在全球价值链中的分工地位，研究发现中国企业在全球生产网络中地位上升；中国对全球价值链的贡献逐年增加。刘似臣和张诗琪（2018）基于拓展的 KPWW

框架,对中国和美国的制造业出口进行分解,发现中国制造业的出口国内增加值增速已经超过美国,但在出口增加值率方面并未实现反超且存在较大差距。此外,韩中(2020)采用多区域投入产出模型分解了中国总出口的价值来源,发现中国制造业的出口国外增加值率明显高于其他行业,主要来源于东亚、欧盟和北美地区;邓慧慧等(2023)运用复杂网络方法刻画了中国制造业在全球增加值贸易网络中的地位变化,发现虽然中国在整体增加值贸易网络中占据中心地位,但并未在高技术制造业网络中突破封锁。

　　细分行业层面上,部分文献结合投入产出数据,研究了中国制造业在全球价值链中的参与度、分工地位和嵌入位置等,发现不同制造业行业在全球价值链中的相对国际分工地位存在差异且攀升方向和速度存在明显不同。廖泽芳和宁凌(2013)从贸易增加值视角分析了中国在全球生产网络中的贸易特征和分工地位,指出中国在全球价值链中主要扮演进口原材料与中间品并出口最终品的角色。王岚(2014)度量了中国制造业整体及其细分行业的国内增加值和国际分工地位,研究了中国制造业不同类型行业的全球价值链融入模式差异,发现融入模式不同造成了全球价值链嵌入对中国制造业不同技术层次部门参与程度和分工地位影响的差异性。黄光灿等(2018)也测算了中国制造业整体及其细分行业在全球价值链中的参与程度和分工地位,认为中国制造业已经具有较深的参与程度且表现出深化趋势,全球价值链地位指数呈现右偏 V 形发展趋势,国际分工地位表现出向上游攀升的特征,但国际分工地位仍相对较低,制造业行业间差异显著。诸多学者研究了不同技术水平的制造业在全球价值链中的地位,文东伟和冼国明(2010)研究发现高技术制造业垂直专业化水平快速增长;黄先海和杨高举(2010)基于非竞争型投入产出表测算了中国高技术产业的增加值-生产率指数,结果发现自1995 年以来中国高技术产业劳动生产率的进步带动了其国际分工地位的提高,但仍然明显落后于主要发达国家,无法与世界高技术产业领先地位相较量。汤碧(2012)、杨高举和黄先海(2013)也得到了相似的结论。胡昭玲和宋佳(2013)研究认为低技术行业产品的国际分工地位高于中高技术行业产品的国际分工地位;王岚和李宏艳(2015)指出中国低技术制造业的全球价值链嵌入位置和增值能力协同上升,表现出积极的趋势和前景,而中高技术制造业的全球价值链嵌入位置和增值能力都有所下滑,可能面临在全球分工中被边缘化的风险;彭支伟和张伯伟(2017)研究发现,2006 年后中国的全球分工地位明显改善,知识密集型制造业主导了中国与世界其他国家之间的收益分配格局,其出口的中间品在外部价值链中的嵌入深度呈强劲上升趋势;李正等(2019)采用全球价值链参与度、关联度与产业演进系数等量化方法,发现中国高技术产业参与度上升并取代低技术产业成为参与全球价值链的主要方式,中国的产业演进具有明显的由低技术产业向高技术产业调整和发展的特征,符合工业化后期产业结构变化特征,属于跨梯度演进模式；葛海燕等（2021）基于世界投入产出数据库（World Input-Output Database，WIOD），测度了中国各产业价值链分工地位的演变规律，发现中国整体价值链的分工地位不仅与美国、日本、英国等存在较大差距，而且低于巴西、俄罗斯等金砖国家，其中，制造业中的技术密集型行业与其他国家存在明显的差距。此外，针对具体的制造业行业，已有研究关注了中国纺织服装业、装备制造业等行业。例如，王飞和王一智（2013）在扩展非竞争型投入产出模型的基础上，从参与和带动增加值出口两个方面对中国的纺织服装业增加值出口能力进行了分析；姜延书和何思浩（2016）基于 WIOD 测算了中国纺织服装业出口贸易增加值，相对于巴西、印度尼西亚、意大利、墨西哥、波兰、俄罗斯和土耳其等样本国家，中国纺织服装业出口国内增加值增长速度最快，但出口贸易增加值率整体呈下降趋势，且下降程度最大。再如，陈爱贞和刘志彪（2011）、林桂军和何武（2015）研究了中国装备制造业在全球价值链中的地位，前者认为外泄效应导致装备制造业国内价值链难以延伸，进而陷入低端锁定困境，后者认为中国装备制造业的全球价值链地位指数与日本、德国和美国相比仍存在较大差距，但是正呈现不断改进的趋势；孙灵希和曹琳琳（2016）也研究了中国装备制造业价值链地位，发现 2001～2014 年其整体呈上升趋势，但是专用设备制造业，计算机、通信和其他电子设备制造业出口复杂度下降；王英和陈佳茜（2018）同样测度了中国装备制造业及细分行业的全球价值链地位，发现劳动密集型和资本密集型装备制造业部门的分工地位明显高于技术密集型装备制造业部门，但所有部门地位水平都在不断提升。刘会政和朱光（2018）运用部门层面的总贸易流分解方法，发现中国装备制造业总出口中被国外最终消费吸收的增加值已远高于美国、德国和日本，但相对于美国和日本，中国装备制造业在国际分工中更多地扮演中间品使用者的角色。

　　微观企业层面上，一些文献结合加工贸易研究制造业企业在全球价值链中的地位，以及我国企业全球价值链的嵌入程度。Upward 等（2013）、张杰等（2013）、Kee 和 Tang（2016）通过整理中国工业企业数据库与中国海关贸易数据库，对中国加工贸易出口进行了深入研究，结果发现中国企业层面国内增加值率呈逐年上升趋势，加工贸易企业的国内增加值率显著低于一般贸易企业，外资企业的国内增加值率显著低于本土企业，生产技术复杂度高的行业具有较低的出口国内增加值率，推动中国出口国内增加值率上升的主要动力是民营企业与从事加工贸易的外资企业。高敏雪和葛金梅（2013）将企业层面的生产增加值和贸易增加值相联系，提出了通过出口企业增加值率推算出口贸易增加值的方法；郑丹青和于津平（2014）在此基础上，利用微观层面企业数据测算了中国出口贸易增加值率，分析表明中国出口贸易增加值率在 1999～2007 年大致呈上升趋势，其中，劳动密集型的民营企业是出口贸易增加值率上升的主要推动力。孙学敏和王杰（2016）、吕越等（2017a）则进一步测算了企业出口的国外增加值，以衡量企业在全球价值链的嵌入程度，并研究了嵌入程度与企业的生产率之间的关系。肖宇等（2019）利用WIOD、中国海关贸易数据库和中国工业企业数据库，测算了 2000~2009 年中国企业在全球价值链中的位置变化，研究表明中国制造业企业出口嵌入位置和进口嵌入位置都表现出上升趋势，同时产品层面复杂度和质量得到提高，国有企业的综合进出口产品位置较高，偏向于作为原材料进口和中间品出口，从不同区域来看，东部地区的综合进出口位置最低，偏向于最终品出口和基本成型的中间品进口，人力资本和生产率水平越高的企业，其位置越处于全球价值链的上游。高翔等（2019）利用投入产出方法与增加值核算方法，测算了 2000~2011 年中国制造业企业的出口增加值率，发现其呈不断攀升的态势，证实了全球价值链体系下中国企业的出口国内增值能力在不断增强。

2.4 我国产业价值链攀升的影响因素研究

关于我国产业特别是制造业价值链攀升的影响因素，现有研究基于不同视角从要素投入、宏观政策、产业结构、外部环境等多方面进行了研究，本节重点针对技术创新、制造业服务化、制度政策等因素进行文献回顾。

现有文献大多认为技术创新对价值链攀升有显著的促进作用。Koopman 等（2010）测算了全球价值链地位指数并用其衡量一国产业在全球价值链分工中所处的地位，研究发现技术创新能力对提升产业在全球价值链分工中的地位起到极为重要的作用。凌丹和张小云（2018）从行业创新投入和创新产出角度研究了技术创新对制造业价值链升级的影响，研究发现技术创新能稳健地促进价值链升级，并且研发创新投入增加能够促进非技术密集型制造业向技术密集型制造业转变，技术创新绩效提高可以促使技术密集型制造业由"高端产业低端化"向"高端产业高端化"转变。韩军辉和闫姗娜（2018）从绿色技术创新角度研究了绿色技术创新能力与制造业价值链攀升的关系，发现在短期，绿色技术创新能力对制造业价值链攀升具有负向影响，但长期来看，绿色技术创新能力能促进制造业价值链攀升。进一步，一些研究考察了技术外溢和技术模仿的作用。刘维林等（2014）研究发现企业一旦嵌入全球价值链，便可利用价值链内的技术溢出，通过学习效应取得较低成本的技术进步，进而提升出口技术复杂度或实现价值链升级。但这一升级策略不仅要求企业具有获取技术的能力，而且受企业与购买商、市场之间不断变化的关系，以及企业所在行业的集中度、产权制度、行业外向度等因素的影响（Humphrey and Schmitz，2004；王玉燕等，2014）。此外，企业的吸收能力可增强外部知识溢出的促进作用，特别是在生产者驱动型价值链中，吸收能力的调节效应更为重要（陶锋，2011）。除嵌入全球价值链外，企业还可基于对外直接投资（Driffield and Love，2003；赵伟等，2006；刘斌等，2015）、外商直接投资

（foreign direct investment，FDI）（江小涓和李蕊，2002；谢建国，2003；苏振东和周玮庆，2009）、国际外包（Gebauer et al.，2012）等提供的知识、技术外溢及研发合作机会进行技术模仿或创新，从而对发展中国家增加值提升产生贡献（Grossman and Helpman，2002）。但是，技术外溢的效应大小存在地区差异和行业差异（李梅和柳士昌，2012；沙文兵，2012）。单一嵌入全球价值链或过度依赖外资的技术外溢效应，会形成对高端价值链的被动追逐与形式模仿（周密，2013），同时会对本国的部门增长产生挤出效应，并易使本国产生技术依赖，从而阻碍价值链升级，因此必须将技术外溢与自主创新相结合，才能有效实现价值链攀升。余姗和樊秀峰（2014）借鉴 Feenstra（2003）的商品连续统模型，将自主研发、外资引进纳入价值链升级的理论模型，研究发现自主研发具有提高创新能力和吸收能力的双重作用，进而实现向价值链高端攀升。此外，技术创新的提升效应在不同行业和地区具有异质性（沈琳，2015）。以高技术产业作为研究对象，王正新和朱洪涛（2017）研究发现创新效率对出口复杂度具有单门限特征，且样本期间出口复杂度提升的主要来源并非技术创新，若要加快促进高技术产业升级，必须充分发挥创新的内生推动作用。郑江淮和郑玉（2020）指出中国国内中间品创新对制造业价值链攀升的促进作用存在滞后效应和累积效果，即当国内高技能劳动力规模和市场规模超过一定门槛值后，国内中间品创新才会对价值链攀升产生显著的促进作用。徐国庆和周明（2022）指出不同主体、不同类型的技术创新投入对制造业价值链攀升的影响存在异质性，但以专利为表征的技术创新产出对全球价值链生产长度及上游度攀升均具有显著的促进效应。近年来，绿色偏向型技术创新对我国制造业全球价值链攀升的影响也受到了学者的关注。张彭（2023）指出绿色技术创新数量和创新质量对制造业全球价值链攀升均具有显著的促进效应，其中，绿色技术创新质量的促进效应更为明显。

根据 2019 年联合国贸易和发展会议（United Nations Conference on Trade and Development，UNCTAD）上的相关数据，全球出口增加值的 67.5%来自服务部门。我国服务业发展水平和开放程度较低，服务部门在出口增加值中所占比例也相对较低，这已成为制约我国价值链迈向中高端的一个重要因素。从服务经济快速发展格局出发，制造业与服务业深度融合成为必然要求。从内涵上看，制造业服务化是指企业以制造业为中心向以服务为中心的转变过程；从外延上看，制造业服务化可分为制造业投入服务化和制造业产出服务化（刘继国和赵一婷，2006；杨玲，2015；刘斌等，2016；许和连等，2017）。在制造业投入服务化的测度方面，目前学者主要采用投入产出法中的生产消耗系数法，包括直接消耗系数法和完全消耗系数法（顾乃华和夏杰长，2010；刘斌等，2016；许和连等，2017）。随着全球价值链理论和实证研究的发展，部分学者开始采用增加值核算方法来测度制造业投入服务化。该方法可以对全球生产分块化背景下的国际商品和服务贸易流动进行衡量，区分制造业中服务投入的国别来源并解决传统贸易统计体系下贸易数据的重复计算问题。程大中和程卓（2015）、戴翔（2016）使用该方法测算了中国出口贸易中的服务含量，得到国外服务含量占比上升、国内服务含量占比下降的结论。彭水军等（2017）进一步考虑中国贸易的二元结构，发现制造业出口的国内服务化水平低但增速远大于一般贸易出口，在制造业出口增加值创造过程中，国内服务增加值的重要性在快速提高。在制造业产出服务化的度量方面，由于准确度量企业产出的"物品"和"服务"部分相对困难，目前学者主要使用上市公司公开的业务和财务数据，由两步法构建制造业产出服务化指标：服务化虚拟指标和服务化程度（陈漫和张新国，2016；陈丽娴，2017）。也有学者使用投入产出法中的完全分配系数测度制造业产出服务化（黄群慧，2014）。目前研究认为制造业服务化主要通过生产率提升、技术创新、产品质量升级等效应影响制造业价值链攀升。

（1）生产率提升效应。制造业服务化能够通过优化服务要素供给提高企业组织管理效率，降低企业成本，提高企业生产效率，深化企业的价值链参与程度，促进价值链升级（王永进等，2010；吕越等，2015；刘斌等，2016）。Neely（2008）认为未来制造业增长的大部分将来自制造业服务化，制造业采取一系列的服务化战略，促进其自身发展，在国际分工体系下，服务对制造业生产率的影响将发挥更大的作用；Arnold 等（2008）使用世界银行的 1000 家撒哈拉以南非洲微观企业数据，研究发现通信、电力和金融等服务投入对企业生产率的提升具有显著影响。来自中国的经验证据也支持制造业服务化水平有利于促进生产率提升这一研究结论。吕越等（2017b）基于微观企业数据实证分析了全球价值链中的制造业服务化对中国企业生产率的影响，发现制造业服务化有利于提高企业的全要素生产率，尤其是对在价值链中嵌入程度高的企业。周念利等（2017）基于中间投入视角构建理论模型，研究发现制造业企业服务化水平与其全要素生产率之间存在倒 U 形关系，进一步计算我国服务业总体及金融业、电信业、批发和零售业的最优化水平，并与我国目前的制造业服务化水平进行对比，发现目前我国制造业服务化水平整体较低，远低于最优水平。钱学锋等（2020）研究发现中国制造业服务化通过提升生产率和降低交易成本的途径扩大了企业出口。

（2）技术创新效应。制造业服务化能够促进企业的创新能力提升，为企业的发展注入新的动力。Grossman 和 Helpman（2002）、Grossman 和 Rossi-Hansberg（2008）指出制造业投入服务化会降低企业的经营管理成本，提高企业"干中学"能力，进而提升企业的创新能力；Amiti 和 Wei（2009）运用 1992~2000 年美国劳工统计局数据与投入产出数据的合并数据，研究发现服务业和传统制造业的结合为企业提供了吸收优秀知识、技术、管理经验等的机会，因此有助于提升企业的创新能力。基于我国数据，白清（2015）研究指出生产性服务业对促进制造业升级有重要作用，同时发现将知识密集型为核心的服务要素投入传统制造业中可以有效提升制造业的创新能力；胡昭玲等（2017）基于 2016 年版 WIOD，对不同类型国家制造业服务化发展的特征事实进行分析，得出了制造业服务化有利于技术创新和产业结构转型升级的结论；张体俊等（2022）研究发现企业成本加成率和技术创新是制造业服务化影响企业出口国内增加值率的中介渠道。綦良群等（2024）指出先进制造业企业服务化转型是实现全球价值链攀升的重要途径，其中，技术创新是先进制造业向全球价值链上游攀升的主要推动力。但是，也有学者研究发现服务化对企业创新有抑制效应。例如，刘维刚和倪红福（2018）运用 2000～2007 年及 2011 年的中国工业企业数据库和 WIOD 进一步细分制造业服务化的类型，发现中国当前的制造业服务化还处于低质量的层次，传统服务占比较高，智能服务占比较低，不利于提升企业技术创新能力，但间接服务投入和国外服务投入对创新能力具有促进效应。张体俊等（2022）研究发现制造业服务化对企业技术创新存在倒 U 形影响效应，进而对企业出口国内增加值率存在非线性影响。

（3）产品质量升级效应。制造业服务化能够通过水平层面和垂直层面的质量改进促进产品升级（Robinson et al.，2002；刘斌等，2016），提升价值链分工地位与嵌入程度。Vandermerwe 和 Rada（1988）指出越来越多的企业在客户需求的驱动下通过投入服务要素为其核心产品增值，这一途径可以提高产品品质，增强企业竞争优势；Robinson 等（2002）通过对制造业产业中企业及其供应链关系的实证研究，发现加大投入创新性服务要素可以提升产品质量，同时对新产品的开发有一定的促进作用，能够有效提高企业竞争力。刘斌和王乃嘉（2016）将产品品质的提升分为水平方向的技术改进和垂直方向的质量改进，实证结果表明制造业服务化在两个方向都存在促进效果，综合提升了企业产品品质；耿伟和王亥园（2019）基于 2000～2007 年的中国企业数据探究了制造业投入服务化与企业加成率之间的关系，发现产品质量是制造业提高价格加成率的重要渠道，提高投入服务化水平可以提升产品质量从而提升企业加成率。祝树金等（2019）研究发现中国制造业服务化对企业出口产品质量具有显著的 U 形影响效应。但也有部分学者得到差异化的研究结论，认为制造业服务化对产品质量的影响并不显著，或者依赖服务业类型。例如，刘斌和王乃嘉（2016）将制造业投入服务化细分为运输投入服务化、金融投入服务化、电信投入服务化及分销投入服务化四个类别，并基于 2001～2007 年微观企业层面的数据进行了实证分析，结果显示电信投入服务化和运输投入服务化对产品质量的改进效果不明显；马述忠和许光建（2019）研究发现，制造业服务化可以降低企业的产品价格，使其获得成本优势，但是对产品质量的影响不突出。

关于制度政策因素对价值链攀升的影响，大多数研究认为其是研发投入、知识资本等促进价值链攀升的调节效应或门槛因素。戴翔和金碚（2014）的研究表明，参与产品内国际分工会显著促进全球价值链地位提升，但其依赖制度环境条件；刘英基（2016）指出知识资本和制度质量相互推动，对提升出口技术复杂度具有重要作用，制度质量提升能够降低交易费用，为知识创造促进价值链攀升提供动力和保障；刘琳和盛斌（2017）研究发现中国制造业参与全球价值链并没有提高国内技术复杂度，但是良好的商业及制度环境会产生显著正向影响，说明良好的商业及制度环境有利于提高一国吸收价值链外溢技术的能力，引导其向价值链高端延伸。部分学者关注了整体制度质量对价值链攀升的直接作用。一般地，有效的制度安排能降低不确定性从而降低交易成本，在价值链分工位置较高环节，投资专用性更强，对制度质量的依赖更大，因此良好的制度质量能通过降低专用性投资及研发过程中的不确定性，推动价值链向中高端攀升。许多学者对此进行了相应的实证检验，但得到的结果存在差异。Rodrik（2006）、Hausmann 等（2007）研究发现制度质量对出口复杂度无显著影响；Cabral 和 Veiga（2010）、齐俊妍等（2011）分别使用跨国及跨行业数据实证发现好的政府治理及法律制度质量对出口复杂度具有显著促进作用；翟士军和黄汉民（2016）计算了 40 个国家或地区的全球价值链参与度与地位指数，用全球风险指数作为衡量制度质量的指标，发现后者显著促进了价值链攀升；胡昭玲和张玉（2015）使用全球治理指标（worldwide governance indicators，WGI）中的法治水平指标及经济自由度指数实证研究了制度质量改善对价值链的提升效应，发现在制度落后国，这一效应更为显著。针对中国产业价值链攀升的相关研究，戴翔和郑岚（2015）用产权保护制度和司法制度质量作为中国省级制度质量的替代变量，用出口技术含量反映价值链分工地位，研究发现更高的制度质量对价值链攀升具有积极作用；魏龙和王磊（2017）将中国 14 个制造业产业按价值链主导环节归类，研究发现制度质量对下游环节主导产业分工地位的提高最重要。在我国，信用体系不完善问题、地方声誉问题及知识产权保护制度或执行机制缺位等都是价值链升级的制度障碍（任保全等，2016），部分学者重点关注了知识产权保护制度的影响效应。杨珍增和刘晶（2018）研究发现知识产权保护能够促进全球价值链地位的提升，并且这种促进作用在专利密度较高、模仿成本较低的行业更为明显。屠年松和曹宇芙（2019）研究了知识产权保护对服务业全球价值链地位的影响，发现知识产权保护能促进服务业全球价值链地位的提升。知识产权保护制度一方面能保护创新成果，激励技术进步，但另一方面会对技术外溢产生限制。代中强（2014）实证表明中国省际知识产权保护水平与出口技术复杂度之间呈现倒 U 形关系，因此应合理权衡知识产权保护与知识产权反垄断，坚持各地区不均质的知识产权保护状态。祝树金等（2017）借鉴熊彼特增长模型与 Aghion 等（2015）的研究，从逃脱竞争效应和熊彼特效应两个方面分析了市场竞争与知识产权保护影响出口技术升级的机理，研究发现市场竞争对中国工业行业的出口技术升级具有显著正向效应，知识产权保护在一定程度上抑制了中国出口技术升级，但在知识产权保护下市场竞争推动出口技术升级的效应更加明显。佟家栋和范龙飞（2022）基于中国制造业行业数据研究发现，加强知识产权保护显著促进了制造业国内价值链生产长度增加，有利于国内价值链网络的深化和升级。一些学者还从其他政府政策视角研究了制度对价值链升级的影响。张鹏杨等（2019a，2019b）研究了出口加工区（export processing zones，EPZs）成立之初所实施的主导产业扶持政策对全球价值链升级的影响，发现出口加工区的主导产业扶持政策对价值链升级具有负向作用，这种作用只有在存在严重的资源错配时才显著；唐荣（2020）基于《中华人民共和国国民经济和社会发展第十个五年规划纲要》《中华人民共和国国民经济和社会发展第十一个五年规划纲要》中与产业发展相关的政策信息，研究发现产业政策扶持能促进企业价值链升级，并且这种关系主要发生在严格执行政策的硬约束地区。陈贵富和何喆（2020）基于《中华人民共和国国民经济和社会发展第十个五年规划纲要》《中华人民共和国国民经济和社会发展第十一个五年规划纲要》《中华人民共和国国民经济和社会发展第十二个五年规划纲要》中提到的鼓励、支持和重点发展的产业及税收优惠、研发补贴等政策，研究了产业政策与制造业全球价值链攀升的关系，发现产业政策对制造业全球价值链分工地位的提升具有促进作用。此外，洪俊杰和隋佳良（2023）指出，基于新发展格局的战略背景，推动国内大循环的发展政策能显著促进制造业出口企业全球价值链位置的提升；侯俊军等（2023）研究发现签署区域贸易协定（regional trade agreement，RTA）数字贸易规则能够稳健且显著地促进中国企业全球价值链位置攀升；高越和魏俊华（2023）基于动态递归可计算一般均衡（computable general equilibrium，CGE）模型，评估了区域全面经济伙伴关系协定（regional comprehensive economic partnership，RCEP）关税减让给成员方制造业参与全球价值链带来的影响，发现 RCEP 关税减让提高了成员方制造业产业在全球价值链中的位置。

除上述主要影响因素外，现有研究表明国内外环境、企业行为、行业特征也会影响产业价值链攀升。外部环境主要包括参与全球价值链及企业所参与价值链的治理模式（Humphrey and Schmitz，2002；Bazan and Navas-Alemán，2004；van Grunsven and Smakman，2005）、全球经济背景等。内部环境主要包括我国的内需状况、对外开放、人力资本、要素市场扭曲、基础设施、FDI、进口中间品质量、自然资源丰裕度、金融发展程度、基础设施状况、互联网发展等（郭晶，2010；戴翔和郑岚，2015；陆菁和陈飞，2015；李金城和周咪咪，2017；王正新和朱洪涛，2017；高翔等，2018；诸竹君等，2017；吕越等，2020；张天顶和魏丽霞，2023）。尤其是随着近年来数字经济的快速发展和运用，学者逐渐关注到数字经济对企业全球价值链参与及价值链攀升的重要影响，相关的文献主要分为两部分。一部分学者主要关注数字化转型和数字经济发展的影响。吴代龙和刘利平（2022）

基于中国上市企业数据研究表明,企业数字化发展对企业的全球价值链攀升产生了显著的促进效应。屠年松等(2022)基于省级面板数据研究发现,数字经济能显著提升省域制造业全球价值链地位,该影响效应对中西部地区更大,提高技术创新能力和推动产业结构升级是数字经济影响制造业全球价值链地位的两条基本路径。杨仁发和郑媛媛(2023)构建了国家-行业层面的数字经济发展指标,数字经济显著推动全球价值链生产长度增加,深化全球价值链分工。王迎等(2023)研究指出数字经济发展通过技术促进、规模经济和消费升级效应对国内价值链分工水平产生显著的正向作用,并促进了前向和后向分工协调发展。另一部分学者则具体考察数字技术、数字要素及人工智能运用等带来的影响效应。例如,吕越等(2020)研究发现人工智能对中国企业参与全球价值链有正向影响,显著促进了其全球价值链攀升;周洺竹等(2022)基于跨国数据的研究也表明人工智能运用对全球价值链分工位置具有促进效应;李晓静等(2023)指出数字技术通过增加生产性投入进口与降低管理成本两个渠道推动了中国企业价值链位置攀升。

2.5 简要文献评述

综合已有文献发现,关于我国制造业在全球价值链分工体系中地位的综合评判研究还存在不足,特别是关于制造业全球价值链升级的动力机制、基本路径及相关政策的研究亟待深入和完善。

第一,现有文献利用不同的衡量指标,从技术复杂度、增加值、参与度和嵌入位置等方面考察了中国制造业在全球价值链的地位,然而,相关单一指标只能捕捉某个侧面信息,无法全面反映我国制造业在全球价值链中的地位变化;现有文献主要基于行业层面进行研究,而基于微观层面探讨企业在全球价值链的嵌入位置的相关研究还需要进一步完善;现有文献很少从异质性视角区分全球价值链和区域价值链,研究行业、企业在全球价值链中的地位。因此,基于已有指标,从多个维度来综合评判我国制造业在全球价值链中的地位,同时区分行业和企业异质性,探讨不同行业、企业在全球价值链及不同区域价值链中的地位,进而基于不同行业的动态比较优势,分析不同制造业产业价值链攀升的动力机制、途径和突破方式,这些都是需要进一步探讨的问题。

第二,目前关于制造业价值链攀升的动力机制的研究较少,一些文献认为全球价值链驱动主要包括生产者驱动和购买者驱动两种模式;一些文献考察了技术创新对产业价值链升级的驱动效应,但对技术创新的测度过于笼统,没有细分技术创新的类型;相关文献也没有考虑产业的异质性,忽略了产业发展的不同阶段及不同产业创新现状的差异性。党的十九大报告中提出要"加快建设创新型国家",指出"创新是引领发展的第一动力，是建设现代化经济体系的战略支撑"[①]；国家发展改革委发布的《增强制造业核心竞争力三年行动计划（2018—2020年）》基本原则之一就是"坚持创新驱动"，要"把创新作为制造业实现引领发展的第一动力"。因此，创新必然是促进我国制造业迈向全球价值链中高端的根本动力。如何通过要素驱动向创新驱动转变，为我国制造业价值链攀升提供根本动力？如何研究技术创新及代表性创新政策实施对制造业价值链攀升的影响效应？如何进一步研究制造业价值链升级下创新发展的障碍因素和实现条件？这些都是需要重点关注的问题。

第三，现有文献中大多认为我国制造业关键核心技术缺失、产品质量相对较低、标准治理能力弱、出口中服务业占比较低阻碍了我国制造业迈向全球价值链中高端的步伐，而发达国家则依赖关键技术创新、品牌质量、国际标准制定等掌握着话语权，从而占据全球价值链的高端；已有文献较多从技术创新、制度因素、外部环境、企业与行业属性等方面研究了其对我国制造业价值链攀升的影响，但从质量升级、标准治理的视角来研究其对制造业价值链攀升的影响并不多，尤其是针对标准治理的研究缺乏。许多学者认同标准化是影响发展中国家实现制造业价值链升级的重要因素（Humphrey and Schmitz，2002；Nadvi，2008），掌控标准制定权的主导企业在全球价值链中能获得更大收益，但已有文献主要以定性方法阐述标准化对全球价值链治理的影响，没有文献定量研究标准化对价值链攀升的影响效应。新时代下我国社会主要矛盾已经转化为人民日益增长的美好生活需要和不平衡不充分的发展之间的矛盾；在经济领域，不平衡不充分主要表现为发展质量和效益还不高、创新能力不够强、实体经济水平有待提高。提升制造业质量就是解决好不平衡不充分发展问题的重要内容，也是促进制造业价值链攀升的必由之路；而质量和标准两者相辅相成，标准把控质量，质量促进标准（苗圩，2017）。因此，如何基于新时代背景，探讨制造业质量升级和标准治理的重点，研究其对于制造业价值链攀升的作用机制和影响效应，这些都是可进一步研究的主题。

第四，从现有文献来看，制造业价值链攀升的政策研究大多基于传统制造业，主要进行定性分析，而我国经济发展进入新常态，新产业、新业态不断涌现，国内外环境复杂多变；不同的产业具有不同的特点和发展路径，产业的比较优势及其面临的竞争程度、发展阶段等不尽相同，相关政策分析也应有所区别（戴觅和茅锐，2015b；赵伟，2017）。因此，如何考虑政策影响宏观经济和产业发展的复杂性、关联性，结合不同制造业产业的比较优势及其发展阶段，提供研究政策影响的综合效应的数量化工具，更加全面地评价产业政策对制造业价值链攀升的影响效应，合理评估政策的有效性并探讨其优化路径，这也是需要进一步突破和发展的主题。

---

① 中国政府网. 习近平：决胜全面建成小康社会 夺取新时代中国特色社会主义伟大胜利——在中国共产党第十九次全国代表大会上的报告[EB/OL]. （2017-10-27）[2024-04-03]. https://www.gov.cn/zhuanti/2017/10/27/content_5234876.htm.

第 3 章 我国制造业向全球价值链中高端攀升：地位评判及存在问题研究

3.1 全球价值链地位的评判指标及选取

全球价值链地位是指一个国家（或地区）产业在国际生产分工导致的诸多生产环节中所处的位置，这也反映了其获得增加值的能力。早期判断一国（或地区）分工地位的方法（如净贸易指数、显性比较优势指数等）由于重复计算了出口中包含的进口中间品而扭曲了各国（或地区）所获得的分工利益。随着全球价值链理论和核算方法的不断拓展，目前全球价值链地位的量化评价指标主要分为两部分。一部分是基于生产阶梯的视角，测度一国（或地区）及其产业嵌入全球价值链具体生产环节的物理位置，主要有：①生产阶段数与生产到最终需求端的距离；②产出上游度（output upstreamness，OU）指数；③投入下游度（input downstreamness，ID）指数；④基于前（后）向生产长度的全球价值链位置指数。另一部分是基于贸易增加值的视角，揭示一国（或地区）参与全球贸易的实际经济获益情况，间接地反映一国（或地区）及其产业在全球分工中的经济位置，主要有：①垂直专业化份额（share of vertical specification，VSS）；②全球价值链增加值率；③全球价值链参与度指数和全球价值链地位指数。为了对我国制造业在全球价值链中所处地位做出科学合理的评价，本节对这两部分相关指标进行简要梳理与比较分析，进而确定本章研究所采用的指标。

3.1.1 基于生产阶梯的结构指标

1. 生产阶段数与生产到最终需求端的距离

从垂直专业化分工和中间品的视角，为描述产品或产业在生产链中的位置，Fally（2012）提出了两种衡量生产阶段的方法：生产阶段数（N）和生产到最终需求端的距离（D）。

生产阶段数（N）反映了某部门产品生产平均需要的阶段数，其相当于参与该产品生产包含的生产阶段的加权平均数，计算公式为

$$N_j = 1 + \sum_k \mu_{jk} N_k \tag{3.1}$$

其中，N_j、N_k 分别为部门 j、部门 k 产品生产包含的生产阶段的加权平均数；μ_{jk} 为部门 j 生产单位产品时所需要的来自部门 k 的中间品。如果某部门产品的生产不需要来自其他部门的中间品，则 $N_j = 1$。

生产到最终需求端的距离（D）反映某部门产品从生产到最终需求前所经历的平均工厂数，即按生产阶段数衡量的该产品从生产到最终需求端的距离，计算公式为

$$D_j = 1 + \sum_k \varphi_{jk} D_k \tag{3.2}$$

其中，D_j、D_k 分别为部门 j、部门 k 的产品从生产到最终需求端的距离；$\varphi_{jk} = \dfrac{Y_k \mu_{kj}}{Y_j + M_j - X_j}$ 为部门 j 的产品作为部门 k 的中间品占对部门 j 总需求的份额，Y_j、Y_k 分别为部门 j、部门 k 产品的产值，M_j 和 X_j 分别为部门 j 的进口额与出口额。如果某部门的产品直接被用作最终消费，则 $D_j = 1$，否则，$D_j > 1$。

生产阶段数（N）与生产到最终需求端的距离（D）为后续从产业链结构的角度刻画一国（或地区）在全球价值链分工中的物理位置奠定了理论基础。但由于 Fally（2012）主要采用单国的投入产出模型，研究结论具有一定的局限性，同时，这两个指标主要计算了各部门的生产过程经历的阶梯数，属于物理结构指标，在当今全球价值链背景下，不能反映部门参与国际分工而实现的贸易利得。

2. 产出上游度指数

产出上游度的概念是 Antràs 等（2012）在 Fally（2012）的生产到最终需求端的距离的基础上进行改进而提出来的，这种测度方法所得出的价值链分工位置与 Fally（2012）的观点在逻辑上是一致的。产出上游度是指从生产单位到最终需求端通过阶段序数加权所得的距离。产出上游度侧重分析行业在产出供给链上的嵌入位置。根据里昂惕夫的表述，一国某个行业的总产出可以分成该行业的最终品及其他各行业将该产品作为它们生产的中间品的需求。产出上游度指数越大，表明该部门与最终需求端的距离越远，同时说明在该部门的生产过程中参与了更多的其他部门的生产，与其他行业的中间品供给的关联程度较高，具体计算公式如下：

$$U_i = 1 \times \frac{F_i}{Y_i} + 2 \times \frac{\sum_{j=1}^{n} a_{ij} F_j}{Y_i} + 3 \times \frac{\sum_{j=1}^{n}\sum_{k=1}^{n} a_{ik} a_{kj} F_j}{Y_i} + 4 \times \frac{\sum_{j=1}^{n}\sum_{k=1}^{n}\sum_{l=1}^{n} a_{il} a_{lk} a_{kj} F_j}{Y_i} + \cdots \tag{3.3}$$

其中，Y_i 为部门 i 的总产值；F_i 为部门 i 的产品作为最终品被消费的价值；a_{ij} 为部门 j 单位产品生产对部门 i 的产品作为中间品的需求量，即部门 j 对部门 i 的直接消耗系数。产出上游度的优势在于可以反映该生产单位到最终需求端的距离，但

该指标不能反映该部门在参与全球价值链生产过程中的价值增值能力，也不能反映该部门的获益能力。

3. 投入下游度指数

Miller 和 Temurshoev（2017）从投入需求链视角提出了与产出上游度相似的投入下游度的概念。他们认为部门在生产分工中的位置是与最终需求中的家庭、政府和投资者相关的，家庭、政府和投资者既是最终的需求者又是基本投入的提供者，因此，某部门生产的产业链既可以看作产出供应链也可以看作投入需求链。与产出上游度不同，投入下游度从价值链生产过程中投入需求的角度进行分析，反映了某部门的生产与最初投入供给者之间的距离。投入下游度指数越大，说明产业在投入需求链上的嵌入位置处于下游，与最初投入供给者的距离越远，与其他行业的中间投入需求关联程度越强，具体计算公式为

$$D_i = 1 \times \frac{V_i}{X_i} + 2 \times \frac{\sum_{j}^{n} V_j b_{ji}}{X_i} + 3 \times \frac{\sum_{j}^{n} \sum_{k}^{n} V_j b_{jk} b_{ki}}{X_i} + 4 \times \frac{\sum_{j}^{n} \sum_{k}^{n} \sum_{l}^{n} V_j b_{jk} b_{kl} b_{li}}{X_i} + \cdots \quad (3.4)$$

其中，X_i 为部门 i 的总投入，等于部门 i 的增加值 V_i 与从所有部门购买的中间品 $\sum_{j}^{n} Z_{ji}$ 的和；$b_{ji} = Z_{ji} / X_j$ 为部门 j 对部门 i 的中间投入占部门 j 总投入的比例，即产业 i 的总投入 $X_i = V_i + \sum_{j}^{n} b_{ji} X_j$。

投入下游度可以说明产业在整个投入需求链上的物理嵌入位置，反映该部门与最初投入供给者间的距离，但与产出上游度类似，该指标只能反映该部门到最初投入供给者的一个物理位置，并不能反映该部门在参与全球价值链生产过程中的价值增值能力。

4. 基于前（后）向生产长度的全球价值链位置指数

全球价值链的生产过程涉及的环节非常多，不仅包括起点和终点环节，而且包括很多中间环节，因此全球价值链位置是一个相对的概念，它既要考虑某部门产品的生产相对于上游生产过程开始的位置，也要考虑其相对于下游生产过程结束的位置。在前述三种衡量方法的基础上，Wang 等（2017）进一步从增加值被计入总产出的平均次数的角度来定义生产过程中涉及的各种类型的生产长度和位置。具体来说，生产长度是指一国产品部门的初始投入创造的增加值被计入另一国其他部门的最终品的平均次数。考虑到一国某部门产品在生产分工中是否跨境及跨境次数，Wang 等（2017）将部门的生产长度分解为三个部分：①纯国内生产长度（产品仅在国内生产和消费，增加值不涉及跨境活动）；②传统李嘉图贸易生

产长度（产品的增加值嵌入在最终品的出口中，增加值仅跨境一次）；③全球价值链相关部分的生产长度（产品的增加值嵌入在中间品的出口中，最终可能被直接进口国吸收以生产最终品，也可能被进口国用来生产中间品再出口至其他国家，增加值涉及多次跨境活动）。进一步地，基于增加值的去向（前向关联）和最终品价值的来源（后向关联），Wang 等（2017）定义了前向生产长度（上游度）、后向生产长度（下游度）和位置指数（上游度/下游度）。前向生产长度（上游度）是指从一国某部门产品的增加值到最终品所经历的平均生产阶段数，前向生产长度越大，表示该部门的产品越远离最终消费端，更多地以中间品的形式参与其他部门的生产，处于生产分工的上游；后向生产长度（下游度）是指从初始投入到一国某部门最终品的生产所经历的平均生产阶段数，后向生产长度越大，说明该部门的产品离初始投入越远，更接近最终需求端，处于生产分工的下游；全球价值链位置指数，也称为全球价值链相对上游度，是指全球价值链前向生产长度（全球价值链上游度）与全球价值链后向生产长度（全球价值链下游度）的比值，可以反映一国的相关部门在全球价值链生产分工中所处的位置，全球价值链位置指数越大，说明该部门越处于价值链分工的相对上游环节。

假设全球由 G 个国家组成，每个国家拥有 N 个部门，部门的总产出既可用于最终需求，也可用于中间投入满足其他部门的生产，根据世界投入产出表，定义 A 为直接消耗系数矩阵，A^D 和 A^F 分别为对本国国内中间品和对进口中间品的直接消耗系数矩阵，Y 为最终需求矩阵，Y^D、Y^F 为本国国内、国外的最终需求矩阵，E 为总出口矩阵，包括中间品出口和最终品出口，L 为本国国内的里昂惕夫逆矩阵，B 为全球生产的里昂惕夫逆矩阵，I 为单位矩阵，因此，总产出矩阵 X 可表达为

$$X = AX + Y = A^D X + A^F X + Y^D + Y^F = A^D X + Y^D + E$$
$$= (\text{I} - A^D)^{-1} Y^D + (\text{I} - A^D)^{-1} E = L Y^D + L Y^F + L A^F X \quad (3.5)$$

在式（3.5）的两边都左乘增加值率矩阵的对角矩阵 $\hat{V}$，根据里昂惕夫等式将 X 替换为 BY，并将最终需求矩阵转换为其对角矩阵，经过整理，可得

$$\hat{V} B \hat{Y} = \hat{V} L \hat{Y}^D + \hat{V} L \hat{Y}^F + \hat{V} L A^F B \hat{Y} \quad (3.6)$$

其中，$\hat{V} B \hat{Y}$ 是对所有国家及部门的增加值和最终品生产的完整分解，从行向看，该矩阵展示了一国某部门增加值的具体去向，即基于前向关联的分解；从列向看，该矩阵展示了一国某部门的最终品具体来源于哪些国家及部门的增加值，即基于后向关联的分解。$\hat{V} L \hat{Y}^D$ 为纯国内生产活动创造的增加值；$\hat{V} L \hat{Y}^F$ 为传统李嘉图贸易创造的增加值；$\hat{V} L A^F B \hat{Y}$ 为参与全球价值链生产活动创造的增加值。将每个阶段的生产长度作为权重，并将所有生产阶段加总，可以得到从增加值的初始创造到最终品生产所引致的总产出：

$$\hat{V}\hat{Y}+2\hat{V}A\hat{Y}+3\hat{V}AA\hat{Y}+\cdots=\hat{V}(I+2A+3AA+\cdots)\hat{Y}$$
$$=\hat{V}(B+AB+AAB+\cdots)\hat{Y}=\hat{V}BB\hat{Y} \tag{3.7}$$

基于与式（3.7）相同的逻辑，参与全球价值链生产活动创造的增加值所引致的总产出如下：

$$\text{X\_GVC}=\hat{V}LLA^{F}B\hat{Y}+\hat{V}LA^{F}BB\hat{Y} \tag{3.8}$$

将参与全球价值链生产活动创造的增加值所引致的总产出与其增加值相除，即可计算全球价值链平均生产长度。此外，从前向关联来看，将增加值所引致的总产出与增加值分别横向加总并相除，即可计算前向生产长度；从后向关联来看，将增加值所引致的总产出与增加值分别纵向加总并相除，即可计算后向生产长度。

由此，所有国家及部门的全球价值链上游度如下：

$$\text{PL\_F\_GVC}=\frac{\hat{V}LLA^{F}BY+\hat{V}LA^{F}BBY}{\hat{V}LA^{F}BY} \tag{3.9}$$

相应地，所有国家及部门的全球价值链下游度如下：

$$\text{PL\_B\_GVC}=\frac{VLLA^{F}B\hat{Y}+VLA^{F}BB\hat{Y}}{VLA^{F}B\hat{Y}} \tag{3.10}$$

最后，将全球价值链上游度与全球价值链下游度相除，即可得到所有国家及部门的全球价值链位置指数。特定国家某部门全球价值链位置指数可以表达为

$$\text{GVCPs}_{ir}=\frac{\text{PL\_F\_GVC}_{ir}}{\text{PL\_B\_GVC}_{ir}} \tag{3.11}$$

其中，i 为部门；r 为国家。全球价值链位置指数是一个综合衡量指标，其优点在于综合了之前学者关于全球价值链位置的物理衡量指标，并将其与投入产出表的增加值分解相结合，不仅考虑了一国的生产链嵌入位置，而且测算了生产过程涉及的增加值活动。另外，该指标还可以反映某生产国与各个国家之间生产关联的复杂性。但该指标测算过程涉及的变量较多，测算相对麻烦，同时该指标主要反映嵌入价值链的物理位置，不能较好地反映参与全球价值链分工的获益能力。

3.1.2　基于贸易增加值的价值指标

1. 垂直专业化份额

为了衡量一国参与垂直专业化分工的程度，Hummels 等（2001）提出垂直专业化份额的概念，指一国出口产品中所包含的进口中间品的份额。基于单国投入产出表，其表达式为

$$\text{VSS} = \text{VS} / \text{EX} = \mu A^M [I - A^D]^{-1} X / \text{EX} \qquad (3.12)$$

其中，μ 为 $1 \times n$ 的元素为 1 的向量；EX 为 n 个行业出口之和；I 为 $n \times n$ 的单位矩阵；X 为 $n \times 1$ 的各产业出口向量；$A^M = [m_{ij}]_{n \times n}$ 为各行业单位产出的进口中间投入系数矩阵，元素 m_{ij} 为行业 j 单位产出使用的来自行业 i 的进口中间投入；$A^D = [d_{ij}]_{n \times n}$ 为各行业单位产出的国内中间投入系数矩阵（国内消耗系数矩阵），元素 d_{ij} 为行业 j 单位产出使用的来自行业 i 的国内中间投入。

垂直专业化份额不同于早期研究中单纯将中间品贸易等同于垂直专业化，而是将垂直专业化定义为出口产品中的进口中间品份额，关注一国出口中包含的进口中间品，系统量化跨越多国的垂直贸易联系的程度。但在使用该指标时，存在以下问题：①假设较为严格，并不适用于一般情况。这主要是因为，首先，无论是一般贸易还是加工贸易，其进口中间品都应均匀地用于所有产品（一般出口、加工出口、国内销售）生产，此假设不适用于以加工贸易出口为主的发展中国家，以中国为例，加工出口在中国的整个出口中占据相当高的比例，因此进口中间品可能更密集地用于出口产品的生产而不是均匀地用在所有的生产活动中，直接应用该指标将会低估中国出口的垂直专业化水平（唐东波，2013）；其次，所有的进口中间品必须是国外增加值，不适用于通过第三方转口且进口中包含极大自身增加值份额的发达国家（李昕和徐滇庆，2013）。②仅基于各国自身的国家投入产出表，忽略了全球层面的国家联系和产业关联（岑丽君，2015）。③该指标涉及很多和垂直专业化分工网络无关的因素，无法准确分析垂直专业化对宏观经济的作用。代谦和何祚宇（2015）认为技术的变动及出口的影响因素（如国际消费偏好的变化、国际人员交流等）等都会影响垂直专业化份额，而这些因素和垂直专业化分工网络无关。

2. 全球价值链增加值率

基于国际投入产出模型，Koopman 等（2010）提出了著名的 KPWW 方法，将一国对世界的总出口分解为以下五项：

$$E_{r*} = \underbrace{V_r B_{rr} \sum_{s \neq r} Y_{rs}}_{(1)} + \underbrace{V_r B_{rr} \sum_{s \neq r} A_{rs} X_{ss}}_{(2)} + \underbrace{V_r B_{rr} \sum_{s \neq r} \sum_{t \neq r,s} A_{rs} X_{st}}_{(3)} + \underbrace{V_r B_{rr} \sum_{s \neq r} A_{rs} X_{sr}}_{(4)} + \underbrace{\text{FV}_r}_{(5)}$$

$$(3.13)$$

其中，V_r 为增加值率向量；B_{rr} 为 r 国国内的里昂惕夫逆矩阵；Y_{rs} 为最终需求向量，表示 r 国出口到 s 国的最终品；A_{rs} 为 s 国对 r 国的直接消耗系数矩阵；X_{ss} 为由 s 国生产并被 s 国吸收的总产出；X_{st} 为由 s 国生产但被 t 国吸收的总产出；X_{sr} 为由 s 国生产但被 r 国吸收的总产出。式（3.13）等号右边的项（1）表示被直接进口国进口的 r 国最终品出口中包含的国内增加值，项（2）表示被直接进口国用于生产国内所需产品的 r 国中间品出口中包含的国内增加值，项（3）表示被直接进口国用来生产其向第三国出口产品而进口的 r 国中间品出口中包含的国内增加值，即间接增加值出口（indirect value added exports，IV），项（4）表示被直接进口国生产加工后又返回 r 国并被 r 国最终吸收的本国中间品出口中包含的国内增加值，项（5）表示本国出口中包含的国外增加值（foreign value added used in exports，FV）。项（1）～（3）相加等于一国的增加值出口，项（1）～（3）之和除以总出口为增加值出口与总出口之比（ratio of value added to gross exports，VAX ratio），即全球价值链增加值率。

3. 全球价值链参与度指数和全球价值链地位指数

基于以上出口增加值的分解，Koopman 等（2010）进一步构建了反映一国参与全球价值链的程度和地位的指标，即全球价值链参与度指数和全球价值链地位指数。

全球价值链参与度指数被定义为一国出口中包含的间接增加值出口与国外增加值之和与总出口的比例。该指数值越大，说明一国参与全球价值链的程度越高，计算公式如下：

$$\text{GVC\_Participation}_r = \frac{\text{IV}_r + \text{FV}_r}{E_{r*}} \tag{3.14}$$

全球价值链地位指数被定义为一国出口中包含的间接增加值出口与该国自身生产使用的国外增加值的对数比，计算公式如下：

$$\text{GVC\_Position}_r = \ln\left(1 + \frac{\text{IV}_r}{E_{r*}}\right) - \ln\left(1 + \frac{\text{FV}_r}{E_{r*}}\right) \tag{3.15}$$

Koopman 等（2010）表明处于某产业全球价值链上游环节的国家会通过向其他国家提供中间品来参与全球价值链生产，其间接增加值出口占总出口的比例就会高于国外增加值占总出口的比例；相反，如果一国处于某产业全球价值链下游环节，就会更多地使用来自其他国家的进口品来生产出口产品，此时本国出口产品中所包含的国外增加值就高于本国间接增加值。因此，该指数值越大，表明一国某产业在全球价值链中所处的地位越高，即越靠近上游（研发、设计、物流配送、市场营销、售后服务等），其参与国际生产分工的贸易利得就越大；该指数值越小，表明一国的该产业在全球分工中所处的地位越低，即越靠近下游（原材料与零部件生产、成品组装等），其包括的国内增加值就越低（黎峰，2015）。

全球价值链参与度指数和全球价值链地位指数在度量全球价值链分工特征方面具有较强的科学性、准确性和实用性：①通过构建多国投入产出模型，考虑了不同国家及其部门之间的产业关联，实现了对一国总出口的完全分解，进一步完善了贸易增加值核算方法的相关研究，有助于真实评估贸易失衡问题和国际比较；②放宽了垂直专业化份额所依赖的严格假设条件，考虑了进口中间品包含本国国内增加值的特殊情形，能够更加准确地度量一国出口国内增加值的贡献，纠正了传统贸易统计方法对真实贸易利益的扭曲（岑丽君，2015）；③通过拓展可以用于测算双边、部门和双边部门层面的全球价值链增加值率等指标，具有更强的适用性和实践指导意义。但这些指标的缺点在于，尽管 Koopman 等（2010）的分析框架基于不同增加值来源对一国总出口进行了分解，适用范围广，也提供了全球价值链视角下增加值贸易核算的统一框架，但是在计算出口总值中主要增加值时仅用三个矩阵（增加值率、里昂惕夫逆矩阵和总出口）相乘。Wang 等（2013）认为这些指标忽视了部门层面出口中的增加值和增加值出口两者之间的区别，进而提出了基于前向关联和后向关联的总出口核算框架，实现了双边和部门层面的出口贸易的分解。

通过以上文献梳理，比较分析现有的全球价值链地位评价指标的优缺点，可以发现，目前有关全球价值链地位的测度没有统一的评判指标，已有指标都是从单一的视角反映全球价值链地位的内涵，不能全面系统地反映一国（或地区）及其产业在全球价值链中的真实地位。为了更科学、准确地测度一国（或地区）产业在国际生产分工中的地位，考虑适用范围、衡量内容的全面性及实际数据的可操作性，本章选择其中具有代表性的评价指标，从结构、价值两个维度，基于全球、区域、企业三个层面分别进行测算和比较分析，从而多层面、全方位地考察我国制造业在全球价值链中的地位、演变特征及其差异性。结构指标主要采用全球价值链位置指数；价值指标主要采用全球价值链增加值率、全球价值链地位指数和全球价值链参与度指数。

3.2　我国制造业价值链地位的测度与比较：基于全球层面

本节研究数据主要来源于 2016 年版 WIOD。2016 年版 WIOD 中的世界投入产出表涵盖了 43 个国家（欧盟 28 国和 15 个其他主要贸易国）和世界其他地区（rest of the world，ROW）56 个产业部门 2000～2014 年连续的时间序列数据，其中有 18 个产业部门属于制造业。该数据库涉及的国家或地区的生产总值总和占全球生产总值的 85%以上，因此可以很好地刻画全球主要贸易国家或地区间的经济活动。

本节利用 2016 年版 WIOD 数据，借鉴 Wang 等（2017）、Wang 等（2013）和 Koopman 等（2010）的研究，测算 2000～2014 年我国及主要发达国家与发展中国家制造业细分行业层面的全球价值链位置指数、全球价值链增加值率、全球价值链参与度指数、全球价值链地位指数，分析层面包括制造业整体、制造业细分行业等，分析维度包括演变趋势和国际比较。其中，制造业整体层面的分析数据为所有细分行业的简单平均值，不同要素密集度制造业和不同技术水平制造业层面的分析数据来自相应组别细分行业的简单平均值，要素密集度分类标准借鉴李怡和李平（2018）的研究，技术水平分类标准借鉴尹伟华（2017）的研究。在国际比较分析中，由于世界投入产出表中的国家和地区多达 44 个，借鉴倪红福（2017）的研究，重点选取主要发达国家和发展中国家（包括美国、德国、法国、英国、日本、韩国、印度和巴西）进行国际对比分析，以探讨我国制造业在全球分工中的相对地位及与其他国家的差距，进一步为分析我国制造业全球价值链攀升存在的问题和现实基础提供数据支撑。

3.2.1 制造业整体全球价值链地位的演变趋势及比较

1. 演变趋势分析

图 3.1 显示了 2000～2014 年我国制造业整体的全球价值链位置指数、全球价值链增加值率、全球价值链参与度指数和全球价值链地位指数的演变趋势。总体来看，我国制造业的全球价值链位置指数呈下降趋势，说明我国制造业在全球价值链中的嵌入位置在逐渐向下游生产环节移动，与最终需求的距离越来越近；全球价值链增加值率在 2009 年前后呈现两个阶段的先降后升趋势，但上升幅度小于下降幅度，总体上我国制造业在全球价值链中的增值能力呈先降低后增加的演变趋势，这与魏浩和王聪（2015）的研究结论基本是一致的；全球价值链参与度指数则在 2009 年前后呈现两个阶段的先升后降趋势，总体上我国制造业在全球价值链中的融入程度、对全球价值链贸易的贡献度先上升后下降；全球价值链地位指数的演变趋势与全球价值链增加值率的演变趋势相似，我国制造业在全球价值链中的分工地位和重要性经历了先降低后提升的变化。尽管我国制造业全球价值链增加值率、全球价值

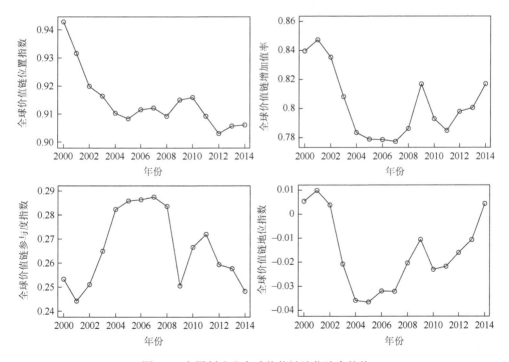

图 3.1 中国制造业全球价值链地位演变趋势

链参与度指数和全球价值链地位指数的变化方向不同，但其演变形式具有共同特征，都由前后两个演变趋势构成，原因如下：一方面，在加入 WTO 以后，我国制造业面临的关税和各种贸易政策的不确定性明显降低，对外贸易迅速发展，并利用巨大的人口红利优势逐渐成为"世界工厂"，形成样本期间前半段的演变特征；另一方面，全球金融危机、外贸需求下降，以及扩大内需、产业升级等国内宏观政策的推动使我国制造业形成样本期间后半段的演变特征。

具体来看，我国制造业在全球价值链中的嵌入位置的变化经历了三个阶段，2000~2005 年下降较快，2005~2010 年小幅回升，2010 年之后在波动中下降。我国制造业全球价值链增加值率在 2000~2007 年快速下降，2007~2009 年有所回升，2009~2014 年经历下降后不断上升。将全球价值链位置指数与全球价值链增加值率对比来看，与微笑曲线的含义一致，即研发、设计、销售等生产链两端的活动是高增加值环节，组装、加工、制造等生产链中端的活动是低增加值环节。我国制造业在全球生产分工中主要从事组装、加工、制造等中游环节，全球价值链位置指数的下降趋势和全球价值链增加值率的先降后升趋势表明，我国制造业从中游环节的相对上游移动到了相对下游。另外，我国制造业全球价值链融入程度的演变趋势经历了两个阶段，通过对比全球价值链参与度指数与全球价值链地位指数来看，在大部分样本期间，我国制造业全球价值链融入程度与全球价值链分工地位的变化方向正好相反，即较高的融入程度伴随着较低的分工地位，说明我国制造业在参与全球分工的过程中陷入低端锁定困境。特别地，2008 年全球金融危机对我国制造业在全球价值链中的嵌入位置、增值能力、融入程度和分工地位的冲击都非常明显，说明稳定的国际环境和较强的抗击风险能力有利于稳定贸易升级。

2. 国际比较分析

图 3.2 对比了我国制造业与美国、德国、法国、英国、日本、韩国、印度和巴西制造业的全球价值链位置指数、全球价值链增加值率、全球价值链参与度指数和全球价值链地位指数。图 3.2 显示，我国制造业的全球价值链位置指数在大部分样本期间低于其他样本国家，说明我国制造业在全球价值链中的嵌入位置处于相对下游生产环节，距离最终需求较近。处于我国相对较近上游生产环节的国家是德国、法国、美国、印度，处于我国相对较远上游生产环节的国家是英国、巴西、日本、韩国。就演变趋势而言，我国与德国、法国、美国、印度、日本制造业的全球价值链位置指数都呈下降趋势，而英国、韩国和巴西制造业的全球价值链位置指数略有上升趋势，表明我国制造业的嵌入位置有向下游生产环节移动的趋势；我国与这些样本国家制造业的全球价值链位置指数都呈下降趋势可能意味着制造业下游生产链条在一定程度上缩短。

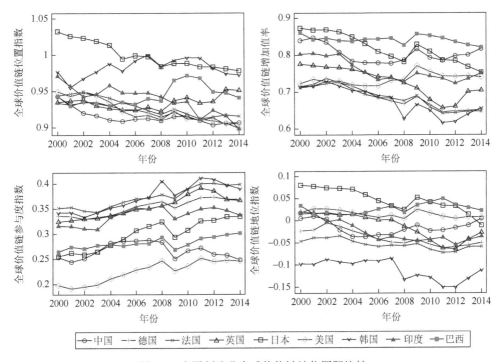

图 3.2　中国制造业全球价值链地位国际比较

　　我国制造业全球价值链增加值率在大部分样本期间低于日本和巴西，但高于德国、法国、英国、美国、韩国和印度，说明我国制造业在全球价值链中的增值能力较强，出口国内增加值比例较高，这可能是因为出口中使用的进口中间品较少，或者出口中返回国内用于满足本国消费需求的增加值较少[①]。就变化趋势的对比来说，美国制造业的全球价值链增加值率有上升趋势，而我国与其他样本国家制造业的全球价值链增加值率有下降趋势，表明我国制造业的增值能力在降低。总体来看，大部分样本国家制

---

　　① 本节中制造业细分行业全球价值链增加值率是各国各行业对世界所有国家出口的增加值率，制造业整体全球价值链增加值率是该国所有制造业细分行业全球价值链增加值率的简单平均值。从后面制造业细分行业的分析来看，我国纺织品、服装以及皮革和相关产品制造业（C6），化学品及化学制品制造业（C11），基本医药产品和医药制剂制造业（C12），基本金属制造业（C15）的全球价值链增加值率都是较高的，只有计算机、电子产品和光学产品制造业（C17）的全球价值链增加值率非常低，这样从整体来看，与其他样本国家相比，我国制造业全球价值链增加值率较高是合理的。已有文献中，Koopman 等（2014）使用全球贸易分析项目（Global Trade Analysis Project，GTAP）数据库和联合国商品贸易（United Nations Comtrade，UN Comtrade）数据库对 2004 年各国总出口进行了分解，表明出口增加值率较高的有日本（84.9%）和巴西（87.0%）等，出口增加值率较低的有韩国（65.2%）及一些其他亚洲国家或地区，出口增加值率居中的有美国（74.6%）等，此外，中国一般贸易的出口增加值率为 84.2%，中国加工贸易的出口增加值率为 43.1%。这些数据（特别是相互比较数据）与图 3.2 一致。当然，Koopman 等（2014）计算的是各国总体出口增加值率，而本节计算的是各国制造业出口增加值率，可能存在一些差异；Wang 等（2013）使用 2014 年版WIOD 计算了美国运输设备行业的出口增加值率，表明美国该行业的出口增加值率并不高，其在 1995～2011 年的均值仅为 68.7%，说明美国制造业也存在出口增加值率较低的行业，拉低了美国制造业整体的出口增加值率水平。

造业的全球价值链增加值率呈下降趋势，意味着全球价值链分工在不断深化和细化。

我国制造业的全球价值链参与度指数在大部分样本期间小于其他样本国家，但高于美国，说明我国制造业在全球价值链中的融入程度仍相对较低，对全球价值链贸易的贡献度较低，这可能源于我国制造业出口具有较低份额的进口中间品或者较低份额的间接出口中间品。就变化趋势的对比来说，我国制造业的全球价值链参与度指数呈先升后降趋势，而其他样本国家制造业的全球价值链参与度指数呈较为明显的上升趋势，表明我国制造业全球价值链融入程度有逐渐落后于其他样本国家的趋势。我国制造业在全球价值链中融入程度的提高可能与我国加入WTO的推动作用有关，而2007年之后融入程度的下降则与全球金融危机、扩大内需等相关。

我国制造业的全球价值链地位指数在大部分样本期间低于英国、日本、美国和巴西，高于德国、法国、韩国和印度，说明我国制造业在全球价值链中的分工地位处于中等水平，原因在于出口中使用的进口中间品不多，或者间接出口中间品不多。从具体数值来看，我国制造业全球价值链地位指数略低于0，说明我国制造业出口中进口中间品高于间接出口中间品。就变化趋势的对比来说，我国制造业和美国、巴西制造业的全球价值链地位指数没有明显的升降趋势，德国、法国、英国、日本、韩国、印度制造业的全球价值链地位指数有所下降，表明我国制造业的分工地位相对提高。我国制造业的全球价值链地位指数在2010年之后持续上升，表明我国制造业分工地位可能进一步提高。

综上所述，我国制造业参与全球分工总体处于下游生产环节，主要承担组装、加工生产活动，出口以满足国外需求为导向，中间品贸易规模较小，对全球价值链分工的重要性相对不高。

3.2.2　制造业细分行业全球价值链地位的演变趋势及比较

1. 演变趋势分析

图3.3显示了2000～2014年我国制造业细分行业的全球价值链位置指数、全球价值链增加值率、全球价值链参与度指数和全球价值链地位指数的演变趋势①。

---

① 2016年版WIOD使用的分类标准是《所有经济活动的国际标准产业分类修订版第四版》（*International Standard Industrial Classification of All Economic Activities Revision* 4，ISIC Rev.4）。根据该分类标准，制造业细分行业名称与图中简写代码的对应关系如下：C5-食品、饮料和烟草制品制造业；C6-纺织品、服装以及皮革和相关产品制造业；C7-木材、木材制品及软木制品的制造（家具除外），草编制品及编织材料物品制造；C8-纸和纸制品制造业；C9-记录媒介物的印制及复制制造业；C10-焦炭和精炼石油产品制造业；C11-化学品及化学制品制造业；C12-基本医药产品和医药制剂制造业；C13-橡胶和塑料制品制造业；C14-其他非金属矿物制品制造业；C15-基本金属制造业；C16-金属制品的制造业，但机械设备除外；C17-计算机、电子产品和光学产品制造业；C18-电力设备制造业；C19-未另分类的机械和设备制造业；C20-汽车、挂车和半挂车制造业；C21-其他运输设备制造业；C22-家具的制造和其他制造业。

具体来看，我国制造业各细分行业的全球价值链位置指数、全球价值链增加值率、全球价值链参与度指数和全球价值链地位指数的综合变化趋势没有共同模式。从全球价值链位置指数来看，我国食品、饮料和烟草制品制造业（C5），焦炭和精炼石油产品制造业（C10），基本金属制造业（C15）呈明显上升趋势，说明这些行业的全球价值链嵌入位置有向上游生产环节移动的趋势，距离最终需求越来越远；纺织品、服装以及皮革和相关产品制造业（C6），基本医药产品和医药制剂制造业（C12），橡胶和塑料制品制造业（C13），其他非金属矿物制品制造业（C14），电力设备制造业（C18），未另分类的机械和设备制造业（C19），汽车、挂车和半挂车制造业（C20），其他运输设备制造业（C21），家具的制造和其他制造业（C22）呈下降趋势，说明这些行业的全球价值链嵌入位置有向下游生产环节移动的趋势，不断接近最终需求；其他行业总体上没有明显的升降趋势。从全球价值链增加值率来看，我国纺织品、服装以及皮革和相关产品制造业（C6）呈明显上升趋势，说明这个行业在全球价值链中的增值能力在增强，出口国内增加值比例在提高；焦炭和精炼石油产品制造业（C10）、化学品及化学制品制造业（C11）、基本金属制造业（C15）总体趋于下降，说明这些行业在全球价值链中的增值能力在减弱，出口国内增加值比例在降低；其他行业没有明显的升降趋势。从全球价值链参与度指数来看，我国家具的制造和其他制造业（C22）有上升趋势，说明其在全球价值链中的融入程度在提高，对全球价值链贸易的贡献度在提高；纺织品、服装以及皮革和相关产品制造业（C6），化学品及化学制品制造业（C11），基本金属制造业（C15），计算机、电子产品和光学产品制造业（C17）呈下降趋势，说明这些行业在全球价值链中的融入程度在下降，对全球价值链贸易的贡献度在下降；其他行业没有明显的升降趋势。从全球价值链地位指数来看，我国纺织品、服装以及皮革和相关产品制造业（C6），木材、木材制品及软木制品的制造（家具除外），草编制品及编织材料物品制造业（C7），基本医药产品和医药制剂制造业（C12），家具的制造和其他制造业（C22）呈上升趋势，说明这些行业在全球价值链中的分工地位在上升，对全球生产分工的重要性在增强；焦炭和精炼石油产品制造业（C10）、基本金属制造业（C15）下降趋势明显，说明这些行业在全球价值链中的分工地位在下降，对全球生产分工的重要性在减弱；其他行业没有明显的升降趋势。

从不同细分行业之间的对比来看，全球价值链嵌入位置处于相对上游的行业是焦炭和精炼石油产品制造业（C10），处于相对下游的行业是纺织品、服装以及皮革和相关产品制造业（C6），基本医药产品和医药制剂制造业（C12）；出口增值能力较强的行业是食品、饮料和烟草制品制造业（C5），基本医药产品和医药制剂制造业（C12），较弱的行业是计算机、电子产品和光学产品制造业（C17）；全球价值链融入程度较高的行业是化学品及化学制品制造业（C11），基本金属制造业（C15），计算机、电子产品和光学产品制造业（C17），较低的是食品、饮料和烟草制品制造业（C5），基本医药产品和医药制剂制造业（C12），家具的制造和其他制造业（C22）；分工地位较高的是化学品及化学制品制造业（C11），基本金属制造业（C15），较低的是计算机、电子产品和光学产品制造业（C17），其他运输设备制造业（C21）。

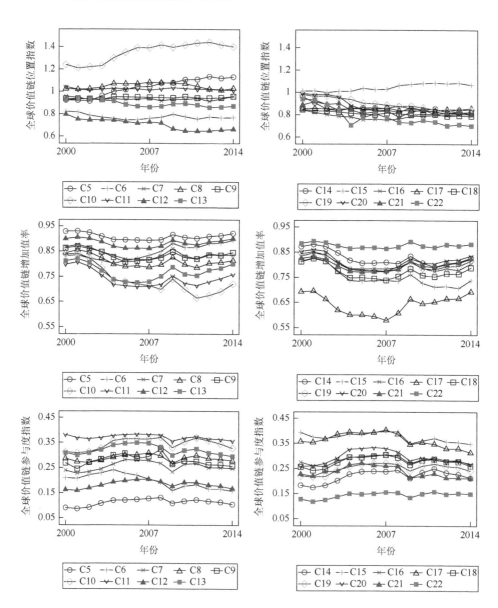

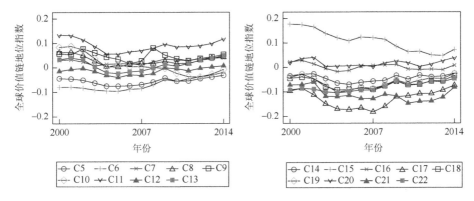

图 3.3　中国制造业细分行业全球价值链地位演变趋势

2. 国际比较分析

基于上述制造业各细分行业在全球价值链地位中的演变特征分析，结合我国制造业的现实情况，本节重点选取纺织品、服装以及皮革和相关产品制造业（C6），化学品及化学制品制造业（C11），基本医药产品和医药制剂制造业（C12），计算机、电子产品和光学产品制造业（C17）这 4 个代表性行业，对其在全球价值链中的地位进行国际比较分析。

1）纺织品、服装以及皮革和相关产品制造业全球价值链地位的国际比较

图 3.4 对比了我国与代表性样本国家纺织品、服装以及皮革和相关产品制造业的全球价值链位置指数、全球价值链增加值率、全球价值链参与度指数和全球价值链地位指数。图 3.4 显示，我国纺织品、服装以及皮革和相关产品制造业的全球价值链位置指数在大部分样本期间高于韩国、印度和巴西，低于德国、法国、英国、日本和美国，说明我国该行业在全球价值链中的嵌入位置处于相对下游生产环节，距离最终需求较近，这可能是因为增加值所引致的总产出规模较小，前向生产长度较短，或者本环节创造的增加值较多[①]。就变化趋势来说，我国与德国、法国、美国、印度该行业的全球价值链位置指数呈下降趋势，而英国、日本、韩国、巴西该行业的全球价值链位置指数呈上升趋势，表明我国该行业在全球价值链中的嵌入位置有进一步向下游生产环节移动的趋势，但与其他样本国家相比，相对位置基本不变。

我国纺织品、服装以及皮革和相关产品制造业的全球价值链增加值率在大部分样本期间高于德国、法国、英国、日本、美国、韩国，低于印度和巴西，我国该行业在全球价值链中的增值能力较强，出口国内增加值比例较高；就变化趋势而言，

[①] Wang 等（2017）也使用 2016 年版 WIOD 测算了 2014 年 20 个较大经济体的三个典型行业的全球价值链位置指数，包括纺织品、服装以及皮革和相关产品制造业，以及计算机、电子产品和光学产品制造业，图 3.4、图 3.5 所呈现的这两个行业全球价值链位置指数的国际比较与他们的测算基本一致。

我国与美国该行业的全球价值链增加值率都有明显上升趋势，而德国、法国、韩国、日本该行业的全球价值链增加值率呈下降趋势，其他样本国家该行业的全球价值链增加值率尽管存在波动但总体变化不大，表明我国该行业的增值能力在提高。

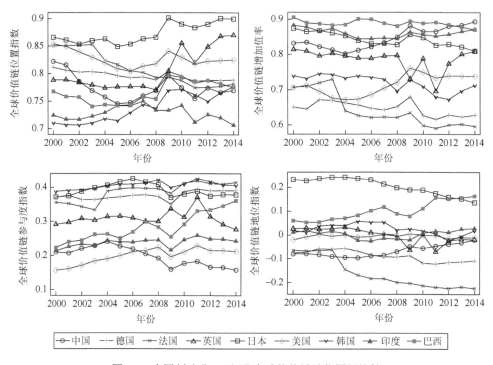

图 3.4　中国制造业 C6 行业全球价值链地位国际比较

我国纺织品、服装以及皮革和相关产品制造业的全球价值链参与度指数在大部分样本期间低于其他样本国家，说明我国该行业在全球价值链中的融入程度较低，很大程度是因为出口中使用的进口中间品较少，或者间接出口中间品较少；就变化趋势来说，只有我国该行业的全球价值链参与度指数有下降趋势，而其他样本国家该行业的全球价值链参与度指数呈上升趋势或者总体不变，表明我国该行业全球价值链融入程度在逐渐落后于其他样本国家，特别是在 2004 年之后下降较快。

我国纺织品、服装以及皮革和相关产品制造业的全球价值链地位指数在大部分样本期间高于德国和法国，而低于其他样本国家，说明我国该行业在全球价值链中的分工地位较低，部分原因在于过度依赖进口原材料等、生产最终品较多、为其他国家出口提供中间品较少；从变化趋势来看，我国与巴西该行业的全球价值链地位指数都呈上升趋势，而德国、法国、英国、日本该行业的全球价值链地位指数呈下降趋势，美国、韩国、印度该行业的全球价值链地位指数无明显变化，表明我国该行业的全球价值链分工地位有所改善。

2）化学品及化学制品制造业全球价值链地位的国际比较

图 3.5 对比了我国与代表性样本国家化学品及化学制品制造业的全球价值链位置指数、全球价值链增加值率、全球价值链参与度指数和全球价值链地位指数。图 3.5 显示，我国化学品及化学制品制造业的全球价值链位置指数在大部分样本期间高于德国、法国、英国、美国、印度和巴西，低于日本和韩国，说明我国该行业的全球价值链嵌入位置处于相对上游生产环节，距离最终需求较远；就变化趋势来说，我国与英国、日本、印度、巴西该行业的全球价值链位置指数都不具有明显的升降趋势，而德国、法国、美国、韩国该行业的全球价值链位置指数呈下降趋势，表明我国该行业的嵌入位置将继续处于相对上游生产环节。

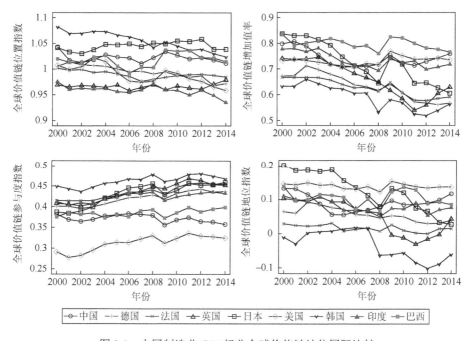

图 3.5　中国制造业 C11 行业全球价值链地位国际比较

我国化学品及化学制品制造业的全球价值链增加值率在大部分样本期间高于德国、法国、英国、日本、韩国，低于巴西，与美国和印度相当，说明我国该行业在全球价值链中的增值能力较强，出口国内增加值比例较高；就变化趋势而言，美国、巴西该行业的全球价值链增加值率变化不明显，我国该行业的全球价值链增加值率在略有下降后有所上升，其他样本国家该行业的全球价值链增加值率呈下降趋势，表明我国该行业的增值能力在下降后有继续提高的趋势。

我国化学品及化学制品制造业的全球价值链参与度指数在大部分样本期间仅高于美国，低于其他样本国家，说明我国该行业在全球价值链中的融入程度较低，对全球价值链贸易的贡献度较低;从变化趋势来说,仅我国该行业的全球价值链参与度指数略有下降趋势,其他样本国家该行业的全球价值链参与度指数都呈不同程度的上升趋势。

我国化学品及化学制品制造业的全球价值链地位指数在大部分样本期间高于多数其他样本国家,说明我国该行业在全球价值链中的分工地位较高,对全球生产网络的重要性较强,部分原因在于我国间接出口中间品较多,在全球分工中提供了较多的原材料、中间品;就变化趋势来说,我国该行业的全球价值链地位指数呈先降后升趋势,德国、英国、日本、印度该行业的全球价值链地位指数呈下降趋势,而法国、美国、巴西该行业的全球价值链地位指数变化不明显,表明我国该行业的分工地位相对而言在不断提高,特别地,我国该行业的全球价值链地位指数在 2013 年超过巴西,成为样本国家中该行业分工地位仅次于美国的国家。

3)基本医药产品和医药制剂制造业全球价值链地位的国际比较

图 3.6 对比了我国与代表性样本国家基本医药产品和医药制剂制造业的全球价值链位置指数、全球价值链增加值率、全球价值链参与度指数和全球价值链地位指数。图 3.6 显示,我国基本医药产品和医药制剂制造业的全球价值链位置指数在大部分样本期间低于除法国之外的其他样本国家,说明我国该行业在全球价值链中的嵌入位置处于相对下游生产环节,距离最终需求较近;就变化趋势来说,我国与这些样本国家该行业的全球价值链位置指数都呈下降趋势,且我国的相对

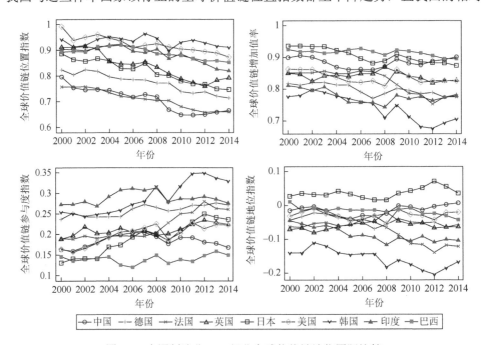

图 3.6　中国制造业 C12 行业全球价值链地位国际比较

排序不变，可能意味着该行业的下游生产链条在缩短，同时表明我国该行业的嵌入位置将继续处于下游生产环节。

我国基本医药产品和医药制剂制造业的全球价值链增加值率在大部分样本期间高于德国、法国、英国、美国、韩国、印度，低于日本和巴西，说明我国该行业在全球价值链中的增值能力较强，出口国内增加值比例较高；从变化趋势来看，我国和印度该行业的全球价值链增加值率呈先降后升趋势，德国、法国、日本、韩国的全球价值链增加值率呈略微下降趋势，而英国、美国、巴西的全球价值链增加值率趋势变化不明显，表明我国该行业的增值能力相对提高，且我国该行业全球价值链增加值率在 2014 年超过巴西升至第一位，出口增值能力优势进一步凸显。

我国基本医药产品和医药制剂制造业的全球价值链参与度指数在大部分样本期间仅高于巴西，总体低于除巴西之外的其他样本国家，说明我国该行业在全球价值链中的融入程度较低；从变化趋势来看，我国和印度该行业的全球价值链参与度指数呈先升后降趋势，巴西该行业的全球价值链参与度指数变化趋势不明显，其他样本国家该行业的全球价值链参与度指数都呈上升趋势，表明我国该行业在全球价值链中的融入程度有落后于其他样本国家的趋势。

我国基本医药产品和医药制剂制造业的全球价值链地位指数在大部分样本期间仅低于日本，而高于其他样本国家，说明我国该行业在全球价值链中的分工地位较高，对全球生产网络的重要性较强；就变化趋势来说，我国与英国、日本、美国该行业的全球价值链地位指数呈上升趋势，法国、韩国、印度、巴西的全球价值链地位指数呈下降趋势，德国的全球价值链地位指数不具备明显的升降趋势，表明我国该行业全球价值链分工地位相对提高，且我国该行业的全球价值链地位指数在 2009 年超过巴西，成为样本国家中该行业分工地位仅次于日本的国家，我国该行业分工地位有继续提高的潜力。

4）计算机、电子产品和光学产品制造业全球价值链地位的国际比较

图 3.7 对比了我国与代表性样本国家计算机、电子产品和光学产品制造业的全球价值链位置指数、全球价值链增加值率、全球价值链参与度指数和全球价值链地位指数。图 3.7 显示，我国计算机、电子产品和光学产品制造业的全球价值链位置指数在大部分样本期间明显低于印度和巴西，与其他样本国家大致相当，说明我国该行业在全球价值链中的嵌入位置处于相对下游生产环节，距离最终需求较近；就变化趋势来说，我国与日本、韩国、巴西等样本国家该行业的全球价值链位置指数不具有明显的升降趋势，德国、法国、美国、印度该行业的全球价值链位置指数呈下降趋势，而英国该行业的全球价值链位置指数呈上升趋势，我国该行业在全球价值链中的嵌入位置与其他样本国家比较基本不变，将继续处于相对下游生产环节。从 2012 年之后的对比来看，我国该行业的全球价值链位置指数与日本和韩国接近，德国、法国、美国该行业的全球价值链位置指数比较相近，英国和印度该行业的全球价

值链位置指数比较相近，表明该行业的全球分工逐渐形成了以集群为基本节点、较为专业化的价值链模式。

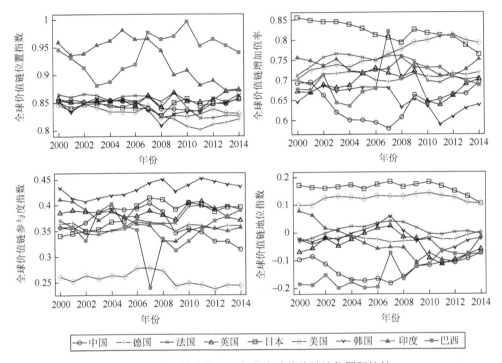

图 3.7　中国制造业 C17 行业全球价值链地位国际比较

　　我国计算机、电子产品和光学产品制造业的全球价值链增加值率在大部分样本期间与韩国差别最小，低于除韩国以外的其他样本国家，说明我国该行业的增值能力较弱，出口国内增加值比例较低；从变化趋势来看，我国该行业的全球价值链增加值率呈先降后升趋势，德国、美国、巴西该行业的全球价值链增加值率呈上升趋势，法国该行业的全球价值链增加值率呈先升后降趋势，英国、印度该行业的全球价值链增加值率不具有明显的升降趋势，日本、韩国该行业的全球价值链增加值率呈下降趋势，表明我国该行业的增值能力总体趋势在提升，但相对地位变化不显著，尚处于竞争劣势。

　　我国计算机、电子产品和光学产品制造业的全球价值链参与度指数在大部分样本期间处于中等偏上水平，美国该行业的全球价值链参与度指数最低，韩国该行业的全球价值链参与度指数最高，说明我国该行业在全球价值链中的融入程度居中偏上；就变化趋势而言，我国与美国、印度该行业的全球价值链参与度指数呈下降趋势，德国、英国、韩国、巴西该行业的全球价值链参与度指数不具有明显的升降趋势，法国、日本该行业的全球价值链参与度指数呈上升趋势，表明我国该行业全球价值链中的融入程度在下降，有落后于其他样本国家的趋势。

我国计算机、电子产品和光学产品制造业的全球价值链地位指数在大部分样本期间仅高于巴西，低于其他样本国家，说明我国该行业在全球价值链中的分工地位较低，对全球生产网络的重要性较弱；从变化趋势来看，我国该行业的全球价值链地位指数呈先降后升趋势，德国、法国、日本、美国该行业的全球价值链地位指数不具备明显的升降趋势，英国、韩国该行业的全球价值链地位指数呈先升后降趋势，印度该行业的全球价值链地位指数呈下降趋势，巴西该行业的全球价值链地位指数呈上升趋势，表明我国该行业分工地位近期在不断提高，但相对地位变化不明显。

3.2.3　不同要素密集度制造业价值链地位的演变趋势及比较

1. 演变趋势分析

图 3.8 显示了 2000～2014 年我国不同要素密集度制造业的全球价值链位置指数、全球价值链增加值率、全球价值链参与度指数和全球价值链地位指数的演变趋势[①]。首先，我国劳动密集型制造业的全球价值链位置指数、全球价值链增加值率呈先降后升趋势，但从样本期末与样本期初的对比来看，全球价值链位置指数有所下降，全球价值链增加值率略微上升；全球价值链参与度指数呈先升后降趋势，全球价值链地位指数呈小幅上升趋势，说明我国劳动密集型制造业在全球价值链中的嵌入位置在缓慢地向下游生产环节移动，价值链贸易的增值能力略有上升，而全球价值链融入程度先上升后略有下降，全球价值链中分工地位和重要性则有所提高。其次，我国资本密集型制造业的全球价值链位置指数没有明显的升降趋势，全球价值链增加值率总体呈下降趋势，全球价值链参与度指数呈先升后降趋势，全球价值链地位指数在波动中下降，说明我国资本密集型制造业在全球价值链中的嵌入位置比较稳定，没有明显变化，价值链贸易增值能力及全球价值链中分工地位和重要性有所减弱，全球价值链融入程度和贡献度略有下降。最后，我国技术密集型制造业的全球价值链位置指数呈下降趋势，全球价值链增加值率及全球价值链地位指数呈先降后升趋势，全球价值链参与度指数呈先升后降趋势，说明我国技术密集型制造业在全球价值链中的嵌入位置在逐渐向下游生产环节移

---

① 借鉴李怡和李平（2018）的研究划分不同要素密集度制造业。劳动密集型制造业如下：C5-食品、饮料和烟草制品制造业；C6-纺织品、服装以及皮革和相关产品制造业；C7-木材、木材制品及软木制品的制造（家具除外），草编制品及编织材料物品制造业；C22-家具的制造和其他制造业。资本密集型制造业如下：C8-纸和纸制品制造业；C9-记录媒介物的印刷及复制制造业；C10-焦炭和精炼石油产品制造业；C13-橡胶和塑料制品制造业；C14-其他非金属矿物制品制造业；C15-基本金属制造业；C16-金属制品的制造业，但机械设备除外。技术密集型制造业如下：C11-化学品及化学制品制造业；C12-基本医药产品和医药制剂制造业；C17-计算机、电子产品和光学产品制造业；C18-电力设备制造业；C19-未另分类的机械和设备制造业。

动，距离最终需求越来越近，贸易增值能力及在全球价值链中的分工地位在经历下降后总体上有所提升，全球价值链融入程度和贡献度先上升后下降。

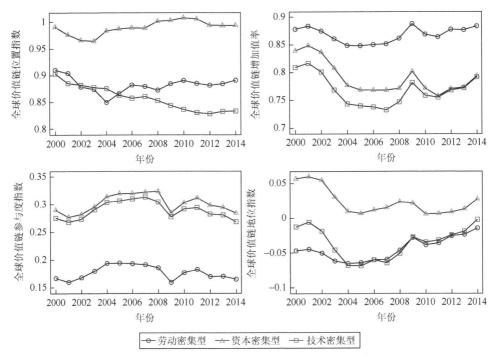

图3.8　中国制造业不同要素密集型行业全球价值链地位演变趋势

　　从不同要素密集度制造业之间的对比来看，我国劳动密集型制造业的出口增值能力相对最高，但全球价值链融入程度相对最低；我国资本密集型制造业在全球价值链中的嵌入位置、融入程度及分工地位相对最高；与劳动密集型制造业、资本密集型制造业相比，我国技术密集型制造业在全球价值链中的嵌入位置、出口增值能力、融入程度和分工地位都不具有比较优势。

2. 国际比较分析

1）劳动密集型制造业全球价值链地位的国际比较

　　图3.9对比了我国与代表性样本国家劳动密集型制造业的全球价值链位置指数、全球价值链增加值率、全球价值链参与度指数和全球价值链地位指数。图3.9显示，我国劳动密集型制造业的全球价值链位置指数在大部分样本期间低于英国、日本和韩国，与其他样本国家差不多，说明我国劳动密集型制造业在全球价值链中的嵌入位置处于相对下游生产环节；就变化趋势来说，我国与德国、法国、美国、印度和巴西劳动密集型制造业的全球价值链位置指数都不具备明显的升降趋势，英国、韩

国劳动密集型制造业的全球价值链位置指数呈上升趋势，日本劳动密集型制造业的
全球价值链位置指数呈下降趋势，表明我国劳动密集型制造业的嵌入位置基本不变。

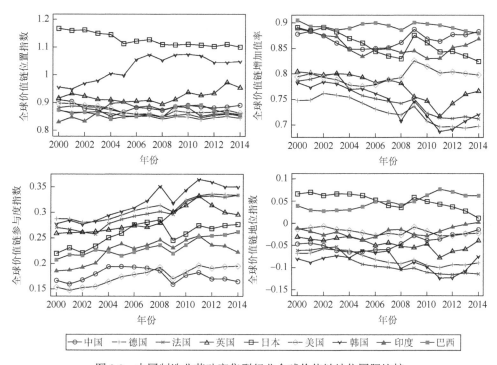

图 3.9　中国制造业劳动密集型行业全球价值链地位国际比较

　　我国劳动密集型制造业的全球价值链增加值率在大部分样本期间仅低于巴
西，高于除巴西之外的其他样本国家，说明我国劳动密集型制造业在全球价值链
中的增值能力较强，出口国内增加值比例较高；就变化趋势而言，我国与印度劳
动密集型制造业的全球价值链增加值率呈先降后升趋势，德国、法国、英国、日
本、韩国和巴西劳动密集型制造业的全球价值链增加值率呈下降趋势，美国劳动
密集型制造业的全球价值链增加值率在波动中略有上升，表明我国劳动密集型
制造业的增值能力相对提高，且我国在 2014 年超过巴西成为样本国家中劳动密集型
制造业的全球价值链增加值率最高的国家。

　　我国劳动密集型制造业的全球价值链参与度指数与美国接近，而低于除美国
之外的其他样本国家，说明我国劳动密集型制造业在全球价值链中的融入程度较
低；从变化趋势来说，我国与美国劳动密集型制造业的全球价值链参与度指数变
化趋势不明显，而其他样本国家的全球价值链参与度指数都呈不同程度的上升趋
势，表明我国劳动密集型制造业的全球价值链融入程度有落后于其他样本国家的
趋势；特别地，我国劳动密集型制造业的全球价值链参与度指数在 2008 年开始落

后于美国，成为样本国家中劳动密集型制造业的全球价值链参与度指数最低的国家，说明我国劳动密集型制造业融入程度有待加强。

我国劳动密集型制造业的全球价值链地位指数在大部分样本期间高于德国、法国、韩国，低于英国、日本、美国、印度和巴西，说明我国劳动密集型制造业在全球价值链中的分工地位不高，对全球生产网络的重要性较弱；从变化趋势来看，我国与印度、巴西劳动密集型制造业的全球价值链地位指数呈小幅上升趋势，而德国、法国、英国、日本劳动密集型制造业的全球价值链地位指数呈下降趋势，表明我国劳动密集型制造业的分工地位相对提高。

2）资本密集型制造业全球价值链地位的国际比较

图 3.10 对比了我国与代表性样本国家资本密集型制造业的全球价值链位置指数、全球价值链增加值率、全球价值链参与度指数和全球价值链地位指数。图 3.10 显示，我国资本密集型制造业的全球价值链位置指数在大部分样本期间低于其他样本国家，也就是说我国资本密集型制造业在全球价值链中的嵌入位置处于相对下游生产环节，距离最终需求最近；就变化趋势来说，我国资本密集型制造业的全球价值链位置指数不具有明显的升降趋势，德国、法国、日本、美国、韩国、印度资本密集型制造业的全球价值链位置指数呈下降趋势，而英国、巴西资本密集型制造业的全球价值链位置指数呈略微上升趋势，表明我国资本密集型制造业的嵌入位置有

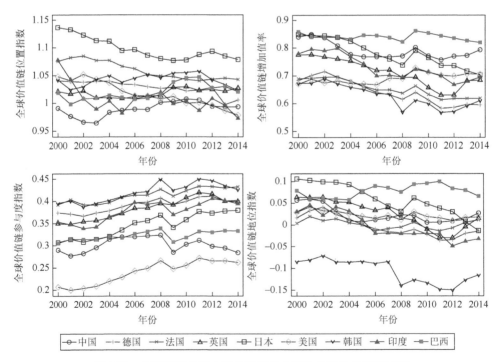

图 3.10　中国制造业资本密集型行业全球价值链地位国际比较

向上游生产环节移动的趋势，但与其他样本国家相比，仍处于相对下游生产环节。

我国资本密集型制造业的全球价值链增加值率在大部分样本期间仅低于巴西，而高于其他样本国家，说明我国资本密集型制造业在全球价值链中的增值能力较强，出口国内增加值比例较高；从变化趋势来说，美国、巴西资本密集型制造业的全球价值链增加值率变化趋势不明显，而我国与其他样本国家资本密集型制造业的全球价值链增加值率呈下降趋势，表明我国资本密集型制造业的增值能力相对降低。

我国资本密集型制造业的全球价值链参与度指数在大部分样本期间仅高于美国，低于除美国之外的其他样本国家，说明我国资本密集型制造业在全球价值链中的融入程度相对较低；从变化趋势而言，仅我国资本密集型制造业的全球价值链参与度指数不具备明显的升降趋势，而其他样本国家资本密集型制造业的全球价值链参与度指数都呈不同程度的上升趋势，表明我国资本密集型制造业的全球价值链融入程度存在逐渐落后于其他样本国家的趋势，且与除美国之外的其他样本国家的差距不断拉大。

我国资本密集型制造业的全球价值链地位指数在大部分样本期间高于德国、法国、韩国、印度，低于英国、日本、巴西，与美国相当，说明我国资本密集型制造业在全球价值链中的分工地位中等居上，对全球生产网络的重要性较强；从变化趋势来看，我国与德国、法国、英国、日本、韩国、印度资本密集型制造业的全球价值链地位指数呈不同程度的下降趋势，而美国、巴西资本密集型制造业的全球价值链地位指数变化不明显，表明我国资本密集型制造业的分工地位总体趋于下降。

3）技术密集型制造业全球价值链地位的国际比较

图3.11对比了我国与代表性样本国家技术密集型制造业的全球价值链位置指数、全球价值链增加值率、全球价值链参与度指数和全球价值链地位指数。图3.11显示，我国技术密集型制造业的全球价值链位置指数在大部分样本期间低于德国、英国、美国、韩国、印度和巴西，与法国、日本相当，说明我国技术密集型制造业在全球价值链中的嵌入位置处于相对下游生产环节；就变化趋势来说，我国与其他样本国家的技术密集型制造业的全球价值链位置指数都呈下降趋势，表明我国技术密集型制造业的嵌入位置有向下游生产环节移动的趋势。

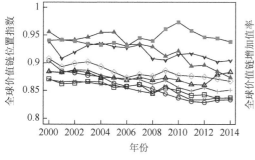
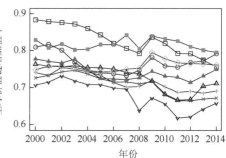

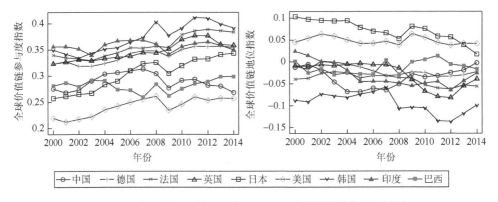

图 3.11　中国制造业技术密集型行业全球价值链地位国际比较

　　我国技术密集型制造业的全球价值链增加值率在大部分样本期间高于德国、法国、英国、韩国、印度，低于日本、巴西，与美国相当，说明我国技术密集型制造业在全球价值链中的增值能力相对较强，出口国内增加值比例较高；就变化趋势而言，我国技术密集型制造业的全球价值链增加值率呈先降后升趋势，德国、法国、英国、日本、韩国技术密集型制造业的全球价值链增加值率呈下降趋势，美国技术密集型制造业的全球价值链增加值率呈小幅上升趋势，印度、巴西技术密集型制造业的全球价值链增加值率变化不明显，表明我国技术密集型制造业的增值能力相对提高。

　　我国技术密集型制造业的全球价值链参与度指数在大部分样本期间高于美国和巴西，低于其他样本国家，说明我国技术密集型制造业在全球价值链中的融入程度不高，对全球价值链贸易的贡献度较低；从变化趋势来看，我国技术密集型制造业的全球价值链参与度指数呈先升后降趋势，特别是在 2011 年之后持续降低，德国、法国、英国、日本、美国、韩国和巴西技术密集型制造业的全球价值链参与度指数都呈不同程度的上升趋势，表明我国技术密集型制造业的全球价值链融入程度相对降低。

　　我国技术密集型制造业的全球价值链地位指数在大部分样本期间高于韩国，低于其他样本国家，说明我国技术密集型制造业在全球价值链中的分工地位相对较低，对全球生产网络的重要性较弱，原因在于出口中使用的进口中间品较多，主要生产最终品，同时间接出口中间品较少；从变化趋势来看，我国技术密集型制造业的全球价值链地位指数呈先降后升趋势，法国、英国、日本、韩国、印度技术密集型制造业的全球价值链地位指数呈下降趋势，德国、美国、巴西技术密集型制造业的全球价值链地位指数变化不明显，表明我国技术密集型制造业的分工地位相对提高，特别是从 2013 年开始仅低于美国、日本、巴西，我国技术密集型制造业分工地位已相对较高，并有进一步提升趋势。

3.2.4　不同技术水平制造业价值链地位的演变趋势及比较

1. 演变趋势分析

图 3.12 显示了 2000～2014 年我国不同技术水平制造业的全球价值链位置指数、全球价值链增加值率、全球价值链参与度指数和全球价值链地位指数的演变趋势[①]。我国低技术水平制造业的全球价值链位置指数、全球价值链增加值率、全球价值链参与度指数和全球价值链地位指数都没有明显升降趋势，其在全球价值链中的嵌入位置、增值能力、融入程度和分工地位比较稳定；中低技术水平制造业的全球价值链位置指数和全球价值链参与度指数没有明显的升降趋势，但全球价值链增加值率和全球价值链地位指数呈下降趋势，说明中低技术水平制造业在全球价值链中的增值能力及分工地位和重要性有所减弱；中高技术水平制造业的全球价值链位置指数呈显著下降趋势，其他指标没有明显的变化趋势，说明我国中高技术水平制造业在全球价值链中的嵌入位置在逐渐向下游生产环节移动，距离最终需求越来越近；高技术水平制造业的全球价值链位置指数没有明显升降趋势，全球价值链增加值率和全球价值链地位指数呈先降后升趋势，全球价值链参与度指数有下降趋势，说明我国高技术水平制造业在全球价值链中的嵌入位置没有明显变化，增值能力和分工地位先减弱后增强，全球价值链融入程度和贡献度总体趋于下降。

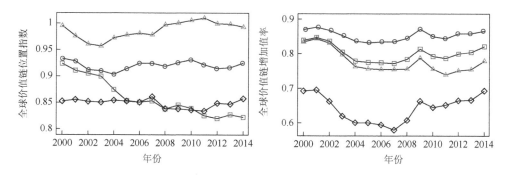

① 借鉴尹伟华（2017）的研究和 OECD 按照《欧盟经济活动分类统计标准》（*Statistical Classification of Economic Activities in the European Community*，NACE）划分不同技术水平制造业。低技术水平制造业如下：C5-食品、饮料和烟草制品制造业；C6-纺织品、服装以及皮革和相关产品制造业；C7-木材、木材制品及软木制品的制造（家具除外），草编制品及编织材料物品制造业；C8-纸和纸制品制造业；C9-记录媒介物的印刷及复制制造业；C22-家具的制造和其他制造业。中低技术水平制造业如下：C10-焦炭和精炼石油产品制造业；C13-橡胶和塑料制品制造业；C14-其他非金属矿物制品制造业；C15-基本金属制造业；C16-金属制品的制造，但机械设备除外。中高技术水平制造业如下：C11-化学品及化学制品制造业；C12-基本医药产品和医药制剂制造业；C18-电力设备制造业；C19-未另分类的机械和设备制造业；C20-汽车、挂车和半挂车制造业；C21-其他运输设备制造业。高技术水平制造业如下：C17-计算机、电子产品和光学产品制造业。

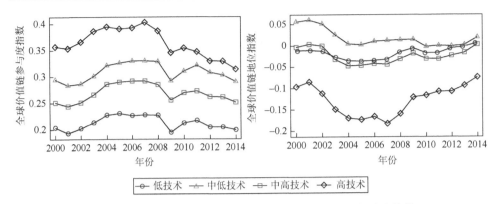

图 3.12　中国制造业不同技术水平行业全球价值链地位演变趋势

从不同技术水平制造业之间的对比来看，我国低技术水平制造业的出口增值能力相对最高，但全球价值链融入程度相对最低；中低技术水平制造业在全球价值链中的嵌入位置和分工地位相对最高；与其他技术水平制造业相比，中高技术水平制造业在全球价值链中的嵌入位置、出口增值能力、融入程度和分工地位都不具有明显比较优势；高技术水平制造业的全球价值链融入程度相对最高，但出口增值能力和分工地位都很低[①]。

2. 国际比较分析

1）低技术水平制造业全球价值链地位的国际比较

图 3.13 对比了我国与代表性样本国家低技术水平制造业的全球价值链位置指数、全球价值链增加值率、全球价值链参与度指数和全球价值链地位指数。图 3.13 显示，我国低技术水平制造业的全球价值链位置指数在大部分样本期间高于美国，显著低于日本、韩国，与德国、法国、英国、印度和巴西相对接近，说明我国低技术水平制造业在全球价值链中的嵌入位置处于相对下游生产环节，但竞争程度比较高；就变化趋势来说，我国与英国、印度、巴西低技术水平制造业的全球价值链位置指数不具备明显的升降趋势，德国、法国、日本、美国低技术水平制造业的全球价值链位置指数呈下降趋势，而韩国低技术水平制造业的全球价值链位置指数呈上升趋势。

我国低技术水平制造业的全球价值链增加值率在大部分样本期间低于日本、巴西，而高于其他样本国家，说明我国低技术水平制造业在全球价值链中的增值能力较强，出口国内增加值比例较高；就变化趋势而言，我国与巴西低技术水平制造业的全球价值链增加值率有波动，但总体变化趋势不明显，德国、法国、英

① 尹伟华（2017）计算了中国不同技术水平制造业出口贸易总额分解结果，给出了不同技术水平制造业全球价值链增加值率的变化趋势和相互对比，与图 3.12 基本一致。

国、日本、韩国、印度低技术水平制造业的全球价值链增加值率呈下降趋势，而美国低技术水平制造业的全球价值链增加值率呈上升趋势，表明我国低技术水平制造业的增值能力相对提高。

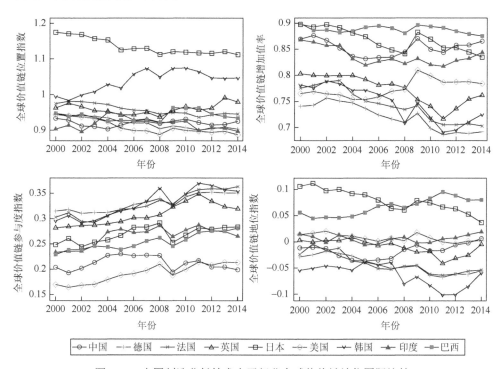

图 3.13　中国制造业低技术水平行业全球价值链地位国际比较

　　我国低技术水平制造业的全球价值链参与度指数在大部分样本期间仅高于美国，低于除美国之外的其他样本国家，说明我国低技术水平制造业在全球价值链中的融入程度较低；从变化趋势而言，仅我国低技术水平制造业的全球价值链参与度指数不具备明显的升降趋势，而其他样本国家低技术水平制造业的全球价值链参与度指数都呈不同程度的上升趋势，特别是我国低技术水平制造业全球价值链参与度指数在 2012 年之后低于美国，成为低技术水平制造业的全球价值链参与度指数最低的样本国家，表明我国低技术水平制造业的全球价值链融入程度相对落后。

　　我国低技术水平制造业的全球价值链地位指数在大部分样本期间高于德国、法国、韩国，低于其他样本国家，说明我国低技术水平制造业在全球价值链中的分工地位较低，对全球生产网络的重要性较弱；从变化趋势来看，我国与巴西低技术水平制造业的全球价值链地位指数呈上升趋势，德国、法国、英国、日本、韩国低技术水平制造业的全球价值链地位指数呈下降趋势，表明我国低技术水平制造业的分工地位相对提高。

2）中低技术水平制造业全球价值链地位的国际比较

图 3.14 对比了我国与代表性样本国家中低技术水平制造业的全球价值链位置指数、全球价值链增加值率、全球价值链参与度指数和全球价值链地位指数。图 3.14 显示，我国中低技术水平制造业的全球价值链位置指数在大部分样本期间与巴西相当，低于除巴西之外的其他样本国家，说明我国中低技术水平制造业在全球价值链中的嵌入位置处于相对下游生产环节；就变化趋势来说，我国与英国、巴西中低技术水平制造业的全球价值链位置指数呈上升趋势，德国、法国、日本、美国、印度中低技术水平制造业的全球价值链位置指数呈下降趋势，表明我国中低技术水平制造业的嵌入位置有向上游生产环节移动的趋势，但与其他样本国家相比，仍然处于相对下游生产环节，特别是和巴西中低技术水平制造业在生产环节上存在一定的竞争关系。

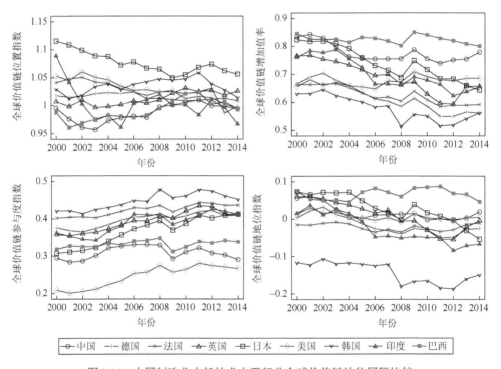

图 3.14　中国制造业中低技术水平行业全球价值链地位国际比较

我国中低技术水平制造业的全球价值链增加值率在大部分样本期间仅低于巴西，高于除巴西之外的其他样本国家，说明我国中低技术水平制造业在全球价值链中的增值能力较强；就变化趋势而言，我国与除巴西之外的其他样本国家的中低技术水平制造业的全球价值链增加值率都呈小幅下降趋势，而巴西中低技术水平制造业的全球价值链增加值率变化趋势不明显，表明我国中低技术水平制造业的增值能力有所下降，但仍具优势。

我国中低技术水平制造业的全球价值链参与度指数在大部分样本期间仅高于美国，低于除美国之外的其他样本国家，说明我国中低技术水平制造业在全球价值链中的融入程度较低，对全球价值链贸易的贡献度较低；从变化趋势而言，仅我国中低技术水平制造业的全球价值链参与度指数不具有明显的升降趋势，而其他样本国家中低技术水平制造业的全球价值链参与度指数都呈不同程度的上升趋势，表明我国中低技术水平制造业的全球价值链融入程度相对落后。

我国中低技术水平制造业的全球价值链地位指数在大部分样本期间与英国、美国相当，而高于其他多数样本国家，说明我国中低技术水平制造业在全球价值链中的分工地位较高，对全球生产网络的重要性较强；从变化趋势来看，我国与德国、英国、日本、韩国、印度中低技术水平制造业的全球价值链地位指数呈下降趋势，而法国、美国、巴西中低技术水平制造业的全球价值链地位指数不具备明显的升降趋势，表明我国中低技术水平制造业的分工地位有所下降。

3）中高技术水平制造业全球价值链地位的国际比较

图 3.15 对比了我国与代表性样本国家中高技术水平制造业的全球价值链位置指数、全球价值链增加值率、全球价值链参与度指数和全球价值链地位指数。图 3.15 显示，我国中高技术水平制造业的全球价值链位置指数在大部分样本期间高于法国、日本，低于韩国、印度、巴西，在 2007 年之前基本高于德国、英国、美国，在 2007 年之后基本低于这三个国家，说明我国中高技术水平制造业在全球价值链中

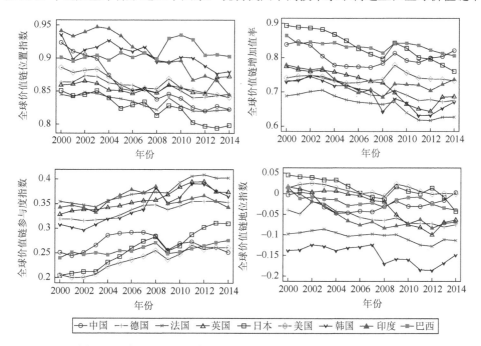

图 3.15　中国制造业中高技术水平行业全球价值链地位国际比较

的嵌入位置处于相对下游生产环节；就变化趋势来说，我国与德国、法国、日本、美国、韩国、印度中高技术水平制造业的全球价值链位置指数都呈下降趋势，其中，我国中高技术水平制造业的全球价值链位置指数从 2000 年的第三位下降至 2014 年的第七位，表明我国中高技术水平制造业的嵌入位置有向下游生产环节移动的趋势。

我国中高技术水平制造业的全球价值链增加值率在大部分样本期间低于日本、巴西，而高于其他样本国家，说明我国中高技术水平制造业在全球价值链中的增值能力较强；就变化趋势而言，我国中高技术水平制造业的全球价值链增加值率呈先降后升趋势，德国、法国、英国、日本、韩国、印度和巴西中高技术水平制造业的全球价值链增加值率呈不同程度的下降趋势，表明我国中高技术水平制造业的增值能力相对提高；特别地，我国在 2014 年超过巴西成为中高技术水平制造业的全球价值链增加值率最高的样本国家，出口增值能力突出。

我国中高技术水平制造业的全球价值链参与度指数在大部分样本期间仅高于日本、美国、巴西，低于其他样本国家，说明我国中高技术水平制造业在全球价值链中的融入程度较低；从变化趋势而言，我国中高技术水平制造业的全球价值链参与度指数呈先升后降趋势，而其他样本国家中高技术水平制造业的全球价值链参与度指数都有不同程度的上升，表明我国中高技术水平制造业的全球价值链融入程度相对落后于其他样本国家，特别是在 2014 年融入程度最低。

我国中高技术水平制造业的全球价值链地位指数在大部分样本期间高于德国、法国、韩国、印度，低于英国、日本、美国、巴西，说明我国中高技术水平制造业在全球价值链中的分工地位中等；从变化趋势来看，我国中高技术水平制造业的全球价值链地位指数呈先降后升趋势，德国、法国、英国、日本、韩国、印度、巴西中高技术水平制造业的全球价值链地位指数呈不同程度的下降趋势，表明我国中高技术水平制造业的分工地位相对提高。

4）高技术水平制造业全球价值链地位的国际比较

图 3.16 对比了我国与代表性样本国家高技术水平制造业的全球价值链位置指数、全球价值链增加值率、全球价值链参与度指数和全球价值链地位指数。图 3.16 显示，我国高技术水平制造业的全球价值链位置指数在大部分样本期间低于印度和巴西，与其他样本国家处于相同区域，说明我国高技术水平制造业在全球价值链中的嵌入位置处于相对下游生产环节；就变化趋势来说，我国与日本、韩国高技术水平制造业的全球价值链位置指数总体变化不明显，德国、法国、美国、印度高技术水平制造业的全球价值链位置指数呈下降趋势，而英国高技术水平制造业的全球价值链位置指数呈上升趋势，整体上说明我国高技术水平制造业的嵌入位置有向上游生产环节移动的趋势，且我国高技术水平制造业的全球价值链位置指数与德国、法国、英国、日本、美国、韩国的差异逐渐扩大，表明从全球价值链所处位置来看，我国高技术水平制造业面临的竞争程度有所降低。

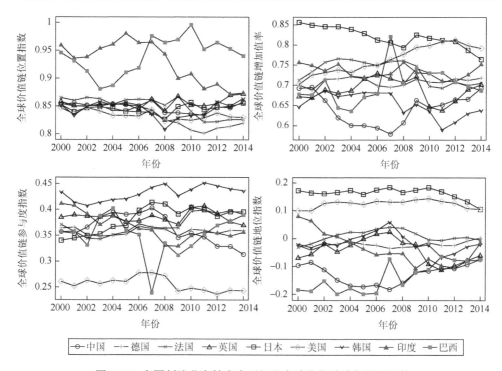

图 3.16　中国制造业高技术水平行业全球价值链地位国际比较

　　我国高技术水平制造业的全球价值链增加值率在大部分样本期间是最低的，说明我国高技术水平制造业在全球价值链中的增值能力较弱；就变化趋势而言，我国高技术水平制造业的全球价值链增加值率呈先降后升趋势，德国、美国、巴西高技术水平制造业的全球价值链增加值率呈上升趋势，法国、日本、韩国高技术水平制造业的全球价值链增加值率呈下降趋势，而印度高技术水平制造业的全球价值链增加值率总体变化不明显，样本期间我国高技术水平制造业的相对增值能力没有明显提升。

　　我国高技术水平制造业的全球价值链参与度指数在样本期间明显高于美国，但低于韩国，与其他样本国家处于接近区域，说明我国高技术水平制造业在全球价值链中的融入程度处于中等偏上水平；从变化趋势而言，我国与印度高技术水平制造业的全球价值链参与度指数呈下降趋势，法国、日本高技术水平制造业的全球价值链参与度指数呈上升趋势，其他样本国家高技术水平制造业的全球价值链参与度指数总体变化趋势不明显，整体上说明我国高技术水平制造业的全球价值链融入程度相对落后，特别是在 2008 年之后下降显著。

　　我国高技术水平制造业的全球价值链地位指数在大部分样本期间仅高于巴西，低于除巴西之外的其他样本国家，说明我国高技术水平制造业在全球价值链中的分工地位较低，对全球生产网络的重要性较弱；从变化趋势来看，我国高技术水平制造业的全球价值链地位指数呈先降后升趋势，德国、法国、美国、韩国高技术水平制造业的全球价值链地位指数总体变化趋势不明显，英国、日本、印度高技术水平制造业的全球价值链地位指数呈下降趋势，巴西高技术水平制造业的全球价值链地位指数呈上升趋势，说明我国高技术水平制造业的分工地位总体提高，但相对地位没有明显变化，且各样本国家高技术水平制造业的全球价值链地位指数有收敛趋势。

3.3　我国制造业价值链地位的测度与比较：基于区域层面

在传统的以发达国家为主导的制造业生产网络中，北美、欧洲和东亚是全球价值链的三大核心区域，美国、德国、日本则占据这些区域分工的主导性地位。随着改革开放的深入推进，中国制造业积极参与国际生产分工，不断成为其中主要价值链的塑造者和参与者。共建"一带一路"致力于推动国际合作、完善全球治理，促进我国在国际分工体系中跨越式升级的实现（黄先海和余骁，2018）。基于全球层面的分析会掩盖我国制造业在不同区域中生产分工的特征与差异性，因此本节在全球层面测算分析的基础上，拓展 Baldwin 和 Lopez-Gonzalez（2015）、Los 等（2015）的区域划分范围，将世界投入产出表中的 44 个国家或地区划分为欧盟 15 国、北美地区、东亚地区、典型"一带一路"共建国和其他地区（除上述地区之外的国家和地区）这五个区域，以进一步深入分析我国制造业在不同区域中的价值链地位及其演化特征，其中，欧盟 15 国包括奥地利（AUT）、比利时（BEL）、德国（DEU）、丹麦（DNK）、西班牙（ESP）、芬兰（FIN）、法国（FRA）、英国（GBR）、希腊（GRC）、爱尔兰（IRL）、意大利（ITA）、卢森堡（LUX）、荷兰（NLD）、葡萄牙（PRT）、瑞典（SWE）；北美地区包括美国（USA）、加拿大（CAN）和墨西哥（MEX）；东亚地区包括日本（JPN）和韩国（KOR）；典型"一带一路"共建国包括俄罗斯（RUS）、波兰（POL）、捷克（CZE）、斯洛伐克（SVK）、匈牙利（HUN）、斯洛文尼亚（SVN）、克罗地亚（HRV）、罗马尼亚（ROU）、保加利亚（BGR）、爱沙尼亚（EST）、立陶宛（LTU）、拉脱维亚（LVA）、土耳其（TUR）和印度尼西亚（IDN）；其他地区则包括澳大利亚（AUS）、瑞士（CHE）、塞浦路斯（CYP）等其他包含在世界投入产出表中的国家或地区。

为进一步分析我国制造业在不同区域中生产分工的特征、差异性及原因，本节分析包括制造业整体与制造业细分行业，其中，制造业整体层面在不同区域中的分析数据为不同区域内所有细分行业相关指标的加权平均值，具体来说：①制造业整体的全球价值链位置指数是通过整体的全球价值链上游度和整体的全球价值链下游度的比值来测算的，以区域内制造业各行业的增加值占该区域制造业总增加值的比例为权重，加权各行业全球价值链上游度来定义整体全球价值链上游度，以区域内制造业各行业的最终需求占该区域内制造业总最终需求的比例为权重，加权各行业全球价值链下游度来定义整体全球价值链下游度；②全球价值链参与度指数和全球价值链地位指数由间接增加值出口和出口中的国外增加值两部分组成，因此，以区域内制造业各行业出口额占该区域内制造业总出口额的比例为权重，分别加权间接增加值出口和出口中的国外增加值，进而根据式（3.14）和式（3.15）求得制造业整体在不同区域中的全球价值链参与度指数和全球价值链地位指数。需要特别说明的是，虽然其他地区在我国出口贸易中所占比例较高（图 3.17），但由于其所含国家或地区的地理范围较广，经济含义和实际意义较为模糊，本节主要分析我国制造业整体及细分行业在欧盟 15 国、北美地区、东亚地区和典型"一带一路"共建国中价值链地位的演变趋势与特征，与此同时，由于细分行业层面的出口国内增加值率在不同区域层面与在全球层面是一致的，制造业整体在不同区域中的出口国内增加值率的加权平均值及其演变趋势也与全球层面基本一致，这里将不再分析不同区域中制造业整体和细分行业层面的出口国内增加值率的演变趋势。

图 3.17 显示了 2000~2014 年我国制造业对样本中的欧盟 15 国、北美地区、东亚地区、典型"一带一路"共建国，以及其他地区的出口贸易份额[①]。总体来看，除其他地区以外，中国制造业对北美地区的出口贸易份额最高，其次是东亚地区和欧盟 15 国，最后是典型"一带一路"共建国。具体来说，2000~2014 年我国制造业对北美地区的出口贸易份额均在 20% 以上，在 2002 年达到最高，2002 年之后呈波动下降趋势；对欧盟 15 国的出口贸易份额呈先上升后下降的小幅波动，

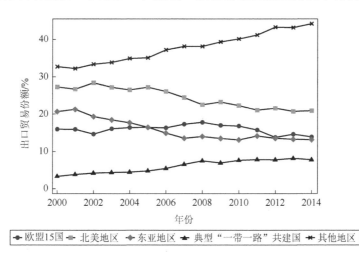

图 3.17　中国制造业对各区域的出口贸易份额

---

① 基于世界投入产出表中的数据计算对不同区域的出口贸易份额。

2008 年达到最大（18%）；对典型"一带一路"共建国的出口贸易份额虽然较低，但 2000～2014 年我国制造业在这个地区中的出口贸易份额呈不断上升趋势，从 2000 年的 3%提升到 2014 年的 8%，增长了近 2 倍。

3.3.1 制造业整体在不同区域中价值链地位的演变趋势及比较

图 3.18 显示了 2000～2014 年我国制造业整体在欧盟 15 国、东亚地区、北美地区，以及典型"一带一路"共建国中全球价值链地位的演变趋势。总体来看，2000～2014 年我国制造业在东亚地区的全球价值链位置指数最高，这说明在东亚地区，我国制造业一直处于其制造业分工的中下游水平，这一结果与熊彬和范亚亚（2020）的研究基本一致；在欧盟 15 国、北美地区和典型"一带一路"共建国的全球价值链位置指数历年都小于 0.91，且总体均呈波动下降趋势，特别地，典型"一带一路"共建国的全球价值链位置指数的下降幅度最大，这说明我国制造业在欧盟 15 国、北美地区和典型"一带一路"共建国的制造业分工中仍处于相对下游的位置，距离最终需求端相对较近。

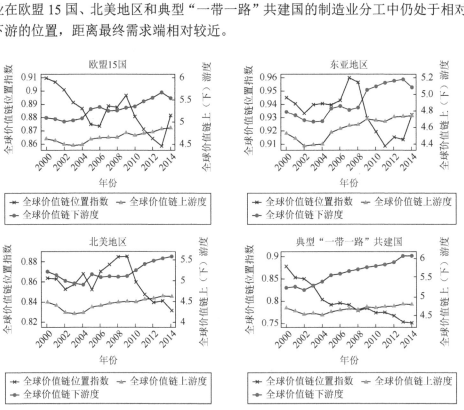

图 3.18　中国制造业在各区域的全球价值链地位的演变趋势

　　图 3.19 显示了 2000～2014 年我国制造业在各区域的全球价值链参与度指数的演变趋势。总体来看，我国制造业在各区域的全球价值链参与度指数的演变趋势与其在全球层面的全球价值链参与度指数的演变趋势大致相同，在 2001 年加入 WTO 之后，我国制造业在各区域的全球价值链参与度指数呈上升趋势，2008 年全球金融危机爆发，我国制造业在各区域的全球价值链参与度指数显著下降，在 2009～2011 年有所反弹上升，但在 2011 年之后由于外部需求下降、贸易摩擦加剧等，我国制造业在各区域的全球价值链参与度指数又表现出下降趋势。具体变化如下：①我国制造业在欧盟 15 国的全球价值链参与度指数最高，从 2000 年的 0.285 上升为 2007 年的 0.333，上升了 16.8%，随后下降，2009 年以后在欧盟 15 国的全球价值链参与度指数有所上升，2014 年的 0.306 较 2000 年的 0.285 上升了 7.4%；②我国制造业在东亚地区的全球价值链参与度指数演变趋势与在欧盟 15 国的演变趋势整体相同，特别是 2006 年之后，我国在东亚地区的全球价值链参与度指数超过典型"一带一路"共建国，位居第二，2014 年的 0.282 相比于 2000 年的 0.241 上升了 17.0%；③我国制造业在典型"一带一路"共建国的全球价值链参与度指数在 2004 年之前仅次于欧盟 15 国，但在 2006 年之后在波动中趋于下降，相比于 2000 年，2014 年我国制造业在典型"一带一路"共建国的全球价值链参与度指数基本保持不变；④相对而言，我国制造业在北美地区的全球价值链参与度指数最低，整体上在波动中呈小幅上升态势，由 2000 年的 0.221 上升为 2014 年的 0.233，上升了 5.4%。

　　虽然从整体上来看，我国制造业在全球层面的全球价值链参与度指数在 2014 年和 2000 年基本不变，但在不同区域全球价值链参与度指数存在显著的差异性。2000～2014 年我国制造业在欧盟 15 国、北美地区和东亚地区的全球价值链参与度指数的演变趋势大致相同，总体有所上升，这说明我国制造业正在积极地融入各区域的价值链分工中，在不同地区价值链中的参与度越来越高，这与黄光灿等（2018）的研究相一致。全球价值链参与度指数变化的主要时间点是 2001 年、2004 年和 2009 年。自 2001 年加入 WTO 以后，我国制造业凭借自身比较优势积极地参与国际生产分工，嵌入全球价值链中，全球价值链参与度指数趋于提升。2004～2008 年，我国制造业在不同区域的全球价值链参与度指数存在明显差异，在东亚地区全球价值链参与度指数继续呈上升趋势，在欧盟 15 国、北美地区全球价值链参与度指数基本保持不变，在典型"一带一路"共建国全球价值链参与度指数则呈下降态势。这一方面是由于在 2004 年前后国家出台了有关最低工资的相关政策，对制造业参与全球价值链分工造成了一定的影响；另一方面说明在此期间，我国积极融入东亚地区的生产分工，我国制造业出口产品在东亚地区的国际竞争力不断提升，这也是在此期间我国制造业全球价值链地位提升的一个重要原因。受全球金融危机的冲击，2009 年我国制造业全球价值链参与度指数相比 2008 年大幅下降，2009 年以后我国制造业全球价值链参与度指数又有所回升。

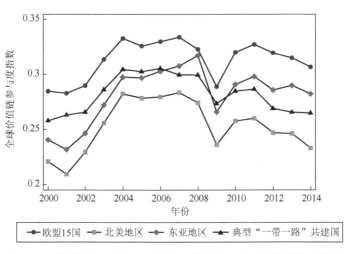

图 3.19 中国制造业在各区域的全球价值链参与度指数的演变趋势

图 3.20 显示了 2000～2014 年我国制造业在各区域的全球价值链地位指数的演变趋势。总体来看,与在全球层面的全球价值链地位指数演变趋势基本相同,2000～2014 年我国制造业在各区域的全球价值链地位指数也都呈先下降后上升的 U 形演变趋势,且该结果与黄光灿等(2018)、尹伟华(2016)、尹彦罡和李晓华(2015)的研究结果基本相一致,但在不同区域中,其演变趋势又存在差异。我国制造业在欧盟 15 国的全球价值链地位指数从 2000 年的-0.029 下降为 2004 年的-0.083,再上升到 2014 年的 0.035,全球价值链地位指数由负转正;我国制造业在东亚地区的全球价值链地位指数在大部分样本期间是较高的,在北美地区的全球价值链地位指数是最低的;我国制造业在典型"一带一路"共建国的全球价值链地位指数在 2007 年前经历了整体下降的趋势,之后总体趋于上升,我国制造业在典型"一带一路"共建国分工体系中的地位有所提升。

从我国制造业在各区域的全球价值链地位指数的演变趋势可以看到,在 2001 年加入 WTO 之后,我国制造业在各区域的生产分工中都在不断地向下游环节移动,由于在先进设备制造和高新技术等方面我国制造业与发达国家或地区仍存在较大的差距,在这段时间我国制造业更多的是以承担组装、加工等低增加值的加工贸易的方式融入各区域的生产网络中,使得我国在不同区域中都处于价值链的低端位置。但在 2005 年以后,我国制造业的全球价值链地位指数逐渐上升,部分原因是我国制造业在出口贸易过程中不断发挥干中学效应,学习吸收国外先进技术,同时加大自身研发投入,实现我国制造业的转型升级。最终我国制造业在欧盟 15 国、东亚地区和典型"一带一路"共建国的全球价值链地位指数都已由负转正,这说明我国制造业在这三个地区正向价值链的上游环节移动,产品的国际竞争力不断增强;我国制造业在北美地区的全球价值链地位指数仍然为负,一定程度上说明我国制造业在北美地区仍相对处于价值链中低端位置，需要进一步提升出口产品质量，增强出口产品的竞争优势，向全球价值链中高端迈进。

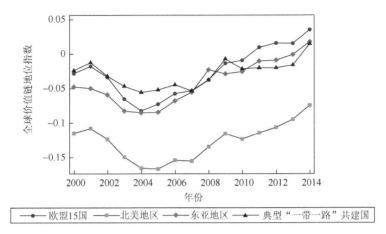

图 3.20　中国制造业在各区域的全球价值链地位指数的演变趋势

3.3.2　制造业细分行业在不同区域中价值链地位的演变趋势及比较

1. 在欧盟 15 国中价值链地位的演变趋势分析

图 3.21 显示了 2000～2014 年我国制造业细分行业在欧盟 15 国的全球价值链位置指数的演变趋势。整体来看，2000～2014 年我国制造业各行业在欧盟 15 国的全球价值链位置指数的变化存在较大差异。由于全球价值链上游度的上升幅度略大于全球价值链下游度，食品、饮料和烟草制品制造业（C5）、焦炭和精炼石油产品制造业（C10）的全球价值链位置指数呈明显上升趋势，并且在 2008 年以后全球价值链位置指数均大于 1，这说明我国制造业这两个行业在欧盟 15 国生产分工中不断向上游环节移动，已处于相对上游位置，距离最终需求端较远；大部分行业的全球价值链下游度大于全球价值链上游度，且全球价值链下游度的上升幅度大于全球价值链上游度，导致该行业的全球价值链位置指数呈显著下降趋势，包括纺织品、服装以及皮革和相关产品制造业（C6），木材、木材制品及软木制品的制造（家具除外），草编制品及编织材料物品制造业（C7），其他非金属矿物制品制造业（C14），计算机、电子产品和光学产品制造业（C17），电力设备制造业（C18），未另分类的机械和设备制造业（C19），以及家具的制造和其他制造业（C22）等，这说明我国大部分制造业在欧盟 15 国仍处于生产分工的下游环节，特别是计算机、电子产品和光学产品制造业（C17），未另分类的机械和设备制造业（C19）等技术含量较高的行业；其他行业的全球价值链位置指数的总体变动幅度不大，且全球价值链位置指数一直小于 1，如基本医药产品和医药制剂制造业（C12）、橡胶和塑料制品制造业（C13）等。

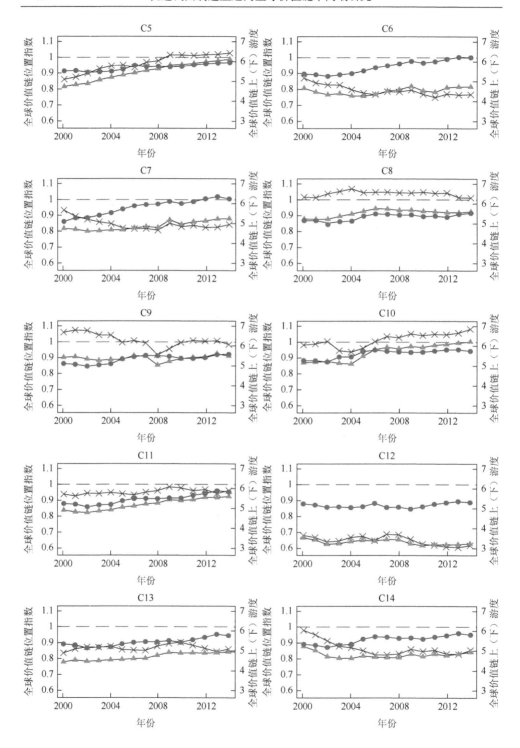

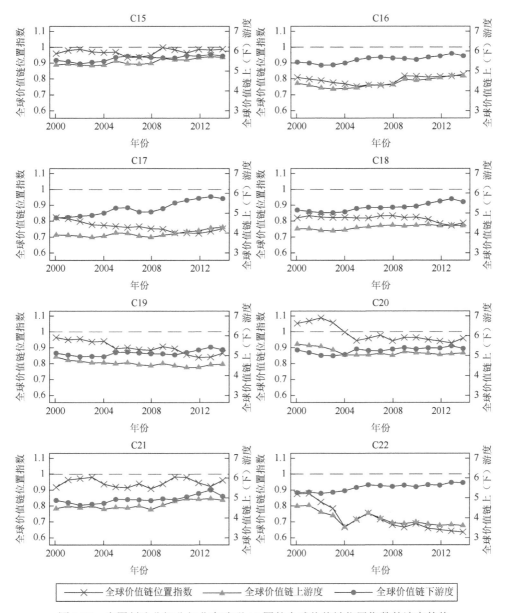

图 3.21　中国制造业细分行业在欧盟 15 国的全球价值链位置指数的演变趋势

图 3.22 给出了 2000～2014 年我国制造业细分行业在欧盟 15 国的全球价值链参与度指数的演变趋势。整体来说，2000～2014 年中国制造业各行业在欧盟 15 国的全球价值链参与度指数的波动幅度不大，基本保持平稳，这说明我国制造业细分行业在欧盟 15 国的融入程度较为稳定。其中，波动幅度较大的行业为记录媒介物的印制及复制制造业（C9）和基本金属制造业（C15）。记录媒介物的印制及复

制制造业在欧盟 15 国的全球价值链参与度指数由 2000 年的 0.327 上升为 2008 年的 0.422，自 2008 年全球金融危机爆发以后全球价值链参与度指数下降；基本金属制造业 2000～2005 年经历了小幅度的下降后，2006～2007 年有所上升，同样受全球金融危机影响，2008 年后趋于下降，2014 年较 2007 年下降幅度为 13.2%。中国制造业细分行业在欧盟 15 国的全球价值链参与度指数排名前五的分别是化学品及化学制品制造业（C11），基本金属制造业（C15），焦炭和精炼石油产品制造业（C10），计算机、电子产品和光学产品制造业（C17），电力设备制造业（C18），排名在后三位的分别是食品、饮料和烟草制品制造业（C5），家具的制造和其他制造业（C22），纺织品、服装以及皮革和相关产品制造业（C6）。由图 3.19 可知，中国制造业在欧盟 15 国的全球价值链参与度指数是最高的，这部分得益于化学品及化学制品制造业、基本金属制造业等 5 个行业的发展，也与欧盟主要地区的核心制造业与中国制造业的紧密联系不可分割，我国以上 5 个制造业行业为欧盟 15 国的制造业发展提供了相关的零部件和中间品，积极参与了欧盟 15 国的生产分工。

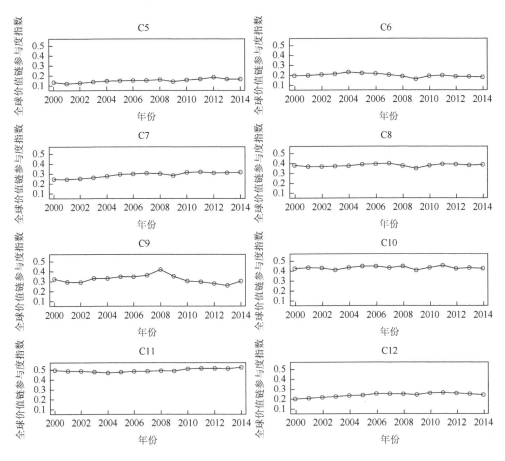

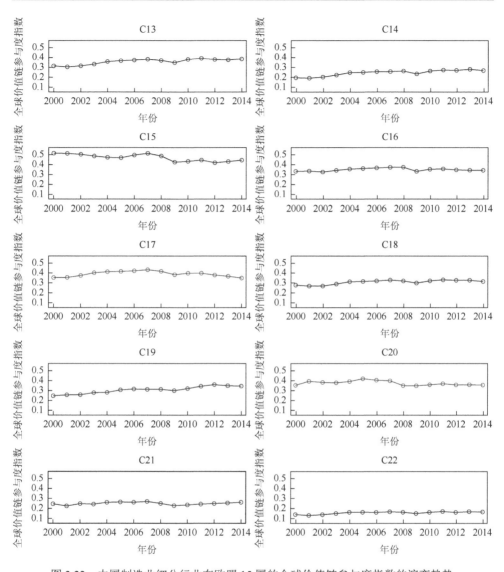

图 3.22   中国制造业细分行业在欧盟 15 国的全球价值链参与度指数的演变趋势

　　图 3.23 给出了 2000～2014 年我国制造业细分行业在欧盟 15 国的全球价值链地位指数的演变趋势。整体来说，大部分行业在欧盟 15 国的全球价值链地位指数历年变化幅度较小，且基本维持在 0 以上，其中，变化幅度较大的行业为计算机、电子产品和光学产品制造业（C17），纺织品、服装以及皮革和相关产品制造业（C6），具有较大的上升趋势。具体来看：①计算机、电子产品和光学产品制造业的全球价值链地位指数变化幅度最大，并且与其他行业相比，该行业的全球价值链地位指数最低。计算机、电子产品和光学产品制造业的全球价值链地位指数从

2000 年的–0.125 下降为 2004 年的–0.174，在 2004 年以后有所上升，2008 年全球金融危机之后，仍呈上升趋势，到 2014 年为–0.049，相比于 2000 年的–0.125 提高了近 61%，这说明样本期间我国计算机、电子产品和光学产品制造业在欧盟 15 国的分工地位得到了很大的提升，在区域价值链中的重要性得到了提高；②纺织品、服装以及皮革和相关产品制造业的全球价值链地位指数在 2000~2005 年变化不大，维持在–0.110 左右，从 2005 年以后其全球价值链地位指数呈直线上升趋势，从 2005 年的–0.109 上升为 2014 年的 0.008，全球价值链地位指数由负转正，这说明我国纺织品、服装以及皮革和相关产品制造业在欧盟 15 国中已经从行业链条的中下游位置上升至中上游位置，产品国际竞争力显著增强。从图 3.23 中还可知，2000~2014 年我国制造业各细分行业在欧盟 15 国的价值链分工地位较为稳定，并且低技术制造业行业和中低技术制造业行业主要处于价值链分工中的中游，高技术制造业行业则主要处于价值链分工中的中下游。

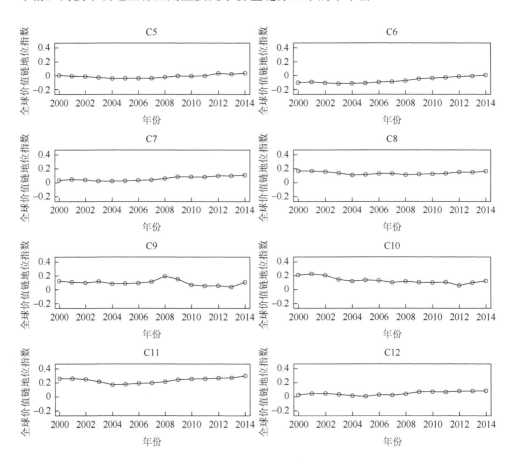

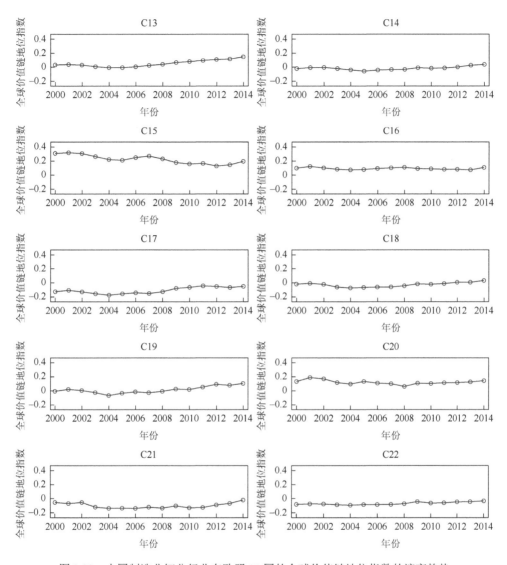

图 3.23　中国制造业细分行业在欧盟 15 国的全球价值链地位指数的演变趋势

2. 在北美地区中价值链地位的演变趋势分析

图 3.24 显示了 2000～2014 年我国制造业细分行业在北美地区的全球价值链位置指数的演变趋势。整体来看，我国制造业各行业在北美地区的全球价值链位置指数变化差异较大，部分行业的全球价值链上游度大于全球价值链下游度，且全球价值链上游度大幅增长，全球价值链下游度变化较小，使得全球价值链位置指数呈显著上升趋势，如食品、饮料和烟草制品制造业（C5），记录媒介物的印制及复制制造业（C9），焦炭和精炼石油产品制造业（C10），且这三个行业

的全球价值链位置指数均在大部分年份大于1，这表明以上三个行业嵌入北美地
区生产分工的上游位置，与最终需求端的距离在拉长，更多地出口中间品参与
到北美地区的生产活动中；一些行业的全球价值链位置指数呈显著下降趋势，
如计算机、电子产品和光学产品制造业（C17），未另分类的机械和设备制造业
（C19），汽车、挂车和半挂车制造业（C20），其他运输设备制造业（C21），这
四个行业的全球价值链位置指数几乎均小于1，这表明这些中高技术制造业行业
仍处于北美地区生产分工的下游位置，更多地承接加工组装等技术水平较低的
生产环节，距离最终需求端较近；其他行业全球价值链位置指数的变动幅度较
小，整体上保持不变，且全球价值链位置指数基本小于1，这些行业在参与北美
地区的价值链分工时更多的也是嵌入相对下游环节。综合来看，我国一些中低
技术制造业行业在北美地区价值链分工中的嵌入位置有所提升，但大部分行业，
尤其是高技术、高增加值制造业行业，在北美地区价值链分工中的嵌入位置还
处于下游环节，出口行业亟待优化升级。

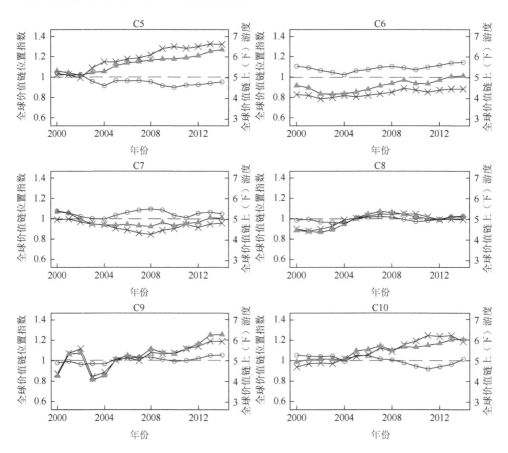

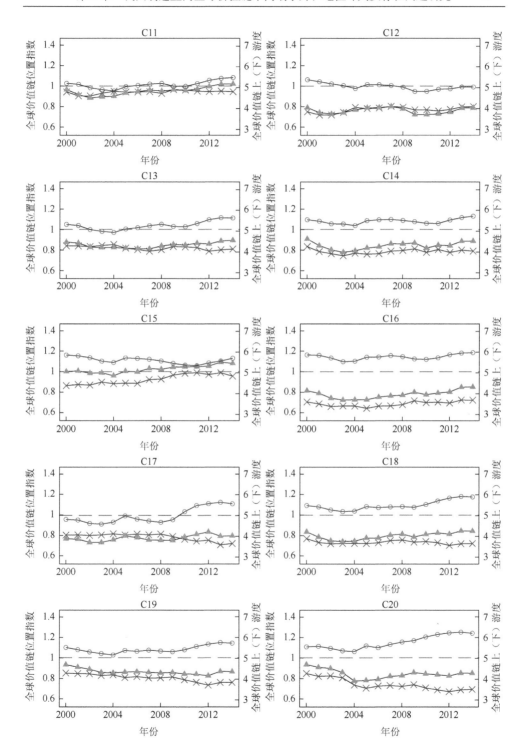

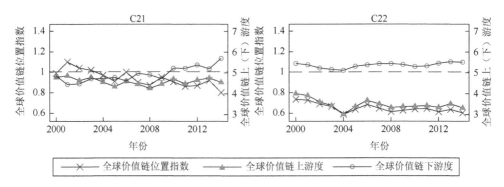

图 3.24　中国制造业细分行业在北美地区的全球价值链位置指数的演变趋势

　　图 3.25 显示了 2000～2014 年我国制造业细分行业在北美地区的全球价值链参与度指数的演变趋势。整体来说，各行业全球价值链参与度指数变化不大，总体呈先略有上升后下降的趋势，其中，记录媒介物的印制及复制制造业（C9）的全球价值链参与度指数在呈锯齿形波动后趋于下降，这可能是受到行业发展的影响，导致波动较大，且 2014 年全球价值链参与度指数为 0.179，较 2000 年（0.302）下降幅度达到了 41%。对比图 3.22 和图 3.25 可以看出，我国制造业细分行业在北美地区的全球价值链参与度指数的波动幅度比在欧盟 15 国的全球价值链参与度指数的波动幅度大，且各行业全球价值链参与度指数的数值普遍小于在欧盟 15 国的全球价值链参与度指数，这说明我国制造业参与北美地区生产分工的程度要低于欧盟 15 国，且我国制造业各行业在北美地区面临更为激烈的竞争环境，更容易受到北美地区本土市场和外部市场的冲击，尤其是我国制造业面临着来自东南亚地区的竞争，使得我国制造业参与北美地区分工的发展受到影响。

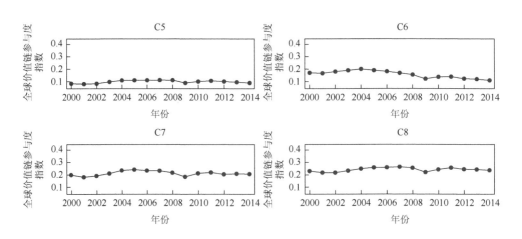

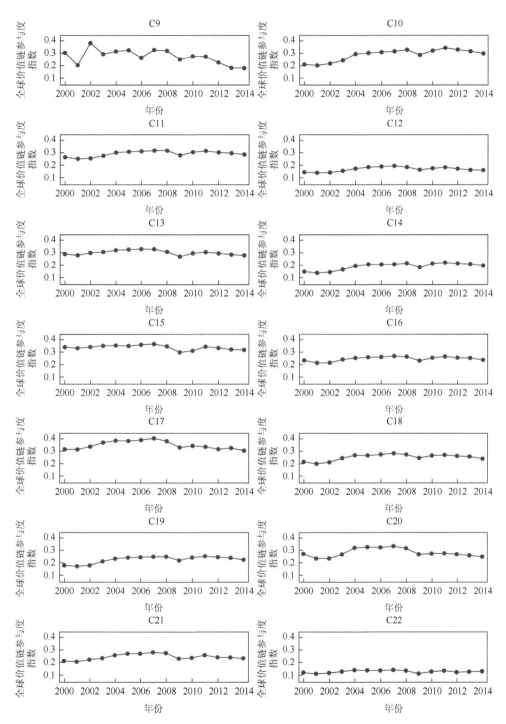

图 3.25　中国制造业细分行业在北美地区的全球价值链参与度指数的演变趋势

　　图 3.26 显示了 2000～2014 年我国制造业细分行业在北美地区的全球价值链地位指数的演变趋势。中国制造业各行业在北美地区的全球价值链地位指数整体波动不大，且维持在 0 左右，这说明我国制造业各行业在北美地区的生产分工中处于价值链的中低端环节，特别是计算机、电子产品和光学产品制造业（C17）被锁定在价值链的低端位置，该行业全球价值链地位指数呈先下降后上升趋势，但一直小于 0，这反映了与北美地区相比，我国该行业的国际竞争能力较弱，主要承接生产、加工组装等环节，虽然经过不断地发展在北美地区的分工地位有所提升，但仍处于价值链的低端位置。

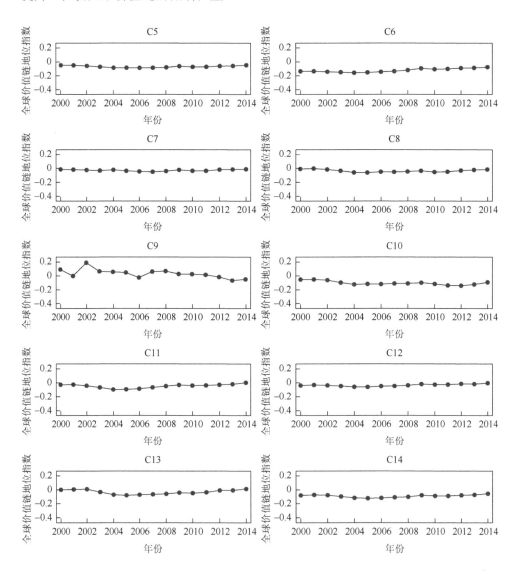

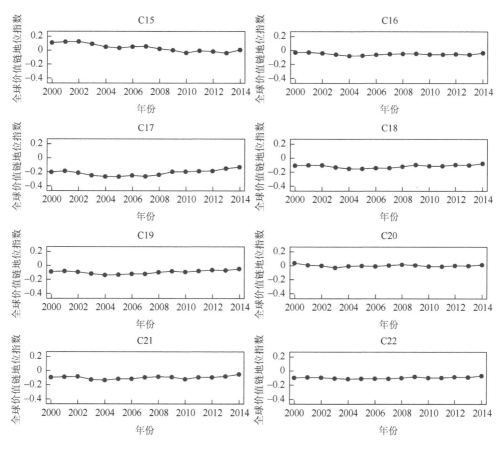

图 3.26　中国制造业细分行业在北美地区的全球价值链地位指数的演变趋势

3. 在东亚地区中价值链地位的演变趋势分析

图 3.27 显示了 2000～2014 年我国制造业细分行业在东亚地区的全球价值链位置指数的演变趋势。我国制造业大部分行业在东亚地区的全球价值链位置指数呈下降趋势，其中，波动比较显著的是基本医药产品和医药制剂制造业（C12），其他非金属矿物制品制造业（C14），汽车、挂车和半挂车制造业（C20），家具的制造和其他制造业（C22），这四个行业的全球价值链下游度大于全球价值链上游度，且全球价值链下游度显著上升，全球价值链上游度呈下降趋势，这表明上述制造业行业嵌入东亚地区价值链分工的下游环节，且不断向下游环节移动，与最终需求端距离较近，出口的更多是最终品。与在欧盟 15 国、北美地区显著不同的是，我国计算机、电子产品和光学产品制造业（C17）的全球价值链位置指数呈显著上升趋势，全球价值链上游度明显增长，全球价值链下游度平稳波动，这说明我国该行业在东亚地区价值链分工的嵌入位置在不断上升，逐渐接近上游技术

研发、设计等环节，越来越多地为下游环节提供中间品，出口产品的技术复杂度在提升，中间品出口比例在提高，由于其全球价值链位置指数在样本期间均小于 1，该行业仍处于相对下游的位置，但在不断上移。其他行业的全球价值链位置指数的波动幅度较小且基本小于 1，这表明我国大部分制造业在东亚地区的价值链分工中处于相对下游位置，且比较稳定。

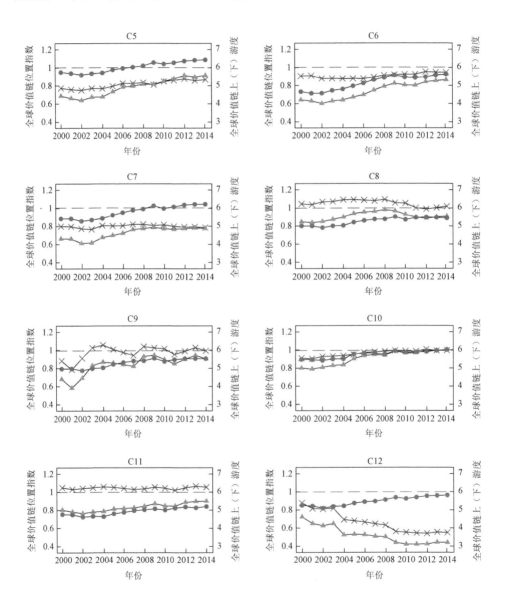

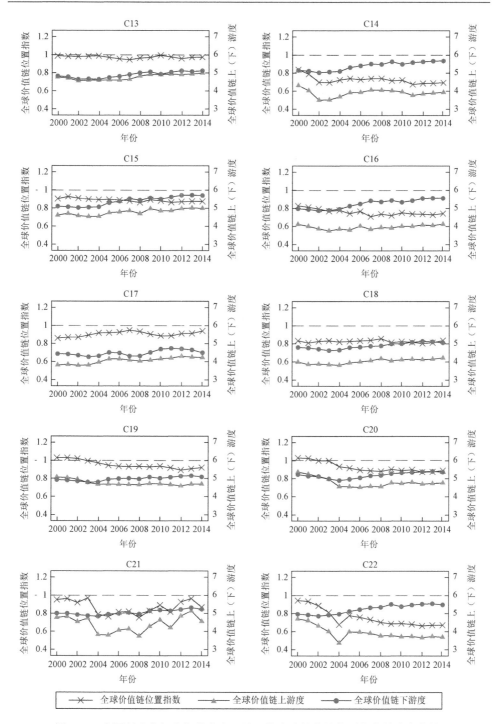

图 3.27　中国制造业细分行业在东亚地区的全球价值链位置指数的演变趋势

　　图 3.28 显示了 2000～2014 年我国制造业细分行业在东亚地区的全球价值链参与度指数的演变趋势。整体来说，制造业细分行业在东亚地区的全球价值链参与度指数变化不大，值得注意的是，汽车、挂车和半挂车制造业（C20），其他运输设备制造业（C21）的变化幅度较大：①汽车、挂车和半挂车制造业的全球价值链参与度指数虽然在 2009 年有所下降，但总体呈上升趋势，且 2014 年全球价值链参与度指数与 2000 年相比上升了 0.152，上升幅度为 49.2%，这说明该行业在东亚地区的融入程度有所提升，行业竞争力得到体现；②其他运输设备制造业的全球价值链参与度指数呈波动上升趋势，但幅度不大。此外，化学品及化学制品制造业（C11），基本金属制造业（C15），计算机、电子产品和光学产品制造业

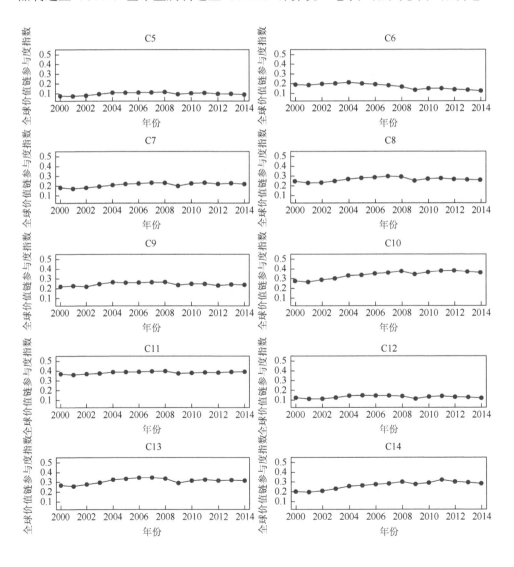

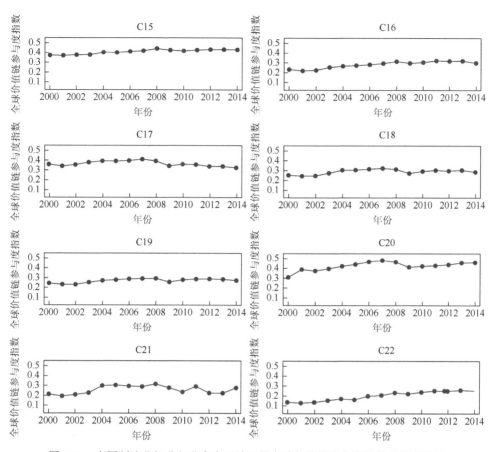

图 3.28　中国制造业细分行业在东亚地区的全球价值链参与度指数的演变趋势

（C17），汽车、挂车和半挂车制造业（C20）在东亚地区的全球价值链参与度指数
要显著高于其他行业的全球价值链参与度指数。

　　图 3.29 显示了 2000～2014 年我国制造业细分行业在东亚地区的全球价值链
地位指数的演变趋势。整体来说，制造业各行业在东亚地区的全球价值链地位指
数波动不大，且大部分维持在 0 左右，反映了我国制造业各行业在东亚地区也主
要处于中低端位置。在这些行业中有三个行业的全球价值链地位指数值得注意，
分别是计算机、电子产品和光学产品制造业（C17），纺织品、服装以及皮革和相
关产品制造业（C6），基本金属制造业（C15）：①计算机、电子产品和光学产品
制造业的全球价值链地位指数在 2000～2004 年呈下降趋势，2004 年以后行业全
球价值链地位指数逐渐提升，但全球价值链地位指数历年来都小于 0，这说明我
国该行业在东亚地区尚处于低端环节，参与国际生产分工所获得的贸易利得较小；
②基本金属制造业的全球价值链地位指数总体变化幅度不大但较高，且一直在 0 以
上，这反映出与其他行业相比，我国基本金属制造业在东亚地区有一定的竞争力，

处于行业链条的中高端环节；③纺织品、服装以及皮革和相关产品制造业的全球
价值链地位指数呈不断上升趋势，但仍在 0 以下，这说明我国纺织品、服装以及
皮革和相关产品制造业在东亚地区的价值链地位得到提升，竞争力不断增强，但
在该地区的行业链条中还处于中低端环节。

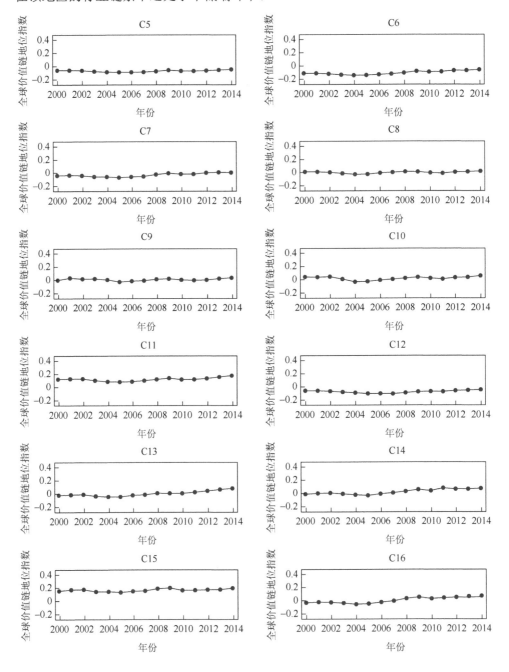

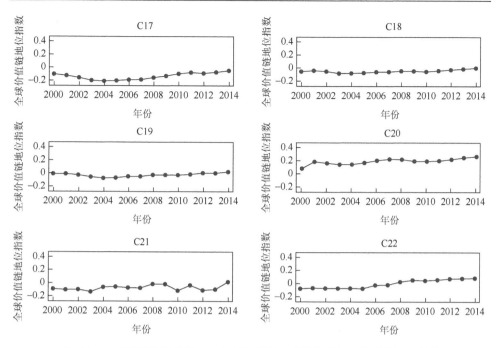

图 3.29　中国制造业细分行业在东亚地区的全球价值链地位指数的演变趋势

4. 在典型"一带一路"共建国中价值链地位的演变趋势分析

图 3.30 显示了 2000~2014 年我国制造业细分行业在典型"一带一路"共建国的全球价值链位置指数的演变趋势。总体来看，与整体变动趋势相同，我国制造业各行业在典型"一带一路"共建国的全球价值链位置指数普遍呈显著下降趋势，这表明我国制造业在典型"一带一路"共建国价值链分工中的嵌入位置在不断向下游环节移动，其中，下降幅度较大的行业如木材、木材制品及软木制品的制造（家具除外），草编制品及编织材料物品制造业（C7），其他非金属矿物制品制造业（C14），汽车、挂车和半挂车制造业（C20），家具的制造和其他制造业（C22），这些行业的全球价值链位置指数由大于 1 变为小于 1，特别是加入 WTO 之后，这四个行业的全球价值链下游度大幅上升，这说明上述行业嵌入典型"一带一路"共建国价值链分工的下游环节，且在不断下移。与之相反，食品、饮料和烟草制品制造业（C5）的全球价值链位置指数由小于 1 变为大于 1，呈增长态势，焦炭和精炼石油产品制造业（C10）的全球价值链位置指数呈倒 V 形变动，总体呈上升趋势且一直大于 1，基本金属制造业（C15）的全球价值链位置指数呈波动向下的变动趋势，但一直大于 1，这表明我国制造业上述三个行业嵌入典型"一带一路"共建国价值链分工的上游环节，出口产品被更多地用于中间品，距离最终需求端较远。

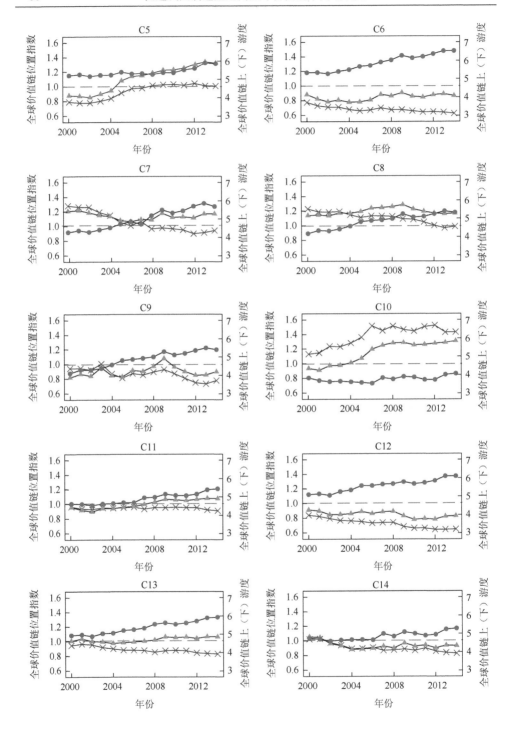

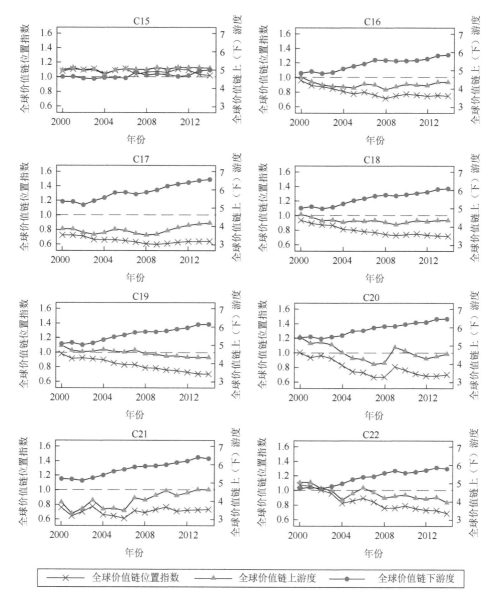

图 3.30　中国制造业细分行业在典型"一带一路"共建国的全球价值链位置指数的演变趋势

　　图 3.31 显示了 2000～2014 年我国制造业细分行业在典型"一带一路"共建国的全球价值链参与度指数的演变趋势。整体来说，2000～2014 年中国制造业各行业在典型"一带一路"共建国的全球价值链参与度指数波动幅度不大，其中有八个行业在样本期间的全球价值链参与度指数均高于年度平均值，分别是木材、木材制品及软木制品的制造（家具除外），草编制品及编织材料物品制造业（C7），

纸和纸制品制造业（C8），焦炭和精炼石油产品制造业（C10），化学品及化学制品制造业（C11），橡胶和塑料制品制造业（C13），基本金属制造业（C15），计算机、电子产品和光学产品制造业（C17），电力设备制造业（C18），与在全球层面的全球价值链参与度指数相比，化学品及化学制品制造业，基本金属制造业，计算机、电子产品和光学产品制造业均位于前列；不同的是，我国计算机、电子产品和光学产品制造业在典型"一带一路"共建国的全球价值链参与度指数始终最高，这说明我国计算机、电子产品和光学产品制造业在典型"一带一路"共建国的融入程度最高。

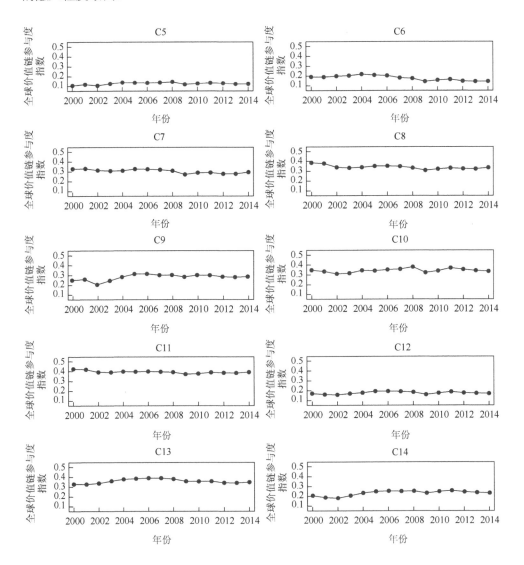

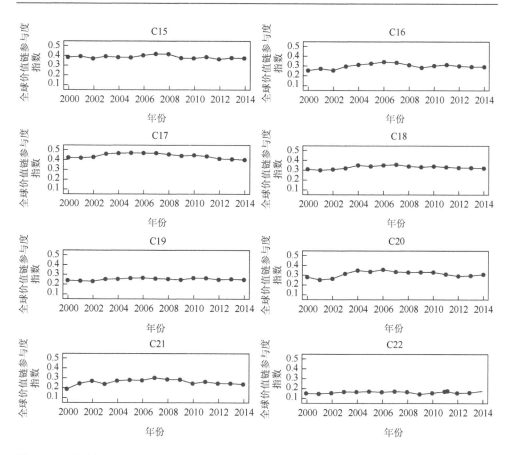

图 3.31　中国制造业细分行业在典型"一带一路"共建国的全球价值链参与度指数的演变趋势

图 3.32 显示了 2000~2014 年我国制造业细分行业在典型"一带一路"共建国的全球价值链地位指数的演变趋势。整体来说，大部分制造业行业在典型"一带一路"共建国的全球价值链地位指数变化幅度较小，且基本维持在 0 左右，其中，纸和纸制品制造业（C8），焦炭和精炼石油产品制造业（C10）的全球价值链地位指数呈显著下降趋势，例如，纸和纸制品制造业从 2000 年的 0.173 降至 2014 年的 0.096，焦炭和精炼石油产品制造业从 2000 年的 0.124 降至 2014 年的-0.022；其他运输设备制造业（C21）的全球价值链地位指数在样本期间呈波动上升的阶段性变化，从 2000 年的-0.135 攀升至 2014 年的-0.051。另外，由图 3.20 可知，我国制造业在典型"一带一路"共建国的全球价值链地位指数基本为负值，从细分行业来看，有七个行业在样本期间的全球价值链地位指数大多为正值，分别是木材、木材制品及软木制品的制造（家具除外），草编制品及编织材料物品制造业（C7），纸和纸制品制造业（C8），记录媒介物的印制及复制制造业（C9），化学品

及化学制品制造业（C11），橡胶和塑料制品制造业（C13），基本金属制造业（C15），汽车、挂车和半挂车制造业（C20），这表明我国中低技术制造业行业在典型"一带一路"共建国价值链分工中的地位相对靠前。

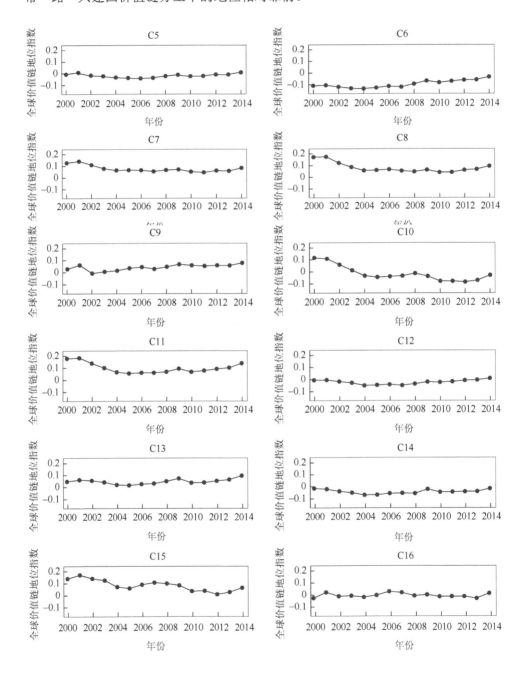

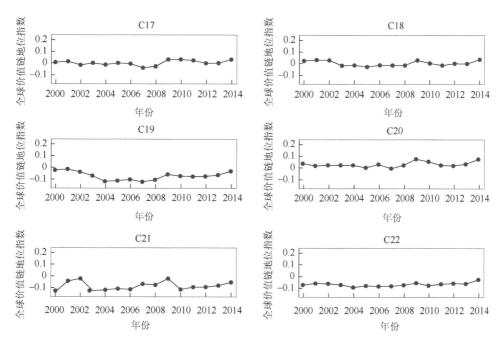

图 3.32　中国制造业细分行业在典型"一带一路"共建国的全球价值链地位指数的演变趋势

3.4　我国制造业价值链地位的测度与比较：基于企业层面

本节选取出口上游度和国内增加值率两个指标对我国制造业企业价值链地位展开分析。这也分别对应目前企业全球价值链地位测度的两种主流思想：一种是基于投入产出表测算产出上游度指数等，以反映企业在产业链中与最终消费端的距离，是对物理地位的度量；另一种是测算间接替代指标，如出口产品包含的技术水平、分离出的国内增加值部分等，是对经济地位的反映。此外，这两个指标也较好地体现了企业在微笑曲线中地位变动的二元边际，前者体现了企业地位变动的广延边际，后者体现了企业地位变动的集约边际。本节通过计算制造业企业的出口上游度、国内增加值率，实现对制造业从生产低增加值产品向生产相对较高增加值产品转变过程的刻画，进而判断我国制造业企业价值链地位。

3.4.1　嵌入全球价值链的位置：基于出口上游度的分析

1. 测度方法及数据说明

本节借鉴 Chor 等（2014）的思路，从企业的出口角度衡量我国制造业企业在全球价值链中的嵌入位置。首先，根据 Wang 等（2017）提出的计算全球价值链上游度的方法，基于 2016 年版 WIOD，测算 2000～2014 年我国制造业各行业的全球价值链上游度；然后，根据中国海关贸易数据库中提供的《协调制度》（*Harmonized System*，HS）产品分类，以及 HS 代码分类与 WIOD 中产业部门的对应关系，将企业的出口产品归类到 WIOD 中对应的产业部门，进而测算我国制造业企业的出口上游度。计算公式如下：

$$U_{ft}^X = \sum_{i=1}^N \frac{X_{ift}}{X_{ft}} U_{it} \tag{3.16}$$

其中，$X_{ft} = \sum_{i=1}^N X_{ift}$ 为企业 f 在 t 时期的总出口；X_{ift} 为企业 f 在 t 时期 i 产业的产品出口；U_{ft}^X 为企业 f 在 t 时期的出口上游度；U_{it} 为企业所在国家的 i 产业部门在全球层面的全球价值链上游度。由于企业可能出口多种产品，以企业各出口产品占总出口的比例为权重，计算企业出口产品所在行业的上游度指数的加权和，进而得到企业的出口上游度。该值反映了企业出口产品到达最终消费端的平均生产阶段数。出口上游度越大，表明企业的出口产品与最终需求端的距离越远，出口产品更多地以中间品的形式参与国际生产分工；反之，出口上游度越小，说明企业的出口产品更多地以最终品的形式出口到其他国家，距离最终需求端越近。

样本数据主要来自 2000～2013 年中国工业企业数据库、中国海关贸易数据库和 2016 年版 WIOD。基于统计口径和统计方法的完善，2000～2013 年中国海关贸易数据库中涉及的 HS 编码有 1996 年、2002 年、2007 年和 2012 年这四个版本，分别记为 HS1996、HS2002、HS2007 和 HS2012。目前 UN Comtrade 数据库仅公布了 HS1996 和 ISIC Rev.3 的对应关系，以及 HS2002 和 ISIC Rev.3.1 的对应关系，2016 年版 WIOD 中的行业分类依据是 ISIC Rev.4，为匹配历年海关数据中 HS 产品代码与 2016 年版 WIOD 中的产业部门，本节主要按照以下方法将两个数据库进行匹配：①根据世界银行的全球贸易一体化解决方案（World Integrated Trade Solution，WITS）数据库中不同 HS 编码版本的对应关系，将 HS2002、HS2007 和 HS2012 编码全部匹配为对应的 HS1996 编码；②参照对外经济贸易大学全球价值链研究院公布的 ISIC Rev.4 与 ISIC Rev.3 的对应关系，以及联合国发布的 HS1996 和 ISIC Rev.3 的匹配关系，将两个数据库进行匹配。这样就得到了我国海关数据中各企业出口产品所在行业的全球价值链上游度。进一步借鉴田巍和余淼杰（2013）的方法，使用企业名称、邮政编码和电话号码后七位数字、企业联系人作为参数指标对接中国工业企业数据库和中国海关贸易数据库，在此基础上，计算我国制造业企业的出口上游度。

2. 测算结果分析

图 3.33 展示了 2000～2013 年中国制造业企业出口上游度的演变趋势。中国制造业企业出口上游度在样本期间呈 U 形变化态势，总体上向价值链上游环节移动，这与倪红福和王海成（2022）的研究结果相一致。中国制造业企业出口上游度在样本期间有过两次明显的下降，第一次发生在 2000～2003 年，正值互联网泡沫之际；第二次是 2008 年，全球金融危机对企业参与全球价值链造成了不利影响；但在 2003 年之后，制造业企业出口上游度总体显著上升，由 2002 年的 4.020 上升至 2013 年的 4.628，上升幅度为 15.12%，这表明加入 WTO 之后，中国企业参与国际分工的程度不断加深，制造业企业出口上游度不断提高。

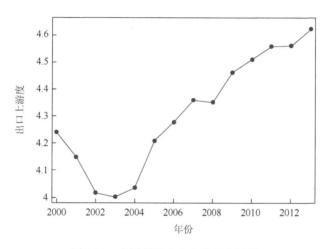

图 3.33　中国制造业企业出口上游度

根据海关数据中记录的企业出口贸易方式，将样本企业分为一般贸易企业、加工贸易企业和混合贸易企业三种，其中，当年仅从事一般贸易的企业为一般贸易企业，当年仅从事加工贸易的企业为加工贸易企业，当年既从事一般贸易又从事加工贸易的企业则为混合贸易企业。如图 3.34 所示，三种贸易方式企业的出口上游度与制造业企业整体出口上游度呈现相似的变动趋势，在大部分样本期间，一般贸易企业的出口上游度是最高的，而加工贸易企业的出口上游度是最低的；从变化情况而言，一般贸易企业的出口上游度由 2000 年的 4.498 攀升到 2013 年的 4.720，年均增长率为 0.37%；加工贸易企业的出口上游度由 2000 年的 4.180 上升到 2013 年的 4.498，年均增长率为 0.57%；混合贸易企业的出口上游度由 2000 年的 4.246 上升到 2013 年的 4.622，年均增长率为 0.65%，其出口上游度的年均增长率最大。

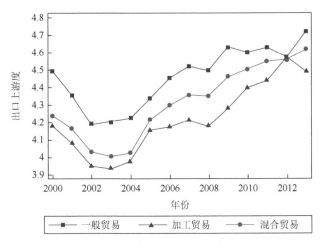

图 3.34　不同贸易方式下中国制造业企业出口上游度

图 3.35 给出了我国不同所有制类型下制造业企业出口上游度的变化情况①。由图 3.35 可以发现：第一，不同所有制类型下制造业企业的出口上游度与图 3.33 的整体趋势基本一致，相较另外两类所有制类型企业，国有企业在 2006～2008 年呈显著下降趋势，这与倪红福和王海成（2022）的研究发现类似，说明全球金融危机使得国有企业出口上游度较高产品的出口占比大幅降低；第二，国有企业的出口上游度明显高于其他所有制类型企业，这是因为国有企业大多从事石油、化

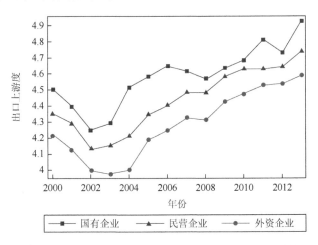

图 3.35　不同所有制类型下中国制造业企业出口上游度

---

① 根据中国工业企业数据库中企业的登记注册类型将样本企业分为国有企业、民营企业（包括集体企业）和外资企业（包括港澳台企业），具体如下：国有企业的注册代码为 110、141、143、151；民营企业的注册代码为 120、130、142、149、159、160、171、172、173、174、190；外资企业的注册代码为 210、220、230、240、290、310、320、330、340、390。

工、冶金、有色等原材料行业，为其他制造业更多提供中间品，所以相对而言处于全球价值链的上游。

进一步地，根据企业注册地所在省（区市），将样本企业分为东部地区企业、中部地区企业和西部地区企业[①]。图 3.36 给出了不同地区内中国制造业企业出口上游度的变化情况。整体上西部地区制造业企业出口上游度最大，部分原因是西部地区的制造业企业提供原材料，更靠近初始增加值的生产端；东部地区制造业企业出口上游度在样本期间大部分低于其他两个地区，但其增长率最大，一定程度上是因为东部地区制造业企业大多从事组装加工活动，与最终需求端距离较近，同时，东部地区产品不断向价值链上游移动，融入全球价值链的程度不断加深。

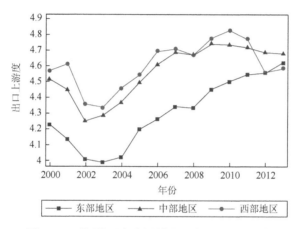

图 3.36　不同地区内中国制造业企业出口上游度

3.4.2　参与全球价值链的经济效应：基于国内增加值率的分析

1. 测度方法及数据说明

制造业价值链攀升是指从生产低增加值产品向生产相对较高增加值产品转变的过程（Wang et al.，2013）。借鉴 Kee 和 Tang（2016）、张杰等（2013）的研究，使用企业出口国内增加值率反映制造业价值链攀升。首先根据企业总收入的会计恒等式定义出口国内增加值。一个企业 i 的总收入（PY_i）由以下部分构成：利润（π_i）、工资（ωL_i）、资本成本（rK_i）、国内原材料成本（$P^D M_i^D$），以及进口原材料成本（$P^I M_i^I$）。

$$\mathrm{PY}_i \equiv \pi_i + \omega L_i + rK_i + P^D M_i^D + P^I M_i^I \tag{3.17}$$

一些国内原材料可能内含进口产品的价值（δ_i^F），而一些进口原材料可能内含国

① 东部地区包括北京、天津、河北、辽宁、上海、江苏、浙江、福建、山东、广东、海南；中部地区包括山西、吉林、黑龙江、安徽、江西、河南、湖北、湖南；西部地区包括内蒙古、广西、重庆、四川、贵州、云南、西藏、陕西、甘肃、青海、宁夏、新疆，不涉及港澳台。

内产品的价值（δ_i^D）。因此，国内原材料成本（$P^D M_i^D$）可分解为 δ_i^F 和纯国内产品价值（q_i^D）；进口原材料成本（$P^I M_i^I$）可分解为 δ_i^D 和纯进口产品价值（q_i^F），可得

$$P^D M_i^D \equiv \delta_i^F + q_i^D, \quad P^I M_i^I \equiv \delta_i^D + q_i^F \tag{3.18}$$

类比 GDP 的概念，企业的国内增加值可定义为隐含在企业总产出中的国内产品和服务的总价值，由利润、工资、资本成本，以及直接或间接的国内原材料价值支出组成：

$$\mathrm{DVA}_i \equiv \pi_i + \omega L_i + rK_i + q_i^D + \delta_i^D \tag{3.19}$$

对于加工贸易企业（以下以上标 p 表示），企业出口其所有的产出，进口部分中间品和资本设备，出口（EXP^p）等同于总产出（PY_i），进口（IMP^p）等同于进口原材料成本（$P^I M_i^I$）和进口资本（δ_i^K）。因此，式（3.19）可变为

$$\mathrm{EXP}_i^p = \mathrm{DVA}_i^p + \mathrm{IMP}_i^p - \delta_i^D + \delta_i^F - \delta_i^K \tag{3.20}$$

$$\mathrm{DVA}_i^p = (\mathrm{EXP}_i^p - \mathrm{IMP}_i^p) + (\delta_i^D - \delta_i^F + \delta_i^K) \tag{3.21}$$

由式（3.21）可知，我们可以通过调整 δ_i^D、δ_i^F、δ_i^K 并利用 $\mathrm{EXP}_i^p - \mathrm{IMP}_i^p$ 来估计加工贸易企业出口国内增加值。基于 Koopman 等（2012）、Wang 等（2013）对 GTAP 数据库的多国投入产出表的研究，中国加工贸易企业的 δ_i^D 接近 0。中国海关贸易数据库分别记录了企业总进口中原材料、资本的进口情况，显示 $\delta_i^K = 0$。因此，此处需要剔除国内原材料中进口产品的价值 δ_i^F，否则将会导致 $\mathrm{EXP}_i^p - \mathrm{IMP}_i^p$ 高估出口国内增加值 DVA_i^p。利用式（3.22）可得加工贸易企业出口国内增加值率：

$$\mathrm{DVAR}_i^p \equiv \frac{\mathrm{DVA}_i^p}{\mathrm{EXP}_i^p} = 1 - \frac{P^I M_i^I}{\mathrm{PY}_i^p} - \frac{\delta_i^F}{\mathrm{EXP}_i^p} \tag{3.22}$$

对于一般贸易企业（以下以上标 o 表示），企业生产的产品并非全部用于出口，部分产品最终流入国内市场。因此，可假设其用于出口而使用的中间品比例为出口在总产出中所占比例，利用中国工业企业数据库对此进行估算，得到

$$\mathrm{DVA}_i^o = \mathrm{EXP}_i^o - (\mathrm{IMP}_i^o - \delta_i^K + \delta_i^F)\left(\frac{\mathrm{EXP}_i^o}{\mathrm{PY}_i^o}\right) \tag{3.23}$$

综上，最终得到不同贸易方式企业层面出口国内增加值率：

$$\mathrm{DVAR}_i = \begin{cases} 1 - \dfrac{P^I M_i^I}{\mathrm{EXP}_i^p} - \dfrac{\delta_i^F}{\mathrm{EXP}_i^p}, & \text{shipment} = \mathrm{P} \\[3mm] 1 - \dfrac{\mathrm{IMP}_i^o - \delta_i^K + \delta_i^F}{\mathrm{PY}_i^o}, & \text{shipment} = \mathrm{O} \\[3mm] w_o \cdot \left(1 - \dfrac{\mathrm{IMP}_i^o - \delta_i^K + \delta_i^F}{\mathrm{PY}_i^o}\right) + w_p \cdot \left(1 - \dfrac{P^I M_i^I}{\mathrm{EXP}_i^p} - \dfrac{\delta_i^F}{\mathrm{EXP}_i^p}\right), & \text{shipment} = \mathrm{M} \end{cases}$$

$$\tag{3.24}$$

其中，shipment 为贸易方式；P、O、M 分别代表加工贸易、一般贸易和混合贸易。

本节数据主要来自 2000～2013 年中国工业企业数据库、中国海关贸易数据库。参照 Cai 和 Liu（2009）、喻胜华等（2020）的研究，遵循会计准则，对原始数据进行如下清理：删除缺失重要经济指标的观测值；删除从业人数少于 8 人的企业；删除符合流动资产高于总资产、固定资产合计大于总资产、固定资产净值大于总资产、当前累计折旧大于累计折旧中任何一个条件的企业；删除没有识别编号的企业；删除成立时间无效，成立时间早于 1949 年或者晚于当年年份的企业；进一步借鉴 Brandt 等（2012）、杨汝岱（2015）的方法对工业企业数据进行跨年份匹配，由于中国工业企业数据库与中国海关贸易数据库的企业代码隶属于两套完全不同的体系，无法直接使用企业代码作为中间变量匹配数据库，借鉴田巍和余淼杰（2013）的方法，使用企业名称、邮政编码和电话号码后七位数字、企业联系人作为参数指标匹配两个数据库；此外，还利用 Kee 和 Tang（2016）的方法剔除了存在过度进口和过度出口的企业。在测算企业出口国内增加值率的过程中，充分考虑以下问题。

（1）一般贸易企业的产品分类问题。加工贸易的进口产品可以作为生产出口产品的中间品（Upward et al.，2013），因此加工贸易企业的中间品进口额等同于海关的进口总额（$P^I M_i^I$）。一般贸易企业的产品并非全部用于出口，进口产品可能作为出口产品的中间品，也可能直接作为最终品在国内市场进行销售。因此，依据喻胜华等（2020）的研究，先将各年份的产品统一转化为 HS2002 编码计数，其中，2007～2011 年采用 HS2007-2002 转换表，2012～2013 年采用 HS2012-2002 转换表，再匹配《按广义经济类别分类》（*Classification by Broad Economic Categories*，BEC）与 HS6 位码，即利用 BEC-HS2002 转换表对各年份中一般贸易企业进口的产品类别（消费品、资本品或中间品）进行识别，则一般贸易企业的中间品进口额为 $IMP_i^o - \delta_i^K$。

（2）贸易代理商问题。2004 年前我国对企业的进出口贸易实施管制，部分企业为节省税收和交通成本，通过有进出口经营权的中间贸易代理商间接进口，Liu（2013）指出中国自身的再进口数据占其总进口的 9%。因此，根据 Ahn 等（2011）的研究，对海关数据中的中间贸易代理商进行剔除；同时，借鉴张杰等（2013）的方法，按照企业不同贸易方式的进口额加权得到企业中间贸易代理商进口额占总出口额的比例，将企业名义使用的中间品进口额进行调整，得到企业实际使用的中间品进口额。

2. 测算结果分析

整体及不同类型分样本下制造业企业出口国内增加值率的测算结果是该样本下企业出口国内增加值率的加权平均值，权重为企业产出占样本总产出的比例。图 3.37 显示了 2000～2013 年我国制造业企业出口国内增加值率的演变趋势。我

国制造业企业出口国内增加值率由 2000 年的 0.7452 稳步增长至 2013 年的 0.8739,
说明在全球生产分工的大背景下,我国出口产品国内增值能力不断增强;特别是
2005 年后,企业出口国内增加值率上升趋势显著,这一方面可能是由于我国加工
贸易技术水平的提升带动了企业出口国内增加值率的增加,另一方面可能是随着
我国劳动力成本的不断上升,出口产品的国内增加值部分提高。

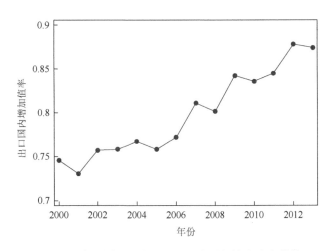

图 3.37　　中国制造业企业出口国内增加值率演变趋势

　　图 3.38 显示了 2000～2013 年不同贸易方式下我国制造业企业出口国内增加
值率的演变趋势。整体上看,一般贸易企业出口国内增加值率最高,而加工贸易
企业出口国内增加值率最低,且远低于其他两类企业;一般贸易企业出口国内增
加值率在样本期间的均值为 0.9164,远高于加工贸易企业(0.4641)和混合贸易
企业(0.8085)。加工贸易企业主要进行来料加工和进料加工贸易,对全部或部分
进口原材料、零部件进行加工装配后,将最终品复出口,"大进大出、两头在外"
的贸易特征导致这类企业较低的出口国内增加值率。从演变趋势来看,一般贸易
企业出口国内增加值率在样本期间变化不大,在样本期末略有下降,由 2000 年的
0.9183 下降至 2013 年的 0.9081;混合贸易企业出口国内增加值率呈现波动上升趋
势,从 2000 年的 0.7583 上升至 2013 年的 0.8734;加工贸易企业出口国内增加值
率的涨幅最大,由 2000 年的 0.3869 上升至 2013 年的 0.5719,涨幅达 0.185,这
与 Kee 和 Tang(2016)的估计结果一致。

　　图 3.39 描绘了 2000～2013 年不同所有制类型下我国制造业企业出口国内增
加值率的演变趋势。整体上看,外资企业的出口国内增加值率最低,远低于其他
两种类型企业,其在样本期间的均值为 0.7475,而民营企业、国有企业的相应均
值分别为 0.9107 和 0.9059。外资企业在我国加工贸易中占主导地位,样本企业中,

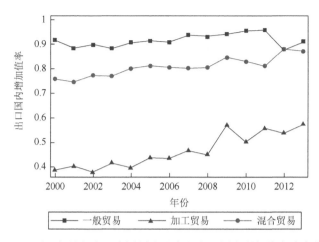

图 3.38　不同贸易方式下我国制造业企业出口国内增加值率演变趋势

加工贸易企业中外资企业占比达 93.34%。从演变趋势而言，国有企业的出口国内增加值率一直处于较高的水平，且呈波动式上升趋势，国有企业中一般贸易企业占比达 69.52%，而加工贸易企业占比较少；民营企业的出口国内增加值率变动相对平稳，略有上升；外资企业的出口国内增加值率呈显著上升趋势，从 2000 年的0.6649 上升至 2013 年的 0.8514。

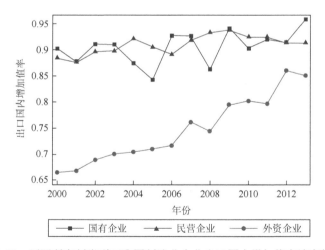

图 3.39　不同所有制类型下我国制造业企业出口国内增加值率演变趋势

　　图 3.40 为 2000～2013 年不同要素密集度下我国制造业企业出口国内增加值率的演变趋势①。整体上看，技术密集型企业出口国内增加值率最低，远低于劳

---

① 本节借鉴 Lu（2010）的方法，以各行业内所有企业资本劳动比的中位数作为该行业的资本劳动比，以行业资本劳动比的 1/3、2/3 分位点作为分界点将全部企业分为劳动密集型企业、技术密集型企业和资本密集型企业三类。

动密集型企业出口国内增加值率和资本密集型企业出口国内增加值率。从演变趋势来看，三种要素密集度类型企业出口国内增加值率在样本期间都呈显著上升趋势，技术密集型企业出口国内增加值率增幅最大，从 2000 年的 0.714 上升至 2013 年的 0.867，增长率为 21.43%；劳动密集型企业出口国内增加值率增幅次之，从 2000 年的 0.749 上升至 2013 年的 0.900，增长率为 20.16%；资本密集型企业出口国内增加值率增幅最小，从 2000 年的 0.781 上升至 2013 年的 0.863，增长率为 10.50%。我国劳动密集型企业中混合贸易企业和一般贸易企业占比为 72.46%，这是我国劳动密集型企业出口国内增加值率较高的原因之一。此外，2004～2013 年，我国劳动力市场越过刘易斯拐点，劳动力成本显著上升，同时推动了企业人力资本积累和劳动力质量升级，在一定程度上也提升了我国劳动密集型企业出口国内增加值率；而我国技术密集型企业还缺乏对核心技术、关键环节的掌握，对进口中间品的依赖程度较高，国内中间品替代能力不足，导致其出口国内增加值率相对较低。

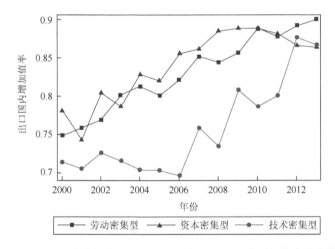

图 3.40　不同要素密集度下我国制造业企业出口国内增加值率演变趋势

　　根据国务院发展研究中心发展战略和区域经济研究部的课题报告《中国（大陆）区域社会经济发展特征分析》提出的对中国（大陆）区域划分的方法，把中国分为东北地区、北部沿海地区、东部沿海地区、南部沿海地区、黄河中游地区、长江中游地区、西南地区和大西北地区八大区域①。由于分析样本中沿

---

① 具体来说，东北地区包括辽宁、吉林、黑龙江；北部沿海地区包括北京、天津、河北、山东；东部沿海地区包括上海、江苏、浙江，南部沿海地区包括福建、广东、海南；黄河中游地区包括山西、内蒙古、河南、陕西；长江中游地区包括安徽、江西、湖北、湖南；西南地区包括广西、重庆、四川、贵州、云南；大西北地区包括甘肃、青海、宁夏、新疆、西藏。

海地区的观测样本占比超过 90%，且参与国际贸易的制造业企业主要集中在沿海地区，本节将总样本分为沿海地区（北部沿海地区、东部沿海地区、南部沿海地区）和内陆地区（东北地区、黄河中游地区、长江中游地区、西南地区和大西北地区），从整体上对各区域企业的出口国内增加值率进行对比分析，并进一步考察不同沿海地区间制造业企业出口国内增加值率的演变趋势。

图 3.41 描绘了 2000~2013 年沿海和内陆地区企业出口国内增加值率的演变趋势。整体上看，我国沿海地区企业出口国内增加值率要低于内陆地区企业出口国内增加值率，前者在样本期间的年度均值为 0.7851，后者在样本期间的年度均值为 0.8760。其主要原因在于，不同贸易方式的企业在地区间的分布存在差异，加工贸易企业在沿海地区的占比为 94.69%，内陆地区中混合贸易企业和一般贸易企业占比为 88.55%，因此沿海地区较内陆地区拥有更多的低增加值加工贸易，其企业的出口国内增加值率也相对较低。潘文卿（2018）通过将本地区自身的中间品剔除后，发现内陆地区来自国内其他地区的中间品需求更高，也就是说，内陆地区的企业更多地使用国内中间品来参与价值链的生产分工，沿海地区的企业则更少地使用国内中间品，其产品主要用于出口最终品而直接供国外消费。

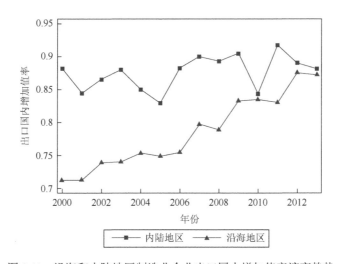

图 3.41　沿海和内陆地区制造业企业出口国内增加值率演变趋势

3.5　我国制造业全球价值链攀升存在的问题和现实基础

3.5.1　我国制造业全球价值链攀升存在的问题分析

随着我国改革开放的深入，特别是加入 WTO 以来，我国制造业逐步深度参与国际生产分工，我国发展成为制造大国和贸易大国，本节在我国制造业全球价值链地位测度与对比分析的基础上，结合价值链微笑曲线理论、价值链升级的决定因素，以及国内外宏观环境等分析我国制造业向价值链中高端攀升存在的问题。

首先，从整体层面来看，尽管我国制造业参与国际生产分工的程度有所提高，但我国制造业存在"大而不强"的问题，在全球价值链中仍处于中低端环节，而自主创新能力不足、创新基础薄弱、制造业服务化水平低、出口产品质量不高及标准建设处于劣势等成为抑制我国制造业向全球价值链中高端攀升的主要问题。根据微笑曲线理论，从生产分工中蕴含的价值来看，整体产业链的附加价值呈 U 形曲线，其中，曲线的左端和右端分别是高利润、高增加值的研发与设计和营销与服务环节，曲线的中间是低利润、低增加值的生产与制造环节。通过我国制造业全球价值链地位的对比分析可知，当前我国制造业仍处于全球价值链的中低端环节，即微笑曲线的中间底部位置。因此，要促进我国制造业向全球价值链中高端攀升，一方面可以向微笑曲线的左端即上游研发与设计环节攀升，另一方面可以向微笑曲线的右端即下游营销与服务环节攀升。然而，我国制造业在嵌入全球价值链的过程中，主要依靠国外先进技术和设计，进口大量中间品[①]，利用国内廉价生产要素从事加工、制造、生产和装配等处于全球价值链低端的环节，这使得我国制造业在自主研发、技术创新等方面都与发达国家和地区制造业存在显著差距。当前，我国制造业的自主创新能力还相对较弱，特别是在高端制造业方面，核心和关键技术的对外依赖度依然较高；产、学、研一体化水平较低使得我国制造业创新的基础也较为薄弱，这些都制约了我国制造业向上游研发与设计环节的攀升。我国制造业长期以组装、装配等加工贸易方式参与国际生产分工，这导致我国出口产品的增加值较低，出口产品的质量也较低。制造业与服务业的深度融合不仅能够促进制造业向微笑曲线的右端攀升，而且能够促进制造业向微笑曲线的左端攀升。但目前我国生产性服务业的发展还比较滞后，导致我国制造业投入服务化水平较低，特别是设计、金融、咨询等蕴含高知识、高技术、高增加值的服务业的发展还不完善，同时企业的品牌意识还比较薄弱，营销、售后服务等高增加值环节也未能与制造业生产形成良好的互动与衔接。此外，我国虽是制造大国，但在标准建设方面，由我国主导制定的制造业国际标准的数量并不多，同时国际上对我国标准的认可度也不高，我国缺乏在国际标准制定中的话语权和影响力。标准是产业（特别是高技术产业）领域工业大国和商业巨头的必争之地，主导标准的制定意味着掌握市场竞争优势和价值分配的话语权。但与发达国家和地区相比，我国在标准制定方面明显处于劣势，这将制约我国制造业向价值链两端的攀升。

---

① 中国国际贸易促进委员会. 世贸组织报告显示：2021 年中间产品出口稳步上升[EB/OL]. （2022-03-01）[2024-04-10]. https://www.ccpit.org/a/20220301/202203015aur.html.

其次，从前述区域和行业层面的分析来看，相比欧盟 15 国、东亚地区和典型"一带一路"共建国，北美地区在我国出口贸易额中的占比最高，但我国制造业在北美地区价值链中的融入程度和分工地位最低，且嵌入位置维持在低位，陷入低端锁定困境；我国传统优势制造业部门参与国际生产分工的程度降低，而知识和技术密集型等高增加值制造业部门处于产业链条的低端环节。通过对比分析我国制造业整体及细分行业在欧盟 15 国、北美地区、东亚地区和典型"一带一路"共建国中价值链地位的演变特征，发现我国制造业对典型"一带一路"共建国的出口贸易份额在不断上升，但在典型"一带一路"共建国价值链分工中的嵌入位置在不断下降，在典型"一带一路"共建国价值链中的融入程度和分工地位呈小幅波动向上的趋势，这反映出在"一带一路"共建国中，我国制造业尚处于生产分工链条中相对中下游的位置，出口产品增加值较低，竞争优势还不显著，这也说明我国出口贸易仍存在重数量扩张而轻质量提升的问题，更多地采取低价竞争来提高优势，这样的出口贸易方式缺乏可持续性，不利于长期出口增长。与此同时，我国对北美地区的出口贸易份额虽然有所降低，但北美地区仍是我国重要的出口贸易区，然而，我国制造业在北美地区价值链分工中的嵌入位置、融入程度都远小于欧盟 15 国、东亚地区，并且在北美地区价值链地位指数一直小于 0，这都说明我国制造业在北美地区缺乏核心竞争优势，陷入低端锁定困境，对北美地区的出口更多的是以加工贸易的形式参与其价值链分工，在研发与设计、营销与服务等环节缺乏竞争优势，使得我国制造业在北美地区难以提升其价值链地位。在欧盟 15 国和东亚地区，我国制造业的全球价值链上游度均呈显著上升趋势，但 2008 年遭遇全球金融危机，中间品贸易受到极大影响，而最终品贸易影响相对较弱，使得我国制造业的全球价值链下游度大幅提升，进而导致嵌入位置有所下降；我国制造业在这两个地区的价值链融入程度均有所提高，同时价值链分工地位向中上游环节攀升，这都表明在欧盟 15 国和东亚地区，我国制造业的竞争优势得到明显提升。从行业对比分析来看，资本密集型制造业和技术密集型制造业参与国际分工的程度均高于劳动密集型制造业，但不同的是，资本密集型制造业处于行业链条的中上游环节，而技术密集型制造业主要处于行业链条的下游环节，且位置不断下滑，特别是中高技术制造业和高技术制造业，存在被发达国家和地区锁定在低端的风险，我国劳动密集型制造业融入程度有所降低但分工地位在不断上升。纺织品、服装以及皮革和相关产品制造业等传统优势制造业在全球价值链中的分工地位不断上升，但融入程度呈下降趋势，说明我国传统依靠廉价劳动力获取国际竞争优势的产业在国际市场中面临着越来越多的来自发达国家（地区）和发展中国家的激烈竞争；无论在全球层面还是在不同区域层面，计算机、电子产品和光学产品制造业，化学品及化学制品制造业，基本医药产品和医药制剂制造业等具有高增加值的制造业在价值链分工中的融入程度都有所提高，但价值链地位相对靠后,这很大程度上是因为在这些高技术领域,与发达国家和地区相比,我国自主研发和创新水平低,缺乏核心竞争优势,难以向价值链中高端攀升。因此,促进我国制造业向价值链中高端攀升,不仅要关注具有高增加值的制造业行业,提升自主研发水平,增强创新能力,而且要促进我国传统制造业部门优化升级,促进制造业部门平衡发展。

再次,从核心技术及竞争力来看,我国制造业中高新技术产业发展受阻,核心技术受制于人;制造业企业利润水平较低,核心竞争力较弱。基于我国制造业全球价值链地位测度与比较的分析可知,虽然我国出口国内增加值率处于中等水平,但我国技术密集型制造业(特别是中高技术制造业和高技术制造业)一直处于生产分工的下游环节,存在被发达国家和地区锁定在低端的风险。我国在通信设备、集成电路、汽车发动机、工业机器人等制造业部门核心技术缺位,关键零部件严重依赖进口。这一方面造成我国许多制造业部门只能承担增加值率较低的生产环节,严重阻碍我国制造业向全球价值链中高端攀升;另一方面成为中美贸易摩擦的关键筹码。在近几年的中美贸易摩擦中,美国通过施压、打击我国的高新技术产业,使得中兴、华为等许多高新技术企业发展受挫;同时,尽管目前中国进入世界 500 强企业的数量和规模与美国的差距逐渐缩小,但存在企业总体效益低、行业分布不均衡的问题。在企业利润方面,中国 2017 年进入世界 500 强的制造业企业的平均利润仅为 8.91 亿美元,但是美国的相应企业的平均利润高达 52 亿美元;从行业分布来看,中国进入世界 500 强的制造业企业以传统制造业为主,而美国的相应企业涉及传统制造业与高新技术产业,差距主要来自高新技术产业;从企业的贸易情况来看,虽然中国对美国存在贸易顺差,但中国进入世界 500 强的制造业企业对美国存在巨大的贸易逆差。这些反映出中国企业在双边贸易中的竞争力相对较弱,在高新技术方面依赖进口,与发达国家和地区相比存在明显劣势。

最后,从国内外宏观经济形势来看,以美国为首的部分发达国家加剧了贸易保护主义、逆全球化趋势和地缘政治冲突,不断推动"再工业化",国际贸易环境和政策不确定性不断增加,尤其美国政府不断寻求与中国"脱钩",世界存在被一意孤行的美国拖入某种"平行体系"的可能性;从国内的背景来看,当前我国正处于市场化经济转型阶段,企业面临着要素约束、融资困难和体制机制不完善等问题,这均为我国制造业向全球价值链中高端攀升增加了难度。目前制造业领域的竞争日趋激烈,随着"逆全球化"思潮的不断兴起,欧美工业强国制定了积极的产业政策,不断吸引制造业回流,振兴实体经济发展,例如,美国实施"先进制造业国家战略计划",德国推进"工业 4.0"战略,英国和法国分别实施"制造业 2050"和"新工业法国"战略,韩国则积极推进"制造业创新 3.0"战略;同时,发展中国家(如印度、越南等)依靠其更加低廉的劳动力、土地和资源等生产要素积极承接产业转移,嵌入制造业全球价值链,不论是在先进制造业方面还是在传统制造业方面，我国制造业都面临着来自发达国家和发展中国家巨大的竞争压力，这些都加剧了我国制造业全球价值链攀升的风险与挑战。此外，中国企业在参与全球价值链程度不断深入的同时也遭遇了来自贸易伙伴越发严酷的贸易壁垒，1995 年 WTO 成立至今，针对中国发起的反倾销案件占世界全部案件的比例已超过 1/5，全球金融危机爆发以后，发达国家为了恢复本国经济，纷纷推出"再工业化"战略，为保护本国实体企业和打压发展中国家，不同程度地推行贸易保护主义政策以限制发展中国家产品的进入，其中，非关税壁垒中的技术性贸易壁垒、绿色壁垒、蓝色壁垒和反倾销壁垒已成为阻碍我国外贸发展的主要因素，与此同时，由于世界经济低迷和贸易环境恶化，发展中国家出口企业之间的相互竞争也愈演愈烈。商务部统计数据显示，以技术性贸易壁垒为例，2011 年以后，我国遭遇国外技术性贸易壁垒的情况越来越严重，仅 2015 年，我国约有 40%的出口企业遭遇其他国家所设置的技术性贸易壁垒，其导致的损失额占 2015 年出口总额的 4.1%。2018 年 7 月，美国政府宣布对从中国进口的约 2000 亿美元商品加征10%关税，2019 年 1 月进一步将加征关税提高至 25%；总的来看，特朗普政府对占中国 GDP 约 5.5%的进出口商品加征关税，出台了 300 多项反华议案，将 900 多个中国实体和个人列入单边制裁清单（闫小娜，2023）；拜登政府对中美经贸紧张状况有一定程度的改善，但仍将中国定位为美国"最大竞争对手"，并通过战略、经济、外交和科技等手段同中国展开竞争。这一系列措施对我国特定行业或特定产品的出口转型升级造成了严重的阻碍，而在当前贸易保护主义抬头、区域贸易协定不断涌现、贸易政策不确定性不断增加的背景下，针对中国的贸易壁垒（如知识产权保护等措施）只会越发严峻，这不利于我国制造业参与全球价值链及其向中高端攀升。从国内环境来看，当前我国正处于市场化经济转型的重要阶段，用工成本不断上升，节能减排和环保要求提高，而我国长期以来出口竞争力强的产业主要集中在玩具、服装、鞋类、家具、电子、机电等传统的劳动和资源密集型产品，劳动力和环境成本的上升严重降低了我国这些传统劳动和资源密集型制造业的国际竞争优势，我国制造业出口转型升级面临越来越严重的要素和环境成本约束；与此同时，我国金融市场的发展还不完善，企业面临着"融资难、融资贵"的问题，这进一步加剧了要素资源配置效率的扭曲，并且降低了我国制造业企业的研发投入，阻碍了企业进行技术创新、自主创新的动力和能力。

3.5.2 我国制造业全球价值链攀升的现实基础

首先，国际经济合作与竞争格局加速演变、"逆全球化"思潮、贸易保护主义和内顾倾向上升等外部贸易环境的恶化给我国制造业价值链攀升提出了严峻挑战，倒逼制造业企业转型升级。当前世界正处于百年未有之大变局，正面临新一轮大发展大变革大调整，我国经济也正处于转变发展方式、优化经济结构、转换增长动力的攻关期。在全球金融危机、中美贸易摩擦，以及新冠病毒感染等多重冲击之后，世界经济复苏艰难、曲折，特别是在以美国为首的发达国家中"逆全球化"思潮涌动，贸易保护主义和内顾倾向逐渐上升，发达国家推行"再工业化"战略，同时随着工业机器人和人工智能的运用，劳动生产率明显提升，欧洲和美国等发达国家和地区都在积极谋划价值链回归，试图通过振兴制造业来摆脱经济困境、占据新一轮竞争的制高点。跨国企业重新考虑其全球生产布局和其供应链的可持续性，加剧了发达国家进一步调整制造业国内产业布局，加速了部分制造业回流，我国对外贸易环境在不断恶化。与此同时，随着我国要素成本的上升，我国的低成本优势逐渐减弱，参与全球价值链分工的比较优势逐步由劳动密集型产业或者生产环节转变为重要的中间品生产和高技术制造品的组装流水线；一些劳动密集型制造业或者生产环节开始向具有低成本优势的越南、印度、墨西哥等国家转移，我国以往凭借要素成本优势或以牺牲环境为代价参与全球分工的发展模式已不可持续，同时当前美国对华"脱钩"，以及部分发达国家和地区对我国采取技术限制与技术封锁等更加暴露了我国在关键核心领域的技术短板，这些都给我国制造业提升全球价值链地位提出了严峻挑战，也意味着只有增强研发投入、实现关键技术的自主研发与创新、推动技术进步、提高劳动者素质，倒逼制造业企业转型升级，才能塑造企业新的竞争优势，提高企业参与国际分工的贸易利得，实现向全球价值链中高端攀升。

其次，我国贸易政策和产业政策体系不断完善，为促进我国制造业向全球价值链中高端攀升提供政策支持和制度保障。为提升企业国际竞争优势，促进制造业转型升级，实现在全球价值链中的攀升，商务部、国家发展改革委等七部委于2016 年 11 月联合下发《关于加强国际合作提高我国产业全球价值链地位的指导意见》，将推动制造业价值链攀升上升到了国家战略层面；2019 年，国家发展改革委发布《产业结构调整指导目录（2019 年本）》，将促进制造业高质量发展放在更加突出的位置，该目录中涉及制造业的条目有 900 多条，约占总条目数的 60%，一方面促进加快我国传统制造业的升级改造，另一方面鼓励加大培育发展新兴制造业产业，以促进我国制造业迈向全球价值链的中高端。制造业与服务业的深度融合发展有助于提升企业的增加值，促进制造业价值链攀升，党的十九大报告中提出"支持传统产业优化升级，加快发展现代服务业，瞄准国际标准提高水平"[①]；2019 年 11 月，工业和信息化部为落实《国务院关于深化制造业与互联网融合发展的指导意见》，将产品研发管控能力等 137 个项目核定为 2019 年制造业与互联网融合发展试点示范项目；2021 年 12 月，国家发展改革委等八部委联合发布的

---

① 中国政府网. 习近平：决胜全面建成小康社会 夺取新时代中国特色社会主义伟大胜利——在中国共产党第十九次全国代表大会上的报告[EB/OL].（2017-10-27）[2024-04-03]. https://www.gov.cn/zhuanti/2017/10/27/content_5234876.htm.

《"十四五"智能制造发展规划》再次指出，"要坚定不移地以智能制造为主攻方向，推动产业技术变革和优化升级""促进我国制造业迈向全球价值链中高端"。制造业与服务业产业政策的不断完善将助力我国制造业、服务业向更高层次发展。

再次，我国制造业产业基础、技术基础不断改进与提升，为促进我国制造业向全球价值链中高端攀升提供动力支持。当前我国已成为制造大国，向制造强国迈进的步伐在不断加快。我国制造业规模呈快速壮大趋势，产业体系也进一步健全和完备，我国已成为联合国产业分类中所列全部工业门类的国家，在 500 多种主要的工业品中，我国有 200 多种工业品产量居世界第一。较为完备的产业链条、超大规模的市场优势为我国制造业转型升级、扩展国内价值链、对接全球价值链提供了重要支撑，有利于进一步促进制造业实现全球价值链攀升。我国的自主创新能力也在不断提升。一方面，企业科技研发投入大幅增加，带动技术水平与科研产出的量质齐升，2018 年，规模以上制造业中有研发活动的企业数占比为 29.2%，研发经费支出年均增速达 9.5%，远高于同期企业营业收入的增速；国家统计局数据显示，我国全社会研发投入保持较快增长，研发投入强度持续提升，2021 年我国研发投入与 GDP 之比达 2.44%，已接近 OECD 国家 2019 年 2.47%的平均水平，尤其是我国在半导体、芯片等高技术制造业领域研发投入强度达 2.71%，较上年提升 0.05 个百分点。世界知识产权组织发布的《2018 年全球创新指数》和《2021 年全球创新指数》显示，我国在 2018 年首次跻身全球创新指数前二十强，2021 年我国科技创新能力在 132 个经济体中居第 12 位，稳居中等收入经济体首位。另一方面，我国在新一代信息技术方面（尤其是互联网、人工智能、云计算、大数据、第五代移动通信技术（5th-generation mobile communication technology，5G）等方面）取得了重大突破，许多技术已处于国际领先水平。"互联网＋服务""互联网＋物流"等"互联网＋"创新平台的不断完善为企业降低生产成本、提质增效提供了技术支持。当前我国在基础研究和前沿技术领域实现了多点突破、群体性跃升，科技创新能力的提高将为提升企业技术水平、增强企业核心竞争力、促进企业向全球价值链的高端攀升提供重要的动力支持。

最后，依托"一带一路"共建及自由贸易区战略实施等，加快推动我国全面开放新格局的形成，为我国制造业向全球价值链中高端攀升提供市场环境支持。过去 40 多年我国经济的高速发展是在开放的条件下取得的，促进我国制造业在全球价值链中攀升、经济实现高质量发展也必须在更加开放的条件下进行。加快推进"一带一路"建设、加快推动 RCEP 高质量实施是我国在新的历史条件下实行全方位对外开放的重大举措，将支持我国企业扩大对外投资，推动我国装备、技术、标准、服务走出去，改变企业参与国际分工的方式，由"被动嵌入"转为"主动引领"，有助于在经济全球化中抢占先机，提升我国参与全球治理的话语权。例如，自 2013 年"一带一路"倡议实施至 2021 年，我国对"一带一路"共建国的直接投资累计达 1640 亿美元，2020 年实现直接投资 225.4 亿美元，同比增长 20.6%，占同期我国对外直接投资流量的 14.7%。2021 年，我国对"一带一路"共建国的直接投资增速稍有下降，但规模达 241.5 亿美元，创历史新高。推动"一带一路"建设高质量发展也有助于提高引资质量，吸收国际投资搭载的技术创新能力、先进管理能力和高素质人才，这些将增强企业创新能力、提高产品质量，进而提升企业的国际竞争优势。与此同时，我国区域开放布局在不断优化，2013～2023 年，我国自由贸易试验区已覆盖全国 22 个省区市。自由贸易试验区布局已经逐步形成由点到线、由线到面、非常鲜明、不断开放的过程，这将改变我国对外开放东快西慢、沿海强内陆弱的区域格局，逐步形成沿海内陆沿边分工协作、互动发展的全方位开放格局，这有助于带动国内产业结构调整和布局优化，积极主动构建国内价值链，参与重塑全球价值链。

3.6　本章小结

本章主要对我国制造业在全球价值链中的地位，以及价值链攀升中存在的问题和现实基础进行了全面分析。首先，对现有全球价值链地位评价指标进行了系统性的梳理和比较，选取结构指标中的全球价值链位置指数，以及价值指标中的全球价值链增加值率、全球价值链参与度指数和全球价值链地位指数作为本章的主要评判指标；其次，综合结构指标、价值指标，利用 2016 年版 WIOD、中国海关贸易数据库等，从全球、区域、企业三个层面对我国制造业价值链地位分别进行了测度和比较分析，全方位、多角度地考察了我国制造业在全球价值链中的地位、演变特征及差异性；最后，结合价值链微笑曲线理论、价值链升级的决定因素及国内外宏观环境等探究了我国制造业全球价值链升级存在的问题及现实基础。通过以上研究，得到以下结论。

第一，从整体来看，我国制造业的全球价值链嵌入位置有向下游生产环节移动的趋势、融入程度呈先升后降趋势、增值能力和分工地位经历了先降低后提升的变化，在全球价值链分工中处于中低端，陷入低端锁定困境，与主要发达国家（地区）和发展中国家相比存在差距，全球价值链地位需要提升。具体到细分行业，我国计算机、电子产品和光学产品制造业等技术密集型制造业和高技术制造业具有明显的高融入程度、低增加值率、低分工地位特征，在国际分工中劣势明显，是我国制造业价值链攀升中亟待发展和提高的薄弱行业；而我国纺织品、服装以及皮革和相关产品制造业等劳动密集型制造业和低技术制造业具有一定优势。

第二，从区域上看，我国制造业的全球价值链嵌入位置在欧盟 15 国、东亚地区、北美地区和典型"一带一路"共建国中均呈不同程度的下降趋势，且都处于相对下游生产环节，相较而言，在东亚地区的嵌入位置最高；融入程度在欧盟 15 国和东亚地区呈显著上升趋势，并且在欧盟 15 国的融入程度最高，在北美地区的融入程度最低；分工地位在各区域均呈 U 形变化且总体呈上升趋势，但在北美地区的分工地位显著低于其他地区。从细分行业来看，我国部分中高技术制造业（如计算机、电子产品和光学产品制造业，化学品及化学制品制造业，基本医药产品和医药制剂制造业等）在不同区域内的全球价值链位置指数普遍显著下降，全球价值链地位相对靠后；中低技术制造业中纺织品、服装以及皮革和相关产品制造业，基本金属制造业的全球价值链融入程度虽然有所降低，但全球价值链地位相对靠前。

第三，从企业层面来看，我国整体上游度水平不断提高，其中，一般贸易企业的出口上游度高于加工贸易企业和混合贸易企业；国有企业的出口上游度高于民营企业和外资企业；中西部地区企业的出口上游度高于东部地区企业。同时，我国企业出口国内增加值率也有较为明显的提升，其中，一般贸易企业和混合贸易企业的出口国内增加值率高于加工贸易企业；国有企业和民营企业的出口国内增加值率高于外资企业；劳动密集型企业和资本密集型企业的出口国内增加值率高于技术密集型企业；内陆地区企业的出口国内增加值率高于沿海地区企业。

第四，我国制造业向价值链中高端攀升主要存在以下四个方面的问题。①尽管我国制造业参与国际生产分工的程度有所提高，但整体上来看，我国制造业"大而不强"，在全球价值链条中仍处于中低端环节，自主创新能力不足、创新基础薄弱、制造业服务化水平低、标准建设处于劣势等抑制了我国制造业向全球价值链中高端攀升；②我国制造业在北美地区价值链中的融入程度和分工地位最低，且嵌入位置维持在低位，陷入低端锁定困境，我国传统优势制造业部门参与国际生产分工的程度降低，知识和技术密集型等高增加值制造业部门处于产业链条的低端环节；③从核心技术及竞争力来看，我国制造业中高新技术产业发展受阻，核心技术受制于人，制造业企业利润水平较低，核心竞争力较弱；④以美国为首的逆全球化趋势、贸易保护主义抬头、发达国家"再工业化"、国际贸易环境不确定性不断增加，当前我国正处于市场化经济转型阶段，企业面临着要素约束、融资困难和体制机制不完善等问题，这些为我国制造业向全球价值链中高端攀升增加了难度。

第五，我国制造业向价值链中高端攀升的现实基础主要体现在如下方面：①国际经济合作与竞争格局加速演变、"逆全球化"思潮和内顾倾向上升等外部贸易环境的恶化给我国制造业价值链攀升提出了严峻挑战，倒逼制造业企业转型升级；②我国贸易政策和产业政策体系不断完善，为促进我国制造业向全球价值链中高端攀升提供政策支持和制度保障；③我国制造业产业基础、技术基础不断改进与提升，为促进我国制造业向全球价值链中高端攀升提供动力支持；④依托"一带一路"合作文件及自由贸易试验区战略协定等，加快推动我国全面开放新格局的逐步形成，为我国制造业向全球价值链中高端攀升提供市场环境支持。

第4章 我国制造业向全球价值链中高端攀升的根本动力：从要素驱动向创新驱动转变

4.1 创新驱动研究界定与转变条件

4.1.1 创新驱动的研究界定

党的十九大报告中强调"创新是引领发展的第一动力"[①]；党的二十大报告中进一步指出"必须坚持科技是第一生产力、人才是第一资源、创新是第一动力，深入实施科教兴国战略、人才强国战略、创新驱动发展战略"[②]。创新也是我国新发展理念之一；制造业作为我国实体经济的主体，无疑是创新驱动发展的主战场。《增强制造业核心竞争力三年行动计划（2018—2020 年）》的基本原则将"坚持创新驱动"置于首要地位，"把创新作为制造业实现引领发展的第一动力"。广义的创新涉及科技创新、管理创新、商业模式创新、业态创新等多个方面，而科技创新作为提高社会生产力、提升国际竞争力的重要引擎，是创新驱动的核心。《国家创新驱动发展战略纲要》指出"科技创新是提高社会生产力和综合国力的战略支撑，必须摆在国家发展全局的核心位置""国家力量的核心支撑是科技创新能力""以科技创新为核心带动全面创新""抓创新首先要抓科技创新，补短板首先要补科技创新的短板"。通过科技创新获得的前沿技术是企业增强竞争力、提升在全球价值链中地位的关键手段。当前我国制造业产业处于全球价值链中低端的重要原因是关键技术受制于人，我国制造业企业只有依靠自主创新打破国外技术垄断，抢占技术制高点，才能增强在全球价值链中的话语权。本节重点探讨以自主创新为主要形式的科技创新，着重关注制造业创新发展现状与问题，探讨创新驱动影响我国制造业迈向全球价值链中高端的效应、内在机制及影响因素，不断推动我国制造业迈向全球价值链中高端。

科技创新是原创性科学研究和技术创新的总称，是指创造和应用新知识和新技

---

① 中国政府网. 习近平：决胜全面建成小康社会 夺取新时代中国特色社会主义伟大胜利——在中国共产党第十九次全国代表大会上的报告[EB/OL].（2017-10-27）[2024-04-03]. https://www.gov.cn/zhuanti/2017-10/27/content_5234876.htm.

② 中国政府网. 高举中国特色社会主义伟大旗帜 为全面建设社会主义现代化国家而团结奋斗——在中国共产党第二十次全国代表大会上的报告[EB/OL].（2022-10-16）[2024-04-03]. https://www.gov.cn/gongbao/content/2022/content_5722378.htm.

术、新工艺，采用新的生产方式和经营管理模式，开发新产品，提高产品质量，提供新服务的过程，是具有市场价值的创新活动（Freeman，2012）。现有文献通常从创新投入与创新产出两个方面来测度科技创新水平，其中，创新投入常用研发投入、研发人员数量等创新要素的投入状况来反映，创新产出常用新产品产出、专利申请量与专利授权量、生产率等来衡量。创新不仅受创新投入的影响，而且取决于创新投入要素的配置效率，因此创新产出更能体现创新行为的结果，直接反映创新水平（王华，2011；He and Tian，2013）。在企业层面，已有针对我国的相关研究通常使用企业研发投入，或者企业研发投入与企业总资产的比值、企业研发投入与主营业务收入的比值等度量创新投入；新产品产出、专利申请量或专利授权量则通常是衡量创新产出的主要指标（袁建国等，2015）。其中，新产品产出常采用中国工业企业数据库中的新产品产值占工业总产值的比例来衡量（刘啟仁和黄建忠，2016），但国家统计局未对"新"进行明确的定义与说明，无法判断"新"体现为产品范围的扩大还是原有产品的改进（李兵等，2016）。相较于新产品产值，专利数量既能反映产品创新又能反映工艺创新，具有更广泛、全面的内涵，专利包括发明专利、实用新型专利与外观设计专利三种类型，相较于后两种类型，发明专利针对产品或生产过程的新技术、新方法，对创新要素的要求更高、研发难度更大、市场价值更高，因此企业的发明专利状况更能反映高水平创新能力（余明桂等，2016；李兵等，2016），中国经济金融研究（China Stock Market & Accounting Research，CSMAR）数据库（又称国泰安数据库）、万得（Wind）数据库与同花顺 iFinD 数据库都提供了上市公司的专利数据，中国专利数据库提供了个人、企业及事业单位等所有专利申请人或所有者的专利申请与授权信息。相较于专利授权，专利申请更能反映技术创新的市场价值创造水平。这是因为获得授权前，申请的专利已产生企业绩效，并在公开披露阶段产生技术外溢效应（Griliches，1998）。创新投入向创新产出的转化程度主要取决于创新效率，该指标可用专利授权量与研发经费支出的比值来表示。在行业层面，已有针对我国的研究通常使用《中国科技统计年鉴》中的行业研发经费支出和研发人员折合全时当量来度量创新投入（许培源和章燕宝，2014），采用行业的专利申请量或专利授权量来衡量创新产出，利用创新投入和创新产出指标可以计算得到行业创新效率。在地区层面，相关研究通常采用《中国科技统计年鉴》中的各省（区市）的研发人员数、研发经费支出、专利申请量来衡量创新水平（李苗苗等，2015；李平和姜丽，2015；杨骞和刘鑫鹏，2021）。

4.1.2 从要素驱动向创新驱动转变的现实背景与基础条件

改革开放后，在一系列产业发展规划、出口导向及吸引外资政策的推动下，凭借劳动力、资源及环境等成本优势，我国制造业发展迅猛，已成为制造大国，但近些年来我国制造业发展速度趋缓。国家统计局数据显示，我国 GDP 增速在 2011 年进入 10%以下区间，2016 年进入 7%以下区间，经济增长出现较为明显的要素动力转换。长期以来，廉价的劳动力是我国制造业参与国际竞争的主要比较优势来源，但随着人口出生率下降且老龄化程度不断加深，2012 年我国劳动年龄人口相对 2011 年减少 345 万人，首次呈现下降趋势，占全国总人口的 69.2%[①]；根据第七次全国人口普查结果，2020 年我国劳动年龄人口为 8.94 亿人，占全国总人口的 63.35%。除了劳动力供给减少，户籍等社会制度也限制了劳动力要素的配置效率，加之劳动力对自身权益的诉求提高，都使得劳动力成本提高，2008～2016 年我国平均工资实际年均增长率为 9%，远高于美国、欧洲、日本等发达国家或地区及越南、巴西等发展中国家（纪峰，2017）；2011～2018 年我国制造业行业的农民工工资年均增长率为 9.96%，高于 GDP 与消费价格指数（consumer price index，CPI）（刘林平，2020）。这些均反映出我国在劳动力成本方面的比较优势已逐步削弱。

除劳动力成本优势外，资源优势与较低的环境成本也是我国制造业在过去高速发展的重要支撑。依托丰富的自然资源，处于较为宽松的环境监管与规制政策下，我国制造业以"高投入、高消耗、高污染"的粗放型经济增长方式实现了发展与赶超，但对资源、能源与环境发展造成了负面冲击，限制了制造业发展的可持续性。工业和信息化部于 2016 年发布了《绿色制造 2016 专项行动实施方案》，并于 2021 年印发了《"十四五"工业绿色发展规划》，提出"深入实施绿色制造"，同时各地方政府加大环境规制力度，制造业的环境成本不断提高。

从外部环境来看，自 2008 年全球金融危机以来，国外市场需求持续低迷。近年来，逆全球化趋势明显，发达国家或地区通过发起贸易摩擦不仅压缩我国制造业的出口市场，而且对我国实施越发严苛的技术封锁，从而对我国制造业技术升级形成较大的外部威胁。此外，发达国家为缓解国内就业等经济压力，不断将制造业生产环节从中国向本国国内转移，一定程度上减少了对中国本土制造业的外溢效应，冲击了中国制造业价值链分工。在全球市场需求疲软、产品质量提升的背景下，为转变制造业的发展模式、提高制造业的国际竞争力，必须将核心生产要素放到技术上来，面对不容乐观的外部环境，以创新作为制造业发展和价值链攀升的动力；同时，通过创新驱动我国制造业价值链升级的环境机制、政策平台、要素投入、产业基础等条件也逐步具备。

1. 创新环境和机制持续优化完善

（1）创新环境日益优化。①知识产权保护与融资机制不断完善。创新的实现

---

①人民网. 国家统计局：2012 年我国劳动年龄人口首次下降[EB/OL]. （2013-02-22）[2024-04-10]. http://finance. people.com.cn/n/2013/0222/c70846-20568964.html.

依赖于知识产权的良好保护，我国在知识产权保护方面出台了一系列相关的法律和政策，不断健全知识产权保护机制和环境建设。随着时代的发展，以《中华人民共和国著作权法》《中华人民共和国商标法》《中华人民共和国专利法》为核心的知识产权法律体系建设在不断地完善。此外，2008 年国务院发布《国家知识产权战略纲要》，明确了知识产权的战略重点和专项任务。知识产权法律制度的不断完善正助力我国建设创新型国家，在制度层面为创新驱动发展提供保障。在加强知识产权保护的同时，知识产权融资机制也在不断完善，融资额度不断增长。国家知识产权局数据显示，2022 年全国知识产权质押融资金额达到 4868.8 亿元，同比增长 57.1%，连续三年保持 40%以上增幅。知识产权保护和质押融资的发展在保护企业研发创新的同时，也有利于企业获得研发创新所需的资金，从而推动创新驱动发展。②市场准入环境进一步优化。2014 年国务院发布《国务院关于促进市场公平竞争维护市场正常秩序的若干意见》，指出使市场在资源配置中起决定性作用，重点解决政府干预过多、市场体系不完善等问题，全国市场监管部门围绕企业的市场准入，不断深化商事制度改革，企业开办时间大幅压缩，"证照分离"改革试点不断扩大，"多证合一"改革得到规范实施，各地推行"最多跑一次"成效显著，营商便利化深得人心。通过改革，进一步削减了市场准入的制度性约束，提高了投资创业的便利化水平，鼓励科技人才、海归人员等的科技创业，很好地推动了大众创业、万众创新。③市场竞争环境持续改善。"放管服"改革促进了营商环境的进一步优化，激发大众创业的热情，市场主体不断增加，加之市场准入环境的优化，更加有利于企业之间公平竞争格局的形成。国家企业信用信息公示系统"全国一张网"的建成和作用的发挥推动了信用监管机制的实现，有利于增强企业的信用意识，加强信用体系的约束作用，促进我国市场竞争环境不断优化，为经济健康运行和结构优化提供重要保障。

（2）创新机制日臻完善。国家在创新机制建设方面与时俱进，创新机制不断得到完善。①随着新一代信息技术的发展，"互联网＋"为产品创新和质量提升带来了新的机遇，我国提出推动"互联网＋创新"的建设，并将新一代信息技术纳入战略性新兴产业体系中，为创新驱动发展开辟了新的路径；②为了实现创新主体之间的合作，我国不断健全协同创新机制，加强协同创新建设，充分发挥各个创新主体的优势，例如，2012 年教育部和财政部公布的"高等学校创新能力提升计划"以高校为突破口，实现与科研院所、企业、地方政府多方协同创新机制的构建，从而能够达到优势互补和科技成果快速产业化的效果；③国家推动全面开放新格局的形成，为开放创新机制的构建奠定了基础和条件，全面开放有利于企业开展国际创新合作，推动企业在竞争与合作中不断进行创新；④我国市场化改革深入推动，全国统一大市场加快建设，扩大了要素市场化流动的范围，明确了土地、劳动力、资本、技术、数据等要素领域改革及市场化配置举措，充分保障了要素的自由流动,提高了要素的配置效率,特别是资本要素、技术要素和数据要素的融合发展,有利于促进科技企业技术创新,实现科技成果的快速转化。

2. 创新主体和政策体系日趋健全

(1)创新主体趋于多元化。中华人民共和国成立之初,我国就非常重视科技创新,设立了 30 多个科研机构。20 世纪 60 年代中期,全国科研机构增加到 1700 多个。鉴于特殊情况,为了引导重点项目和关键领域的科技攻关,当时采取计划主导模式,实施了 863 计划、星火计划、火炬计划等。确立社会主义市场经济体制后,国家开始突出企业在科技创新中扮演的角色,并建立生产力促进中心等技术创新支撑服务机构,推动科技成果转化及市场化、产业化。随着改革开放的不断深入推进,市场在资源配置中由基础性作用向决定性作用转变,企业作为创新体系的主体越发受到重视,高新技术企业认定、科技型中小企业创新基金等各类创新政策实施,推动着企业科技创新的不断发展,国家及各地方政府也在不断出台政策,推动企业与科研机构及高校的合作与交流。随着大众创业、万众创新的推进,企业孵化器、众创空间等新型创新服务机构与高新区、经济开发区等一起构成了技术创新支撑服务体系。由此,政府、企业、科研机构、高校及技术创新支撑服务体系共同构成了国家创新体系,并且随着时代的发展和全面深化改革,国家创新体系适应新时代的要求不断发展和完善,有力地保证了创新驱动发展的不断深入。2020 年全国企业创新调查数据结果显示,全国范围内约 43%的企业有创新活动,超过 8%的企业实现了全面创新;在开展技术创新活动的 20.8 万家企业中,有 6.4 万家企业开展了产学研结合创新模式,占合作创新企业的比例为 34.4%,其中,与高校合作的企业占创新企业的比例为 28.0%,与科研机构合作的企业占创新企业的比例为 15.6%。

(2)创新政策体系逐步完善。创新是引领发展的第一动力。党的二十大报告中强调"坚持创新在我国现代化建设全局中的核心地位"①。建设创新型国家是我国面向未来的重要战略,为了提升我国自主创新能力,实现创新驱动发展,国家不断完善科技创新机制,不断建设多维度的创新政策体系,为创新驱动发展提供政策支撑。①高度重视对科技创新的长远战略规划。国务院早在 2006 年就发布了《国家中长期科学和技术发展规划纲要(2006—2020 年)》,对我国在科学技术发展上所要实现的目标进行了明确,并对所要实现的重点领域和优先主题、前沿技术和基础技术等进行了详细说明。2016 年中共中央和国务院发布的《国家创新驱动发展战略纲要》明确提出推动互联网、大数据、人工智能和实体经济深度融合,

---

① 中国政府网. 高举中国特色社会主义伟大旗帜 为全面建设社会主义现代化国家而团结奋斗——在中国共产党第二十次全国代表大会上的报告[EB/OL].(2022-10-16)[2024-04-03]. https://www.gov.cn/gongbao/content/2022/content_5722378.htm.

突破制造业重点领域关键技术。2017 年国家发展改革委发布的《增强制造业核心竞争力三年行动计划（2018—2020 年）》将"坚持创新驱动"作为第一项基本原则，"把创新作为制造业实现引领发展的第一动力"。②持续加强对战略性新兴产业的培育和发展。2010 年国务院发布的《国务院关于加快培育和发展战略性新兴产业的决定》确定了重点发展节能环保、生物产业、新能源、高端装备制造业、新材料、新兴信息产业和新能源汽车等领域，这些领域代表着产业发展的方向，是政府政策重点扶持发展的产业。2012 年国务院发布的《"十二五"国家战略性新兴产业发展规划》进一步指明了这些产业的重点发展方向，并提出了二十项工程。2016 年国务院发布的《"十三五"国家战略性新兴产业发展规划》指出要把战略性新兴产业摆在经济社会发展更加突出的位置。③不断完善大众创业、万众创新的政策支持和平台建设。2015 年国务院发布了《国务院关于大力推进大众创业万众创新若干政策措施的意见》，鼓励大众创业、万众创新。创业、创新不再是少数专业人士的事情，大众创业、万众创新的理念深入人心。为了给创业、创新营造良好的生态环境，国家高度重视孵化器、众创空间等新型创业服务平台的建设，加快推动众创、众包、众扶、众筹等双创支撑平台的发展，并于 2016 年建立首批双创示范基地，一系列双创政策文件的出台激发了不同主体的创业创新热情，为创新驱动发展带来更大的活力。2020 年 7 月《国务院办公厅关于提升大众创业万众创新示范基地带动作用进一步促改革稳就业强动能的实施意见》明确指出，进一步提升双创示范基地对促改革、稳就业、强动能的带动作用，推动大众创业、万众创新。④注重科技成果转化与实现产业化。创新不是终点，重要的是科技成果转化，实现产业化。1996 年《中华人民共和国促进科技成果转化法》颁布施行，2015 年再次修订，此次修订正是为满足创新驱动发展的要求，为创新驱动发展提供法律支撑。2016 年 3 月出台的《实施〈中华人民共和国促进科技成果转化法〉若干规定》与同年 5 月发布的《促进科技成果转移转化行动方案》加强了科技与经济的紧密结合。科技成果转化"三部曲"的实施对于推进结构性改革尤其是供给侧结构性改革，支撑经济转型升级和产业结构调整，促进大众创业、万众创新，打造经济发展新引擎具有重要意义。2017 年国务院发布的《国家技术转移体系建设方案》为促进科技成果持续产生，推动科技成果扩散、流动、共享、应用并实现经济与社会价值提供了具体切实的建设方案。2021 年《国务院办公厅关于完善科技成果评价机制的指导意见》提出了十条兼具针对性和实操性的主要工作措施，直面科技成果评价堵点、难点问题，从需求侧入手，以科技成果评价为指挥棒，直接回应广大科研人员的诉求，激发科研人员积极性，体现了改革的问题导向、目标导向和结果导向。国家层面为创新驱动发展出台了一系列目标指向清晰、激励约束并存、保障措施到位的政策，为创新驱动发展提供了明确的政策指引，极大地支持了我国从要素驱动向创新驱动的转变。

3. 创新要素基础不断增强

（1）创新人才队伍不断扩大，结构持续优化。习近平总书记指出"人才资源是第一资源，也是创新活动中最为活跃、最为积极的因素。要把科技创新搞上去，就必须建设一支规模宏大、结构合理、素质优良的创新人才队伍"[①]；党的二十大报告进一步强调"必须坚持科技是第一生产力、人才是第一资源、创新是第一动力"[②]。实现创新驱动发展，重要的是有创新意识和创新能力的人才；人力资本水平的提高和结构的优化为创新驱动发展提供了人才保障。中华人民共和国成立之初，我国就高度重视教育问题，制定的义务教育年限与发达国家一致。1986年《中华人民共和国义务教育法》颁布施行，从法律层面保障了适龄儿童接受教育的权利，我国教育事业得到稳步发展，人口识字率、义务教育巩固率、财政教育投入比例等指标均明显提高。1999年《面向21世纪教育振兴行动计划》拉开了大学扩招的序幕，大学扩招使更多的高中生能够接受大学教育，有利于人力资本规模和水平的提高。经济发展进入新常态以来，为适应产业升级和经济结构调整对技术技能型人才越来越紧迫的需求，政府把发展高等职业教育作为缓解就业压力、解决高技能型人才短缺问题的战略之举，2019年《政府工作报告》提出高职院校要大规模扩招100万人。在创新发展急需的科技人才方面，我国科技人力资源总量和研发人员规模已经稳居世界第一。根据《中国科技人力资源发展研究报告（2018）》，截至2018年底，我国科技人力资源总量达到10154.5万人，自2013年超越美国以来，已连续6年稳居世界第一位；2017年，我国研发人员规模达到174万人，居世界首位，美国研发人员规模为137万人，排名第二。人力资本水平的提高和结构的优化为创新驱动发展奠定了坚实的人才基础。

（2）创新研发投入增速提高，力度不断加大。研发投入是实现创新的重要前提，为推动企业持续进行研发投入，国家出台了许多与创新有关的政策。2008年《中华人民共和国企业所得税法》颁布施行，为配合其施行，《国家税务总局关于印发〈企业研究开发费用税前扣除管理办法（试行）〉的通知》通过研发费用加计扣除，使研发费用由"费用化"转为"资本化"，激励企业进行研发投入。2013年《国务院办公厅关于强化企业技术创新主体地位全面提升企业创新能力的意见》提出进一步完善机制来引导企业加大创新投入，支持科技型中小企业发展，除了财政基金支持，还鼓励金融机构针对科技型中小企业创新贷款模式。根据国家统

① 中国日报网. 习近平眼里的"第一资源"为何如此重要[EB/OL].（2018-07-18）[2024-08-01]. https://www.china-daily.com.cn/interface/toutiaonew/53002523/2018-07-18/cd_36601210.html.

② 中国政府网. 高举中国特色社会主义伟大旗帜 为全面建设社会主义现代化国家而团结奋斗——在中国共产党第二十次全国代表大会上的报告[EB/OL].（2022-10-16）[2024-04-03]. https://www.gov.cn/gongbao/content/2022/content_5722378.htm.

计局发布的《2021 年国民经济和社会发展统计公报》，2021 年我国研发投入达到 27956.3 亿元，比 2020 年增长 14.6%，已连续 6 年保持两位数增长，2021 年我国研发投入强度为 2.44%，在世界主要国家中排名第 13 位，超过法国（2.35%）、荷兰（2.29%）等国家。国家财政科技支出表现出持续增长态势，2021 年我国财政科技支出达 10766.7 亿元，比 2020 年增长 6.7%；科技拨款占财政拨款的比例为 4.37%，比 2020 年提高 0.26 个百分点。企业研发投入也持续增加，2021 年企业研发经费支出达到 21504.1 亿元，比 2020 年增长 15.2%，占全社会研发经费的 76.9%，比 2020 年提高 0.3 个百分点；2021 年全国高新技术企业达到 33 万家，技术合同成交额超过 3.7 万亿元。较高强度的研发投入为创新驱动发展提供了重要的资金支持。

（3）新一代信息技术迅速发展。新一代信息技术涉及的技术多、能结合的潜在领域广，可以促进传统行业的转型升级，是实现创新驱动发展的重要支撑。国家对新一代信息技术的发展高度重视，2010 年《国务院关于加快培育和发展战略性新兴产业的决定》将新一代信息技术纳入战略性新兴产业中，并在 2016 年针对新一代信息技术与制造业的融合发展出台了《国务院关于深化制造业与互联网融合发展的指导意见》。鉴于人工智能在制造业的应用场景极为广泛，《国务院关于印发新一代人工智能发展规划的通知》和《关于加快场景创新以人工智能高水平应用促进经济高质量发展的指导意见》着力解决人工智能重大应用和产业化问题，全面提升人工智能发展质量和水平，更好地支撑高质量发展。国家政策推动了新一代信息技术的发展，尤其是互联网、人工智能、云计算、大数据等信息技术与制造业的融合，也为创新驱动发展带来了新的机遇。世界经济论坛发布的《第四次工业革命对供应链的影响》（*Impact of the Fourth Industrial Revolution on Supply Chains*）白皮书数据显示，数字化转型使制造业企业成本降低 17.6%、营业收入增加 22.6%，使物流服务业成本降低 34.2%、营业收入增加 33.6%。根据工业和信息化部近年来开展遴选的智能制造试点示范项目数据，相关制造业企业在数字化、智能化转型后，其生产效率平均提升 37.6%，最高超过 3 倍；运营成本平均降低 21.2%，产品研制周期平均缩短 30.8%，新一代信息技术正向赋能作用显著。

4. 创新产业基础相对完备

（1）产业结构不断优化。自中华人民共和国成立以来，我国制造业实现了跨越式发展，制造业总产量连续多年居世界第一，2018 年工业增加值首次突破 30 万亿元，逐渐建立起全球规模最大、门类齐全、独立完整的制造业体系。2019 年我国工业增加值为 5.59 亿元，占全球工业增加值总量的 24.06%，是世界上工业增加值排名第一的国家。当前我国已具备完整的制造业产业体系，工业产业门类齐全，产业链大而全，制造业覆盖了国际行业标准中制造业大类所涉及的 24 个行业组、

71 个行业和 137 个子行业，初步建立起了全球最完备的制造业体系。我国产业结构不断得到调整和优化，产业发展逐步符合经济高质量发展的要求。2008 年国务院发布的《促进产业结构调整暂行规定》为我国产业结构调整指明了方向，强调以高新技术产业发展为先导，发展先进制造业要着重振兴装备制造业，促进服务业快速发展；2010 年国务院出台的《国务院关于加快培育和发展战略性新兴产业的决定》指出，通过确立战略性新兴产业来实现重大技术突破和满足重大发展需求，并以此推进产业结构优化及经济增长方式转变。经过多年产业结构调整，我国产业转型升级加快，2018 年第一季度战略性新兴产业增加值增长 9.6%，增速明显高于规模以上工业增加值平均增速。随着"互联网＋"与传统制造业的融合，新的业态、模式促使传统制造业不断转型升级。此外，现代服务业发展迅速，改革开放时期服务业占比为 23.9%，2018 年服务业占比稳步提升至 52.2%，远高于第二产业占比（40.7%），逐渐成为我国经济增长的新引擎，特别是以金融、商务、科技、信息、文化等为代表的现代服务业对我国经济发展的带动作用越来越明显。另外，技术在服务业中的使用越来越普遍，诸如科技金融、电子商务，在促进现代服务业发展的同时，也在不断推动银行、零售等传统行业的变革。不断转型升级的制造业及技术在服务业中得到广泛的应用，为创新驱动发展带来坚实的产业基础。

（2）产出效率逐步提升。投入产出率反映了要素投入与其所创造价值之间的关系。通常产出可由产量、销售量、销售收入、工业总产值等衡量；投入产出率在很大程度上反映了企业的营利能力（刘慧等，2013），因此，可以通过规模以上工业企业的营利情况来考察我国制造业产出效率。2015 年中央经济工作会议强调，要着力推进供给侧结构性改革，推动经济持续健康发展。供给侧结构性改革就是要在适度扩大总需求的同时，加快去产能、去库存、去杠杆、降成本、补短板。随着供给侧结构性改革的不断推进，去产能取得积极进展，2016～2018 年累计压解粗钢产能 1.5 亿吨以上，清退煤炭落后产能约 8.1 亿吨，提前两年完成了"十三五"规划目标任务。企业杠杆率有所下降，总杠杆率上升速度得以放缓，国际清算银行（Bank for International Settlements，BIS）数据显示，2018 年我国规模以上工业企业的资产负债率为 56.8%，比 2017 年低了 0.4 个百分点。由于全面推行营改增试点、扩大减半征收企业所得税优惠范围等政策，企业成本不断降低，2018 年企业成本降低超过 1.1 万亿元。此外，我国工业企业经营效益明显改善，规模以上工业企业利润率呈现逐年攀升态势。国家统计局发布的工业企业财务数据显示，2018 年我国规模以上工业企业实现利润 66351.4 亿元，比 2017 年增长 10.3%，在 41 个工业大类行业中，3228 个行业的利润增加，企业营利能力和产出效率增强。

另外，我国要素配置效率的提升带来了产出效率的提高。随着市场配置资源逐渐起决定性作用，市场价格取代指令计划，成为资源配置的主要手段，产出扭曲得到显著降低；劳动力流动受政策影响的程度减弱，日益增加的流动性使同质劳动不断减小报酬差距，有利于减少劳动力市场扭曲；逐步放宽资本市场管制，不同类型的企业获得资本的价格逐渐公平合理，减少了资本扭曲；非公有制经济蓬勃发展，改变了单一公有制经济资源配置效率较低的局面，实现了资源在不同所有制企业间的合理配置，有利于提高资源配置效率。

4.2　我国制造业创新发展现状分析

4.2.1　我国总体创新发展的现状分析

党的十九大报告指出，要"加快建设创新型国家"[①]；党的二十大报告提出，要"实现高水平科技自立自强，进入创新型国家前列"[②]。创新是一国经济增长的源泉，是提高一国核心竞争力的重要途径，也是促进制造业向全球价值链中高端攀升的驱动力。本节主要根据国家创新研究的相关报告，结合数据指标分析，对比我国与其他国家的创新现状，分析我国整体创新水平在区域或全球所处的地位，从创新基础、创新环境、创新投入、创新产出、创新竞争力等方面探讨当前我国创新发展存在的问题。

1. 创新基础

创新基础是企业创新能力的基石。一国的经济发展水平与对外开放程度不仅关系企业创新收益，而且影响企业获取前沿知识、技术等要素的能力；一国的教育状况影响创新所需人力资本的质量。《二十国集团（G20）国家创新竞争力发展报告》基于各成员方的经济发展情况（GDP 与人均 GDP）、财政收入、FDI、高等教育状况、劳动生产率等，构建了衡量创新基础的综合指标。如图 4.1 所示，2001～2018 年我国创新基础得分总体呈上升趋势。其中，2013～2014 年得分大幅上升主要受两个子指标的影响：一是我国 FDI 净值大幅提高；二是受高等教育人员比例数据缺失。2017～2018 年创新基础排名上升 3 位，其优势来源主要为较大规模的 GDP 与 FDI。在百分制计分规则下，2018 年我国创新基础得分为 42.2 分，在 20 个成员方中排名第 6 位，处于相对优势地位。

---

① 中国政府网. 习近平：决胜全面建成小康社会 夺取新时代中国特色社会主义伟大胜利——在中国共产党第十九次全国代表大会上的报告[EB/OL]. （2017-10-27）[2024-04-03]. https://www.gov.cn/zhuanti/2017/10/27/content_5234876.htm.

② 中国政府网. 高举中国特色社会主义伟大旗帜 为全面建设社会主义现代化国家而团结奋斗——在中国共产党第二十次全国代表大会上的报告[EB/OL]. （2022-10-16）[2024-04-03]. https://www.gov.cn/gongbao/content/2022/content_5722378.htm.

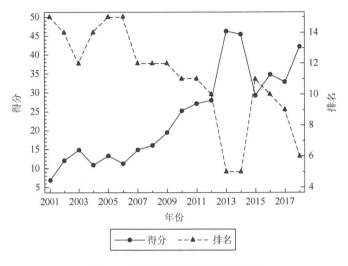

图 4.1　中国创新基础得分和排名

2. 创新环境

良好的创新环境是指国家或地区具有利于企业创新的社会氛围和制度环境，可以降低企业的交易成本与运营成本，提供较强的创新激励。从互联网及移动通信应用情况、企业运营面临的行政成本及税收成本、政府的公共服务水平和标准建设状况等方面，《二十国集团（G20）国家创新竞争力发展报告》构建了衡量创新环境的综合指标。如图 4.2 所示，2001～2018 年我国创新环境得分波动较大①。2018 年我国创新环境得分为 42.0 分，在 20 个成员方中排名第 12 位，落后于所有发达国家和部分发展中国家，其中，互联网用户比例、手机用户比例、企业平均税负水平等指数甚至低于 20 个成员方的平均得分；从时间维度来看，我国创新环境排名自 2011 年后总体上呈下降趋势。此外，2020 年世界银行发布的《全球营商环境报告》（*Doing Business*）从开办企业、获得信贷、财产登记、执行合同等十个方面度量了各国家或地区的营商环境情况。近年来，我国整体营商环境排名大幅提升，全球排名第 31 位，相较于其他指标，执行合同、财产登记、获得信贷这三个与企业产权、融资、交易密切相关的指标改善较慢，难以为企业创新提供充足动力。《2019 年全球创新指数》显示，2019 年我国"制度环境"指标全球排名第 60 位；"管制环境"和"高等教育"两个次级指标全球排名第 100 位和第 94 位。这反映出我国的创新环境在全球处于较为落后的地位，创新竞争力提升仍存在一定的制度障碍。

---

① 2011 年创新环境指标的子指标进行了调整，例如，去掉了"政府采购先进技术产品力度"子指标，增加了"ISO 9001 质量体系认证证数"子指标。

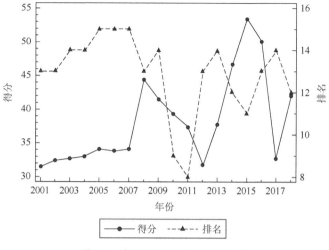

图 4.2　中国创新环境得分和排名

3. 创新投入

创新投入是创新产出的重要决定因素，《二十国集团（G20）国家创新竞争力发展报告》综合研发经费及其占比、研发人员数及其占比、企业研发投入比例、风险资本交易占 GDP 比例等子指标构建了衡量创新投入的综合指标。如图 4.3 所示，2001~2018 年我国创新投入得分总体呈上升趋势，排名总体提高，2018 年我国创新投入得分为 51.8 分，排名第 2 位，处于相对优势地位，表明我国的创新投入水平相对较高；但是，我国创新投入得分比创新投入得分最高的美国低 30 余分，与 2017 年相较，中美之间的创新投入得分差距有所缩减。

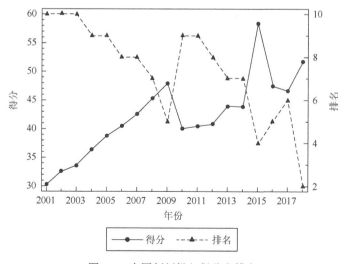

图 4.3　中国创新投入得分和排名

4. 创新产出

根据专利授权数、科技论文发表数，以及高技术产品、服务产品与服务的出口状况等，《二十国集团（G20）国家创新竞争力发展报告》公布了成员方在创新产出方面的得分与排名。如图 4.4 所示，2001～2018 年我国创新产出得分与排名均呈稳步上升态势，排名由 2001 年的第 10 位跃升并稳定至第 2 位，这反映出我国创新产出规模较大，且呈稳定增长态势。就子指标来看，2018 年我国的专利授权数、科技论文发表数及高技术产品出口额排名均居第 1 位，但是创意产品出口占比排名第 10 位，这说明我国在创意产品出口领域的竞争力较弱。此外，我国创新产出得分与排名第一的美国有很大差距，并且专利许可收入的得分低于 20 个成员方的平均得分，这反映出我国专利许可收入较少、专利的市场化收益较差、专利转让程度较低的现状，从侧面说明我国专利的市场竞争力不强、专利质量亟待提高。

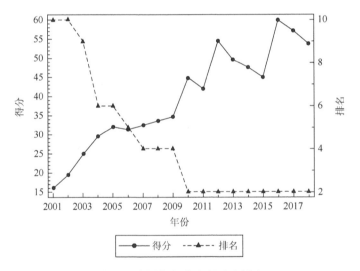

图 4.4　中国创新产出得分和排名

5. 创新竞争力

国家创新竞争力是指一国在全球范围内集聚创新资源、扩张创新空间的能力，可衡量一国创新对其他国家或地区的辐射或带动程度（张蕙和黄茂兴，2017）。《二十国集团（G20）国家创新竞争力发展报告》综合创新基础、创新环境、创新投入、创新产出等方面，构建了衡量创新竞争力的综合指标。如图 4.5 所示，2001～2018 年我国创新竞争力得分及排名均呈持续提高趋势，但在所有成员方中一直处于中段位置，2018 年我国创新竞争力排名第 7 位。因为二十国集团包括 GDP 与贸易总额分别占全球 90%、80% 的 9 个发达国家（或地区）和 11 个发展中国家，一定程度上代表了全球创新的较高水平，所以该排名较为合理地反映出我国创新竞争力在全球经济实力较强国家（或地区）中的地位。此外，《二十国集团（G20）国家创新竞争力发展报告》显示中国是唯一进入创新竞争力排名前 10 位的发展中国家。2001～2018 年我国创新竞争力排名总体上呈稳步上升趋势，由第三方阵跃升并稳定至第二方阵。从二十国集团的国家（或地区）间横向对比可以发现，2018 年中国创新竞争力得分为 44.2 分，而发达国家（或地区）创新竞争力平均得分为 47.9 分，美国创新竞争力得分为 78.5 分，这说明尽管中国的创新竞争力在发展中国家中处于相对领先地位，但与发达国家（或地区）特别是美国的创新竞争力相比仍存在很大差距。

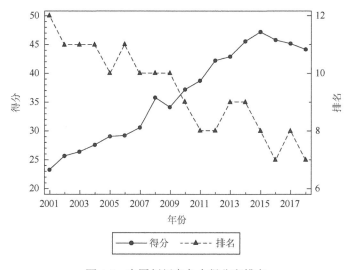

图 4.5　中国创新竞争力得分和排名

4.2.2　我国制造业行业的创新发展现状分析

1. 创新产出规模与价值

从创新产出规模来看，制造业行业的创新产出总体呈增长态势。对《中国科技统计年鉴》相关数据进行测算可得，如图 4.6 所示，2012～2020 年制造业行业的有效发明专利数呈快速增长趋势，9 年约翻了两番，其中，技术密集型行业的有效发明专利数远大于劳动密集型行业与资本密集型行业的有效发明专利数。此外，制造业新产品销售收入在 2012～2020 年增长了 1 倍，其中，技术密集型行业新产品销售收入增速较高，一定程度上反映出该类行业的创新产出转化率较高。从创新产出价值来看，专利存续期越长，通常说明专利的市场价值越高，因此专利所有者才会定期支付专利续期费用；相较于实用新型专利和外观设计专利，各知识产权局对发明专利的新颖性有更明确的要求，发明专利更能体现企业的创新能力，因此基于发明专利存续期可以分析行业的创新产出价值。

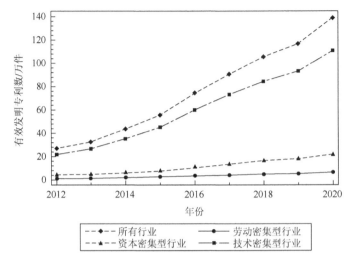

图 4.6　制造业有效发明专利数变化趋势

2. 创新投入规模

从行业的研发费用投入、研发人员投入等方面可综合考量行业的创新投入规模。利用《中国科技统计年鉴》相关数据，基于行业的研发投入强度、从事研发活动的企业占比、研发人员占从业人员的比例等指标来反映行业的创新投入水平，可以发现，2012～2020 年制造业各行业的研发投入总体上均呈缓慢的增长态势；通过行业间的比较可以看出，医药制造业，仪器仪表制造业，计算机、通信和其他电子设备制造业，专用设备制造业，通用设备制造业等创新产出能力较强的行业也是创新投入水平较高的行业[1]，劳动密集型行业或低技术行业的创新投入水平相对较低，从侧面反映出创新投入是创新产出的重要决定因素。

3. 创新投入结构

就研发投入结构而言，2020 年制造业内部研发经费支出占比为 96.6%，外部研发经费支出占比仅为 3.4%，其中，机器设备和软件的研发经费支出占比为 7.1%，各细分行业在 2012～2020 年的内部研发经费支出占比也远高于外部研发经费支出占比（表 4.1），这反映出企业在研发过程中主要依靠企业内部资源进行研发，较少通过产学研相结合的途径委托科研机构或高校进行研发，对外部的依赖主要为软件和机器设备，从外部购买或引进技术相对较少。

---

[1] 这里行业分类来源于《国民经济行业分类》(GB/T 4754—2017)，以下同。

表 4.1　制造业各行业研发投入及内部研发经费支出占比变化

行业	2012 年		2013 年		2014 年	
	研发投入/亿元	内部研发经费支出占比/%	研发投入/亿元	内部研发经费支出占比/%	研发投入/亿元	内部研发经费支出占比/%
农副食品加工业	141.8	95.7	180.6	95.8	203.6	96.2
食品制造业	89.4	97.1	103.4	95.3	118.2	95.3
酒、饮料和精制茶制造业	83.3	96.1	85.6	96.7	101.4	97.4
烟草制品业	25.9	76.2	28.2	78.4	24.5	85.3
纺织业	141.1	97.9	161.0	98.4	181.3	98.0
纺织服装、服饰业	57.1	97.3	71.4	97.1	76.3	97.2
皮革、毛皮、羽毛及其制品和制鞋业	28.3	96.9	34.5	98.4	40.6	98.7
木材加工和木、竹、藤、棕、草制品业	19.1	98.3	27.9	97.4	33.3	98.4
家具制造业	15.3	95.1	23.1	97.1	27.6	97.9
造纸和纸制品业	76.9	98.5	89.1	98.5	97.4	99.0
印刷和记录媒介复制业	25.1	98.3	31.1	97.8	34.6	98.8
文教、工美、体育和娱乐用品制造业	34.6	98.7	50.4	98.3	66.4	98.7
石油、煤炭及其他燃料加工业	88.3	92.4	95.4	93.6	113.9	93.5
化学原料和化学制品制造业	573.5	96.5	680.8	97.0	769.8	97.0
医药制造业	317.2	89.3	388.5	89.5	438.6	89.0
化学纤维制造业	64.4	98.4	67.9	98.3	76.2	98.4
橡胶和塑料制品业	177.5	97.4	204.8	97.4	233.4	97.6
非金属矿物制品业	167.2	97.8	219.2	98.1	251.1	98.2
黑色金属冶炼和压延加工业	648.8	96.8	649.1	97.5	656.8	97.8
有色金属冶炼和压延加工业	283.5	95.6	314.6	95.7	353.1	93.6
金属制品业	191.2	98.1	234.6	98.0	255.7	98.3
通用设备制造业	493.9	96.1	567.2	96.6	638.9	97.1
专用设备制造业	437.4	97.1	523.2	97.9	551.7	98.0
汽车制造业	1035.6	88.2	1168.1	90.1	1334.2	90.9
铁路、船舶、航空航天和其他运输设备制造业	732.6	96.1	841.8	96.9	956.2	96.5
电气机械和器材制造业	1110.6	95.9	1309.3	95.7	1463.7	95.1
计算机、通信和其他电子设备制造业	129.4	95.6	155.6	95.9	175.9	96.1

续表

行业	2015 年		2016 年		2017 年	
	研发投入/亿元	内部研发经费支出占比/%	研发投入/亿元	内部研发经费支出占比/%	研发投入/亿元	内部研发经费支出占比/%
农副食品加工业	224.6	96.2	257.8	96.9	284.5	96.5
食品制造业	142.7	94.9	161.1	94.9	157.3	94.1
酒、饮料和精制茶制造业	93.2	96.7	104.4	96.4	103.4	96.5
烟草制品业	23.6	88.2	24.0	89.3	23.7	83.5
纺织业	212.1	97.9	223.9	98.2	237.5	98.2
纺织服装、服饰业	91.9	98.1	108.7	98.4	113.4	97.5
皮革、毛皮、羽毛及其制品和制鞋业	51.8	98.5	59.5	99.1	66.0	98.7
木材加工和木、竹、藤、棕、草制品业	43.5	98.4	53.5	98.8	61.0	98.8
家具制造业	33.8	97.6	44.2	97.0	57.0	97.3
造纸和纸制品业	109.0	98.7	124.2	98.8	146.1	99.0
印刷和记录媒介复制业	37.1	99.0	47.4	98.7	54.8	98.4
文教、工美、体育和娱乐用品制造业	75.0	98.3	93.5	98.3	102.7	97.9
石油、煤炭及其他燃料加工业	105.3	95.8	126.4	94.6	153.8	95.3
化学原料和化学制品制造业	815.9	97.4	863.6	97.4	934.4	97.7
医药制造业	494.3	89.3	548.5	89.1	603.0	88.6
化学纤维制造业	80.1	98.0	85.3	98.3	107.7	98.5
橡胶和塑料制品业	247.7	98.0	284.0	98.2	314.3	97.7
非金属矿物制品业	282.4	98.3	328.5	98.3	369.3	98.2
黑色金属冶炼和压延加工业	572.6	98.0	547.7	98.2	651.8	98.0
有色金属冶炼和压延加工业	389.3	95.4	413.2	98.5	467.8	98.7
金属制品业	289.3	97.7	332.1	98.7	350.1	98.0
通用设备制造业	658.1	96.1	696.3	95.6	724.0	96.2
专用设备制造业	578.0	98.1	587.9	98.2	653.0	97.5
汽车制造业	1490.3	89.9	1679.3	89.8	1794.5	88.8
铁路、船舶、航空航天和其他运输设备制造业	1046.1	96.8	1139.5	96.7	1283.8	96.8
电气机械和器材制造业	1705.0	94.5	1963.6	92.2	2175.7	92.1
计算机、通信和其他电子设备制造业	190.6	94.9	194.3	95.6	219.6	95.7

续表

行业	2018 年		2019 年		2020 年	
	研发投入/亿元	内部研发经费支出占比/%	研发投入/亿元	内部研发经费支出占比/%	研发投入/亿元	内部研发经费支出占比/%
农副食品加工业	270.0	96.7	266.6	98.3	281.0	98.4
食品制造业	168.0	95.8	162.0	96.4	164.7	95.5
酒、饮料和精制茶制造业	105.2	96.8	110.8	97.1	93.2	96.2
烟草制品业	30.2	88.2	34.9	87.1	31.8	88.2
纺织业	258.7	98.7	269.2	98.8	234.7	98.6
纺织服装、服饰业	104.5	98.5	106.6	99.1	107.3	98.6
皮革、毛皮、羽毛及其制品和制鞋业	59.9	99.0	82.7	97.2	91.0	99.2
木材加工和木、竹、藤、棕、草制品业	55.1	99.3	63.6	99.2	67.6	99.5
家具制造业	71.0	95.8	75.1	98.0	92.6	98.0
造纸和纸制品业	169.5	99.0	158.5	99.5	137.2	99.6
印刷和记录媒介复制业	67.5	98.8	80.3	99.1	94.5	99.0
文教、工美、体育和娱乐用品制造业	113.9	98.1	120.2	98.4	103.3	98.3
石油、煤炭及其他燃料加工业	151.6	95.9	189.5	97.5	194.3	97.6
化学原料和化学制品制造业	923.8	97.4	949.3	97.3	824.6	96.7
医药制造业	678.8	85.6	720.2	84.6	906.5	86.6
化学纤维制造业	113.4	98.8	125.2	98.8	133.3	99.3
橡胶和塑料制品业	326.3	97.7	366.4	97.6	454.6	97.8
非金属矿物制品业	421.5	98.6	525.4	99.0	518.9	98.9
黑色金属冶炼和压延加工业	718.5	98.4	896.1	98.9	810.9	98.6
有色金属冶炼和压延加工业	448.0	98.8	485.2	98.9	423.9	98.8
金属制品业	393.9	98.9	471.3	99.0	567.5	99.0
通用设备制造业	761.1	96.6	850.1	96.8	1010.8	96.7
专用设备制造业	744.0	97.8	798.2	97.3	997.9	96.8
汽车制造业	1942.5	88.2	1954.7	87.9	2096.8	88.2
铁路、船舶、航空航天和其他运输设备制造业	1360.2	97.1	1442.1	97.5	1605.8	97.6
电气机械和器材制造业	2567.9	88.8	2732.1	89.6	3256.6	89.5
计算机、通信和其他电子设备制造业	232.2	96.1	241.6	94.8	305.6	96.1

注：仪器仪表制造业、其他制造业、废弃资源综合利用业、金属制品、机械和设备修理业等四个制造业行业的相关统计数据缺失，因此未在本表列出。

就研发投入的资金来源结构而言，政府对创新活动的支持程度可用研发投入政府资金占比（简称政府资金占比）来衡量。根据《中国科技统计年鉴》相关数据，可以计算 2012~2020 年制造业各行业政府资金占比（表 4.2）。结果发现，汽车制造业的历年政府资金占比明显高于其他行业，该行业政府资金占比平均水平为 7.32%，这可能是因为汽车制造业作为国家战略性支柱产业，其产业链长、涉及面广，因此需要较多的政府资金帮助企业弥补在技术研发、产能建设等方面的资金缺口，促进汽车产业的结构调整和升级，从而提升中国汽车制造业在全球汽车市场的竞争力。计算机、通信和其他电子设备制造业，通用或专用设备制造业，电气机械和器材制造业，以及医药制造业等行业的政府资金占比的排名也较为靠前，一方面可能是因为这些行业的创新产出价值较高，另一方面可能是因为这些行业具有较高的技术含量和资金密集度，离不开政府的资金支持和政策引导。2012~2020 年制造业各行业的政府资金占比变化均较为平稳，部分行业的政府资金占比呈现下降趋势。制造业企业也可依托对外开放，在全球范围内集聚创新资源，因此 FDI 也是我国制造业创新研发投入的资金来源之一。根据《中国科技统计年鉴》相关数据，2012~2020 年制造业各行业研发投入中外部资金占比（简称外部资金占比）远低于政府资金占比，但大多数行业的外部资金占比较为平稳，变化幅度不大。整体而言，与政府资金在行业中配置特征相似，外部资金占比也是技术密集型行业或资本密集型行业较高。

表 4.2　制造业各行业研发投入的资金来源构成变化（单位：%）

行业	2012 年		2013 年		2014 年	
	政府资金占比	外部资金占比	政府资金占比	外部资金占比	政府资金占比	外部资金占比
农副食品加工业	2.59	0.06	3.21	0.09	3.43	0.07
食品制造业	3.38	0.38	3.00	0.20	3.56	0.29
酒、饮料和精制茶制造业	3.53	0.55	3.31	0.54	3.42	0.59
烟草制品业	0.08	0.04	0.14	0.01	0.16	0.01
纺织业	1.93	0.11	2.25	0.13	1.88	0.10
纺织服装、服饰业	1.66	0.09	1.25	0.13	0.97	0.05
皮革、毛皮、羽毛及其制品和制鞋业	1.20	0.28	1.04	0.04	1.18	0.17
木材加工和木、竹、藤、棕、草制品业	3.51	2.15	3.44	0.11	3.15	0.06
家具制造业	2.22	0.92	0.61	0.39	1.05	0.54
造纸和纸制品业	1.40	0.03	1.14	0.04	1.13	0.28
印刷和记录媒介复制业	1.35	0.84	0.90	0.03	1.39	0.17
文教、工美、体育和娱乐用品制造业	2.57	0.14	2.38	0.26	2.08	0.30

续表

行业	2012 年		2013 年		2014 年	
	政府资金占比	外部资金占比	政府资金占比	外部资金占比	政府资金占比	外部资金占比
石油、煤炭及其他燃料加工业	1.46	1.78	2.14	0.58	0.84	0.66
化学原料和化学制品制造业	2.67	0.77	2.57	0.75	2.61	0.32
医药制造业	5.69	0.67	5.26	0.30	4.48	0.18
化学纤维制造业	1.57	0.14	1.53	0.07	1.47	0.01
橡胶和塑料制品业	1.86	0.77	1.87	0.16	1.79	0.19
非金属矿物制品业	3.27	0.48	3.31	0.15	3.04	0.29
黑色金属冶炼和压延加工业	0.84	0.02	0.67	0.05	0.80	0.08
有色金属冶炼和压延加工业	3.27	0.26	3.06	0.17	2.86	0.07
金属制品业	5.49	0.32	4.44	0.14	3.16	0.22
通用设备制造业	4.88	0.60	4.93	0.60	4.83	0.49
专用设备制造业	4.35	0.40	4.86	0.34	4.22	0.38
汽车制造业	9.22	0.45	8.82	1.08	9.09	0.83
铁路、船舶、航空航天和其他运输设备制造业	2.79	0.69	2.87	0.74	2.68	0.69
电气机械和器材制造业	4.14	0.88	4.34	0.89	3.50	0.76
计算机、通信和其他电子设备制造业	5.06	1.29	6.61	1.11	5.25	0.42

行业	2015 年		2016 年		2017 年	
	政府资金占比	外部资金占比	政府资金占比	外部资金占比	政府资金占比	外部资金占比
农副食品加工业	3.27	0.08	3.06	0.08	2.70	0.12
食品制造业	2.93	0.24	2.30	0.19	2.28	0.18
酒、饮料和精制茶制造业	3.02	0.02	2.27	0.08	2.73	0.03
烟草制品业	0.17	0.00	0.17	0.004	0.55	0.03
纺织业	1.69	0.17	1.52	0.16	1.07	0.04
纺织服装、服饰业	0.81	0.01	1.18	0.16	0.96	0.24
皮革、毛皮、羽毛及其制品和制鞋业	1.18	0.17	0.92	0.30	0.86	0.06
木材加工和木、竹、藤、棕、草制品业	2.28	0.37	2.04	0.15	1.31	0.26
家具制造业	1.42	0.18	0.90	0.16	0.95	0.19
造纸和纸制品业	1.14	0.04	1.44	0.10	1.05	0.03
印刷和记录媒介复制业	0.94	0.03	1.31	0.02	1.30	0.13
文教、工美、体育和娱乐用品制造业	1.24	0.33	1.85	0.18	1.55	0.25

续表

行业	2015 年		2016 年		2017 年	
	政府资金占比	外部资金占比	政府资金占比	外部资金占比	政府资金占比	外部资金占比
石油、煤炭及其他燃料加工业	1.31	0.34	1.10	0.09	1.72	0.01
化学原料和化学制品制造业	2.08	0.35	1.87	0.18	1.88	0.17
医药制造业	4.23	0.22	4.08	0.22	3.42	0.20
化学纤维制造业	1.64	0.04	1.49	0.05	1.11	0.06
橡胶和塑料制品业	1.56	0.10	1.50	0.01	1.36	0.03
非金属矿物制品业	2.88	0.12	2.43	0.10	2.26	0.04
黑色金属冶炼和压延加工业	0.84	0.19	0.87	0.05	0.83	0.02
有色金属冶炼和压延加工业	3.17	0.11	2.60	0.04	2.82	0.04
金属制品业	3.64	0.13	3.67	0.11	3.28	0.07
通用设备制造业	4.44	0.28	3.99	0.46	3.44	0.17
专用设备制造业	4.47	0.36	3.96	0.29	4.47	0.38
汽车制造业	9.11	0.77	6.63	0.61	6.19	0.45
铁路、船舶、航空航天和其他运输设备制造业	2.35	0.34	2.10	0.39	2.05	0.26
电气机械和器材制造业	4.08	1.08	4.35	0.74	3.67	0.68
计算机、通信和其他电子设备制造业	6.35	0.51	5.48	0.34	4.55	0.26

行业	2018 年		2019 年		2020 年	
	政府资金占比	外部资金占比	政府资金占比	外部资金占比	政府资金占比	外部资金占比
农副食品加工业	2.09	0.59	1.76	0.19	1.19	0.09
食品制造业	2.49	0.19	2.61	0.01	1.46	0.04
酒、饮料和精制茶制造业	2.40	0.32	1.98	0.09	1.78	0.27
烟草制品业	2.95	0.13	24.36	0.11	0.06	0.003
纺织业	0.94	0.38	1.61	0.004	0.73	0.10
纺织服装、服饰业	1.29	0.24	1.25	0.01	0.96	0.18
皮革、毛皮、羽毛及其制品和制鞋业	0.88	0.12	0.91	0.005	0.60	0.20
木材加工和木、竹、藤、棕、草制品业	1.38	0.16	1.57	0.002	0.67	0.04
家具制造业	0.49	0.10	0.56	0.003	0.33	0.08
造纸和纸制品业	0.83	0.12	0.66	0.003	0.71	0.07
印刷和记录媒介复制业	1.50	0.15	1.48	0.01	0.57	0.00
文教、工美、体育和娱乐用品制造业	2.09	0.34	1.56	0.02	0.95	0.34

续表

行业	2018 年		2019 年		2020 年	
	政府资金占比	外部资金占比	政府资金占比	外部资金占比	政府资金占比	外部资金占比
石油、煤炭及其他燃料加工业	0.98	0.06	4.74	0.02	0.21	0.02
化学原料和化学制品制造业	2.31	0.25	1.67	0.002	1.53	0.31
医药制造业	3.36	0.30	4.07	0.0003	2.17	0.41
化学纤维制造业	1.01	0.34	2.57	0.02	0.76	0.11
橡胶和塑料制品业	1.55	0.21	1.49	0.002	0.70	0.11
非金属矿物制品业	2.00	0.16	1.44	0.002	1.06	0.63
黑色金属冶炼和压延加工业	0.56	0.19	5.79	0.03	0.43	0.01
有色金属冶炼和压延加工业	2.42	1.00	1.78	0.002	1.86	0.01
金属制品业	2.71	0.30	2.91	0.001	2.33	0.08
通用设备制造业	3.03	0.29	2.60	0.01	2.02	0.38
专用设备制造业	4.66	0.60	3.64	0.02	3.26	0.39
汽车制造业	4.82	0.43	6.84	0.01	5.13	0.32
铁路、船舶、航空航天和其他运输设备制造业	2.45	0.32	3.10	0.005	1.22	0.26
电气机械和器材制造业	3.69	0.26	5.13	0.002	4.07	0.23
计算机、通信和其他电子设备制造业	5.37	0.42	4.32	0.21	3.95	0.15

4.2.3　我国制造业企业的创新发展现状分析

1. 创新投入

本节利用上市公司的数据来分析制造业企业的创新投入情况，数据来源于 CSMAR 数据库。在研发投入方面，2007～2017 年企业平均研发投入强度[①]为 4%～5.5%，2012 年后呈缓慢上升趋势（图 4.7）；在研发人员方面，2007～2017 年企业平均研发人员数占比[②]为 12%～25%，2012～2015 年呈下降趋势，2015 年后开始回升（图 4.8）。另外，结合中国工业企业数据库研究发现，2000～2010 年制造业企业的研发费用呈上升趋势；采用研发费用与主营业务收入的比值来衡量企业的研发投入强度，其总体上也呈上升趋势，这与图 4.7 中 2010 年之前的总体趋势是一致的。

---

① 采用研发投入与销售收入的比值来衡量研发投入强度。
② 采用研发人员数与就业人数的比值来衡量研发人员数占比。

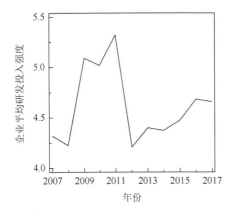

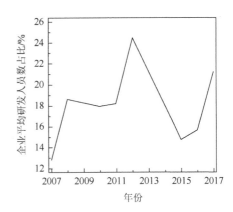

图 4.7　制造业企业平均研发投入强度　　　图 4.8　制造业企业平均研发人员数占比
变化趋势　　　　　　　　　　　　　变化趋势

图 4.9 为 2007～2017 年不同所有制类型企业的平均研发投入强度的变化趋势。从图 4.9 中可以看出，2007～2011 年国有企业的平均研发投入强度相对较高，但 2012 年后国有企业的平均研发投入强度处于相对较低水平，2015～2017 年民营企业的平均研发投入强度最高。图 4.10 为 2007～2017 年不同所有制类型企业平均研发人员数占比的变化趋势，与平均研发投入强度类似，2010 年前国有企业平均研发人员数占比基本处于优势地位，但在 2010 年后呈下降趋势；2011 年以来民营企业平均研发人员数占比一直处于最高水平，反映出民营企业具有更大的创新活力，这一方面可能受益于我国不断改善民营企业的融资环境、营商环境，激发了民营企业的创新活力，另一方面源于大部分民营企业具有更大的风险承担精神与锐意创新精神。

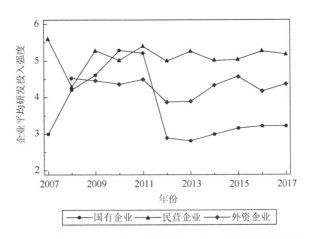

图 4.9　不同所有制类型企业的平均研发投入强度变化趋势
2007 年外资企业的平均研发投入强度数据缺失

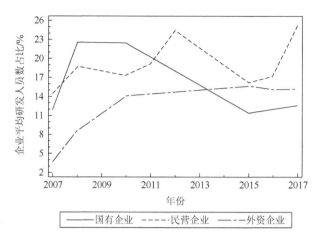

图 4.10　不同所有制类型企业的平均研发人员数占比变化趋势

2. 创新产出规模与结构

由 CSMAR 数据库中制造业上市公司数据的分析（图 4.11）可以发现，制造业企业专利申请量呈逐年上升趋势，其中，2010～2015 年为快速增长阶段[①]，2015～2017 年增速放缓。比较三种类型专利申请量可以发现，实用新型专利申请量与发明专利申请量相对较高，外观设计专利申请量最低。如图 4.12 所示，制造业企业平均专利申请量总体上呈显著上升趋势，在 2016 年后略有下降，平均实用新型专利申请量和平均发明专利申请量与其专利申请量的变化趋势类似，

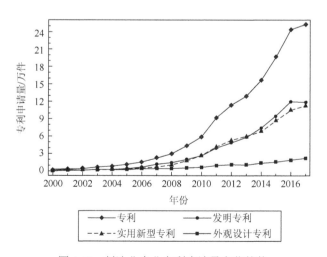

图 4.11　制造业企业专利申请量变化趋势

———————————

① 根据中国工业企业数据库，采用制造业企业新产品产值占总产值的比例来衡量企业创新产出，1998～2009 年平均每家企业的新产品产值占总产值的比例呈逐年上升趋势。

平均外观设计专利申请量则呈小幅下降趋势，并且远低于其他两种类型的平均专利申请量。

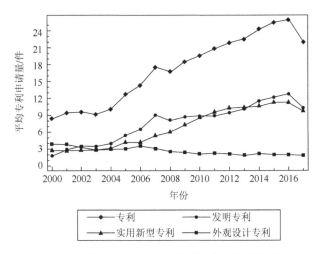

图 4.12　制造业企业平均专利申请量变化趋势

　　图 4.13 为制造业企业专利授权量的变化趋势。2000～2017 年制造业企业专利授权量一直呈上升趋势，特别在 2009 年后保持了较高的增速。其中，实用新型专利授权量一直居于高位，且增速相对最高；2010 年发明专利授权量超过外观设计专利授权量，且保持较高的增速。从制造业企业平均专利授权量变化趋势（图 4.14）来看，其总体上呈稳步上升趋势，但在 2015 年之后趋于下降。分类型来看，平均

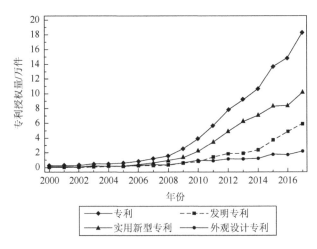

图 4.13　制造业企业专利授权量变化趋势

实用新型专利授权量与平均专利授权量的变化趋势基本一致，并且其在 2005 年之后远高于其他两种类型的平均专利授权量；平均发明专利授权量也一直趋于上升，平均外观设计专利授权量总体呈下降趋势。对比图 4.12 与图 4.14 可以发现，虽然平均发明专利申请量相对较高，但平均发明专利授权量并不高，一定程度上反映出我国发明专利获得授权的概率较小，发明专利申请的质量不高。

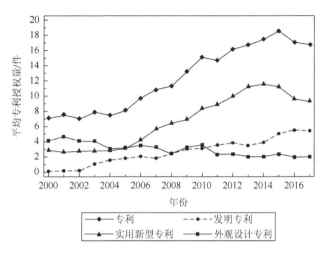

图 4.14　制造业企业平均专利授权量变化趋势

比较国有企业与民营企业的专利创新产出情况（图 4.15 和图 4.16）可以发现，2000~2017 年国有企业的专利申请量与专利授权量一直领先于民营企业，但两者的差距不断缩小，这说明可以进一步激发民营企业的创新活力。

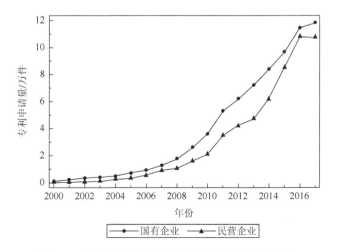

图 4.15　不同所有制类型企业专利申请量变化趋势

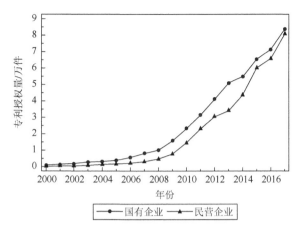

图 4.16　不同所有制类型企业专利授权量变化趋势

4.3　创新驱动影响制造业全球价值链攀升的机制和效应

4.3.1　创新驱动影响制造业全球价值链攀升的理论机制

本节根据通常做法,以企业出口国内增加值率的变化来刻画全球价值链攀升。借鉴 Kee 和 Tang（2016）的理论框架,探讨创新驱动影响企业出口国内增加值率的机制。考虑包括生产率（ϕ_i）、资本（K_{it}）、劳动（L_{it}）、国内中间品（M_{it}^D）和进口中间品（M_{it}^I）在内的柯布-道格拉斯生产函数如下:

$$Y_{it} = \phi_i K_{it}^{\alpha_K} L_{it}^{\alpha_L} M_{it}^{\alpha_M} \tag{4.1}$$

其中,$M_{it} = \left(M_{it}^{D\frac{\sigma-1}{\sigma}} + M_{it}^{I\frac{\sigma-1}{\sigma}} \right)^{\frac{\sigma}{\sigma-1}}$,$\alpha_K + \alpha_L + \alpha_M = 1$ 且 $\sigma > 1$。假定中间品总投入的价格指数为如下常替代弹性（constant elasticity of substitution,CES）函数:

$$P_t^M = \left((P_t^D)^{1-\sigma} + (P_t^I)^{1-\sigma} \right)^{\frac{1}{1-\sigma}} \tag{4.2}$$

进口中间品在总投入中的份额可以由以下成本最小化问题求解得到:

$$\min P_t^I M_{it}^I + P_t^D M_{it}^D$$
$$\text{s.t.} \quad M_{it} = \left(M_{it}^{D\frac{\sigma-1}{\sigma}} + M_{it}^{I\frac{\sigma-1}{\sigma}} \right)^{\frac{\sigma}{\sigma-1}} \tag{4.3}$$

求解上述成本最小化问题,得到企业 i 在 t 年的出口国内增加值率:

$$\text{Dvar}_{it} = 1 - \frac{P_t^I M_{it}^I}{P_{it} Y_{it}} = 1 - \alpha_M \left(1 - \frac{P_{it} - c_{it}}{P_{it}} \right) \frac{1}{1 + \left(\frac{P_t^I}{P_t^D} \right)^{\sigma-1}} \tag{4.4}$$

其中，c_{it} 为企业 i 在 t 年的生产边际成本。

根据 Kee 和 Tang（2016）的研究，有

$$\frac{1}{1+\left(\frac{P_t^I}{P_t^D}\right)^{\sigma-1}} = \frac{P_t^I M_{it}^I}{P_{it} M_{it}}, \quad \frac{P_{it}-c_{it}}{P_{it}} = 1 - \frac{1}{\mu_i}$$

进而有

$$\mathrm{Dvar}_{it} = 1 - \alpha_M\left(\frac{1}{\mu_i}\right)\left(\frac{P_t^I M_{it}^I}{P_{it} M_{it}}\right) \tag{4.5}$$

其中，μ_i 为企业的加成率。求 Dvar_{it} 关于 μ_i 的偏导数，有

$$\frac{\partial \mathrm{Dvar}_{it}}{\partial \mu_i} = \alpha_M \frac{P_t^I M_{it}^I}{P_{it} M_{it}} \frac{1}{\mu_i^2} > 0 \tag{4.6}$$

这说明加成率的提高有利于企业出口国内增加值率的提升，影响加成率的因素也会对企业出口国内增加值率产生影响（Kee and Tang，2016）。因此，以下部分基于生产成本和产品质量两方面探讨其通过影响加成率，从而影响企业出口国内增加值率的机制。①成本降低效应。企业创新有利于提高企业生产率进而降低生产边际成本。企业通过自主创新，能够重新组合生产要素，突破资源稀缺的约束，实现资源的优化配置（Schumpeter，1934）；技术创新可能增加中间品种类，并且创新具有外溢性，从而有利于提高企业生产率（Hall and Lerner，2010）；生产率的提升能降低生产边际成本，使得企业在产品价格不变的条件下获得更高的加成率（Aghion and Howitt，1992；Klette and Griliches，2000；刘啟仁和黄建忠，2016）。因此，技术创新引致的生产成本降低效应有利于提高出口企业加成率。②质量提升效应。企业通过增加研发投入，进行产品创新，能够研发出更多种类、更高质量的中间品，从而有利于提升出口产品质量（Amiti and Konings，2007；Bas and Strauss-Kahn，2015；Colantone and Crinò，2014；Santacreu，2015）。一方面，企业产品质量提高能够产生价格提升效应，并且大于市场竞争导致的价格降低效应，从而使出口企业拥有更高的加成率（Bellone et al.，2016）；另一方面，质量升级有利于消费者福利的改善，以及更好地满足消费者的偏好需求，在新产品被模仿前，该企业的产品组合具备更有利的竞争优势，从而促进企业在出口目的地市场份额的扩大，进而有利于提高企业加成率（Kugler and Verhoogen，2012；Bellone et al.，2016）。因此，企业创新能够通过成本降低效应、质量提升效应提高企业加成率，这意味着企业在出口目的地市场上具有较高的垄断势力，能够进行更高的产品定价，获得更多的出口价值，从而有利于企业出口国内增加值率的提升。

4.3.2　基于企业层面的影响效应研究

纵观现有研究，目前少有文献实证考察企业创新对全球价值链攀升的影响效应及机制，本节采用企业出口国内增加值率度量企业在全球价值链中的位置，通过建立计量模型研究企业创新对全球价值链攀升的影响。

1. 计量模型、变量与数据

为进一步实证检验创新驱动制造业全球价值链攀升的影响效应，本节基于企业层面的数据进行实证研究，借鉴许和连等（2017）的研究构建如下计量模型：

$$Dvar_{ijt} = \alpha_0 + \alpha_1 \ln Innov_{ijt} + X_{ijt}'\delta_{ijt} + \mu_i + \theta_j + \lambda_t + \varepsilon_{ijt} \tag{4.7}$$

其中，i、j、t 分别代表企业、行业和年份；$Dvar$ 为企业出口国内增加值率；$Innov$ 为企业技术创新水平（简称技术创新）；X 为控制变量向量，具体包括企业资本劳动比、企业所有制属性（是否为国有企业）、企业融资约束、企业存续年限、企业规模；δ 为参数向量；μ_i 为企业固定效应，用来控制随时间变化不随企业变化的无法观测的影响因素；θ_j 为行业固定效应，用来控制无法观测的随行业变化的特征；λ_t 为年份固定效应，用来控制随企业、行业变化但不随年份变化的无法观测的特征。各解释变量以对数形式计入模型（是否为国有企业除外）。

被解释变量为企业出口国内增加值率，表示中国企业出口产品中的国内增加值占出口产品总额的比例，代表国内要素贡献程度。具体测算方法见 3.4.2 节。核心解释变量为技术创新，使用企业当年的专利授权量作为度量指标，在模型中采用其自然对数形式，数据来自 CSMAR 数据库。控制变量包括企业融资约束（lnfinance）、企业资本劳动比（lncapint）、企业存续年限（lnage）、企业规模（lnsize）、是否为国有企业（soe）。其中，企业融资约束采用应收账款与主营业务收入之比来表示，企业资本劳动比采用固定资产净值与年末从业人数之比来测度，企业存续年限等于当期年份减去企业成立年份，企业规模用年末从业人数来衡量，若企业注册类型为国有企业，则 soe 取值为 1，否则，soe 取值为 0，对所有以货币单位来衡量的指标以 2000 年为基期的价格指数进行平减。

微观企业层面的样本数据主要来源于中国工业企业数据库、CSMAR 数据库与中国海关贸易数据库，样本区间为 2000～2013 年。其中，根据 Cai 和 Liu（2009）的方法，对中国工业企业数据库的数据进行以下清理：删除总产值等重要指标缺失或取值小于 0 的观测值；删除从业人数小于 8 人的观测值；删除流动资产高于总资产、固定资产合计大于总资产、固定资产净值大于总资产的样本；删除成立时间无效的样本及缺少企业识别代码的样本。对中国海关贸易数据库的数据进行以下处理：将月度层面的数据加总至年度层面；进一步地，按照田巍和余淼杰

（2013）的方法，将 2000～2013 年的中国工业企业数据库与中国海关贸易数据库进行合并，首先按照企业的中文名称进行匹配，其次用邮政编码加电话号码后七位作为匹配变量，最后使用企业联系人与电话号码后七位的组合作为匹配依据。

2. 基准回归结果

表 4.3 报告了技术创新（lnInnov）影响企业出口国内增加值率（Dvar）的基准回归结果。列（1）为不控制固定效应情况下的回归结果，技术创新的回归系数在 1%的水平上显著为正，说明技术创新对企业出口国内增加值率具有积极促进作用；列（2）为进一步控制年份固定效应和企业固定效应的回归结果，技术创新的回归系数在 1%的水平上依然显著为正；列（3）在控制年份固定效应、企业固定效应及行业固定效应后，进一步加入控制变量，发现结果仍然稳健，技术创新的回归系数在 10%的水平上显著为正，在控制其他变量的情况下，技术创新对企业出口国内增加值率具有显著的正向作用。

表 4.3　基准回归结果（一）

变量	（1） Dvar	（2） Dvar	（3） Dvar
lnInnov	0.0047***	0.0051***	0.0040*
	（0.0018）	（0.0018）	（0.0021）
lnsize			−0.0026
			（0.0331）
lnfinance			−0.0209***
			（0.0047）
lnage			−0.0069
			（0.0072）
soe			0.0163**
			（0.0079）
lncapint			−0.0119**
			（0.0050）
企业固定效应	否	是	是
年份固定效应	否	是	是
行业固定效应	否	否	是
常数项	0.9233***	0.9225***	0.9057***
	（0.0037）	（0.0038）	（0.0665）
观测值	4100	4083	2814
R^2	0.7014	0.7155	0.7488

*回归系数在 10%的水平上通过显著性检验。

**回归系数在 5%的水平上通过显著性检验。

***回归系数在 1%的水平上通过显著性检验。

注：括号中为稳健标准误。

回归结果中企业规模（lnsize）的回归系数为负，但在统计上并不显著；企业存续年限（lnage）的回归系数统计不显著，企业经营持续时间越长并非意味着企业全球价值链参与程度越高；企业资本劳动比（lncapint）的回归系数显著为负，企业资本劳动比越高，对企业全球价值链升级的负向作用越大，与吕越等（2016）的研究结果一致，这一定程度上是因为中国政府的资金扶持等短期内可能扭曲企业的出口优势，进而对价值链升级起到抑制作用；企业融资约束（lnfinance）的回归系数显著为负，即企业面临的融资约束越大，越会降低企业出口国内增加值率，不利于全球价值链攀升；国有企业（soe）的回归系数显著为正，表明国有企业相对于非国有企业具有更高的出口国内增加值率。

3. 稳健性检验

（1）改变样本范围。为了尽可能消除极端值、数据设限等数据结构问题对回归估计的影响，对观测样本范围进行调整。对企业出口国内增加值率在1%的水平上进行双边缩尾处理，表4.4列（1）显示了相应数据处理后的回归结果。技术创新的回归系数仍在5%的水平上显著为正，回归结果是稳健的。

表 4.4　稳健性检验结果（一）

变量	(1) 改变样本范围 Dvar	(2) 2SLS Dvar	(3) 替换技术创新的测度指标 Dvar
lnInnov	0.0045**	0.0054*	0.0086*
	(0.00212)	(0.0031)	(0.0047)
控制变量	是	是	是
行业固定效应	是	是	是
企业固定效应	是	是	是
年份固定效应	是	是	是
观测值	2841	2156	8644
R^2	0.748	0.0409	0.7215

*回归系数在10%的水平上通过显著性检验。
**回归系数在5%的水平上通过显著性检验。
注：括号中为稳健标准误。

（2）克服内生性问题。基准回归中验证了技术创新对企业出口国内增加值率的正向影响，但是出口国内增加值率较高的企业更可能处于价值链两端的高增加值环节，技术创新能力也相对较高，因此模型可能存在由企业出口国内增加值率和技术创新之间的双向因果关系导致的内生性问题。此外，虽然在模型的基准回归中控制了企业固定效应、行业固定效应和年份固定效应，在一定程度上能够部分缓解内生性问题，但其他遗漏的随个体和时间变动的因素也会导致内生性问题。这里选取滞后一期的技术创新作为模型的工具变量，采用两阶段最小二乘（two-stage least squares，2SLS）法进行估计。利用 Kleibergen-Paap rk LM 统计量[①]进行不可识别检验，该统计量的检验 P 值为 0.0006，在 1%的水平上拒绝了"工具变量不可识别"的原假设；同时，利用 Kleibergen-Paap rk Wald F 统计量[②]进行弱工具变量检验，其检验值为 17.504，大于 10%水平上的临界值 16.38，因此可以强烈拒绝"弱工具变量"的原假设。回归估计结果见表 4.4 列（2），技术创新对企业出口国内增加值率的正向效应仍旧显著，基准回归结果依然稳健。

（3）替换技术创新的测度指标。在基准回归中，使用专利授权量作为技术创新的衡量指标。但是有学者认为专利授权量、发明专利授权量、发明专利申请量等指标不足以反映企业创新活动，科技发明只有在其取得经济或社会效益时才能称为技术创新（胡哲一，1992）。因此，为进一步验证估计结果的稳健性，使用新产品产值作为技术创新的测度指标，重新估计基本模型。替换技术创新测度指标后的估计结果见表 4.4 列（3），技术创新的回归系数在 10%的水平上仍旧显著为正。

4. 异质性分析

1）按照企业所属地区分类回归

庞瑞芝等（2014）发现创新资源在不同地区的存量具有很大差异，东部地区的创新发展效率高于中西部地区，那么技术创新对企业出口国内增加值率产生的作用是否具有明显的地区差异？将企业按照所在地区分为东部地区企业、中部地区企业、西部地区企业，具体分类见 3.4.1 节。回归结果如表 4.5 所示，其中，列（1）和列（2）分别显示西部地区样本与中部地区样本的回归结果，技术创新的回归系数均为正但在统计上不显著，说明中西部地区的技术创新对企业出口国内增加值率的提升作用并不明显；在拥有北上广等一线城市、经济发达程度较高、创新资源密集的东部地区，技术创新的回归系数在 5%的水平上显著为正，表明东部地区的技术创新对企业出口国内增加值率有更显著的促进作用。这意味着技术创新对企业出口国内增加值率的影响存在着明显的地区差异，这可能是因为东部地区的经济发展水平较高，已有技术基础较好，对创新成果的利用率更高，技术创新对产品及生产技术的改进程度更大，从而对企业出口国内增加值率产生的促进效应更为显著。

---

① Kleibergen-Paap rk LM 统计量指克莱伯根-帕普统计量，其中，LM 指拉格朗日乘数（Lagrange multiplier），r 指在计算统计量时使用异方差稳健的标准误，下同。

② Kleibergen-Paap rk Wald F 统计量也指克莱伯根-帕普统计量，其中，Wald 指沃尔德。

表 4.5　按照企业所属地区的分样本回归结果

变量	（1）	（2）	（3）
	西部地区	中部地区	东部地区
	Dvar	Dvar	Dvar
lnInnov	0.0124	0.0043	0.0054**
	(0.0124)	(0.0078)	(0.0027)
控制变量	是	是	是
行业固定效应	是	是	是
企业固定效应	是	是	是
年份固定效应	是	是	是
观测值	124	280	2391
R^2	0.6781	0.7531	0.7587

**回归系数在 5%的水平上通过显著性检验。

注：括号中为稳健标准误。

2）按照行业要素密集度类型分类回归

企业通过创新获得产品竞争优势，从而持续提升企业市场竞争力和营利能力。为了明确技术创新对企业出口国内增加值率的影响在不同行业中的差异，将企业所在行业按照要素密集度分为三类：劳动密集型行业、资本密集型行业和技术密集型行业。表 4.6 的回归结果显示，列（1）中技术创新的回归系数在 10%的水平上显著为负，列（2）中技术创新的回归系数为正但不显著，表明技术创新可能抑制劳动密集型企业出口国内增加值率的提升，且其对资本密集型企业出口国内增加值率的提升效应不明显，列（3）中技术创新的回归系数在 1%的水平上显著为正，说明技术创新有利于提高技术密集型企业出口国内增加值率，回归系数绝对值为 0.0078，大于基准回归结果中的回归系数，表明相较于全部制造业行业，技术创新对技术密集型行业的价值链攀升有更大的促进作用。

表 4.6　按照行业要素密集度类型的分样本回归结果

变量	（1）	（2）	（3）
	劳动密集型	资本密集型	技术密集型
	Dvar	Dvar	Dvar
lnInnov	−0.0166*	0.0133	0.0078***
	(0.0086)	(0.0120)	(0.0026)
控制变量	是	是	是

续表

变量	（1） 劳动密集型 Dvar	（2） 资本密集型 Dvar	（3） 技术密集型 Dvar
行业固定效应	是	是	是
企业固定效应	是	是	是
年份固定效应	是	是	是
观测值	340	192	2244
R^2	0.7835	0.7344	0.7497

*回归系数在 10%的水平上通过显著性检验。

***回归系数在 1%的水平上通过显著性检验。

注：括号中为稳健标准误。

我国的技术密集型企业更加接近世界技术前沿，而劳动密集型企业通常偏离甚至远离技术前沿（蔡昉，2011）。因此，根据 Aghion 等（2017）的理论研究，技术密集型企业的出口更容易引发创新，存在一条通过出口提升创新力继而提升加成率与出口国内增加值率的"进步通道"。相比之下，劳动密集型企业则更多依靠成本优势而非技术优势参与竞争，对新技术的应用程度较弱（Zahra and George，2002），技术改进空间小，并且劳动密集型行业从业者技术水平较低，创新不能有效提高生产率或产品质量；同时，短期内技术创新存在大量的研发投入或者创新成本，一方面其创新效率较低，另一方面其收益增加短期内可能无法抵消成本投入，因此劳动密集型行业技术创新对企业出口国内增加值率的提升存在一定程度上的抑制效应。

3）按照企业所有制类型分类回归

企业所有制类型不同，管理结构、资本构成也不同。以往学者依据所有制理论、产权理论及委托代理理论，认为国有企业模糊的产权关系或产权主体缺位使得国有企业经营者缺乏内在激励机制，导致国有企业技术改造和设备更新的投入不足（王宗润和周艳菊，2000；张维迎，1996）。本节将企业按照所有制类型分为国有企业与非国有企业两大类，分样本的回归结果如表 4.7 所示。列（1）中技术创新的回归系数在 5%的水平上显著为正，列（2）中技术创新的回归系数不显著，表明国有企业的技术创新对企业全球价值链攀升并没有产生显著影响，而非国有企业通过技术创新较大地提升了自身的出口国内增加值率。

表 4.7　按照企业所有制类型的分样本回归结果

变量	（1） 非国有企业 Dvar	（2） 国有企业 Dvar
lnInnov	0.0044**	−0.0272
	（0.0021）	（0.0267）
控制变量	是	是
行业固定效应	是	是
企业固定效应	是	是
年份固定效应	是	是
观测值	2718	63
R^2	0.7562	0.7967

**回归系数在 5%的水平上通过显著性检验。
注：括号中为稳健标准误。

　　原因可能在于：第一，相较非国有企业，国有企业不仅追求国有资产的保值和增值，而且通常承担着调节国家经济的任务，起着稳定就业、调和经济各方面发展的作用，因此国有企业资本用于创新研发投入往往相对较少。第二，国有企业创新转化效率较低，国有企业的委托代理关系表现为国有产权—政府官员—经营者，这种代理关系导致国有企业存在多重任务、多重委托代理的现象，政府官员的短期行为、对国有企业的行政干预及政府官员对国有企业经营者的人事任命与监管会降低国有企业经营者对创新风险的承担意愿，而对于利润激励更大的非国有企业，创新正是企业保持活力、激发自身市场竞争力、提升出口国内增加值率的关键。

　　4）按照专利类型分类回归

　　专利分为发明专利、实用新型专利和外观设计专利三种。发明专利是指对产品、方法提出的新的技术方案，是原创性的创新。实用新型专利是指对产品的形状、构造等提出的实用型方案。外观设计专利是指对产品的色彩、形状、图案等做出的新设计。将企业按照专利类型分类，以考察不同类型的专利对企业出口国内增加值率的影响，回归结果如表 4.8 所示。列（1）中发明专利（lnIGrant）的回归系数在 5%的水平上显著为正，表示发明专利能够通过降低生产成本或提高产品价格，有效提升企业出口国内增加值率，列（2）和列（3）中实用新型专利（lnUGrant）和外观设计专利（lnDGrant）的回归系数为正但均不显著，且回归系数绝对值小于列（1）的回归系数绝对值，说

明实用新型专利与外观设计专利对企业出口国内增加值率的提升效应较小且
不明显。

表 4.8　按照专利类型的分样本回归结果

变量	（1） 发明专利 Dvar	（2） 实用新型专利 Dvar	（3） 外观设计专利 Dvar
lnIGrant	0.0195**		
	（0.0086）		
lnUGrant		0.0031	
		（0.0039）	
lnDGrant			0.0015
			（0.0034）
控制变量	是	是	是
行业固定效应	是	是	是
企业固定效应	是	是	是
年份固定效应	是	是	是
观测值	674	1198	442
R^2	0.7837	0.8834	0.8500

**回归系数在 5%的水平上通过显著性检验。
注：括号中为稳健标准误。

　　一般而言，发明专利需要较高的研发成本，不仅需要人力资本投入，而且需
要设备、仪器等物质资本投入；实用新型专利与外观设计专利则主要依赖研发人
员投入。根据鲍莫尔的产业分类理论，可以将技术创新区分为主要依赖劳动的技
术创新，以及依赖劳动和资本的技术创新，前者主要表现为实用新型专利与外观
设计专利，后者主要体现为发明专利。发明专利技术含量高，能够催生新的生产
方式，同时可能依托其本身不断产生新的专利产品，对企业出口国内增加值率的
影响更大；相比之下，实用新型专利与外观设计专利技术含量低，缺乏进一步创
新的潜力（俞立平和蔡绍洪，2017）。

5. 影响机制检验

　　根据前面的理论机制分析，进一步进行相应的影响机制检验。本节运用温忠
麟等（2004）提出的中介效应检验程序，实证考察技术创新通过降低企业生产边

际成本和提高企业出口产品质量从而影响制造业全球价值链攀升的机制。借鉴刘啟仁和黄建忠（2016）、Head 和 Ries（2003）的研究，使用企业生产率作为生产边际成本的反向衡量指标，该值越大代表生产边际成本越低；出口产品质量借鉴施炳展等（2013）的方法计算得到，两个变量以对数形式计入模型。根据中介效应检验程序，模型设定如下：

$$\text{Dvar}_{ijt} = \alpha_0 + \alpha_1 \ln \text{Innov}_{ijt} + \text{Contr}'_{ijt} \alpha_{ijt} + \varepsilon_i + \varepsilon_j + \varepsilon_t + \varepsilon_{ijt} \quad （4.8）$$

$$\text{Mvar}_{ijt} = \beta_0 + \beta_1 \ln \text{Innov}_{ijt} + \text{Contr}'_{ijt} \beta_{ijt} + \eta_i + \eta_j + \eta_t + \eta_{ijt} \quad （4.9）$$

$$\text{Dvar}_{ijt} = \gamma_0 + \gamma_1 \ln \text{Innov}_{ijt} + \gamma_2 \text{Mvar}_{ijt} + \text{Contr}'_{ijt} \gamma_{ijt} + \mu_i + \mu_j + \mu_t + \mu_{ijt} \quad （4.10）$$

其中，Mvar 表示中介变量，分别为产品质量的对数项（lnquality）、全要素生产率的对数项（lntfp），其他变量同前；模型（4.8）检验技术创新对企业出口国内增加值率的总效应；模型（4.9）考察技术创新对企业出口产品质量、企业生产边际成本两个中介变量的影响效应；模型（4.10）则进一步估计企业出口产品质量或企业生产边际成本变化是否对企业出口国内增加值率具有显著影响，以及技术创新对企业出口国内增加值率的直接影响效应。

表 4.9 中，列（1）报告了技术创新对企业出口国内增加值率的总效应，估计结果显示技术创新的回归系数在 10%的水平上显著为正，说明技术创新驱动了企业出口国内增加值率的提升。列（2）检验技术创新对企业出口产品质量的影响效应，回归系数在 1%的水平上显著为正，表明技术创新有利于显著提高企业出口产品质量。列（3）中，企业出口产品质量对企业出口国内增加值率的直接影响效应为正，说明在其他变量不变的情况下，企业出口产品质量提升能够促进企业出口国内增加值率的提高，但因这一回归系数在统计上并不显著，进一步进行索贝尔（Sobel）检验，经计算，Sobel 检验 Z 统计量为 1.2993，大于5%显著性水平对应的临界值 0.97，说明中介效应在 5%的水平上显著存在。因此，企业出口产品质量升级为企业技术创新影响企业出口国内增加值率的中介渠道之一，由技术创新带来的企业产品质量升级不但能让企业满足不断变化的市场需求，而且能够持续不断地在其产品上实现价值创造和增值（Kim and Mauborgne，1997）。列（4）检验技术创新对生产边际成本的影响效应，回归结果显示技术创新会降低生产边际成本，但统计显著性不高；列（5）中，企业生产率的回归系数在 1%的水平上显著，说明生产边际成本下降显著提高了企业出口国内增加值率，进一步进行 Sobel 检验，以确定中介效应是否存在，经计算，Sobel 检验 Z 统计量为 1.2534，大于 5%显著性水平对应的临界值 0.97，说明中介效应在 5%的水平上显著存在，生产边际成本降低也是企业技术创新提升企业出口国内增加值率的中介渠道之一。

表 4.9　中介效应检验结果

变量	（1）Dvar	（2）lnquality	（3）Dvar	（4）lntfp	（5）Dvar
lnInnov	0.0065*	0.1116***	0.0061*	0.1683	0.0060*
	（0.0035）	（0.0311）	（0.0035）	（0.1299）	（0.0034）
lnquality			0.0046		
			（0.0033）		
lntfp					0.0594***
					（0.0120）
控制变量	是	是	是	是	是
行业固定效应	是	是	是	是	是
企业固定效应	是	是	是	是	是
年份固定效应	是	是	是	是	是
观测值	1293	1293	1318	1366	1296
R^2	0.7653	0.8855	0.7343	0.9311	0.7713
Sobel 检验 Z 统计量		1.2993＞0.97		1.2534＞0.97	

*回归系数在 10%的水平上通过显著性检验。

***回归系数在 1%的水平上通过显著性检验。

注：括号中为稳健标准误。

4.4　创新驱动促进制造业全球价值链攀升的影响因素研究

4.4.1　主要影响因素分析

企业内外部因素均会对创新驱动制造业价值链攀升产生重要作用。从企业内部视角，本节主要选取企业规模、企业家精神、进口中间品质量为考察因素；从企业外部视角，本节主要基于市场竞争程度、政府补贴、制度环境进行研究。

1. 企业内部因素

创新驱动的关键在于提高企业的创新能力（潘敏和袁歌骋，2019），并深化企业对创新成果的运用程度。现有研究指出企业规模、企业家精神及进口中间品质量等都会影响企业的创新行为。

企业规模差异会使企业具有不同的市场垄断势力，可能对企业的研发创新效应产生影响。规模较大的企业具有较强的市场垄断势力及更高的技术创新水平（Schumpeter，1942）；同时，企业规模扩大有利于提高企业研发投资意愿，提高企业创新绩效（池仁勇等，2020）。然而，Arrow 等（1961）认为较大的企业规模和垄断势力反而可能抑制企业的自主创新。

在企业发展进程中，企业家的重要性不可置疑。企业家精神作为企业最核心的无形资产，是企业获得成功的关键驱动力。庄子银（2005）通过建立内生化的经济增长模式，研究指出经济长期增长的动力和根源为企业家精神，长期来看，具有强烈企业家精神的经济相对有更快的经济增长速度和更高的人均收入水平。企业家精神主要包括创新精神和创业强度，创新精神鼓励企业家带领企业从事创新活动，创业强度会增强创新能力，且有利于持续创新（李新春等，2006）。蒋春燕和赵曙明（2006）认为企业家精神会影响组织学习（包括探索式学习和利用式学习两方面），进而对企业新产品绩效及企业整体财务绩效发挥显著的促进作用。邵传林和王丽萍（2017）指出企业家精神不仅对企业创新具有积极作用，而且有利于技术创新成果的市场化。

随着全球价值链分工的深化，企业对进口中间品的使用越来越普遍，尤其是高质量进口中间品对企业的技术创新效应发挥日益重要的影响。进口中间品质量越高，对企业的技术转移或溢出效应越大，越有利于企业增加知识或技术积累、学习前沿技术，提高自身创新能力；同时，高质量进口中间品可增加最终品的多样性、提高生产效率、降低生产成本，鼓励企业增加研发投入，有利于提高加成率和出口国内增加值率（诸竹君等，2017）。例如，Goldberg 等（2010a，2010b）指出高质量进口中间品类似技术转移，有利于进口企业对其技术模仿和吸收；Colantone 和 Crinò（2014）、Santacreu（2015）研究表明，进口中间品质量对企业创新的影响主要通过技术溢出、市场扩大和成本降低这三条路径；张杰（2015）研究发现，中间品进口能促进一般贸易企业发明、实用新型和外观设计这三种类型专利活动；魏浩和林薛栋（2017）使用 2000~2007 年中国工业企业数据库和中国海关贸易数据库进行的研究同样表明，进口中间品质量能够显著地促进企业创新，并且技术溢出和市场扩大是两个主要渠道。

2. 企业外部因素

从企业创新的外部环境来看，金融发展环境、政府补贴、市场需求、制度环境等都是企业创新的重要影响因素。一些学者研究发现金融发展特别是融资约束会对创新产生不利影响，例如，Guariglia 和 Liu（2014）以中国企业为研究对象，发现企业的创新活动普遍受制于融资约束，且相较于国有企业与外资企业，融资约束对民营企业创新的负向效应更大；张璇等（2017）利用 2005 年世界银行对中国企业的调查数据，实证检验发现信贷寻租和融资约束均会抑制企业创新能力的提高，特别地，企业遭遇信贷寻租会加强融资约束对企业创新的负向效应；Sasidharan 等（2015）以印度制造业企业为研究对象，得到了类似的结论。另一些学者考察了金融发展对创新的正向影响，例如，钟腾和汪昌云（2017）以 1997～2013 年中国上市公司的数据为样本，将金融发展指标分解为股票市场规模、银行业规模和银行业市场化三个维度，研究发现，金融发展能够有效促进企业创新，并且融资约束是股票市场发展影响企业发明专利量的重要机制；潘敏和袁歌骋（2019）以 1988～2010 年 25 个 OECD 国家制造业行业数据得出结论，金融中介创新与企业技术创新呈倒 U 形的非线性关系：当金融中介创新程度较低时，其对企业技术创新有促进作用，而当金融中介创新程度超过某特定的门槛值之后，会抑制企业技术创新。

现有研究基于创新的不同维度探讨了政府补贴对创新的作用，得到了不同的结论。例如，Howell（2017）指出政府的研发补贴会通过提高企业声誉、降低企业的融资成本、降低企业的试错成本为企业提供创新动力；康志勇（2018）从专利质量视角，基于倾向得分匹配（propensity score matching，PSM）法，实证研究指出政府补贴有利于提升企业创新，该作用有一定的持续性与时滞性。一些研究则认为政府补贴对提升企业创新作用不明显甚至存在负向作用，或者依赖产业属性，例如，赵中华和鞠晓峰（2013）以军工企业为对象，研究认为政府补贴对军工企业技术创新的促进作用不明显，这可能与军工企业特殊的战略地位属性和行业发展规律相对应；吴俊和黄东梅（2016）认为政府补贴会很大程度地挤出私人研发投入，从而对企业创新产生消极影响，以战略性新兴产业为样本进行的实证研究发现政府补贴对技术创新无明显影响。另一些研究则证实了政府补贴对企业创新两个方面的作用，例如，毛其淋和许家云（2015）研究得出政府补贴对企业创新不存在单一的正向影响，而是存在一个适度区间，只有在适度区间内的政府补贴才有利于提高企业创新能力，高额度补贴反而会抑制新产品创新，不利于激发企业创新活力；张杰等（2015）探讨了政府的创新扶持政策对创新的效应，认为政府的资助或扶持能降低创新成本、提高企业进行专利申请的内在动力、促进资源的优化配置，对创新产生积极效应，同时，会造成逆向选择问题，诱导企业降低专利质量，对创新产生消极效应。此外，税收优惠政策能够降低创新成本，促进研发投入，发挥与政府补贴类似的激励效应，Mukherjee 等（2017）研究发现税率对企业创新存在非对称效应，税率上升会导致企业创新产出下降，减少企业对创新人员的雇佣数量，同时降低企业的创新投资意愿，但税率下降不会对企业创新产生明显影响。

Schumpeter（1942）最先指出市场竞争会对技术创新产生重要影响，随着市场竞争程度的提高，企业会减少投资；Dasgupta 和 Stiglitz（1980）也认为竞争程度较高的市场会降低企业的边际利润，从而降低企业的创新投入；Nickell（1996）的实证研究表明，两者存在正相关关系；Aghion 等（2005）却认为企业创新对市场竞争程度的反应取决于企业间技术进步的分散程度，分散程度越低，激烈的市场竞争将会促进企业创新以摆脱竞争；分散程度越高，激烈的市场竞争将会抑制落后的企业创新。基于中国实际情况,张杰等(2014)以1997~2007年中国工业企业数据库为样本,分别运用广义矩估计(generalized method of moments,GMM)法、托比特(Tobit)估计法及其他估计方法,实证研究发现市场竞争能够激发企业创新,并且市场竞争对国有企业及外资企业的创新没有显著激励作用,但能显著提高民营企业的创新能力;徐晓萍等(2017)、何玉润等(2015)也认为国有企业的产权性质导致较低的市场竞争程度不能有效提高企业创新能力,致使创新效率较低。

企业创新离不开必要的制度保障。例如,王华(2011)认为知识产权保护制度能够在一定程度上提高一国的技术创新,但是过度知识产权保护将不利于技术创新,反而会降低技术创新的速率;操龙升和赵景峰(2019)利用1987~2014年我国的区域数据同样发现,当专利保护水平较低时,专利保护制度对企业创新产生了激励作用,但随着专利保护水平的提高,严格的专利保护制度会抑制技术创新。王永进和冯笑(2018)以各地行政审批中心的设立为"准自然实验",运用DID法和DDD法研究行政审批制度改革对企业创新的影响,发现行政审批中心的建立有利于降低企业的制度性交易成本,从而对提升企业创新能力具有显著促进作用,因此政府应着力完善和深化行政审批制度改革,激发企业创新活力。还有部分学者指出环境规制可能制约技术创新,Jaffe和Palmer(1997)利用20世纪70~90年代美国企业的数据进行实证研究发现,环境规制政策所引致的企业研发活动并不具有明显效率;与其相对立的"波特假说"认为环境规制有利于技术创新,Milliman和Prince(1989)对这一假说进行了验证;蒋为(2015)利用世界银行营商环境调查中关于中国企业的问卷调查数据进行研究,发现环境规制对制造业企业研发创新的扩展边际和集约边际均存在正向影响,并且企业研发投入随着更强的环境规制而增加;但蒋伏心等(2013)认为环境规制与企业技术创新之间呈现先抵消后补偿的U形影响关系,FDI和企业规模是环境规制影响企业技术创新的有效中介机制。

总的来看,创新水平的提高不仅要求企业自身具有较强的创新精神、创新要素整合与配置能力,而且需要外部环境的支撑与保障,知识产权保护水平与市场竞争程度影响企业的创新动力,地区的开放程度、要素平台的建设情况影响企业创新资源的获得程度,特定的财税与补贴政策、良好的融资环境为企业创新提供资金保障,地区教育与人才培养影响企业研发人员的供给,公平有序的市场环境有利于创新成果的市场化运用。

4.4.2　影响因素的实证研究

1. 企业内部因素的调节效应

本节进一步通过引入创新驱动与企业内部因素的交互项,识别内部因素对企业创新驱动制造业全球价值链攀升的调节效应，其中，内部因素主要从企业规模、进口中间品质量和企业家精神三方面来反映。

（1）企业规模。利用企业年末从业人数来衡量企业规模，研究企业规模对技术创新影响企业出口国内增加值率的调节效应，回归结果如表 4.10 列（1）所示。技术创新（lnInnov）的回归系数在 1%的水平上显著为负，技术创新与企业规模交互项（lnInnov×lnsize）的回归系数在 1%的水平上显著为正，说明企业规模对技术创新影响企业出口国内增加值率具有正向调节效应，并且存在企业规模的临界值，当低于该临界值时，技术创新对企业出口国内增加值率存在负向效应，反之，技术创新对企业出口国内增加值率呈现正向效应。这是因为企业规模较小时，由于市场垄断能力不足，企业处于快速扩张、获取规模效应的时期，此时企业着重技术创新短期内会抑制企业出口国内增加值率的提升；但当企业扩张到一定程度时，可以产生规模效应、学习效应和范围经济效应等，特别是产业内的跨域扩张能够使企业充分利用各地域、各单元的关系和优势集聚创新资源（Porter，1990），有利于发挥技术创新对企业出口国内增加值率的正向效应。

表 4.10　企业内部因素对创新驱动制造业全球价值链攀升的影响

变量	（1） Dvar	（2） Dvar	（3） Dvar
lnInnov	−0.0458***	0.0023	−0.0029
	（0.0174）	（0.0033）	（0.0061）
lnInnov×lnsize	0.0252***		
	（0.0086）		
lnInnov×lnimp_quality		0.0032**	
		（0.0015）	
lnInnov×lnentre			−0.0069
			（0.0069）
控制变量	是	是	是
行业固定效应	是	是	是
企业固定效应	是	是	是
年份固定效应	是	是	是
观测值	2814	2469	2622
R^2	0.7414	0.7663	0.6721

**回归系数在 5%的水平上通过显著性检验。

***回归系数在 1%的水平上通过显著性检验。

注：括号中为稳健标准误。

（2）进口中间品质量。使用中国海关贸易数据库的企业进口数据，按照 Bloom 等（2018）的方法，采用和出口产品质量相同的方法计算得到进口产品质量，将海关产品数据 HS8 位码同国际产品编码 HS6 位码匹配（HS2002），进而得到 HS6 位码层面的企业进口中间品质量，用技术创新与进口中间品质量交互项表示进口中间品质量对技术创新影响企业出口国内增加值率的调节效应。回归结果如表 4.10 列（2）所示。列（2）中，技术创新与进口中间品质量交互项（lnInnov×lnimp_quality）的回归系数在 5%的水平上显著为正，说明进口中间品质量对技术创新影响企业出口国内增加值率具有正向调节效应，企业进口中间品的质量越高，企业技术创新对企业出口国内增加值率的促进作用越大。坚持对外开放战略，扩大进口、提高进口产品质量对我国企业的自主创新与价值链攀升具有重要意义。

（3）企业家精神。企业家精神是激励创新的内在动力，更高的企业家精神是否能促进创新驱动价值链攀升？借鉴郭凯明等（2016）的研究，从创新精神与创业强度两个维度衡量企业家精神，其中，创新精神用地区发明专利申请量来衡量，创业强度用地区私营企业与个体企业从业人数占从业总人数的比例来衡量，两个数值的平均值作为企业家精神。构建技术创新与企业家精神交互项（lnInnov×lnentre）考察企业家精神对技术创新影响企业出口国内增加值率的调节效应。回归结果如表 4.10 中列（3）所示，技术创新与企业家精神交互项的回归系数不显著，说明企业家精神的调节效应不明显，样本期间较高的企业家精神没有对创新的驱动效应产生较大的促进作用。这可能是因为企业家精神作用的发挥还需依赖较优的市场竞争环境（杨以文和郑江淮，2013）；另外，创新要素的获得与配置可能起到更为重要的作用，而企业家精神只提供内在激励。

2. 企业外部因素的调节效应

（1）市场竞争程度。市场竞争程度是指同行业或地区内竞争企业的密度，描述了企业面临竞争的激烈程度。市场竞争程度对企业的发展具有正向激励效应，同时存在负向抑制效应。一方面，市场竞争激烈往往反映出行业具有良好的基础，要素供给充足，有利于促使企业进行专业化投资和创新，着重构建差异化竞争优势，同时市场竞争激烈会促进行业内要素的有效配置，推动行业快速发展。另一方面，市场竞争激烈可能源于行业内产能过剩、产品同质、交易费用高等因素，导致行业利润较低，抑制企业的创新投资（夏大慰和罗云辉，2001）。本节采用赫芬达尔-赫希曼指数（Herfindahl-Hirschman index，HHI）来衡量市场竞争程度，用企业创新与市场竞争程度交互项（lnInnov×lnHHI）来反映市场竞争对技术创新影响企业出口国内增加值率的调节效应。回归结果如表 4.11 列（1）所示。技术创新与市场竞争程度交互项的回归系数在 10%的水平上显著为正，表明技术创新对企业出口国内增加值率的提升效应依赖市场竞争程度，地区市场竞争程度越低，技术创新对企业出口国内增加值率的提升程度越大。这表明激烈的竞争可能减少企业的边际利润，降低企业平均创新投资水平（Dasgupta and Stiglitz，1980），较高的市场垄断程度也意味着创新资源在企业间流动受限，企业在同等研发投资水平下难以获得质量较高的创新资源，从而影响对企业出口国内增加值率的提升效应。

表 4.11　企业外部因素对创新驱动制造业全球价值链攀升的影响

变量	（1）Dvar	（2）Dvar	（3）Dvar
lnInnov	0.0147**	−0.0139	0.0258
	(0.0068)	(0.0121)	(0.0236)
lnInnov×lnHHI	0.0023*		
	(0.0034)		
lnInnov×lnsubsidy		−0.0035*	
		(0.0018)	
lnInnov×lnmarket			−0.0100
			(0.0114)
控制变量	是	是	是
行业固定效应	是	是	是
企业固定效应	是	是	是
年份固定效应	是	是	是
观测值	987	773	2083
R^2	0.7865	0.8345	0.7663

*回归系数在10%的水平上通过显著性检验。
**回归系数在5%的水平上通过显著性检验。
注：括号中为稳健标准误。

（2）政府补贴。政府补贴旨在为企业提供资金支撑，为企业创新助力，但现有研究指出，政府补贴也可能挤出私人研发投入，对企业创新产生消极影响。本节借鉴唐书林等（2016）的研究，使用企业获得的补贴资金额与销售收入的比值来测度政府补贴，构建技术创新与政府补贴交互项，考察政府补贴对技术创新影响企业出口国内增加值率的调节效应。回归结果如表 4.11 列（2）所示。根据回归结果，技术创新与政府补贴交互项（lnInnov×lnsubsidy）的回归系数在10%的水平上显著为负，表明政府补贴对技术创新影响企业出口国内增加值率具有负向调节效应。这意味着在企业通过创新提高生产效率、降低生产成本或者提高产品质量的过程中，获得政府补贴可能降低企业内生发展动力，减弱企业创新及创新成果应用的效果。这可能是因为创新水平较高的企业本身已具有较强的资金实力或较成熟的资金链条，政府补贴越高，对企业正常的资金运转系统造成的负向冲击越高，越可能降低企业的要素配置效率，对企业创新及其应用造成负向影响。因此，应重新考量政府补贴在创新驱动制造业全球价值链攀升中的作用，将对企业的资金补贴转化为创新平台建设等间接激励方式。

（3）制度环境。基于创新影响因素的分析，本节考察制度环境对创新驱动促进价值链攀升的影响。《中国分省份市场化指数报告》综合市场中介组织的发育和法治环境、政府与市场的关系、产品市场及要素市场的发育程度、非国有经济的发展等方面构建了衡量中国各省（区市）的市场化指数。本节构建技术创新与市场化指数交互项（lnInnov×lnmarket），研究制度环境对技术创新影响企业出口国内增加值率的调节效应。回归结果如表4.11列（3）所示。技术创新与市场化指数交互项的回归系数不显著，说明市场化指数的调节效应不明显，市场化程度的加深尚未对创新驱动价值链攀升产生显著的提升作用。这可能是因为市场化指数的各子指标与创新驱动价值链之间存在较为复杂的关系，各子指标对创新的调节效应存在差异，部分指标会强化创新驱动价值链攀升的作用，在市场中介组织的发育和法治环境子指标较高的地区，创新成果能得到有效保护，创新对价值链的提升作用更大；部分指标对创新驱动价值链攀升的强化作用不明显，甚至可能具有抑制作用，在市场与政府的关系子指标较高的地区，市场分配资源的比例较大、政府规模较小、政府对企业的干预少，而在缺乏政府资源充分支撑的情形下，创新应用可能受限，对价值链的提升作用可能较小。因此，市场化指数的总体调节效应不显著。

4.5　创新驱动影响制造业全球价值链攀升的专题研究

4.5.1　高新技术企业认定如何影响企业出口国内增加值率？

1. 问题提出

2019年，麦肯锡（McKinsey）在《转型中的全球化：贸易和价值链的未来》（*Globalization in Transition：The Future of Trade and Value Chains*）报告中指出，全球化出现了重大的结构性变化，新一代技术在全球生产网络中的应用正在改变全球生产和贸易的格局。自动化技术使劳动力成本的重要性变得更低，劳动丰裕国家的竞争优势正在被这种趋势所削弱，在创新、服务、高技能劳动力等方面具有比较优势的发达经济体将在这种全球化中受益。创新能力强的发达经济体正在借助新一代信息技术的发展，进行"再工业化"，如2008年全球金融危机后德国"工业4.0"战略、美国"先进制造伙伴计划"等。2016年《国家创新驱动发展战略纲要》的出台是新时代实施创新驱动发展战略、构建创新型国家的重要顶层设计。在推进贸易高质量发展的过程中，创新驱动发展是我国参与全球价值链、主导区域价值链的重要机遇和必然选择。

虽然创新对企业出口国内增加值率具有提升效应（Tang et al.，2019），但对创新起到激励作用的政府政策会对企业出口国内增加值率造成何种影响？该主题的研究尚未得到广泛关注。本节基于高新技术企业认定政策视角，探讨技术创新如何影响企业出口国内增加值率。现有关于高新技术企业认定政策的研究主要集中于其是否促进企业技术创新，例如，孙刚（2018）、雷根强和郭玥（2018）使用A 股上市公司数据，研究认为高新技术企业认定促进了企业的研发投入和创新产出，特别是有利于企业的实质性创新，但章元等（2018）使用中关村高新技术企业数据，实证研究发现政府对高新技术企业的研发补贴虽然短期有利于创新，但长期创新激励不显著，并且存在挤出效应，降低了企业的自主创新能力，增加了新技术的购买和引进。本节研究高新技术企业认定如何影响企业出口国内增加值率，梳理和检验其影响机制，并进一步研究进口竞争对高新技术企业认定与出口国内增加值率的差异化影响。

2. 制度背景与机理分析

1）制度背景

为了服务于建设创新型国家的战略需要，促进我国企业自主创新能力的提高，科技部、财政部和国家税务总局于 2008 年共同出台了《高新技术企业认定管理办法》。不同于 1991 年发布的《国家高新区高新技术企业认定条件和办法》，《高新技术企业认定管理办法》指出拟申请认定的企业需要属于《国家重点支持的高新技术领域》所规定的范围，打破了通过《中国高新技术产品目录》来界定高新技术企业的局限，避免了以往单纯生产高新技术产品的企业也会被认定为高新技术企业的问题。《国家重点支持的高新技术领域》主要涉及八大领域：航空航天技术、生物与新医药技术、新能源及节能技术、电子信息技术、新材料技术、高技术服务业、高新技术改造传统产业、资源与环境技术。

《高新技术企业认定管理办法》及其配套文件《高新技术企业认定管理工作指引》以推动企业进行持续研发及科技成果转化为目标，企业申请高新技术企业认定需要满足一系列与企业创新能力相关的要求，《高新技术企业认定管理办法》对企业成立时间、核心知识产权、研发人员比例、研发投入比例、高新产品收入比例及创新能力评价指标等方面进行了明确规定，企业只有同时满足这些条件才有可能被认定为高新技术企业。另外，《高新技术企业认定管理办法》针对企业规模，对研发费用占销售收入的比例进行了不同的规定，例如，销售收入为 5000 万元以下的企业，该比例不低于 6%，销售收入为 5000 万～2 亿元的企业，该比例不低于 4%，销售收入在 2 亿元以上的企业，该比例不低于 3%。

工业和信息化部火炬高技术产业开发中心（简称工信部火炬中心，原称科技部火炬中心）为高新技术企业认定政策制定了详细、明确的约束和激励机制。在约束机制方面，企业获得高新技术企业资格的有效期为三年，三年之后需要复审，通过复审的企业可以继续拥有高新技术企业资格。另外，企业需要具有其主要产品在技术上发挥核心支持作用的知识产权的所有权，在资格有效期内，企业每年都需要在"高新技术企业认定管理工作网"上将研发费用、经营收入、知识产权、科技人员等信息进行填报，这些要求很大程度上对企业产生约束作用，促使企业持续进行研发投入。在激励机制方面，企业被认定为高新技术企业后，可以减按15%的税率征收企业所得税，另外，根据最新规定，企业亏损结转年限可以延长到 10 年且研发费用可以加计扣除，极大地缓解企业从事研发活动面临的融资约束，有利于企业持续进行研发投入和科技成果转化。

2）机理分析

本节在 Halpern 等（2015）、Kee 和 Tang（2016）所提模型的基础上，考虑进口中间品质量优势，研究高新技术企业认定通过进口中间品质量渠道来影响企业出口国内增加值率的理论机制。

（1）基本设定。高新技术企业出口产品的生产需要三种投入，分别是资本（K）、劳动（L）及中间品（M），柯布-道格拉斯生产函数设定如下：

$$Y_{it} = \phi_i K_{it}^{\alpha_K} L_{it}^{\alpha_L} M_{it}^{\alpha_M}$$

高新技术企业面临中间品的选择，其既可以使用国内中间品（M^D），也可以使用进口中间品（M^I）。另外，进口中间品存在质量优势，根据 Halpern 等（2015）的研究，进口中间品的质量因子设定为 B_t，进口中间品和国内中间品的价格分别为 P_t^I 和 P_t^D，进口中间品经过价格调整的质量优势为 $A_t = B_t \dfrac{P_t^D}{P_t^I}$，从而有

$$M_{it} = \left(B_t M_{it}^{I\frac{\sigma-1}{\sigma}} + M_{it}^{D\frac{\sigma-1}{\sigma}} \right)^{\frac{\sigma}{\sigma-1}} \tag{4.11}$$

$$P_t^M = \left[\left(\frac{P_t^I}{B_t} \right)^{1-\sigma} + (P_t^D)^{1-\sigma} \right]^{\frac{1}{1-\sigma}} = P_t^D [1 + A_t^{\sigma-1}]^{\frac{1}{1-\sigma}} \tag{4.12}$$

其中，σ 为替代弹性，$\sigma > 1$。

（2）进口中间品质量与进口中间品在总投入的使用比例（简称进口中间品使用的相对份额）的关系。由成本最小化可以得到进口中间品使用的相对份额。成本最小化问题如下：

$$\min P_t^I M_{it}^I + P_t^D M_{it}^D$$

$$\text{s.t.} \quad M_{it} = \left(B_t M_{it}^{I\frac{\sigma-1}{\sigma}} + M_{it}^{D\frac{\sigma-1}{\sigma}} \right)^{\frac{\sigma}{\sigma-1}} \tag{4.13}$$

由此可以得到进口中间品使用的相对份额与进口中间品质量之间的关系：

$$\frac{P_t^I M_{it}^I}{P_{it}^M M_{it}} = \frac{1}{1 + A_{it}^{1-\sigma}} \tag{4.14}$$

通过式（4.14）可以看出，进口中间品使用的相对份额与进口中间品质量呈正向关系，进口中间品质量越高，进口中间品使用的相对份额越大。

（3）进口中间品质量与企业出口国内增加值率的关系。根据 Kee 和 Tang（2016）的研究，企业出口国内增加值率可以表示为

$$\mathrm{Dvar}_{it} = 1 - \frac{P_t^I M_{it}^I}{P_{it}^M M_{it}} = 1 - \alpha_M \mu_{it}^{-1} \frac{P_t^I M_{it}^I}{P_t^M M_{it}} \tag{4.15}$$

根据式（4.14）和式（4.15）可以得到

$$\mathrm{Dvar}_{it} = 1 - \alpha_M \mu_{it}^{-1} \frac{1}{1 + A_t^{1-\sigma}} \tag{4.16}$$

对式（4.16）中的 A_t 求偏导，可以得到

$$\frac{\partial \mathrm{Dvar}_{it}}{\partial A_t} = -(\sigma - 1)\alpha_M \mu_{it}^{-1} \frac{1}{(1 + A_t^{1-\sigma})^2 A_t^{\sigma}} \tag{4.17}$$

综合式（4.14）和式（4.16）可以看出，进口中间品具有质量优势，高新技术企业会增加进口中间品使用的相对份额，从而对企业出口国内增加值率产生负向效应。

高新技术企业认定建立了资格认定和税收激励相结合的制度安排，促使企业持续进行研发投入和科技成果转化。在新产品研发和生产过程中，存在着不可完全替代的国内中间品与进口中间品的使用选择，进口中间品能够增加中间品的种类，降低企业进口成本（Goldberg et al.，2010b），从而使高新技术企业具有使用更多进口中间品的激励，同时，相比于国内中间品，高新技术企业更倾向于使用更高质量的进口中间品，原因如下：一方面，高质量的进口中间品是国外企业新知识和新技术的体现，能够带来知识外溢效应，高新技术企业可以通过使用高质量进口中间品来提升自身的技术水平（Damijan et al.，2010；Seker and Rodriguez-Delgado，2011）；另一方面，进口中间品的质量越高，越有利于提高高新技术企业研发的新产品质量，提升在出口目的地市场的竞争力。综上所述，进口中间品越具有质量优势，高新技术企业越倾向于增加进口，而进口中间品质量与企业出口国内增加值率呈反向关系，从而使得高新技术企业认定对企业出口国内增加值率产生负向影响。

研究假设：高新技术企业认定政策增加了企业的高质量进口中间品，从而对企业出口国内增加值率产生负向影响。

3. 计量模型、数据与变量

根据鲁宾因果模型（Rubin causal model），考察高新技术企业认定是否起到促进技术创新进而影响企业出口国内增加值率的因果效应，需要将当期企业被认定为高新技术企业与该时期企业未被认定为高新技术企业的潜在结果进行比较，但企业一旦被认定为高新技术企业，当期未被认定为高新技术企业的潜在结果就无法观测到，即反事实结果，可以采用 DID 法将反事实结果估计出来，从而考察高新技术企业认定是否有利于企业出口国内增加值率的提升。具体模型设定如下：

$$\text{Dvar}_{it} = \beta_0 + \beta_1 \text{innocom}_{it} + X'_{it}\delta_{it} + \gamma_i + \lambda_t + \varepsilon_{it} \qquad (4.18)$$

其中，Dvar_{it} 为企业 i 在 t 年时的出口国内增加值率，测算方法如 3.4.2 节，innocom_{it} 为虚拟变量，企业 i 在 t 年被认定为高新技术企业的当年及以后年份都取值为 1，否则，取值为 0，这样就自动产生了政策处理前与政策处理后、处理组与控制组的双重差分；β_1 为 DID 估计量；β_0 为常数项；γ_i 和 λ_t 分别为企业固定效应和年份固定效应；ε_{it} 为残差项。X_{it} 为控制变量向量，具体包括：①企业规模（size），用企业销售额的对数表示，并且企业销售额事先使用以 2000 年为基期的工业品出厂价格指数进行平减；②企业存续年限（age），使用当前年份减去企业成立年份计算得到；③企业资本密集度（klratio），用固定资产与就业人数之比的对数表示，并且企业固定资产事先使用以 2000 年为基期的固定资产投资价格指数进行平减；④企业融资约束（finance），使用利息支出与固定资产原值之比的对数表示；⑤企业生产率（tfp），借鉴 Head 和 Ries（2003）的做法，企业生产率的计算公式为 $\text{tfp} = \ln(y/l) - s\ln(k/l)$，其中，$y$ 可由工业总产值近似代替，并且使用以 2000 年为基期的工业品出厂价格指数进行平减，k 为固定资产总额，并且使用以 2000 年为基期的固定资产投资价格指数进行平减，l 为企业员工数，s 为资本的贡献度，根据 Hall 和 Jones（1999）的研究，将 s 设定为 1/3；⑥企业杠杆率（leverage），使用企业负债总额与总资产之比来表示；⑦所有制类型，根据实收资本中国有资本和外国资本占比，划分为国有企业（soe）和外资企业（foreign）；⑧出口密集度（exratio），使用企业出口交货值与工业销售产值之比来衡量。δ_{it} 为控制变量向量对应的系数向量。

为了研究高新技术企业认定对企业出口国内增加值率的影响，首先，本节使用以下三套高度细化的数据。第一套数据为高新技术企业数据，数据来自工信部火炬中心，工信部火炬中心建立了"高新技术企业认定管理工作网"，该网站提供了各省（区市）高新技术企业认定及复审的文件。按照《高新技术企业认定管理办法》的规定，高新技术企业自颁证之日起有限期为三年，在有限期满前三个月需要提出复审申请，复审未通过或未提出复审申请的企业，其高新技术企业资格到期自动失效。因此，依据公示的认定和复审企业名单，并根据相关规定，对数据进行手工整理，共获得 2008～2013 年 168149 个样本观测值；第二套数据为中国工业企业数据库，数据来源于国家统计局规模以上工业统计报表，其涵盖了企业的经营信息、员工雇佣及生产活动信息，是目前国内研究工业企业较为权威的数据库；第三套数据是中国海关贸易数据库，数据来自海关总署，该数据库详细记录了经由各个海关口岸的每一笔企业贸易的产品代码、金额、数量等信息。其次，采用 Yu（2015）的方法，分两步对中国工业企业数据库和中国海关贸易数据库进行合并，第一步是按照企业名称与年份进行匹配，第二步是利用企业所在地邮政编码、后七位电话号码与年份进行匹配。最后，使用高新技术企业数据对合并数据中的高新技术企业进行识别，得到初步的样本。

4. 实证结果分析

1）基准回归结果

表 4.12 汇报了检验高新技术企业认定是否影响企业出口国内增加值率的基准回归结果。为了避免异方差和自相关问题对实证结果的影响，本节使用企业层面的聚类稳健标准误进行处理。列（1）是控制企业固定效应和加入控制变量的回归结果，列（2）是同时控制企业固定效应和年份固定效应及加入控制变量的回归结果，可以看到，核心解释变量 innocom 的回归系数都在 1%的水平上显著为负，被解释变量 Dvar 与解释变量 innocom 负相关，说明高新技术企业认定对企业出口国内增加值率会产生负向影响。这与 Kee 和 Tang（2016）、张杰等（2013）的研究结论具有一致性。Kee 和 Tang（2016）认为国内中间品对进口中间品相对价格的下降导致国内中间品对进口中间品的替代，这种相对价格引致的替代源于国内中间品种类供给的增加，这既与上游供应商在中国加入 WTO 之后面临的关税削减有关，也与加工贸易企业中外资企业数量的增加有关。加工贸易企业可以获得相对低价的国内中间品，而受到高新技术企业认定政策影响的企业不是单纯的组装加工企业，主要是从事上游研发的生产企业，加工贸易企业的部分国内中间品可能来自上述高新技术企业。高新技术企业进行新产品研发时，出于企业新产品创新性考虑，会对高质量进口中间品有更多的需求。另外，张杰等（2013）指出我国部分资本密集型行业及高技术密集型行业的出口国内增加值率出现了下降趋势，如计算机、通信和其他电子设备制造业，医药制造业，化学纤维制造业等；Kee 和 Tang（2016）也指出，相比于加工贸易企业出口国内增加值率呈上升趋势，非加工贸易企业出口国内增加值率则呈轻微的下降趋势，而被认定为高新技术企业的企业多是处于资本密集型和高技术密集型行业的非加工贸易出口企业，其出口国内增加值率的变动趋势与现有研究相互印证。

表 4.12　基准回归结果（二）

变量	（1） Dvar	（2） Dvar
innocom	−0.0068***	−0.0258***
	（0.0026）	（0.0026）
size	0.0174***	0.0059***
	（0.0020）	（0.0022）
age	0.0048***	0.0007***
	（0.0004）	（0.0001）
klratio	−0.0000***	−0.0000***
	（0.0000）	（0.0000）
finance	0.0001	−0.0071*
	（0.0038）	（0.0038）
tfp	0.0233***	0.0203***
	（0.0018）	（0.0021）
leverage	−0.0185***	−0.0195***
	（0.0036）	（0.0041）
exratio	−0.0829***	−0.0827***
	（0.0033）	（0.0033）
soe	−0.0041	0.0101**
	（0.0050）	（0.0051）
foreign	−0.0129***	−0.0071*
	（0.0039）	（0.0039）
常数项	0.7139***	0.8438***
	（0.0132）	（0.0153）
企业固定效应	是	是
年份固定效应	否	是
观测值	63059	63059
R^2	0.7281	0.7380

*回归系数在 10%的水平上通过显著性检验。
**回归系数在 5%的水平上通过显著性检验。
***回归系数在 1%的水平上通过显著性检验。
注：括号中为稳健标准误。

2）平行趋势检验

使用 DID 法需要满足平行趋势假设，即处理组企业如果没有受到政策干预，其结果的变动趋势应该与控制组的变动趋势相同。DID 法在计算增加量时使用两期结果的差分，能够消除不可观测的混杂因素造成的影响，从而在平行趋势假设下获得反事实结果的估计。为了验证处理组和控制组是否满足平行趋势假设，本节参考 Ball 和 Brown（1968）、Fama 等（1969）开创的事件研究（event study）法，针对因政策时点不同而存在不同处理组和控制组的情形，对处理组和年份虚拟变量的交互项进行检验（Angrist and Pischke，2014），具体计量模型设定如下：

$$\text{Dvar}_{it} = \beta_0 + \beta_1 T_{it}^{-3} + \cdots + \beta_5 T_{it}^{-1} + \beta_6 T_{it}^0 + \beta_7 T_{it}^1 + \cdots$$
$$+ \beta_{11} T_{it}^4 + X_{it}' \delta_{it} + \gamma_i + \lambda_t + \varepsilon_{it} \tag{4.19}$$

其中，$T_{it}^{\pm n}$ 为处理组和年份虚拟变量的交互项，将企业被认定为高新技术企业前 n 年设定变量 $T_{it}^{-n} = 1$，其余年份为 0；将企业被认定为高新技术企业当年设定变量 $T_{it}^0 = 1$，其余年份为 0；将企业被认定为高新技术企业后 n 年设定变量 $T_{it}^n = 1$，其余年份为 0。将这些交互项进行回归，检验回归系数的显著性。如果 T_{it}^{-n} 的回归系数都不显著，则平行趋势假设成立。为了更直观地展现估计结果，本节用横轴表示距离被认定为高新技术企业的时间，纵轴表示回归系数，将变化趋势绘制成图 4.17，可以看出企业被认定为高新技术企业之前的回归系数都不显著，说明企业被认定为高新技术企业前，处理组和控制组企业出口国内增加值率的变化趋势并没有显著差异，满足平行趋势的要求。

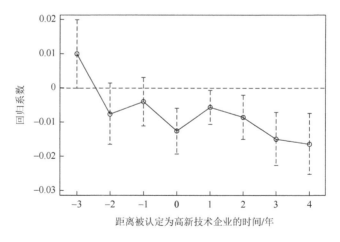

图 4.17　平行趋势检验（一）

3）稳健性检验

（1）基于 CEM-PSM 的 DID 法。为了更好地估计高新技术企业认定对企业出口国内增加值率的影响，考虑采用匹配方法来构建未被认定为高新技术企业的控制组。匹配是一种控制观测数据中控制变量部分或全部混杂影响的非参数方法，使匹配后的数据在处理组与控制组之间具有更好的平衡性。Iacus 等（2012）指出，CEM 法除了可以单独作为匹配方法使用，还可以作为其他匹配方法使用之前对样本平衡性的预先处理方法。相比于常用的 PSM 法，CEM 法在平衡性方面具有特别的优势，它可以通过控制观测数据中混杂因素对政策效果的影响，使处理组和控制组的协变量分布更为平衡。需要选择同时影响高新技术企业认定和企业出口国内增加值率的变量作为匹配变量。考虑高新技术企业认定是政府补贴方面的重要政策，根据现有关于政府补贴的研究，政府更倾向于补贴创新能力更强（Lach，2002；Görg and Strobl，2007）、规模较大（Wallsten，2000；Duguet，2003）、历史较悠久（邵敏和包群，2012）、出口导向型（Almus and Czarnitzki，2003；Hussinger，2008）的企业。因此，根据已有研究，企业的创新潜力是本节考虑匹配的主要因素，具体选择企业存续年限、规模、生产率、杠杆率、资本密集度、融资约束、出口密集度等作为匹配变量。Iacus 等（2012）指出 CEM 法既可以单独使用，也可以与其他匹配方法一起使用，为了筛选出更为可行的控制组，在使用 CEM 法的基础上，本节进一步使用 PSM 法，并使用匹配后的数据进行回归，回归结果如表 4.13 列（1）所示，核心解释变量 innocom 的回归系数依然显著为负，回归结果没有发生根本性的改变。

表 4.13　稳健性检验结果（二）

变量	（1）Dvar	（2）Dvar	（3）Dvar	（4）Dvar	（5）Dvar
innocom	-0.0087*	-0.6929*	-0.0255***	-0.0224***	-0.0344***
	(0.0049)	(0.3582)	(0.0026)	(0.0046)	(0.0044)
size	0.0105*	0.0667***	0.0060***	-0.0019	0.0050**
	(0.0059)	(0.0223)	(0.0022)	(0.0046)	(0.0024)
age	0.0007**	0.0007	0.0007***	0.0005**	0.0006***
	(0.0004)	(0.0007)	(0.0001)	(0.0002)	(0.0002)
klratio	-0.0024**	-0.0368**	-0.0000***	-0.0002	-0.0000***
	(0.0011)	(0.0146)	(0.0000)	(0.0001)	(0.0000)
finance	-0.0171**	-0.0007	-0.0072*	0.0032	-0.0079*
	(0.0085)	(0.0037)	(0.0038)	(0.0054)	(0.0047)
tfp	0.0185***	0.2837	0.0203***	0.0190***	0.0231***
	(0.0065)	(0.2205)	(0.0021)	(0.0041)	(0.0023)
leverage	-0.0173	-0.0360**	-0.0195***	-0.0080	-0.0197***
	(0.0108)	(0.0144)	(0.0041)	(0.0079)	(0.0045)
exratio	-0.0841***	-0.0747***	-0.0827***	-0.0856***	-0.0840***
	(0.0089)	(0.0062)	(0.0033)	(0.0067)	(0.0035)

续表

变量	（1） Dvar	（2） Dvar	（3） Dvar	（4） Dvar	（5） Dvar
soe	0.0038	−0.0119	0.0100**	0.0041	0.0084
	(0.0113)	(0.0253)	(0.0050)	(0.0085)	(0.0057)
foreign	−0.0254***	−0.0214*	−0.0071*	0.0028	−0.0065
	(0.0090)	(0.0129)	(0.0039)	(0.0093)	(0.0042)
innofirm			−0.0387***		
			(0.0125)		
常数项	0.8228***		0.8436***	0.8799***	0.8387***
	(0.0404)		(0.0153)	(0.0317)	(0.0169)
企业固定效应	是	是	是	是	是
年份固定效应	是	是	是	是	是
观测值	9508	27838	63059	18117	51643
R^2	0.8010	—	0.7380	0.7632	0.7347
识别不足检验		5.348**			
弱工具变量检验值		10.248			

*回归系数在 10%的水平上通过显著性检验。

**回归系数在 5%的水平上通过显著性检验。

***回归系数在 1%的水平上通过显著性检验。

注：括号中为稳健标准误。

（2）考虑内生性问题。虽然使用 DID 法可以在一定程度上避免遗漏变量对回归结果的影响，但仍有可能发挥作用的不是高新技术企业认定，而是遗漏了的重要的不可测度变量，如企业自身研发能力（Guo et al.，2016），从而出现内生性问题。考虑使用工具变量来处理这一问题，本节借鉴 Guo 等（2016）的做法，选取城市高新区内的企业总数作为工具变量。一个好的工具变量需要与内生变量相关，之所以选择将城市高新区内的企业总数作为工具变量，是因为其反映了地方政府对发展当地经济的努力程度，特别是高新区管理委员会在促进当地企业的创新中发挥重要作用。城市高新区内的企业总数能够显示出高新区管理委员会的努力程度，是其工作绩效的部分反映，从而会鼓励更多企业去进行高新技术企业认定，因此，城市高新区内的企业总数与高新技术企业认定具有相关性。一个好的工具变量还不能与残差项直接相关，鉴于城市高新区内的企业总数是城市层面指标，而企业出口国内增加值率是企业层面指标，城市高新区内的企业总数不太可能直接影响企业出口国内增加值率。本节采用的城市高新区内的企业总数来源于《中国科技统计年鉴》。2SLS 法估计结果如表 4.13 列（2）所示，核心解释变量 innocom 依然显著为负，并且识别不足检验的 P 值小于 0.05，在 5%的置信水平上显著，说明通过了识别不足检验，弱工具变量检验值为 10.248，大于 15%所对应的临界值 8.96，说明通过了弱工具变量检验，因此考虑内生性问题的实证结果依然稳健。

（3）考虑相似政策的影响。为了提高企业的自主创新能力、建立以企业为主体的创新体系，2006 年，科技部、国务院国资委与中华全国总工会三部门发布了《关于印发"技术创新引导工程"实施方案的通知》，将创新型企业试点工作作为"技术创新引导工程"的重要任务之一，并根据《创新型企业试点工作实施方案》，公布试点企业名单并进行试点工作。鉴于该政策会对企业技术创新产生重要影响，进而能够影响企业出口国内增加值率，本节收集了创新型企业试点名单，构建企业是否属于创新型企业的虚拟变量 innofirm，在基准回归中对创新型企业政策的影响进行控制，回归结果如表 4.13 列（3）所示，控制相似政策的核心解释变量 innocom 的回归系数依然显著为负，说明基准回归结果具有稳健性。另外，战略性新兴产业政策所选择的产业既代表我国产业发展方向，又代表我国的技术创新方向，这一产业政策可能对研究产生影响，本节采取以下策略来处理这一问题：首先筛选出战略性新兴产业所涉及的 4 位码行业，然后以 4 位码行业所对应的企业数据为样本进行回归，这样处理之后，样本中的所有企业都会受到战略性新兴产业政策的冲击，可以检验在同样受到战略性新兴产业政策冲击的情况下，高新技术企业认定对企业出口国内增加值率的影响。回归结果如表 4.13 列（4）所示，核心解释变量 innocom 的回归系数依然显著为负，说明基准回归结果具有稳健性。

（4）政策外生性问题。为了检验在考虑政策外生性问题后，结论是否发生根本性改变，本节使用以下策略进行检验：在处理组筛选时，选择从 2008 年就被认定为高新技术企业的企业来构建样本；鉴于高新技术企业认定主要依据企业之前年份的创新投入和产出情况，选择从 2008 年就被认定为高新技术企业的企业，由于在政策实施之前无法准确预知政策调整的具体时间和认定要求，无法提前调整其创新行为，从而满足政策外生性的要求。使用这一策略的回归结果如表 4.13 列（5）所示，核心解释变量 innocom 的回归系数依然显著为负，结论没有发生本质的改变。

5. 进一步拓展研究

1）影响机制检验

前面探讨了高新技术企业对使用高质量进口中间品的偏好，本节借鉴 Baron 和 Kenny（1986）提出的因果逐步回归（casual step regression）法，使用进口中间品质量（quality_imp）作为中介变量，通过中介效应模型来对可能的影响机制进行检验。中介效应检验方程如下：

$$\text{Dvar}_{it} = a_0 + a_1 \text{innocom}_{it} + X'_{it}\delta_{it} + \gamma_i + \lambda_t + \varepsilon_{it} \qquad (4.20)$$

$$\text{quality\_imp}_{it} = b_0 + b_1 \text{innocom}_{it} + X'_{it}\delta_{it} + \gamma_i + \lambda_t + \varepsilon_{it} \tag{4.21}$$

$$\text{Dvar}_{it} = c_0 + c_1 \text{innocom}_{it} + d_1 \text{quality\_imp}_{it} + X'_{it}\delta_{it} + \gamma_i + \lambda_t + \varepsilon_{it} \tag{4.22}$$

如表 4.14 所示，列（1）以 Dvar 为被解释变量，回归结果与基准回归结果相同，列（2）以 quality_imp 为被解释变量，回归结果显示核心解释变量 innocom 的回归系数显著为正，说明高新技术企业认定提高了进口中间品质量，列（3）汇报了被解释变量 Dvar 对核心解释变量 innocom 和中介变量 quality_imp 的回归结果，中介变量 quality_imp 的回归系数显著为负，说明进口中间品质量与企业出口国内增加值率具有反向关系，而核心解释变量 innocom 的回归系数绝对值出现一定程度的下降，实证结果表明进口中间品质量具有部分中介效应。

表 4.14　影响渠道检验结果（一）

变量	（1） Dvar	（2） quality_imp	（4） Dvar
innocom	−0.0258***	0.0112***	−0.0229***
	(0.0026)	(0.0026)	(0.0025)
quality_imp			−0.2639***
			(0.0073)
常数项	0.8438***	0.3549***	0.9240***
	(0.0153)	(0.0106)	(0.0154)
控制变量	是	是	是
企业固定效应	是	是	是
年份固定效应	是	是	是
观测值	63059	58535	58535
R^2	0.7380	0.7911	0.7566

***回归系数在 1%的水平上通过显著性检验。

注：括号中为稳健标准误。

2）进口竞争的异质性影响

尽管上述部分就高新技术企业认定如何影响企业出口国内增加值率进行了考察，但随着我国加入 WTO，国内产品与进口产品的竞争日益加剧。为了检验高新技术企业认定对企业出口国内增加值率的作用是否会受到进口竞争的影响，本节在基准回归模型基础上构建 DDD 模型进行检验，模型设定如下：

$$\begin{aligned} \text{Dvar}_{it} = {} & \beta_0 + \beta_1 \text{innocom}_{it} + \beta_2 \text{innocom}_{it} \times \text{incomp}_{it} \\ & + \beta_3 \text{incomp}_{it} + X'_{it}\delta_{it} + \gamma_i + \lambda_t + \varepsilon_{it} \end{aligned} \tag{4.23}$$

其中，变量 imcomp 为进口竞争，使用国民经济行业 4 位码关税来衡量，关税越低，进口竞争越激烈。本节首先从 WITS 数据库获取 2000～2013 年 6 位码产品层面的关税数据，并借鉴 Amiti 和 Konings（2007）的做法，将 HS6 位码产品与国民经济行业 4 位码行业对应表进行匹配，国民经济行业 4 位码行业的最终品关税的计算公式如下：

$$\tau_{jt}^{o} = \sum_{s \in I_j} N_{st} \times \mathrm{Ta}_{st}^{\mathrm{HS6}} / \sum_{s \in I_j} N_{st} \qquad (4.24)$$

其中，s 为 HS6 位码产品；j 为国民经济行业 4 位码行业；t 为年份；I_j 为国民经济行业 4 位码行业对应的 HS6 位码产品组合；N_{st} 为 HS6 位码产品 s 在 t 年的税目数；$\mathrm{Ta}_{st}^{\mathrm{HS6}}$ 为 HS6 位码产品 s 在 t 年的进口关税税率。

余淼杰（2010）研究指出，随着贸易自由化进程的推进，世界各国的关税已经削减到较低的水平，非关税壁垒因素对进口竞争的影响日益显现。进口渗透率使用行业进口额与行业总产值的比值来衡量，能够全面体现关税和非关税壁垒共同作用下的进口竞争，因此，本节同时使用进口渗透率来进行稳健性检验。其中，行业进口额使用法国国际展望与信息研究中心（Centre d'Études Prospectives et d'Informations Internationals，CEPII）数据库加总得到，行业总产值使用中国工业企业数据库加总得到。

表 4.15 列（1）汇报了使用关税衡量进口竞争的回归结果，DDD 项 innocom×imcomp 的回归系数在 1%的水平上显著为负，说明高新技术企业认定对进口竞争较激烈行业的企业出口国内增加值率的负向影响更小。列（2）汇报了使用进口渗透率来衡量进口竞争的回归结果，DDD 项 innocom×imcomp 的回归系数在 5%的水平上显著为正，同样表明进口竞争有利于缓解高新技术企业认定对企业出口国内增加值率的负向影响。以上研究表明，进口竞争加剧，高新技术企业具有通过创新来逃离竞争的激励，从而促进了高新技术企业的创新，企业创新的实现能够使企业在市场上获得垄断地位，有利于企业加成率的提高，从而能够缓解高新技术企业认定对企业出口国内增加值率的负向影响。

表 4.15　进口竞争的异质性影响

变量	(1) Dvar	(2) Dvar
innocom	0.0046	−0.0117[***]
	(0.0050)	(0.0034)
innocom×imcomp	−0.0014[***]	0.0203[**]
	(0.0005)	(0.0101)
imcomp	−0.0015[***]	−0.0432[***]
	(0.0003)	(0.0067)

续表

变量	（1） Dvar	（2） Dvar
控制变量、常数项	是	是
企业固定效应	是	是
年份固定效应	是	是
观测值	60384	52183
R^2	0.7297	0.7416

**回归系数在 5%的水平上通过显著性检验。
***回归系数在 1%的水平上通过显著性检验。
注：括号中为稳健标准误。

6. 结论性评述

本节关注处于价值链上游的高新技术企业出口国内增加值率的变动机制，利用手工整理的 2008～2013 年高新技术企业数据，以及 2000～2013 年中国海关贸易数据库和中国工业企业数据库的合并数据，通过 DID 法识别了高新技术企业认定与企业出口国内增加值率之间的因果关系。研究发现，高新技术企业认定对企业出口国内增加值率产生负向影响，主要原因在于高新技术企业认定提高了进口中间品质量，从而对企业出口国内增加值率形成负向影响；进一步的拓展研究发现，进口竞争有利于缓解高新技术企业认定对企业出口国内增加值率的负向效应。

本节的研究对于促进贸易高质量发展具有一定的政策含义。一是构建良好的国内市场竞争环境。积极构建公平的国内竞争环境，鼓励加大对高质量中间品的进口，引导高新技术企业积极参与竞争，在竞争中提升自身创新能力。另外，公平竞争环境的构建需要法治化保障，特别是加强对知识产权的保护，激发企业创新的动力；在构建公平竞争环境的过程中，政府可以以知识产权保护为抓手，积极培育高价值专利，对战略性新兴产业和新业态、新领域的知识产权保护问题进行专项治理，提高知识产权案件的审理效率，实现确权和维权效率提升。二是推动高新技术企业加大对高质量中间品的研发力度。一方面，国家应该鼓励高新技术企业加大对中间品的研发力度，特别是对行业发展需要的关键零部件，可以通过"举国体制"联合攻关，减弱类似"缺芯少屏"问题对我国产业发展的影响；另一方面，缩短国内中间品与进口中间品的质量差距势在必行，政府应该鼓励企业坚持自主创新和"进口中学习"并重，通过双重途径来实现中间品的质量升级。具体来说，中间品研发需要技术积累和融资支持，对于中间品研发企业，政府可以根据企业发展需要，制定专门的激励措施，以激励中间品研发企业的自主创新，使其不断加强中间品的改良升级，提升中间品质量；政府也应该鼓励企业在"进口中学习"，使用更高质量的进口中间品，通过技术外溢效应，不断改进和提高国内中间品的质量。三是进一步完善以促进科技创新为导向的制度设计。政府应该进一步考虑政策对创新促进作用的大小，为企业创新建立更有效的激励约束机制，通过制度改革和创新，进一步完善高新技术企业认定政策的制度安排，不仅引导企业加大研发投入，而且在科技成果转化方面激励企业把创新专利转化为新产品产出，提高企业在出口目的地市场的定价能力。例如，高新技术企业认定政策除了通过税收减免来激励企业加大研发投入和科技成果转化，也可以进一步探索为企业增信获得外源融资，解决高新技术企业在研发投入过程中的外源融资约束问题。

4.5.2　高成长性科技企业创新融资支持如何影响企业出口国内增加值率？

1. 问题提出

1996 年，美国《商业周刊》（*Business Week*）首次提出"新经济"概念，并认为美国经济持续的高速增长得益于信息技术革命和经济全球化浪潮带来的新经济的发展。2014 年，习近平主席指出"世界正在进入以信息产业为主导的新经济发展时期"[①]。随着互联网、人工智能、大数据、云计算等新一代信息技术的发展，在以新技术、新产业、新业态、新模式为主要特征的新经济中，诞生了许多高成长性科技企业，它们虽然起始规模可能不大，但所处专业领域新颖、自主创新能力强，企业成长速度快，有些甚至具备成为独角兽（unicorn）企业的潜力，这类高成长性科技企业被形象地称为瞪羚企业（gazelle enterprise）。"瞪羚企业"的概念同样产生于 20 世纪 90 年代，由美国麻省理工学院的大卫·伯奇（David Birch）教授提出，之后瞪羚企业数量被用作反映美国硅谷（Silicon Valley）经济景气程度的一个重要指标。中国于 2003 年在中关村科技园区率先实施"瞪羚计划"，通过建立企业信用体系，帮助企业获得科技信贷，来支持高成长性科技企业的发展。瞪羚企业成为高新区实现创新驱动发展的重要引擎，也是我国"培育壮大新动能，加快发展新经济"[②]的重要依托力量。

目前，学者对高成长性科技企业的研究始于对瞪羚企业的特征及其对就业和经济发展的贡献的关注。学者认为企业存续年限是瞪羚企业的重要特征，企业规模则可大可小，行业分布也比较广泛，除了高技术行业，在服务业中占比也很高

---

① 新华网. 习近平在 2014 年国际工程科技大会上的主旨演讲（全文）[EB/OL]. （2014-06-03）[2024-08-01]. http://www.xinhuanet.com/politics/2014-06/03/c_1110968875.htm.

② 2016 年的政府工作报告首次提出"培育壮大新动能，加快发展新经济"。

（Henrekson and Johansson，2010）。关于瞪羚企业对就业和经济发展的影响，学者
从网络外部性（Steffens et al.，2009）、规模经济（Besanko and Doraszelski，2004）、
先发优势（Lieberman and Montgomery，1988）、经验曲线效应（Stern and Stalk，
1998）等方面开展研究，认为高成长性对企业营利性具有正向效应，甚至能超过
高成长性带来的组织管理问题（Cho and Pucik，2005）引致的负向效应；部分学
者从战略管理的角度研究了瞪羚企业追求广阔市场战略与专注于单一市场战略对
企业营利性的影响差异，发现对于追求广阔市场战略的企业，高成长性与营利性
具有更强的正相关关系（Senderovitz et al.，2016）。高成长性科技企业在发展过程
中往往面临着较为严重的融资约束问题，本节从制度金融（institutional finance）
理论出发，认为政府政策对企业的融资支持是解决高成长性科技企业"融资难"
问题的重要途径，能够极大地降低企业融资的交易成本，特别是"瞪羚计划"的
实施能够为高成长性科技企业获得金融机构的资金支持，对高成长性科技企业的
研发创新具有重要作用。鉴于此，本节针对入选"瞪羚计划"对高成长性科技企
业出口国内增加值率的影响展开相关研究，并分析这种影响背后的机制。主要贡
献体现在以下方面：一是从企业入选"瞪羚计划"视角研究其对高成长性科技企
业出口国内增加值率的影响及其作用机制，并使用中介效应模型对多重中介进行
检验，丰富出口国内增加值率方面的研究；二是在微观数据获取和使用方面手工
整理入选"瞪羚计划"的企业名单，利用 DID 法来估计政策实施的因果效应，能
够消除不可观测的混杂因素对政策效应的影响。

2. 制度背景与机制梳理

1）制度背景介绍

2003 年，中关村科技园区率先实施"瞪羚计划"，拉开了我国高成长性科技
企业培育工作的序幕。2014 年，科技部火炬中心与北京市长城企业战略研究所成
立"国家高新区瞪羚企业发展研究"课题组，从 2014 年开始，每年都会编制《国
家高新区瞪羚企业发展报告》。随着创新驱动发展战略的深入实施，从 2016 年开
始，国家高新区和地方政府纷纷出台支持瞪羚企业发展的政策措施，高成长性科
技企业培育工作得到了广泛的重视。科技部火炬中心与北京市长城企业战略研究
所联合发布的《国家高新区瞪羚企业发展报告 2018》中的数据显示，在全国 157 个
国家高新区中有 139 个高新区开展了培育瞪羚企业工作，国家高新区拥有的瞪羚
企业数量达到 2857 家。

入选"瞪羚计划"需要满足相应的条件，《中关村科技园区瞪羚计划》提出了
增速和资质两个入选条件：①增速条件，利润增长率达到 10%，或者上一年度技
工贸总收入规模为 1000 万～5 亿元，并达到相应的收入增长率；②资质条件，属
于中关村科技园区内的高新技术企业。入选"瞪羚计划"可以获得高新区或者地

方政府在科技信贷方面的支持，作为"瞪羚计划"的先行者，中关村科技园区管理委员会针对瞪羚企业融资问题，将信用评价、信用激励、约束机制与担保贷款业务结合起来，为瞪羚企业构建效率高、成本低的担保贷款便捷通道，并且实行"五星级"评定制度，信用评级越高，获得的贷款贴息率越高，最高可达40%。

2）机制梳理

高成长性科技企业在快速发展过程中需要持续进行研发投资，自身的内部资金积累可能无法完全满足企业研发投入需求，因此高成长性科技企业对外部资金的依赖性较大。由于股权融资在我国发展相对滞后，银行是企业外部资金最重要的来源，但高成长性科技企业在银行信贷资金可得性方面存在劣势：一是高成长性科技企业一般成立时间不长、规模不大，企业可抵押的资产偏少；二是高成长性科技企业研发投入大，但创新产出具有不确定性，这种特点不利于获得银行信贷资金的支持。高成长性科技企业"融资难"问题是一个长期客观存在的问题，需要政府进行相应的制度安排，为高成长性科技企业的外源融资提供支持。

为了解决高成长性科技企业"融资难"问题，"瞪羚计划"在企业信贷资金可得性方面建立了信用激励和约束机制。"瞪羚计划"主要通过建立与企业信用评级相挂钩的贷款贴息率，将信用评价、信用激励、约束机制和银行的担保贷款业务相结合，信用评级越高，获得的贷款贴息率越高，参与"瞪羚计划"的协作银行也根据信用评级给予贷款利息下浮优惠，并实施快捷贷款审批程序，不仅能降低高成长性科技企业的融资成本，而且能缩短贷款审批的时间，助力企业高效、快捷地获得信贷资金；若企业出现违反"瞪羚计划"的相关行为，则会受到信用处罚，降低企业信用评级。因此，"瞪羚计划"有利于高成长性科技企业在信用激励和约束下获得银行信贷资金。

因此，入选"瞪羚计划"影响企业出口国内增加值率的机制可能如下。一方面，入选"瞪羚计划"提高了高成长性科技企业外部资金的可得性，有利于推动企业的研发创新，提升企业生产率（Hall et al.，2010），降低生产边际成本，进而有利于提升加成率。另外，研发出的新产品具有更强的市场竞争力，有利于提高在出口目的地的市场份额，通过降低产品需求弹性，使企业在生产边际成本的基础上有更高的加成率（刘啟仁和黄建忠，2016）。因此，入选"瞪羚计划"能够推动加成率的提高，对企业出口国内增加值率产生正向促进作用。另一方面，入选"瞪羚计划"在缓解高成长性科技企业融资约束的同时，也可能有更多的资金用于进口中间品。进口中间品是国外企业新知识和新技术的物化研发资本，进口中间品种类的增加可以通过技术溢出效应促进企业的研发创新（Amiti and Konings，2007；Bas and Strauss-Kahn，2015），有利于生产更多种类的国内产品（Goldberg et al.，2010b），高质量的进口中间品可以通过技术溢出效应、成本下降效应及市场规模效应对企业研发创新产生正向影响（Colantone and Crinò，2014；Santacreu，2015）。

　　研究假设：考虑进口中间品的"干中学"效应，高成长性科技企业倾向于使用更多的高质量进口中间品，提高进口中间品使用的相对份额，使得入选"瞪羚计划"对企业出口国内增加值率产生负向影响。

　　3. 计量模型、数据与变量

　　政策效果评价更关心受"瞪羚计划"政策影响的个体的平均因果效应，即处理组的平均因果效应，根据鲁宾因果模型，为了考察入选"瞪羚计划"对企业出口国内增加值率影响的因果效应，需要比较当期企业入选"瞪羚计划"与该时期企业未入选"瞪羚计划"的潜在结果，但是，企业一旦入选"瞪羚计划"，就不能再观测到当期未入选"瞪羚计划"的潜在结果，即反事实结果。若处理组企业未受"瞪羚计划"政策干预状态下的潜在结果与控制组企业未受"瞪羚计划"政策干预状态下的潜在结果相同，则两组观测结果均值之差就是处理组平均因果效应。本节采用 DID 法进行估计，考察入选"瞪羚计划"对企业出口国内增加值率的影响。具体模型设定如下：

$$\text{Dvar}_{it} = \beta_0 + \beta_1 \text{gazelle}_{it} + X'_{it}\delta_{it} + \gamma_i + \lambda_t + \varepsilon_{it} \quad (4.25)$$

其中，Dvar_{it} 为企业 i 在 t 年的出口国内增加值率；gazelle_{it} 为虚拟变量，企业 i 在 t 年入选"瞪羚计划"的当年及以后年份都取值为 1，否则，取值为 0，这样就自动产生了政策处理前、政策处理后和处理组、控制组的双重差异；β_1 为政策影响的净效应；γ_i 和 λ_t 分别为企业固定效应和年份固定效应；ε_{it} 为随机误差项。X_{it} 为控制变量向量，具体包括以下变量：①企业存续年限（age），使用当前年份减去企业成立年份计算得到；②企业杠杆率（leverage），使用企业负债总额与总资产的比值来衡量；③企业利润率（profit），使用企业利润总额与补贴收入之差，再除以工业销售产值计算得到；④企业出口密集度（exratio），使用企业出口交货值与工业销售产值的比值来衡量；⑤国有企业虚拟变量（soe），根据企业所有制类型，如果企业属于国有企业，则 soe 取值为 1，否则，soe 取值为 0；⑥外资企业虚拟变量（foreign），根据企业所有制类型，如果企业属于外资企业，则 foreign 取值为 1，否则，foreign 取值为 0；⑦赫芬达尔-赫希曼指数（hhi），赫芬达尔-赫希曼指数用于衡量市场垄断程度，赫芬达尔-赫希曼指数越大，说明市场集中度越高，垄断程度越高，行业层面的赫芬达尔-赫希曼指数使用企业销售收入来进行计算。δ_{it} 为控制变量向量对应的系数向量。

　　首先，本节使用三套高度细化的数据：瞪羚企业数据、中国工业企业数据库和中国海关贸易数据库。①入选"瞪羚计划"的原始数据来自北京市长城企业战略研究所和中关村科技园区。②中国工业企业数据库的数据来源于国家统计局规模以上工业统计报表，工业的统计口径涵盖了制造业，采矿业，电力、热力、燃气及水生产和供应业三个门类，统计范围是所有的国有企业和主营业务收入在 500 万元以上的其他所有制类型企业（从 2011 年起，改为主营业务收入在 2000 万元以上的非国有工业法人企业），涉及企业的经营活动状况、财务状况及生产活动状况。③中国海关贸易数据库的数据来源于海关总署，该数据库涉及进出口企业名称、商品名称、贸易方式、单价、金额、数量等详细信息。其次，鉴于测算企业出口国内增加值率需要使用进出口数据与企业经营数据信息，本节将中国工业企业数据库和中国海关贸易数据库进行匹配，第一步是使用企业名称和年份对两个数据库进行匹配，鉴于企业名称存在缺失的情形，第二步是利用两个数据库都存在的企业的邮编信息、联系电话信息进行匹配，具体使用企业所在地邮政编码、后七位电话号码与年份进行匹配。最后，使用瞪羚企业数据对匹配数据中的入选"瞪羚计划"的企业进行识别，得到初步的样本。

4. 实证结果分析

1）基准回归结果

表 4.16 汇报了入选"瞪羚计划"对企业出口国内增加值率影响效应的基准回归结果，为了避免异方差问题对实证结果造成的偏误，本节采用 White（1980）提出的异方差稳健标准误方法对此进行修正。列（1）是未加入控制变量，但控制企业固定效应和年份固定效应的实证结果，核心解释变量 gazelle 的回归系数在 1%的水平上显著为负，说明被解释变量 Dvar 与核心解释变量 gazelle 负相关；列（2）是加入企业特征变量作为控制变量，并控制企业固定效应和年份固定效应的回归结果，在其他变量保持不变的情况下，核心解释变量 gazelle 的回归系数依然在 1%水平上显著为负；列（3）是同时加入企业特征变量和行业特征变量，并控制企业固定效应和年份固定效应的回归结果，核心解释变量 gazelle 的回归系数的大小、方向和显著性没有发生根本性变化，说明入选"瞪羚计划"对企业出口国内增加值率产生负向影响。

表 4.16　基准回归结果（三）

变量	(1) Dvar	(2) Dvar	(3) Dvar
gazelle	−0.0427***	−0.0437***	−0.0437***
	(0.0160)	(0.0162)	(0.0162)
age		0.0001	0.0001
		(0.0001)	(0.0001)
profit		0.0405***	0.0405***
		(0.0113)	(0.0113)
exratio		−0.0595***	−0.0595***
		(0.0106)	(0.0106)

变量	(1) Dvar	(2) Dvar	(3) Dvar
leverage		0.0520***	0.0520***
		(0.0054)	(0.0054)
soe		0.0284***	0.0283***
		(0.0086)	(0.0086)
foreign		−0.0058**	−0.0058**
		(0.0024)	(0.0024)
hhi			−0.0275
			(0.0757)
常数项	0.7111***	0.7230***	0.7233***
	(0.0043)	(0.0096)	(0.0096)
企业固定效应	是	是	是
年份固定效应	是	是	是
观测值	53118	52355	52355
R^2	0.1284	0.1476	0.1477

**回归系数在 5%的水平上通过显著性检验。
***回归系数在 1%的水平上通过显著性检验。
注：括号中为稳健标准误。

2）平行趋势检验

使用 DID 法需要满足平行趋势假设，即处理组企业如果没有受到"瞪羚计划"的政策干预，其结果的变动趋势应该与控制组的变动趋势相同。DID 法在计算增加量时使用两期结果的差分，能够消除不可观测的混杂因素造成的影响，从而在平行趋势假设下获得反事实结果的估计。鉴于企业入选"瞪羚计划"的时点是不相同的，本节借助 Granger（1969）因果检验的思想，即观察原因是否发生在结果之前，来判断入选"瞪羚计划"是否引起企业出口国内增加值率的变化。为了验证处理组和控制组是否满足平行趋势假设，设定如下计量模型：

$$\text{Dvar}_{it} = \sum_{\tau=0}^{m} \beta_{-\tau} T_{i,t-\tau} + X'_{it}\delta_{it} + \gamma_i + \lambda_t + \varepsilon_{it} \quad (4.26)$$

其中，T 为处理组和年份虚拟变量的交互项，检验提前 m 期回归系数的显著性，如果提前 m 期的回归系数都不显著，则平行趋势假设成立。为了更直观地展示回归结果，本节将其绘制成图 4.18，可以看出，在企业入选"瞪羚计划"之前的年份，回归系数都不显著，说明处理组与控制组企业存在平行趋势。

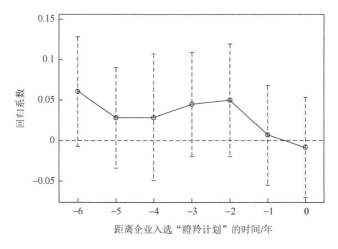

图 4.18　平行趋势检验（二）

3）稳健性检验：使用 CEM-PSM 法估计

为了更好地估计入选"瞪羚计划"对企业出口国内增加值率的影响，本节进一步考虑使用匹配方法来选择未入选"瞪羚计划"企业的控制组，与 4.5.1 节一致，本节采用 Iacus 等（2012）的 CEM 法对数据进行样本预处理，该方法具有许多优良特性：①属于单调不平衡边界（monotonic imbalance bounding）类型的匹配方法，可以由用户事先选择限制处理组与控制组之间的最大不平衡；②遵循叠合原则（congruence principle），即数据空间与分析空间具有一致性；③能够自动将数据限制在"共同支撑"范围内。在使用 CEM 法对处理组与控制组进行匹配之后，继续使用 PSM 法进行匹配，匹配变量为企业存续年限、规模、利润率、成长性、是否为高新技术企业等，采用最近邻 1∶3 匹配。本节进一步参考 Cadot 等（2015）的做法，使用倾向得分值作为加权，使用 DID 法进行回归。回归结果如表 4.17 所示，列（1）是未加入控制变量的回归结果，gazelle 的回归系数在 5% 的水平上显著为负；列（2）是加入企业特征变量和行业特征变量作为控制变量的回归结果，gazelle 的回归系数与基准回归结果相比没有发生大的变化，仍然显著为负。

表 4.17　稳健性检验结果（三）

变量	(1) Dvar	(2) Dvar
gazelle	−0.0411**	−0.0456**
	(0.0195)	(0.0200)
age		0.0011**
		(0.0005)

续表

变量	(1) Dvar	(2) Dvar
profit		0.0830***
		(0.0156)
exratio		−0.0575***
		(0.0168)
leverage		0.0723***
		(0.0077)
soe		0.0348***
		(0.0128)
foreign		−0.0093***
		(0.0032)
hhi		−0.0125
		(0.1022)
常数项	0.8284***	0.8133***
	(0.0001)	(0.0134)
企业固定效应	是	是
年份固定效应	是	是
观测值	29552	28827
R^2	0.7268	0.7333

**回归系数在 5%的水平上通过显著性检验。

***回归系数在 1%的水平上通过显著性检验。

注：括号中为稳健标准误。

4）其他稳健性检验

（1）考虑样本选择问题。由于研究企业出口国内增加值率问题的过程中关注的都是出口企业，在样本中排除了非出口企业，可能存在潜在的样本选择偏差问题。本节采用 Heckman（1979）提出的两步估计法来进行处理。第一步是构建企业出口决策方程：

$$\text{Prob}(\text{Exp}_{it} = 1 \mid \omega_{it}) = \Phi(\omega'_{it}\gamma) \qquad (4.27)$$

其中，Exp_{it} 为企业 i 在 t 年是否出口的虚拟变量；ω_{it} 为影响企业出口倾向的因素集合，主要包括企业规模、存续年限、融资约束、利润率和行业竞争程度等变量。

使用概率单位回归模型（Probit 模型）对式（4.27）进行估计，能够得到 γ 的估计值 $\hat{\lambda}$，进而可求得逆米尔斯比率（inverse Mills ratio，IMR）$\hat{\lambda}(\omega'_{it}\gamma)$。第二步

是将 IMR 加入基准回归模型，从而得到考虑样本选择偏差的回归系数，回归结果如表 4.18 列（1）所示，可以看到 gazelle 的回归系数在 1% 的水平上显著为负，验证了基准回归结果的稳健性。

表 4.18　稳健性检验结果（四）

变量	（1）Dvar	（2）Dvar	（3）Dvar	（4）Dvar	（5）Dvar
gazelle	-0.0435^{***}	-0.0505^{***}	-0.0606^{***}	-0.0457^{***}	-0.0437^{***}
	(0.0162)	(0.0160)	(0.0237)	(0.0164)	(0.0162)
IMR	-0.3494^{***}				
	(0.1121)				
tariff		-0.0001			
		(0.0003)			
sem				0.0034	
				(0.0117)	
innocom				-0.0206^{***}	
				(0.0034)	
控制变量、常数项	是	是	是	是	是
企业固定效应	是	是	是	是	是
年份固定效应	是	是	是	是	是
观测值	52283	50274	52355	52283	52283
R^2	0.6998	0.7011	—	0.7001	0.6997

***回归系数在 1% 的水平上通过显著性检验。

注：括号中为稳健标准误。

（2）控制贸易自由化的影响。2001 年，中国成功加入 WTO，这对企业的中间品进口产生了重大影响。贸易自由化能降低企业的进口成本，使企业能接触更高质量、更低价格和更多种类的进口中间品，促使中国企业加大对进口中间品的使用，从而对中国企业出口国内增加值率产生影响（Kee and Tang，2016；毛其淋和许家云，2019）。借鉴 Amiti 和 Konings（2007）、Topalova 和 Khandelwal（2011）、余淼杰和智琨（2016）的方法，本节构造国民经济行业 4 位码行业的最终品和中间品关税 tariff 来控制贸易自由化的影响。回归结果如表 4.18 列（2）所示，核心解释变量 gazelle 的回归系数在 1% 的水平上显著为负，说明在控制贸易自由化影响之后，基准回归结果具有稳健性。

（3）考虑遗漏变量问题。研究入选"瞪羚计划"能否影响企业出口国内增加值率时，可能遗漏重要的解释变量，如企业的研发管理效率和研发能力。本节借鉴 Oster（2019）的方法，通过回归系数的变化来间接估算模型的偏误多大程度来自遗漏变量偏误。其估计思想如下：首先，估计仅含有核心解释变量和被解释变量的模型，得到核心解释变量的回归系数估计值；其次，加入所有可观测控制变量进行回归，得到核心解释变量的回归系数估计值 β_B；最后，根据 Oster（2019）给出的公式，计算出遗漏变量偏误系数 $\delta = |\beta_B / (\beta_A - \beta_B)|$，理论上，若 $\delta > 1$，则由不可观测因素导致的影响较小。如表 4.18 列（3）所示，加入所有可观测控制变量后，核心解释变量 gazelle 的回归系数为–0.0606，而基准回归模型中核心解释变量 gazelle 的回归系数为–0.0435，因此遗漏变量偏误系数 $\delta = 3.54$，显著大于 1，说明即使存在不可观测的遗漏变量，也不会使回归结果发生根本性变化，基准回归结果具有稳健性。

（4）控制相似政策的冲击。这里研究的高成长性科技企业是跨越创业"死亡谷"、进入快速发展阶段的科技型中小企业。我国早在 1999 年就设立科技型中小企业技术创新基金，用于提升科技型中小企业的科技创新能力，通过优化技术创新创业环境，发挥财政资金的支持引导作用，来推动科技型中小企业的发展。另外，申报"瞪羚计划"的条件明确要求企业应是中关村科技园区内的高新技术企业。为了避免科技型中小企业技术创新基金和高新技术企业认定政策造成估计偏误，本节使用手工整理的科技型中小企业技术创新基金数据和高新技术企业数据，在基准回归模型中加入企业是否获得创新基金资助虚拟变量（sem）和企业是否为高新技术企业虚拟变量（innocom），对该政策的影响进行控制。回归结果如表 4.18 列（4）所示，核心解释变量 gazelle 的回归系数依然在 1%的水平上显著为负，说明基准回归结果是稳健的。

（5）考虑样本极端值的影响。样本中可能存在少数极端观测值，导致估计出的回归结果不准确。为了处理这一问题，本节对连续变量进行缩尾处理，对于小于 1 分位的数值和大于 99 分位的数值分别用 1 分位数值和 99 分位数值进行替换。使用缩尾处理后的样本进行回归，回归结果如表 4.18 列（5）所示，核心解释变量 gazelle 的回归系数依然在 1%的水平上显著为负，验证了回归结果的稳健性。

5. 影响机制检验

上述研究表明入选"瞪羚计划"对企业出口国内增加值率产生负向效应，基于理论机制分析，本节对入选"瞪羚计划"影响企业出口国内增加值率的渠道和负向效应产生的机制进行检验。

1）基于融资约束的渠道检验

为了验证入选"瞪羚计划"是否提高高成长性科技企业的融资可得性，从而缓解企业外源融资约束。融资约束（finance）采用固定资产与总资产的比值来衡量，该比值大，说明企业的外源融资约束较小，即融资约束较低。借鉴 Baron 和 Kenny（1986）提出的因果逐步回归法，建立中介效应模型来进行检验，检验方程如下：

$$\text{Dvar}_{it} = a_0 + a_1 \text{gazelle}_{it} + X'_{it}\delta_{it} + \gamma_i + \lambda_t + \varepsilon_{it} \tag{4.28}$$

$$\text{finance}_{it} = b_0 + b_1 \text{gazelle}_{it} + X'_{it}\delta_{it} + \gamma_i + \lambda_t + \varepsilon_{it} \tag{4.29}$$

$$\text{Dvar}_{it} = c_0 + c_1 \text{gazelle}_{it} + c_2 \text{finance}_{it} + X'_{it}\delta_{it} + \gamma_i + \lambda_t + \varepsilon_{it} \tag{4.30}$$

其中，finance 为融资约束；其他变量与基准回归模型一致。

表 4.19 汇报了影响渠道检验的回归结果。列（1）的被解释变量为 Dvar，解释变量为 gazelle，gazelle 的回归系数在 1%的水平上显著为负；列（2）的被解释变量为 finance，解释变量为 gazelle，gazelle 的回归系数显著为正，说明企业入选"瞪羚计划"能够缓解企业外源融资约束；列（3）的被解释变量为 Dvar，解释变量为 gazelle，中介变量为 finance，finance 的回归系数显著为负，说明融资约束的缓解对企业出口国内增加值率产生负向影响，解释变量 gazelle 的回归系数在 5%的水平上显著为负，系数绝对值出现一定程度的减小。由此可以判断，中介变量融资约束（finance）具有部分中介效应。

表 4.19　影响渠道检验结果（二）

变量	(1) Dvar	(2) finance	(3) Dvar
gazelle	−0.0437***	0.0329***	−0.0402**
	(0.0162)	(0.0127)	(0.0166)
finance			−0.1040***
			(0.0089)
控制变量、常数项	是	是	是
企业固定效应	是	是	是
年份固定效应	是	是	是
观测值	52355	52355	52355
R^2	0.1477	0.2202	0.1548

**回归系数在 5%的水平上通过显著性检验。

***回归系数在 1%的水平上通过显著性检验。

注：括号中为稳健标准误。

2）加成率效应还是相对份额效应？

根据 Kee 和 Tang（2016）的研究，能够影响加成率和国内中间品使用的相对份额的因素才能够对企业出口国内增加值率产生影响。进一步考察入选"瞪羚计划"是否通过加成率和国内中间品使用的相对份额来影响企业出口国内增加值率。中介效应模型方程设定如下：

$$\text{Dvar}_{it} = a_0 + a_1 \text{gazelle}_{it} + X'_{it}\delta_{it} + \gamma_t + \lambda_t + \varepsilon_{it}$$

$$\text{markup}_{it} = b_0 + b_1 \text{gazelle}_{it} + X'_{it}\delta_{it} + \gamma_i + \lambda_t + \varepsilon_{it} \quad (4.31)$$

$$\text{domratio}_{it} = b'_0 + b_2 \text{gazelle}_{it} + X'_{it}\delta_{it} + \gamma_i + \lambda_t + \varepsilon_{it} \quad (4.32)$$

$$\text{Dvar}_{it} = c_0 + c_1 \text{gazelle}_{it} + d_1 \text{domratio}_{it} + d_2 \text{markup}_{it} + X'_{it}\delta_{it} + \gamma_i + \lambda_t + \varepsilon_{it} \quad (4.33)$$

其中，domratio 为国内中间品使用的相对份额，使用企业中间品投入与进口中间品投入的差值与销售收入之比来衡量；markup 为加成率。

表 4.20 汇报了对机制检验的回归结果。列（1）的被解释变量为 Dvar，解释变量为 gazelle 及其他控制变量，回归结果与基准回归结果没有大的差异；列（2）的被解释变量为 markup，回归结果显示 gazelle 的回归系数显著为正，说明企业入选"瞪羚计划"对企业加成率有促进作用；列（3）的被解释变量为 domratio，回归结果显示 gazelle 的回归系数显著为负，说明企业入选"瞪羚计划"降低了国内中间品使用的相对份额；列（4）的被解释变量为 Dvar，解释变量包括 gazelle、markup 和 domratio 及其他控制变量，回归结果显示 markup 的回归系数为正但不显著，domratio 的回归系数显著为正，说明国内中间品使用的相对份额的提高对企业出口国内增加值率有促进作用，解释变量 gazelle 的回归系数为负但也不显著。由此可以初步判断，中介变量 domratio 具有中介效应。进一步对中介变量 markup 和 domratio 进行 Sobel 检验，Sobel 检验 Z 统计量分别为-3.90 和 0.45，说明中介变量 domratio 的中介效应显著，markup 的中介效应不显著。因此，入选"瞪羚计划"主要通过降低国内中间品使用的相对份额来降低企业出口国内增加值率。

表 4.20　加成率效应还是相对份额效应

变量	（1）Dvar	（2）markup	（3）domratio	（4）Dvar
gazelle	−0.0411**	0.1302***	−0.1598***	−0.0355
	(0.0161)	(0.0245)	(0.0401)	(0.0238)
markup				0.0064
				(0.0141)
domratio				0.0589***
				(0.0031)
控制变量、常数项	是	是	是	是
企业固定效应	是	是	是	是

续表

变量	（1） Dvar	（2） markup	（3） domratio	（4） Dvar
年份固定效应	是	是	是	是
观测值	52320	33386	34316	26505
R^2	0.1298	0.5341	0.0913	0.2418

**回归系数在 5%的水平上通过显著性检验。

***回归系数在 1%的水平上通过显著性检验。

注：括号中为稳健标准误。

6. 结论性评述

本节使用手工整理的瞪羚企业数据与中国工业企业数据库、中国海关贸易数据库测算得到的企业出口国内增加值率，通过 DID 法识别了入选"瞪羚计划"对企业出口国内增加值率影响的政策效应。研究结果表明，入选"瞪羚计划"短期内对企业出口国内增加值率产生负向影响。从影响机制检验来看，入选"瞪羚计划"能够提高信贷资金可得性，缓解企业融资约束，并且入选"瞪羚计划"主要通过降低国内中间品使用的相对份额来影响企业出口国内增加值率；实证结果通过了平行趋势检验、基于 CEM 的 DID 法、控制相似政策和贸易自由化的影响、样本选择等一系列稳健性检验。

高成长性科技企业的发展需要政府提供满足企业需求的"瞪羚计划"等政策的支持，本节的研究为相关政策制定提供一定的启示。第一，"瞪羚计划"的目的是解决高成长性科技企业创新过程中的"融资难"问题，政府比较成熟且常用的扶持方式是帮助企业建立信用，鼓励银行为入选"瞪羚计划"的企业提供贷款，并为企业提供一定比例的贷款贴息，政府可以加强科技金融建设，创新更多扶持高成长性科技企业的方式，如推动知识产权质押、科技保险等科技金融模式的落地；第二，重视推动企业的科技成果转化，研发投入虽然可能带来专利数量的提升，但没有转化的专利无法为企业产生经济价值，企业的高成长性就没有新产品高加成率的依托。政府在实施"瞪羚计划"时出台促进企业科技成果转化的政策，既能加强企业创新的政策效果，又赋予企业内生增长的能力；第三，政府可以从人才引进与供给方面出台政策，促进高成长性科技企业的研发创新及企业的高效管理。高成长性科技企业在其快速发展过程中也面临着组织管理方面的挑战，亟须具备现代公司管理经验的人才，如何帮助企业发现人才、留住人才、用好人才是政府在制定"瞪羚计划"时需要不断思考的问题。

4.6　本 章 小 结

本章主要关注技术创新如何驱动我国制造业向全球价值链中高端攀升。首先，阐述了我国制造业从要素驱动向创新驱动的现实背景，指出我国传统劳动成本优势不断削弱、资源和环境约束不断趋紧，进而从创新环境和机制、政策和平台体系、要素基础与产业基础等方面分析了我国制造业发展从要素驱动向创新驱动转变的基础条件；利用丰富的宏观、中观及微观数据分析了我国制造业创新发展的现状，特别是通过国际比较明晰了我国制造业各行业的创新地位；阐述了制造业创新驱动全球价值链攀升的理论机制，在此基础上利用企业层面的数据实证考察了创新对价值链攀升的影响效应与机制。其次，从企业内部与外部两个视角分析了创新驱动制造业价值链攀升的影响因素，并实证考察了企业内外部因素对创新驱动价值链攀升的调节效应。最后，以政府为缓解企业研发投资不足问题所作的创新制度安排为专题，研究了高新技术企业认定政策与入选"瞪羚计划"对企业出口国内增加值率的影响。结合本章的研究，针对全球价值链攀升背景下促进我国制造业创新发展提出如下政策建议。

（1）进一步建立和健全我国制造业关键核心技术的调查预警和清单机制，适时评估我国制造业在全球价值链中的地位。关键核心技术是国之重器，对推动我国经济高质量发展、保障国家安全都具有十分重要的意义。中美贸易摩擦也表明，我国许多关键核心技术受制于人。我国应健全关键核心技术的调查预警机制，选择重点制造业行业和生产环节，专门组织调查关键核心技术的储备状况，建立清单；明晰各领域亟待攻克的关键核心技术及其研发环节，建立关键核心技术攻关规划和路线图；为企业提供及时有效的技术信息服务，引导和激励企业进行关键核心技术攻关，健全技术的联合攻关、跨界合作机制；定期评估我国制造业在全球价值链中的地位，以及其技术的核心程度、进口来源及隐藏风险，做到未雨绸缪。

（2）多方面推动关键零部件技术、颠覆性核心技术的自主创新，为促进我国制造业价值链攀升提供动力内核。健全制造业技术创新体系和激励机制，充分发挥企业的创新主体作用；完善企业投融资法律法规、融资担保政策，促进制造业企业与外部研发机构的合作；根据核心技术调查预警清单，借鉴发达国家和地区的经验，针对战略地位重要、市场需求急迫，但研发预算极多、研发难度极大，且短期内依靠企业力量难以攻克的关键核心技术，通过市场引导、政府委派等方式依托现有研发机构或成立专门研发中心、课题组，设立专项技术项目，进行联合攻关、集中研发。完善公共服务平台建设，重点开展基础前沿科学、共性关键技术和跨界融合性技术的研发，完善"互联网＋"创新平台，形成关键技术、核心技术的"互联网＋创新"的研发模式，促进互联网、大数据、人工智能等新技术与传统创新要素相结合，综合集成各类基础技术、创新人才与研发资金，打破创新要素的地域限制与市场界限，促使颠覆性技术"触网得分"。

（3）持续推动制造业多层次人才培养，提高要素配置效率，为促进我国制造业价值链攀升提供根本保证。人才是创新的第一资源，是实现民族振兴、赢得国际竞争主动的战略资源。长期以来，我国制造业技能型人才队伍以低技能人员为主，高技能型人才占比较少。据人力资源和社会保障部统计，2016年我国技能人员数量占就业人员总量的约19%，高技能型人才仅占5%。这与发达国家和地区存在较大差距，在整个产业工人队伍中，日本的高级技工占比为40%，德国的高级技工占比更是高达50%。我国只有加大多层次人才培养力度，才能有效解决劳动力市场供给与需求不匹配问题，通过创新驱动促进我国制造业向全球价值链中高端攀升。根据微笑曲线理论，应加快培养与全球价值链上高增加值环节相对应的人才，主要包括与研发、核心零部件设计生产相关的创新型人才和技能型人才，与品牌培育、专业服务相关的管理型人才和服务型人才等。同时要进一步发挥市场在创新要素配置中的作用，理顺要素配置机制，提升资源配置效率；加强创新要素的市场化改革，提高要素市场的开放水平，建立要素交易平台，规范创新要素市场的交易机制与标准，建立高效、透明的市场服务与监管机制，特别地，加强创新要素产权的制度保护；加强高水平人才引进力度，优化人才环境和评价机制，推动高级人才与其他创新要素协同发展，加强与人才配套的科研创新基地等的建设，增强人才黏性。

（4）多举措加快完善创新的知识产权保护制度建设和国际合作，为促进我国制造业价值链攀升提供制度支撑。我国应进一步健全知识产权保护制度体系，特别是加强制造业重点领域核心技术、新技术的知识产权储备和制度建设，加大对相应侵权行为的惩处力度；探索建设制造业知识产权保护中心，在二线城市逐步分设知识产权法院，开通高技术知识产权审议绿色通道；针对制造业企业"走出去"，全面促进我国知识产权保护向国际普适规则靠拢，加强知识产权保护的国际对话与合作，提升我国在知识产权国际规则重构中的话语权，积极扩大与世界各地特别是美国、欧洲、日本等发达经济体的技术合作；构建我国海外知识产权维权援助体系，引导制造业企业增强产权风险防范意识，为我国制造业升级注入强劲动能，提供制度支撑。

（5）全方位对接世界银行标准、优化企业创新的营商环境，为促进我国制造业价值链攀升营造更好的市场环境。2022年世界银行发布的《全球营商环境报告》显示，中国的营商环境大幅改善，在190个国家中位列第31名，但在某些具体领域，与发达经济体还存在很大差距，例如，在纳税环节，中国的总税率和社会缴纳费率约是高收入经济体的2倍，也远高于东亚及太平洋地区的平均水平；在跨境贸易中，中国的进出口耗时、耗费是发达经济体的2～4倍。因此要全方位对接世界银行标准，营造公平、竞争、开放的营商环境；进一步降低企业特别是民营企业的税收负担等经营成本，优化海关进出口程序，利用信息技术提高海关检验等环节的效率，降低企业贸易成本，引导企业调整内部资源配置，加大创新投入；营造公平竞争的市场环境，进一步实现民营企业与国有企业、本国企业与外资企业的公平竞争；落实外商投资准入特别管理措施，放宽外商投资准入限制；逐步扩大服务业开放程度，放宽民营企业的服务业准入限制，推动制造业服务化，提升制造业国内增加值。注重缩小我国地区间的营商环境差异，我国中西部地区（特别是东北地区）的营商环境与北京、广州、上海等沿海地区相距甚远，应加强跨地区合作和学习，营造有利于制造业价值链攀升的全国一体化的营商环境。

第5章 我国制造业向全球价值链中高端攀升的基本路径：质量升级和标准治理并重

在过去几十年里，我国制造业取得了巨大的发展，我国已成为制造业出口大国，但总体上"大而不强"，出口产品质量与发达国家和地区相比还存在较大差距（施炳展等，2013；李坤望等，2014）；在中高端领域，由于发达国家和地区掌握关键核心技术、国际标准制定等方面话语权，我国面临发达国家和地区对全球价值链的主导和控制。Feenstra和Romalis（2014）的研究表明，2011年中国和美国都出口了908种产品，在中国，质量全球排名前10的产品仅为77种（占比为8.5%），排名前20的产品为142种（占比为15.6%）；而在美国，质量全球排名前10的产品为128种（占比为14.1%），排名前20的产品为362种（占比为39.9%）。同时，作为一个发展中国家，我国的技术创新能力相对较弱，在技术标准起重要作用的高技术领域，很多产品的行业标准与国家标准还是空白，使得大量外国产品通过市场顺利成为相应产业的事实标准（吕铁，2005）。近年来，虽然我国国际标准化工作取得了较大进展，但与发达国家和地区的企业相比，我国企业在国际标准化活动中的声音还较为微弱（王欢和王庆华，2020）。

现有研究认为，质量升级有利于更好地实现进口中间品替代，提升产品国际市场势力，进而提高企业出口国内增加值率（Kee and Tang，2016），促进企业向全球价值链中高端攀升；标准化是影响发展中国家实现制造业价值链升级的重要因素（Nadvi，2008），标准的制定能够提高产业链上下游企业间产品的兼容性、提升企业市场势力，促进企业在全球价值链中地位的攀升，进而提高在全球价值链治理中的话语权；掌控标准制定权的主导企业在全球价值链中能获得更大的收益；同时，标准把控质量、质量促进标准，两者相辅相成，能够在制造业迈向全球价值链高端中共同发挥作用。党的十九大报告提出，"我国经济已由高速增长阶段转向高质量发展阶段"[①]；《中华人民共和国国民经济和社会发展第十四个五年规划和2035年远景目标纲要》强调，推动制造业优化升级，需要"深入实施质量提升行动，推动制造业产品'增品种、提品质、创品牌'"；《增强制造业核心竞争

---

① 中国政府网. 习近平：决胜全面建成小康社会 夺取新时代中国特色社会主义伟大胜利——在中国共产党第十九次全国代表大会上的报告[EB/OL].（2017-10-27）[2024-04-03]. https://www.gov.cn/zhuanti/2017-10/27/content_5234876.htm.

力三年行动计划（2018—2020 年）》的基本原则之一就是"坚持质量为先"，指出
"质量是制造业强大的重要标志"。由此，"质量第一"成为全面建设中国现代化经
济体系的核心任务，是当前阶段的工作重点和改革方向。同时，随着国际生产分
工继续深化、消费品种类日益丰富，我国在生产环节和消费品领域的标准既要适
应国内市场的需要，又要走向国际市场，党的十九大报告提出，"支持传统产业优
化升级，加快发展现代服务业，瞄准国际标准提高水平"[1]。《国家标准化发展纲
要》强调，"新时代推动高质量发展、全面建设社会主义现代化国家，迫切需要进
一步加强标准化工作"。习近平主席在致第 39 届国际标准化组织大会的贺信中
说："国际标准是全球治理体系和经贸合作发展的重要技术基础"[2]；国务院总理
李克强在第 39 届国际标准化组织大会上致辞时强调，"强化标准引领，提升产品
和服务质量，促进中国经济迈向中高端"[3]。因此，摆脱"价值链低端锁定"风险、
化解我国制造业困局，对内有赖于产品质量升级（张夏等，2020），提升我国产业
在全球价值链中的地位；对外依赖于标准治理能力的提高，要围绕质量升级，强
化标准建设和管理，更好地发挥标准的引领作用（中国宏观经济研究院产业经济
与技术经济研究所课题组和黄汉权，2017）。质量升级和标准治理并重成为我国突
围"双向挤压"、推动制造业迈向全球价值链中高端的基本路径。

　　本章围绕质量升级和标准治理这两个方面，通过测算出口产品质量、建立制
造业标准化数据库，分析其现实状况，考察质量升级、标准治理，以及质量升级
和标准治理两者共同对促进我国制造业迈向全球价值链中高端的影响效应和作用
机制，并进一步探讨影响质量升级和标准治理的因素，为通过质量升级和标准治
理促进我国制造业迈向全球价值链中高端提供理论支持、经验依据和政策建议。

5.1　质量升级和标准治理的研究界定

5.1.1　质量升级的研究界定

　　从制造业生产流程角度，质量升级包括生产要素质量升级、产品质量升级、生
产服务质量升级等多个维度，本章研究的质量升级主要集中于产品质量升级。在经
济学研究中，产品质量是影响消费者福利、企业利润、市场均衡价格和数量等经济

---

① 中国政府网. 习近平：决胜全面建成小康社会 夺取新时代中国特色社会主义伟大胜利——在中国共产党
第十九次全国代表大会上的报告[EB/OL].（2017-10-27）[2024-04-03]. https://www.gov.cn/zhuanti/2017/10/27/content_
5234876.htm.

② 新华网. 习近平致第 39 届国际标准化组织大会的贺信[EB/OL].（2016-09-12）[2024-04-03]. http://www.xinhuanet.
com/politics/2016-09/12/c_1119554153.htm.

③ 新华网. 李克强出席第 39 届国际标准化组织大会并发表致辞[EB/OL].（2016-09-14）[2024-04-03]. http://www.
xinhuanet.com/world/2016-09/14/c_1119567794.htm.

变量的重要因素，它强调产品内的垂直化差异。根据 Garvin（1984）的研究，产品的质量差异既包括产品自身的客观属性，如消费者对产品使用性能、使用寿命、使用安全、配套服务等要求，也包括产品内涵的社会性属性，如消费者对产品认可程度、忠实程度、社会地位等需求，还包括产品外在的特殊属性，如消费者对产品使用所获得的视觉满足感、身体舒适度、虚荣心满足程度等。Garvin（1984）认为识别某产品的质量需要从性能、特征、可靠性、一致性、耐久性、可用性、审美、感知质量这 8 个维度进行考虑。简单地说，同等产品数量条件下，所有引起消费者效用水平提升的特征都可以归结为产品质量（施炳展和邵文波，2014）。基于细分产品数据的可获得性，现有大多数文献以出口产品质量来反映企业产品质量（Khandelwal et al.，2013；Feenstra and Romalis，2014；施炳展和邵文波，2014；余淼杰和张睿，2017）。类似于此，本章主要测度出口产品质量来反映制造业质量升级。

5.1.2　标准及标准治理的研究界定

"标准"及"标准治理"目前尚未形成统一的定义。广义上讲，标准是广泛的技术性规则的统称，既可以视为一般性法律准则，如欧盟法中的法治标准、民主标准和人权标准等，也可以归于软法范畴。《标准化工作指南　第 1 部分：标准化和相关活动的通用术语》（GB/T 20000.1—2014）对标准的界定是"通过标准化活动，按照规定的程序经协商一致制定，为各种活动或其结果提供规则、指南或特性，供共同使用和重复使用的文件"。WTO 的《技术性贸易壁垒协定》（*Agreement on Technical Barriers to Trade*，简称 TBT 协定）对标准的定义是经公认机构批准的、规定非强制执行的、供通用或重复使用的产品或相关工艺和生产方法的规则、指南或特性的文件。

根据主导者，Gandal 和 Shy（2001）将标准分为由法律定义并强制实施的法定标准、被市场实际接纳的事实标准，以及由标准化组织、企业联盟等提出并推广的机构标准。按照应用层次，《中华人民共和国标准化法》将标准分为国家、行业、地方和团体、企业四级。李春田（2005）对此进行了扩展和补充，将标准划分为六个层次，在国家标准之上引入了国际标准和区域标准。国际标准和区域标准分别由相应水平的权威性标准组织制定，国际层次的标准组织如国际标准化组织（International Organization for Standardization，ISO）、国际电工委员会（International Electrotechnical Commission，IEC）、国际电信联盟（International Telecommunication Union，ITU）等，区域层次的标准组织如欧洲标准化委员会（Comité Européen de Normalisation，CEN）、亚洲标准咨询委员会（Asian Standards Advisory Committee，ASAC）和泛美技术标准委员会（Pan-American Commission of Technical Regulations，COPANT）等。一般而言，国家标准由各国标准部门根据国情自行制定，如英国标准学会（British Standards Institution，BSI）、德国标准化学会（Deutsches Institut für Normung，DIN）、美国国家标准协会（American National Standards Institute，ANSI）、日本工业标准（Japanese Industrial Standards，JIS）、法国标准化协会（Association Francaise de Normalisation，AFNOR）等，我国的国家标准由国务院标准化行政主管部门依据《中华人民共和国标准化法》统一制定。行业、地方和团体、企业标准的适用范围相对较小，是对国家标准的补充，对于需要在相应范围内统一技术口径而自行设定的技术规范，分别由国务院标准化行政主管部门、地方（省区市）标准化行政主管机构、社会团体协调相关市场主体、企业制定。根据约束力，《中华人民共和国标准化法》把国家标准分为强制性国家标准和推荐性国家标准两类。由于事实标准、企业标准数据不易获取，本章研究的标准主要界定为法定标准；同时，由于我国国际标准数据较少且区域标准难以完全获取，本章主要集中研究国家标准和行业标准。

随着市场经济的蓬勃发展，标准日益成为国家在宏观经济管理中不可或缺的治理手段（廖丽，2014），是国家治理制度体系的重要组成部分。在治理体系中引入标准化原理和方法，将现代科学管理理念与治理实践相连接，是对治理体系的重要补充，有效弥补了其他治理工具的不足。由于存在市场失灵和政府干预失效的风险，国家战略、规划与政策不能总是有效发挥"指挥棒"的作用，标准作为国家治理体系的基础性制度安排，在国家治理过程中扮演了同样重要的角色（张译晟，2015）。一国的标准化程度可以在一定程度上体现社会现代化水平与国家治理水平（刘三江，2015），标准化是政府管理、市场秩序和社会治理的基石（俞可平，2015）。

社会分工的日益精细与经济全球化的全面深化使得独立的经济单元无法高效完成所有的生产与交易活动，价值链分工成为国际贸易的主流，而生产流程的标准化与中间品的模块化是实现生产网络全球化的基础。在此背景下，标准治理被赋予了全新内涵。Nadvi 和 Wältring（2004）认为，标准化有利于产业价值链在全球范围内实现垂直分离，是实现国际分工的前提。通过将复杂的生产、交易信息标准化，"标准"高效衔接了各分工环节，可以有效降低企业之间的交易成本（Nadvi and Wältring，2004；Gereffi et al.，2005；黄锦华和谭力文，2012）。技术标准是价值链治理的核心工具，一方面，跨国公司基于价值链整合全球化运营，合理分布价值链各环节，另一方面，跨国公司通过标准给竞争者制造非关税壁垒，维持技术领先和利润垄断（文嫣和赵艳，2007）。掌控标准不仅能给企业带来更大的市场份额，而且有利于其利用市场势力将标准转化为经济利益，从而获得竞争主动权（黄锦华和谭力文，2012）。在全球价值链中，发达国家和地区的企业通过影响标准的制定、选择和实施，利用先发优势和领先技术牢牢把握价值链治理权，对市场中的追随者实施纵向控制，从而进一步巩固其在全球价值链中的高增加值地位（陈莎莉和张纯，2013）。

5.2　我国制造业质量升级和标准治理的现状分析

5.2.1　我国制造业质量升级的测度及现状分析

1. 制造业出口产品质量的测度

根据已有研究经验,出口产品质量的测度可以分为代理变量法、需求函数法、供给需求法三大类。①代理变量法。该方法采用产品的单位价值作为其质量的代理变量,其背后的逻辑是高质量产品的价格一般较高(Bas and Strauss-Kahn,2015;Bastos and Silva,2010)。许多研究采用出口产品的单位价值来衡量出口产品质量,出口产品的单位价值越高,其质量也越高(Hummels and Klenow,2005)。②需求函数法。根据异质性贸易理论,在需求函数模型中引入消费者对产品质量的偏好,将质量描述成价格和销量的函数,根据产品市场份额和价格来推导产品质量(Khandelwal,2010;施炳展和邵文波,2014;Fan et al.,2015)。③供给需求法。在需求法的基础上,考虑供给方面的因素,将企业出口产品质量决策内生化(Feenstra and Romalis,2014;余淼杰和张睿,2017)。由于单位价格法衡量出口产品质量较为粗糙,价格能否很好地衡量出口产品质量还要取决于产品本身特征(余淼杰和张睿,2016);同时,供给需求法计算出口产品质量涉及较多变量,如资本成本、劳动力成本、生产率等,对数据要求较高,需要使用中国工业企业数据库数据,而该数据库存在相关数据多年缺失、部分变量缺乏的情况。因此,本章测算出口产品质量主要基于需求函数法,数据来源于 2000~2015 年中国海关贸易数据库[①]。中国海关贸易数据库包含我国进出口企业每一笔交易记录,包括企业名称、年份、进出口产品(HS8 位码)、进出口国家、产品数量、产品单价等观测值。借鉴 Khandelwal 等(2013)、Fan 等(2015)的做法,在需求侧引入消费者对质量的偏好,并将质量表示为销量和价格等需求层面的信息,然后利用这些信息估计需求函数和质量,其逻辑是若两种产品价格相等,则市场份额较大的产品质量较高。根据需求函数 $x_{ijmt} = q_{ijmt}^{\sigma-1} p_{ijmt}^{-\sigma} P_{mt}^{\sigma-1} Y_{mt}$,其中,$i$ 为企业,j 为产品,m 为出口目的地,t 为年份,x_{ijmt} 为出口产品数量,q_{ijmt} 为出口产品质量,p_{ijmt} 为出口产品价格,P_{mt} 为进口国的综合价格水平,Y_{mt} 为进口国的市场规模,σ 为产品种类间的替代弹性。对需求函数两端取对数,整理得到估计方程:

$$\ln x_{ijmt} + \sigma \ln p_{ijmt} = \varphi_{mt} + \varphi_j + \xi_{ijmt} \tag{5.1}$$

其中,φ_{mt} 为国家-年份固定效应,控制目的地价格指数和收入水平;φ_j 为产品固

---

① 基于数据的可获得性,这里样本区间为 2000~2015 年。

定效应；ξ_{ijmt} 为包含出口产品质量信息的残差项。参照 Fan 等（2015）的做法，根据 Broda 和 Weinstein（2004）估计的需求价格弹性系数，将其加总到 HS2 位码，作为式（5.1）中的 σ 的替代值，采用普通最小二乘（ordinary least square，OLS）方法对式（5.1）进行回归，估计的产品质量 $\ln q_{ijmt} = \xi_{ijmt} / (\sigma - 1)$。为了获得企业层面的质量，借鉴施炳展和邵文波（2014）的做法，需要将产品层面的质量加总到企业层面。为此，对式（5.1）进行标准化处理，从而可以获得每家企业在每个年度对于每种 HS6 位码[①]产品出口到一国的标准化质量指标 squa_{ijmt}：

$$\text{squa}_{ijmt} = (q_{ijmt} - \min q_{ijmt}) / (\max q_{ijmt} - \min q_{ijmt}) \tag{5.2}$$

其中，$\max q_{ijmt}$、$\min q_{ijmt}$ 分别为针对产品 j，在所有年度、所有企业、所有进口国层面上求出的产品质量最大值和最小值；squa_{ijmt} 为 0～1，而且没有单位，可以在不同层面加总。因此，企业出口产品整体质量为

$$\text{quality}_{it} = \sum_{jm \in \Omega} \frac{v_{ijmt}}{\sum_{jm \in \Omega} v_{ijmt}} \text{squa}_{ijmt} \tag{5.3}$$

其中，quality_{it} 为企业 i 在 t 年出口产品整体质量；Ω 为企业层面的样本集合；v_{ijmt} 为企业 i 在 t 年出口产品 j 到 m 国的价值量。

2. 制造业出口产品质量升级的现状分析

本节采用中国海关贸易数据库（2000～2015 年）、中国工业企业数据库（2000～2013 年）及 UN Comtrade 数据库（2000～2020 年）中贸易出口额和出口数量等相关数据，结合以上出口产品质量的方法（需求函数法）进行测算。

1）我国出口产品质量变化趋势及国际比较

图 5.1 基于中国海关贸易数据库的进出口产品数据[②]，测度并绘出了 2000～2015 年我国制造业出口产品质量变化趋势。具体来看，2000～2006 年出口产品质量表现总体稳定，这与施炳展和邵文波（2014）的研究一致，其中，2001～2006 年出口产品质量略有下滑，这主要是因为中国加入 WTO 后存在许多新出口企业，其产品质量低于市场平均水平（李坤望等，2014）。2006～2007 年出口产品质量稍微上升，之后维持在高位；2011 年出口产品质量出现较大幅度下降，相关数据表明，2011 年出口产品质量为 0.605，2014 年出口产品质量为 0.456，下降幅度高达 24.63%，同时低点（2014 年的 0.456）比 2000 年的初始观测值（0.564）要低出许多。这一方面可能是因为 2008 年全球金融危机导致产品外部需求下降，出口收益下滑，冲击

[①] 将不同版本的 HS6 位码统一对应到 HS1996。

[②] 我国及细分制造业行业的出口产品质量测度基于中国海关贸易数据库，因此样本区间的最新年份仅到 2015 年；我国及巴西、印度、德国、日本、美国等国家的出口产品质量测度基于 UN Comtrade 数据库，从总体层面上进行测度，因此样本区间的最新年份到 2020 年。

了企业生产，影响企业质量升级，尤其是全球金融危机爆发后，以美国为代表的发达国家和地区频频引发贸易摩擦，并逐步实施对我国高技术和高质量中间品的出口限制，根据王雅琦等（2018b）的研究，2004年以后，我国中间品进口占总进口的比例超过60%，2014年我国中间品进口已排名全球第一；以美国为代表的发达国家和地区对我国实施的中间品出口限制导致我国进口中间品质量在一定程度下降，进而造成我国制造业出口产品质量总体有所下降。另一方面可能是因为全球金融危机后的4万亿投资计划在一定程度上导致部分行业出现了过度投资的现象，从而为产能过剩埋下了隐患；之后，在国内经济转型和全球经济复苏放缓的双重影响下，产能过剩问题日益凸显，加上我国出口企业产品技术含量低，具有很强的同质性和可替代性，为了收回成本，价格战此起彼伏，从而引发"劣币驱逐良币"现象（高晓娜和兰宜生，2016）。2014年之后，我国制造业出口产品质量出现回升。

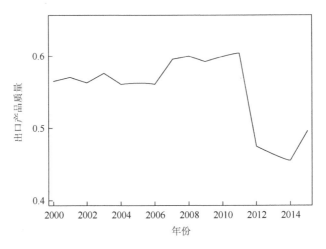

图 5.1　我国制造业出口产品质量变化趋势

图 5.2 描绘了 2000～2020 年中国与巴西、印度、德国、日本、美国的出口产品质量的变化趋势。基于 UN Comtrade 数据库，本节收集 2000～2020 年巴西、印度、德国、日本、美国 HS6 位码层面的货物出口产品数据，使用需求函数法计算得到年份-国家-产品层面的出口产品质量，再进行标准化加总，得到年份-国家层面的出口产品质量。可以看到，发达国家的出口产品质量普遍高于发展中国家的出口产品质量；2000～2019 年，中国出口产品质量总体上不但低于发达国家而且略低于巴西和印度，2020 年，中国出口产品质量已高于巴西，与印度基本持平，表明样本期间中国出口产品质量有一定的提升，与上述国家的差距正在缩小。这与刘伟丽等（2015）的研究结果基本一致。这可能是因为中国制造业企业出口优

势侧重产品类别和世界市场出口贸易份额，在一定程度上忽视了技术、质量提升，印度和巴西虽然产业结构不平衡，但在培养优势行业及国际品牌方面更有成效，且不断提升行业出口产品质量，因此其部分产品在国际市场上比中国更有竞争力；不仅如此，前期中国企业出口产品在国际市场上的竞争优势主要依托由廉价劳动力成本支撑的低价优势，重量而轻质，因此出口产品质量相对较低。自加入 WTO后，中国企业进口关税不断下降，中国企业能够以更低的价格进口更多高质量的中间品；同时，随着中国贸易发展方式转变及外贸竞争新优势的培育，中国企业出口产品的价格和质量不断提高（Bas and Strauss-Kahn，2015），从而缩小了中国与这些国家的差距。

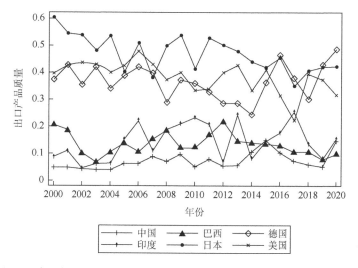

图 5.2　中国与巴西、印度、德国、日本、美国的出口产品质量变化趋势

2）不同贸易方式下制造业企业的出口产品质量变化趋势及比较

图 5.3 描绘了 2000～2015 年我国按贸易方式划分的制造业企业出口产品质量的变化趋势。可以看到，我国加工贸易企业出口产品质量总体上高于一般贸易企业，这与张杰（2015）的研究一致。从变化趋势来看，2000～2015 年，一般贸易企业和加工贸易企业的出口产品质量都在 2011 年后经历了一个较大幅度的下降，这与图 5.1 的制造业出口产品质量变化趋势大致相同。但同时可以看到，一般贸易企业出口产品质量与加工贸易企业出口产品质量的差距在样本期间出现一个先逐渐扩大后快速缩小的演变过程，2000～2011 年加工贸易企业出口产品质量高于一般贸易企业，且其间这种差距被逐渐拉大；2011～2012 年加工贸易企业出口产品质量大幅下跌，其间一般贸易企业出口产品质量下跌幅度远小于加工贸易企业，导致一般贸易企业出口产品质量与加工贸易企业出口产品质

量的差距快速缩小至趋同，且这种状态持续至样本期末。结合图 5.1 和图 5.2 中
2006～2011 年与 2011～2015 年两个阶段出口产品质量的变化趋势，可以看出，
加工贸易企业出口产品质量对我国制造业出口产品质量有决定性的影响，这说
明我国出口产品竞争优势仍由加工贸易企业驱动，出口贸易结构转型升级势在
必行。

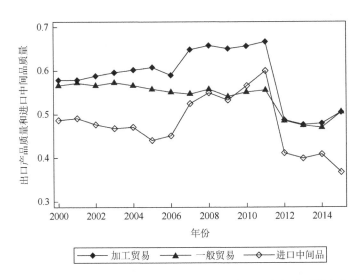

图 5.3　不同贸易方式下制造业出口产品质量及其进口中间品质量变化趋势

　　由于一般贸易企业与加工贸易企业使用进口中间品存在巨大差异，为了考
察进口中间品质量变化趋势对一般贸易企业与加工贸易企业出口产品质量的影
响，图 5.3 同时描绘了 2000～2015 年我国制造业进口中间品质量的变化趋势。
图 5.3 显示，进口中间品质量和加工贸易企业的出口产品质量的变化趋势基本一
致，而和一般贸易企业的出口产品质量的变化趋势存在较大差别。这说明进口
中间品质量在很大程度上决定了加工贸易企业出口产品质量，而一般贸易企业
出口产品质量很少受进口中间品质量的影响。因此，尽管加工贸易企业出口产
品质量相对较高，但对出口国内增加值率的贡献程度较低，需要进一步优化出
口贸易方式结构，特别是推动一般贸易产品质量的升级，从而提升我国出口国
内增加值率。
　　3）不同所有制类型制造业企业出口产品质量变化趋势及比较
　　图 5.4 描绘了 2000～2015 年我国按所有制类型划分的制造业企业出口产品质
量的变化趋势。与国有企业和外资企业不同，民营企业出口产品质量在 2000～
2015 年总体持续下降；2006 年之前，民营企业出口产品质量高于国有企业和外资

企业，2007～2011 年，民营企业出口产品质量低于国有企业和外资企业；2011 年之后，民营企业出口产品质量与国有企业出口产品质量趋于一致，并且两者高于外资企业出口产品质量。以上趋势反映了民营企业出口产品质量的竞争优势较不稳定。民营经济是市场经济中最富活力、最有创造力的重要力量，是国民经济的重要组成部分。我国制造业要迈向全球价值链中高端，需要鼓励民营企业依靠质量竞争优势在国际市场中实现可持续发展。此外，图 5.4 表明，相对于外资企业，本土企业在国际市场中逐渐表现出更强的竞争力。

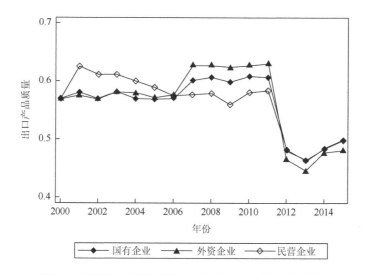

图 5.4　不同所有制类型的制造业出口产品质量变化趋势

4）不同要素密集度制造业企业出口产品质量变化趋势及比较

图 5.5 描绘了 2000～2013 年①我国按要素密集度划分的制造业企业出口产品质量的变化趋势。根据 3.2.3 节的要素密集度划分标准，把所有企业划分为劳动密集型企业、资本和技术密集型企业两大类。可以看到，资本和技术密集型企业出口产品质量相对劳动密集型企业出口产品质量的位置经历了一个转变，2000～2006 年，劳动密集型企业出口产品质量高于资本和技术密集型企业出口产品质量，2007 年后，资本和技术密集型企业出口产品质量高于劳动密集型企业出口产品质量。这说明我国出口贸易中的竞争优势不再只依赖劳动密集型企业，资本和技术密集型企业在其中起着越来越重要的作用。这也反映了我国多年来坚持的产业结构升级策略的成效，我国在国际市场中的产业结构正在逐步优化。

---

① 基于中国工业企业数据库的可得性，样本区间的最新年份只到 2013 年。

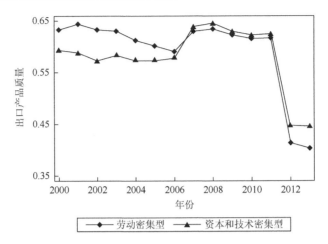

图 5.5　按要素密度划分的制造业出口产品质量变化趋势

5）不同技术水平制造业企业出口产品质量变化趋势及比较

图 5.6 给出了 2000～2013 年[①]我国按技术水平划分的制造业企业出口产品质量的变化趋势。参考傅元海等（2016）的方法，按照技术水平把所有企业划分为低技术企业和高技术企业两大类[②]。可以看到，我国高技术企业出口产品质量相对低技术企业出口产品质量的位置经历了一个转变，2000～2006 年，低技术企业出口产品质量高于高技术企业出口产品质量，2006 年后，高技术企业出口产品质量高于低技术企业出口产品质量。由于高技术企业往往是资本和技术密集型企业，低技术企业主要是劳动密集型企业，图 5.5 与图 5.6 表现出高度的一致性。这进一步表明我国产业结构在不断优化升级，随着我国产业结构的转型，以及技术升级投入的不断加大，相对于低技术产品，高技术产品的质量优势在国际市场中扮演着越来越重要的角色，我国产品结构优化使得出口贸易发展更加可持续。

---

① 基于中国工业企业数据库的可得性，样本区间的最新年份只到 2013 年。

② OECD 按照技术水平将制造业分为低端技术产业、中低端技术产业、中高端技术产业和高端技术产业四类，傅元海等（2016）在此基础上合并了高端技术产业和中高端技术产业，将制造业分为三类；本节在此基础上合并了低端技术产业和中低端技术产业，将制造业分为两类。高端技术企业如下：26 化学原料和化学制品制造业，27 医药制造业，28 化学纤维制造业，34 通用设备制造业，35 专用设备制造业，36 汽车制造业，37 铁路、船舶、航空航天和其他运输设备制造业，38 电气机械及器材制造业，39 计算机、通信和其他电子设备制造业，40 仪器仪表制造业等共计 10 个行业；低端技术企业如下：13 农副食品加工业，14 食品制造业，15 酒、饮料和精制茶制造业，16 烟草制品业，17 纺织业，18 纺织服装、服饰业，19 皮革、毛皮、羽毛及其制品和制鞋业，20 木材加工和木、竹、藤、棕、草制品业，21 家具制造业，22 造纸和纸制品业，23 印刷和记录媒介复制业，24 文教、工美、体育和娱乐用品制造业，25 石油、煤炭及其他燃料加工业，29 橡胶和塑料制品业，30 非金属矿物制品业，31 黑色金属冶炼和压延加工业，32 有色金属冶炼和压延加工业，33 金属制品业等共计 18 个行业。

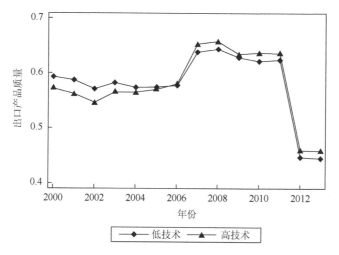

图 5.6　按技术水平划分的制造业出口产品质量变化趋势

6）不同用途的制造业出口产品质量变化趋势及比较

图 5.7 描绘了 2000～2015 年我国按用途划分的制造业出口产品质量的变化趋势。根据广义经济分类（broad economic catalogue）法，将产品划分为中间品、资本品和最终品。首先，2000～2015 年资本品的出口质量获得了长足的进步，2005 年之前资本品的出口质量低于中间品的出口质量与最终品的出口质量，2006 年之后资本品的出口质量则高于中间品的出口质量与最终品的出口质量；其次，2006～2015 年中间品的出口质量低于资本品的出口质量和最终品的出口质量，这说明关键零部件质量、核心技术依然是我国的短板，仍是获取高出口国内增加值率、迈向全球价值

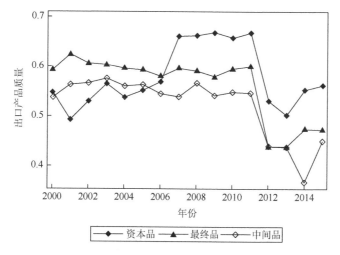

图 5.7　按用途划分的制造业出口产品质量变化趋势

链中高端的主要制约因素。以上分析从侧面反映了样本期间资本品的质量提升是我国在国际市场中质量竞争优势的主要来源，同时反映了我国亟须加紧研发投入，在中间品、关键零部件、核心技术方面寻求突破，向创新驱动经济发展转型。

综上所述，我国出口产品质量在 2000～2015 年总体上在略有上升后存在下降趋势，尤其是 2011～2014 年出口产品质量下降幅度较大；民营企业出口产品质量的相对竞争优势不稳定；我国出口产品质量很大程度上依赖加工贸易企业的出口产品质量；中间品的出口质量依旧是我国制造业质量升级的短板，是我国制造业迈向全球价值链中高端的制约因素。

5.2.2 我国制造业标准治理的现状分析

本节借鉴 Blind（2001）、侯俊军（2009）以标准存量反映标准治理的情况。数据来源于工标网（http://www.csres.com/sort/index.jsp），将工标网中的中标分类与《国民经济行业分类》（GB/T 4754—2017）通过名称进行对应，搜集制造业各行业的标准数据。

1. 制造业标准治理的总体情况

图 5.8 描绘了 2000～2017 年制造业标准存量总数与增长率的变化趋势。可以看到，2000～2017 年我国制造业标准存量总数从 33383 件增加到 41390 件，说明样本期间我国制造业标准化水平总体上大幅度提升。但样本期间我国制造业标准存量增长率为–3%～10%，存在下降趋势，波动态势明显。

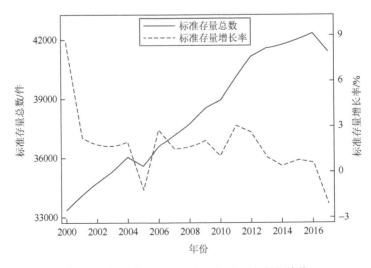

图 5.8　制造业标准存量总数与增长率变化趋势

表 5.1 报告了 2000 年、2005 年、2010 年、2015～2017 年国民经济行业分类 2 位码（2017 版）层面制造业各行业标准存量的数据。可以看到，其间 26 个制造业行业中大部分行业（19 个）的标准存量有不同程度的提升，少数行业（6 个）的标准存量没有增长，个别行业的标准存量出现下降。其中，专用设备制造业，化学原料和化学制品制造业，电气机械和器材制造业，计算机、通信和其他电子设备制造业，仪器仪表制造业的标准存量较多，并且这些行业的标准存量都有不同程度的增加，这说明这些行业标准的制定较为完善与成熟，但也可以看到这几个行业中大部分行业为传统制造业，只有计算机、通信和其他电子设备制造业，以及仪器仪表制造业中的部分行业为高技术产业。另外，医药制造业的标准存量较少，说明我国高技术产业的技术标准化水平还不高。从标准存量的增幅来看，增幅较高的四个行业为文教、工美、体育和娱乐用品制造业，皮革、毛皮、羽毛及其制品和制鞋业，有色金属冶炼和压延加工业，纺织业，这几个行业虽然增幅较高但占制造业标准存量总数的比例较低。因此，总的来看，标准化水平提升速度仍比较缓慢。

表 5.1　制造业各行业主要年份标准存量

行业	2000 年	2005 年	2010 年	2015 年	2016 年	2017 年
农副食品加工业	663	663	663	663	663	663
食品制造业	542	542	542	542	542	542
酒、饮料和精制茶制造业	208	208	208	208	208	208
烟草制品业	506	506	506	506	506	506
纺织业	646	682	820	1060	1124	1160
纺织服装、服饰业	35	35	49	46	47	49
皮革、毛皮、羽毛及其制品和制鞋业	115	132	228	269	290	293
家具制造业	25	31	47	69	73	70
造纸和纸制品业	189	199	215	258	262	247
文教、工美、体育和娱乐用品制造业	373	707	838	976	1010	1007
石油、煤炭及其他燃料加工业	667	744	816	819	823	814
化学原料和化学制品制造业	3195	3554	4280	4925	4984	4917
医药制造业	20	17	17	24	24	21
橡胶和塑料制品业	576	642	742	833	856	865
非金属矿物制品业	1427	1435	1438	1445	1444	1440
黑色金属冶炼和压延加工业	775	7 60	962	1079	1119	1097

续表

行业	2000 年	2005 年	2010 年	2015 年	2016 年	2017 年
有色金属冶炼和压延加工业	1117	1206	1499	2049	2069	2059
金属制品业	990	1047	1099	1216	1243	1204
通用设备制造业	5936	5972	6046	6019	5934	5654
专用设备制造业	6309	6803	7180	7704	7733	7590
汽车制造业	598	598	598	598	598	598
铁路、船舶、航空航天和其他运输设备制造业	916	916	930	936	938	931
电气机械和器材制造业	2577	2992	3695	3862	3858	3665
计算机、通信和其他电子设备制造业	2770	2988	3120	3314	3316	3300
仪器仪表制造业	2188	2182	2373	2626	2648	2470
其他制造业	20	18	17	19	20	20

2. 高技术行业标准治理情况

改革开放以来，我国制造业高技术产业规模和科技水平都在不断提高。据世界银行数据，2020 年中国高技术产品出口额达到 7577.24 亿美元，占世界高技术产品总出口额的 25.96%。高技术产业是培育发展新动能、获取未来技术新优势的关键领域，对于推动我国制造业向价值链中高端迈进、提升我国制造业国际竞争优势具有重要意义。因此，本节进一步分析高技术行业标准化水平情况。

图 5.9 描绘了 2000～2017 年我国各高技术行业标准存量占所有行业标准存量比例（简称高技术行业标准存量占比）的变化趋势。根据国家统计局发布的《高技术产业（制造业）分类（2017）》，将《国民经济行业分类》（GB/T 4754—2017）中医药制造业，航空、航天器及设备制造业，电子及通信设备制造业，计算机及办公设备制造业，医疗仪器设备及仪器仪表制造业，信息化学品制造业划分为高技术行业，将高技术行业与中标分类进行名称匹配，得到各高技术行业的标准数据。可以看到，2000～2017 年，高技术行业标准存量占比一直处于 24%左右，2017 年高技术行业标准存量占比为 23.96%，较 2000 年的 23.39%，增幅仅 0.57 个百分点，这说明我国高技术行业标准化水平总体发展较为缓慢。其间，2005 年、2010 年高技术行业标准存量占比下降，这主要是由 2005 年、2010 年高技术行业标准存量较同期减少较多引起的，也说明我国高技术行业标准化水平发展较不稳定。

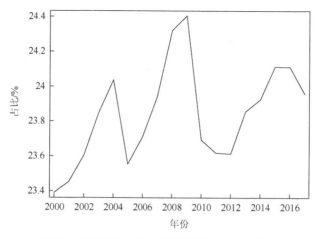

图 5.9　我国高技术行业标准存量占比变化趋势

　　表 5.2 进一步报告了 2000 年、2005 年、2010 年、2015～2017 年高技术行业标准存量的具体情况。可以看到，电子及通信设备制造业、医疗仪器设备及仪器仪表制造业的标准存量较多，而航空、航天器及设备制造业，医药制造业的标准存量特别少。从标准存量的增长来看，电子及通信设备制造业、计算机及办公设备制造业、医疗仪器设备及仪器仪表制造业、信息化学品制造业的标准存量都有不同程度的增长，但航空、航天器及设备制造业，医药制造业的标准存量没有改变或者变化很小，这反映了我国高技术产业标准化水平发展不平衡，航空、航天器及设备制造业与医药制造业成为我国高技术产业标准化水平提升的薄弱环节。

表 5.2　高技术行业主要年份标准存量

行业	2000 年	2005 年	2010 年	2015 年	2016 年	2017 年
医药制造业	20	17	17	24	24	21
航空、航天器及设备制造业	179	179	179	179	179	179
电子及通信设备制造业	3750	4055	4159	4234	4207	4031
计算机及办公设备制造业	546	559	638	742	754	741
医疗仪器设备及仪器仪表制造业	2544	2716	3161	3734	3802	3712
信息化学品制造业	769	854	1069	1230	1241	1232

　　总的来说，经过多年的发展，我国制造业行业标准化水平呈现出稳步提升的态势，但依然存在发展较为缓慢、高技术产业标准化水平较低等问题。

5.3 质量升级影响制造业全球价值链攀升的效应研究
及原因探讨

《增强制造业核心竞争力三年行动计划（2018—2020 年）》的基本原则之一就是"坚持质量为先"，认为"质量是制造业强大的重要标志"。《中华人民共和国国民经济和社会发展第十四个五年规划和 2035 年远景目标纲要》则指出，"推动制造业优化升级""深入实施质量提升行动"。产品质量升级对全球价值链升级具有两方面的效应。一方面，高质量产品利于提升我国制造业企业的出口国内增加值率：高质量产品有助于培育产品知名度，提升品牌竞争力，进而提升消费者品牌忠实度、增加企业利润和出口国内增加值率（LeBoeuf and Simmons，2010）；同时，高质量产品有利于降低消费者需求价格弹性，提高产品的成本加成率（李胜旗和佟家栋，2016；许明和邓敏，2016），从而提高出口国内增加值率。另一方面，出口产品质量升级可能对全球价值链升级产生负向效应：对于发展中国家，国内中间品质量往往较低，生产高质量出口产品需要进口高质量的中间品（张杰等，2015），如果高质量出口产品的主要来源是进口中间品，则出口高质量产品会降低出口国内增加值率。为此，本节旨在通过建立计量模型，实证考察我国出口产品质量升级对出口国内增加值率的影响效应，并进一步探讨其内在原因。

5.3.1 计量模型、变量与数据

为了检验企业出口产品质量与出口国内增加值率之间的关系，计量模型设定如下：

$$\text{Dvar}_{it} = \alpha_1 + \beta_1 \text{lnquality}_{it} + X'_{it}\delta_{it} + \kappa_i + \lambda_t + \varepsilon_{it} \qquad (5.4)$$

其中，i 为企业；t 为年份。被解释变量 Dvar 为企业出口国内增加值率，将其视为企业价值链地位的衡量指标，具体测算方法见 3.4.2 节；核心解释变量 lnquality 为企业出口产品质量的对数项，借鉴 Khandelwal 等（2013）、施炳展和邵文波（2014）的做法，具体测算方法见 5.2.1 节；X 为控制变量向量，包括企业全要素生产率（tfp）、流动性比率（liquidity）、企业杠杆率（leverage）、企业规模（lnsize）、企业资本劳动比（lncapint）、企业进口中间品质量（lnimp_qua）、企业存续年限（lnage）、行业层面竞争程度（HHI）、企业所有制类型（ownship）；κ_i 为企业固定效应；λ_t 为年份固定效应；ε_{it} 为残差项。

控制变量说明如下。①企业全要素生产率（tfp）。本节借鉴 Head 和 Ries（2003）的方法来近似估计企业全要素生产率，估计方程为 tfp = ln(y/l)−sln(k/l)，其中，y 为工业增加值，l 为年均从业人员数，k 为固定资产规模，s 为生产函数中资本的

贡献度，将其设定为 1/3。囿于数据的可获得性，本节用企业工业总产值对企业工业增加值进行近似替代。一般来说，企业全要素生产率越高，其利润率越高（Melitz，2003），也会有更高的出口国内增加值率。②流动性比率（liquidity）。使用流动资产除以流动负债衡量，流动性比率越高，企业所面临的融资约束程度越低。③企业杠杆率（leverage）。使用企业总负债除以总资产衡量，企业杠杆率越高，其面临的融资约束程度越高。④企业规模（lnsize）。使用企业年均就业人数衡量，回归中取自然对数。⑤企业资本劳动比（lncapint）。使用固定资产除以企业年均就业人数衡量，回归中取自然对数。⑥企业进口中间品质量（lnimp_qua）。企业进口中间品质量会影响进口中间品与国内中间品使用比例，进而影响企业出口国内增加值率（Kee and Tang，2016），本节使用与测度出口产品质量相同的方式来衡量进口中间品质量，并加权到企业层面，回归中取自然对数。⑦企业存续年限（lnage）。使用当年年份与企业成立年份之差衡量，回归中取自然对数。⑧行业层面竞争程度（HHI）。采用 HHI 作为测量指标，计算公式为 $HHI = \sum_{i=1}^{N} (X_{ki} / X)^2$，其中，$N$ 为国民经济 2 位码行业 k 内企业的数量，X_{ki} 为行业 k 内企业 i 的销售收入，X 为行业总销售收入。⑨企业所有制类型（ownship）。根据企业登记注册类型，将企业分为国有企业（soe）、民营企业（private）和外资企业（foreign）三类，它们均为 "0-1" 虚拟变量，相应类型赋值为 1，否则，赋值为 0。

实证数据主要来源于 2000～2013 年中国工业企业数据库和中国海关贸易数据库，对两个数据库进行匹配。匹配之前，借鉴 Cai 和 Liu（2009）的方法，对中国工业企业数据库进行清理，具体如下：①将总资产、流动资产、固定资产等变量为缺失值或为负的观测值删除；②将职工人数低于 8 人的观测值删除；③将固定资产、流动资产大于总资产的观测值删除；④将注册代码为缺失值的观测值删除；⑤将成立时间无效的企业删除。此外，借鉴 Brandt 等（2012）、杨汝岱（2015）的方法，对中国工业企业数据库进行跨年份匹配，构建企业面板数据。然后，参照 Yu（2015）的方法，以企业名称和年份、邮政编码和电话号码的后七位数为关键字，对中国工业企业数据库与中国海关贸易数据库进行匹配。表 5.3 报告了主要变量的描述性统计结果。

表 5.3　主要变量的描述性统计结果（一）

变量	观测值	均值	标准差	最小值	最大值
Dvar	140367	0.830	0.200	0	1
lnquality	140367	−0.780	0.310	−7.350	0
tfp	140367	4.340	0.930	0.160	10.80
liquidity	140367	2.070	3.160	0.050	23.86

续表

变量	观测值	均值	标准差	最小值	最大值
leverage	140367	0.550	0.320	0	17.50
lnsize	140367	10.970	1.510	5.950	18.66
lncapint	140367	3.900	1.420	0	12.65
lnimp_qua	140367	−0.700	0.300	−8.170	0
lnage	140367	1.970	0.680	0	3.430
private	140367	0.100	0.310	0	1
soe	140367	0.020	0.130	0	1
foreign	140367	0.880	0.330	0	1
HHI	140367	0	0.010	0	1

5.3.2　实证研究

1. 基准回归

运用 OLS 方法对模型（5.4）进行回归估计，表 5.4 列（1）~列（3）给出了相应的估计结果。列（1）将出口产品质量与出口国内增加值率单独进行回归，列（2）、列（3）逐步加入控制变量以进行稳健性检验，其中，列（2）加入企业全要素生产率和企业财务变量（流动性比率、企业杠杆率），列（3）加入其他企业特征变量。结果发现，在控制年份固定效应和企业固定效应的情况下，企业出口产品质量对出口国内增加值率的回归系数一直显著为负，这意味着企业出口产品质量的升级显著降低了企业出口国内增加值率，企业出口高质量产品却只获得了较低的出口国内增加值率，中国出口企业被锁定在价值链的低端。同时，企业全要素生产率越高，出口国内增加值率越高，这说明可变成本的降低有利于出口国内增加值率的提高；企业杠杆率（leverage）的回归系数一直显著为负，这意味着融资约束的缓解能提高出口国内增加值率；企业资本劳动比（lncapint）的回归系数显著为负，说明劳动力投入比例相对较高的企业获得了更高的出口国内增加值率；企业进口中间品质量（lnimp_qua）的回归系数显著为负，说明企业出口产品中使用更高质量（价格）的进口中间品会显著降低出口国内增加值率；企业存续年限（lnage）的回归系数显著为正，说明存续时间越长的企业的出口国内增加值率越高；相对于民营企业，外资企业（foreign）和国有企业（soe）出口国内增加值率较高；市场竞争程度较小（HHI）、具有垄断优势的企业的出口国内增加值率较高。

表 5.4　出口产品质量对出口国内增加值率的影响：基准回归结果

变量	（1）	（2）	（3）	（4）	（5）	（6）
	OLS			2SLS		
	Dvar	Dvar	Dvar	Dvar	Dvar	Dvar
lnquality	−0.0196***	−0.0232***	−0.0192***	−0.0568***	−0.0670***	−0.0496***
	（0.0026）	（0.0026）	（0.0026）	（0.0079）	（0.0070）	（0.0064）
tfp		0.0315***	0.0337***		0.0265***	0.0243***
		（0.0011）	（0.0011）		（0.0041）	（0.0041）
liquidity		0.0005***	0.0002		−0.0021***	−0.0020***
		（0.0002）	（0.0002）		（0.0003）	（0.0003）
leverage		−0.0092***	−0.0087***		0.0044	0.0009
		（0.0023）	（0.0022）		（0.0107）	（0.0097）
lnsize			−0.0155***			−0.0039**
			（0.0012）			（0.0015）
lncapint			−0.0044***			0.0043
			（0.0008）			（0.0029）
lnimp_qua			−0.0433***			−0.0671***
			（0.0022）			（0.0047）
lnage			0.0122***			0.0122***
			（0.0015）			（0.0036）
soe			0.0138*			−0.0125
			（0.0071）			（0.0078）
foreign			0.0102**			−0.0994***
			（0.0047）			（0.0076）
HHI			0.1411***			0.0381
			（0.0351）			（0.0907）
企业固定效应	是	是	是	是	是	是
年份固定效应	是	是	是	是	是	是
观测值	140367	140367	140367	91768	91768	91768
R^2	0.7664	0.7696	0.7715	0.0081	0.0273	0.0664
Kleibergen-Paap LM 统计量（χ^2）				11.30	11.31	11.34
Kleibergen-Paap LM Wald F 统计量				4258.05	4228.73	3913.56
第一阶段回归						
工具变量（IV）：预测的 lnquality				0.8739***	0.8735***	0.8693***
				（0.0133）	（0.0134）	（0.0138）
F 统计值				4258.05	4228.73	3913.56

*回归系数在 10%的水平上通过显著性检验。

**回归系数在 5%的水平上通过显著性检验。

***回归系数在 1%的水平上通过显著性检验。

注：括号中为稳健标准误。

OLS 回归可能受逆向因果和遗漏变量等内生性问题的困扰，例如，企业可能出于获得更高出口国内增加值率的目的而主动改变自身的出口产品质量，或者某些无法观测的因素（如企业经理人的管理能力）能同时影响出口产品质量和出口国内增加值率，从而造成估计偏误。本节利用滞后一期的企业出口产品质量作为当期的出口产品质量的工具变量来解决这个问题，滞后一期的企业出口产品质量为前定变量，很难受到当期因素的影响，因此具有较强的外生性。表 5.4 列（4）～列（6）报告了 2SLS 的回归结果。结果显示，Kleibergen-Paap LM 统计量（χ^2）拒绝了"内生变量不可识别"的原假设，Kleibergen-Paap LM Wald F 统计量拒绝了"工具变量为弱工具变量"的原假设。在第一阶段回归中，滞后一期的出口产品质量（lnquality）的回归系数都在 1%的水平上显著，这说明工具变量是有效的。在第二阶段回归中，出口产品质量（lnquality）的回归系数仍然显著为负，这与列（1）～列（3）的结论一致，说明回归结果是稳健的。

直觉上而言，企业的出口产品质量越高，其出口产品价格就越高，产品生产过程需要的技能劳动力就会越多，因此这种企业往往有更高的出口国内增加值率。本节结果显示，出口产品质量提升反而显著降低了出口国内增加值率，这与直觉相反，其内在原因可能是我国出口产品质量提升主要来自进口中间品质量提升而非劳动力质量或者技术提升。为了进一步证实这一猜测，本节对其进行检验：第一，通过分样本（贸易方式、进口中间品强度）回归来看出口产品质量对出口国内增加值率的影响效应是否表现出显著异质性，从而推断进口中间品是否为出口产品质量提升引起出口国内增加值率下降的一个可能原因；第二，直接探究出口产品质量提升对进口中间品质量与劳动力素质的影响。

2. 原因探讨

1）分样本回归：贸易方式和进口中间品强度

表 5.5 报告了分样本的回归结果。列（1）、列（2）显示了按贸易方式分样本的回归结果。结果显示，对于一般贸易企业，出口产品质量对出口国内增加值率的影响为正但不显著；对于加工贸易企业，出口产品质量对出口国内增加值率的影响显著为负。由于加工贸易企业的中间品完全依赖进口，而一般贸易企业的中间品既可能来自进口也可能来自国内，分样本结果表明，进口中间品依赖程度较高可能是造成这种差异的一个原因。此外，基于不同年份行业内企业进口中间品强度（以进口中间品除以企业总中间品衡量）的中位数，将样本划分为进口中间品强度高的企业与进口中间品强度低的企业，列（3）、列（4）显示了按进口中间品强度分样本的回归结果。结果显示，无论是对于进口中间品强度高的企业还是对于进口中间品强度低的企业，出口产品质量对出口国内增加值率的回归系数都显著为负，但前者回归系数的绝对值显著大于后者回归系数的绝对值，

这进一步说明企业对进口中间品的依赖程度可能是出口产品质量提升降低出口国内增加值率的内在原因。

表 5.5　分样本回归结果

变量	(1)	(2)	(3)	(4)
	贸易方式		进口中间品强度	
	一般贸易企业	加工贸易企业	进口中间品强度高的企业	进口中间品强度低的企业
	Dvar	Dvar	Dvar	Dvar
lnquality	−0.0015	−0.0346***	−0.0189***	−0.0137***
	(0.0046)	(0.0066)	(0.0041)	(0.0028)
控制变量	是	是	是	是
企业固定效应	是	是	是	是
年份固定效应	是	是	是	是
观测值	22582	37807	72094	59276
R^2	0.7817	0.7756	0.7440	0.8201

***回归系数在 1%的水平上通过显著性检验。
注：括号中为稳健标准误。

2）出口产品质量提升的来源：进口中间品质量还是劳动力素质？

为了进一步理解企业出口产品质量对出口国内增加值率具有负向影响的背后原因，本节进一步直接研究企业出口产品质量提升对劳动力素质和进口中间品质量的影响效应，借鉴 Brambilla 等（2012）的研究，使用劳动力人均工资（以企业应付工资和应付福利总和除以企业平均职工人数衡量）作为劳动力素质的代理变量；参照 Khandelwal 等（2013）的研究，以需求函数法来推算进口中间品质量；借鉴 Bas 和 Strauss-Kahn（2015）、Bastos 等（2018）的研究，使用进口中间品价格作为进口中间品质量的代理变量，进行稳健性检验。建立以下回归模型：

$$\text{lnwage}_{it} = \alpha_2 + \beta_2 \, \text{lnquality}_{it} + X'_{it}\delta_{it} + \kappa_i + \lambda_t + \varepsilon_{it} \tag{5.5}$$

$$\text{lnimp\_qua}_{ijmt} = \alpha_3 + \beta_3 \, \text{lnquality}_{it} + X'_{it}\delta_{it} + \kappa_i + \lambda_t + \varepsilon_{it} \tag{5.6}$$

其中，lnwage 和 lnimp_qua 分别为劳动力人均工资（企业-年份层面）与进口中间品质量（企业-产品-国家-年份层面），其他变量定义如前所述。

由于一般贸易企业与加工贸易企业对投入要素的使用存在显著差异，回归结果分不同贸易方式呈现，具体结果见表5.6。列（1）、列（2）显示了劳动力人均工资作为被解释变量的回归结果，无论是一般贸易还是加工贸易，企业出口产品质量对劳动力人均工资影响均不显著，表明企业出口产品质量的升级可能不会对更高技能型劳动力产生显著的需求；列（3）、列（4）显示了进口中间品质量作为被解释变量的回归结果，无论是一般贸易还是加工贸易，企业出口产品质量的回归系数都显著为正；列（5）、列（6）给出了进口中间品价格作为被解释变量的回归结果，企业出口产品质量的回归系数依然显著为正。这些结果表明无论是一般贸易还是加工贸易，企业进行产品质量升级时，会趋向于采用更高质量（价格）的进口中间品。以上结果意味着我国企业出口产品质量的升级主要依赖进口更高质量的中间品而不是依靠整体劳动力素质的提升，导致企业出口产品质量与出口国内增加值率之间负相关。

表5.6 出口产品质量提高：源于进口中间品质量还是劳动力素质

变量	（1） 一般贸易 lnwage	（2） 加工贸易 lnwage	（3） 一般贸易 lnimp_qua	（4） 加工贸易 lnimp_qua	（5） 一般贸易 进口中间品 价格	（6） 加工贸易 进口中间品 价格
Inquality	−0.0187	−0.0198	0.0342**	0.0664***	2.8685***	2.2016***
	(0.0177)	(0.0175)	(0.0155)	(0.0101)	(0.2064)	(0.1653)
控制变量	是	是	是	是	是	是
企业固定 效应	是	是	是	是	是	是
年份固定 效应	是	是	是	是	是	是
观测值	19980	36938	22582	37807	19980	36938
R^2	0.8804	0.7852	0.7699	0.8550	0.7037	0.7460

**回归系数在5%的水平上通过显著性检验。

***回归系数在1%的水平上通过显著性检验。

注：括号中为稳健标准误。

3）进口中间品质量提高对全球价值链攀升的影响

前面研究表明，出口产品质量提升引起出口国内增加值率的下降，其内在原因是更多地使用高质量进口中间品，而不是依赖要素质量提升来进行出口产品质量升级。本节进一步检验进口中间品质量对出口国内增加值率的影响。由于进口更高质量中间品是企业获得技术溢出效应的重要途径（许家云等，2017），且使用高质量中间品往往促使企业雇佣高素质劳动力，即存在劳动力互补效应（薛飞和王奎倩，2017），本节检验进口中间品质量的技术溢出效应与劳动力互补效应对出口国内增加值率的影响。借鉴许家云等（2017）的研究，建立以下回归模型：

$$\text{Dvar}_{it} = \alpha_2 + \beta_2 \, \text{lnimp\_qua}_{it} + X'_{it}\delta_{it} + \kappa_i + \lambda_t + \varepsilon_{it} \tag{5.7}$$

$$\text{Dvar}_{it} = \alpha_2 + \beta_2 \, \text{lnimp\_qua}_{it} + \theta_3 \, \text{lnimp\_qua}_{it} \times \text{lnspill}_{it}$$
$$+ X'_{it}\delta_{it} + \kappa_i + \lambda_t + \varepsilon_{it} \tag{5.8}$$

$$\text{Dvar}_{it} = \alpha_2 + \beta_2 \, \text{lnimp\_qua}_{it} + \theta_3 \, \text{lnimp\_qua}_{it} \times \text{lnwage}_{it}$$
$$+ X'_{it}\delta_{it} + \kappa_i + \lambda_t + \varepsilon_{it} \tag{5.9}$$

其中，lnimp_qua_{it} 为企业 i 在 t 年的进口中间品质量，计算方法与前面提到的推算出口产品质量的方法相同；lnspill_{it} 为企业 i 在 t 年通过进口中间品获得的技术溢出效应，借鉴许家云等（2017）的研究，测算公式为 $\text{spill}_{it} = \sum_m \dfrac{\text{IM}_{ict}}{\text{GDP}_{ct}} \times S_{ct}^d$，其中，$\text{IM}_{ict}$ 为企业 i 在 t 年从 c 国进口的中间品总额，GDP_{ct} 为 c 国在 t 年的 GDP，S_{ct}^d 为 c 国在 t 年的国内研发存量，基于永续盘存法 $S_{ct}^d = (1-\delta)S_{ct-1}^d + \text{RD}_{ct}$ 计算，δ 为研发资本折旧率，设定为 5%，RD_{ct} 为 c 国在 t 年的研发支出；lnwage_{it} 为企业 i 在 t 年的劳动力人均工资，代理技能型劳动力。其他变量定义如前所述。

表 5.7 报告了相关回归结果。列（1）～列（3）结果显示，企业进口更高质量的中间品显著且稳健地降低了出口国内增加值率，结论是符合预期的，这是因为进口中间品质量会影响进口中间品与国内中间品使用比例，进而影响企业的出口国内增加值率（Kee and Tang，2016）；列（4）结果显示，企业进口中间品质量的回归系数仍然为负，但企业进口中间品质量与技术溢出效应的交互项的回归系数显著为正，说明技术溢出效应存在，并且企业通过进口中间品质量提升带来的技术溢出效应显著减少了高质量进口中间品对出口国内增加值率的负向作用；列（5）结果显示，企业进口中间品质量的回归系数仍然为负，但企业进口中间品质量与劳动力人均工资的交互项的回归系数显著为正，说明劳动力互补效应的存在，并且企业通过进口中间品质量提升带来的劳动力互补效应显著减少了高质量进口中间品对出口国内增加值率的负向作用。

表 5.7　进口中间品质量对出口国内增加值率的影响

变量	(1) Dvar	(2) Dvar	(3) Dvar	(4) Dvar	(5) Dvar
lnimp_qua	−0.0441*** (0.0023)	−0.0471*** (0.0023)	−0.0447*** (0.0023)	−0.1998*** (0.0046)	−0.0634*** (0.0080)
lnimp_qua×lnspill				0.0143*** (0.0003)	
lnimp_qua×lnwage					0.0045** (0.0023)
企业固定效应	是	是	是	是	是

续表

变量	(1) Dvar	(2) Dvar	(3) Dvar	(4) Dvar	(5) Dvar
年份固定效应	是	是	是	是	是
观测值	126155	126155	126155	126155	57936
R^2	0.7701	0.7734	0.7745	0.7798	0.8163

**回归系数在5%的水平上通过显著性检验。

***回归系数在1%的水平上通过显著性检验。

注：括号中为稳健标准误；列（1）将出口产品质量与出口国内增加值率单独进行回归，列（2）加入企业全要素生产率和企业财务变量（流动性比率、企业杠杆率），列（3）加入其他企业特征变量，列（4）、列（5）纳入全部控制变量。

5.4 标准治理影响制造业全球价值链攀升的效应研究及机制检验

习近平主席在致第39届国际标准化组织大会的贺信中指出："国际标准是全球治理体系和经贸合作发展的重要技术基础"[①]。现有文献表明，企业利润、企业使用的中间投入是影响出口国内增加值率的重要方面（Kee and Tang，2016），而标准化通过节约企业成本、提高市场势力影响了企业利润，同时标准作为一种非关税贸易壁垒和最低质量保证，有利于国内中间品对进口中间品的替代（Swann et al.，1996），从而为制造业向全球价值链中高端攀升提供动力。基于此，本节考察标准治理对我国出口国内增加值率的影响效应，并进一步检验其内在影响的机制渠道。

5.4.1 计量模型、数据与变量

为研究标准治理对企业出口国内增加值率的影响，设定如下计量模型：

$$\text{Dvar}_{ijt} = \theta_0 + \theta_1 \ln\text{STD}_{jt} + X'_{ijt}\delta_{ijt} + \lambda_i + \kappa_j + \delta_t + \varepsilon_{ijt} \quad (5.10)$$

其中，被解释变量 Dvar_{ijt} 为企业出口国内增加值率，与 3.4.2 节一致，借鉴 Kee 和 Tang（2016）、张杰等（2013）的方法测度；核心解释变量 STD_{jt} 为行业标准存量，反映各行业标准化水平，取自然对数；X_{ijt} 为控制变量向量；λ_i、κ_j、δ_t 分别为企业固定效应、行业固定效应和年份固定效应；ε_{ijt} 为随机误差项。

控制变量具体如下：①企业规模（lnsize），使用企业总资产衡量，取自然对数；②资本劳动比（lncapint），采用企业固定资产净值与企业年均员工数的比值衡量，取自然对数，其中，固定资产净值由以2000年为基期各省（区市）固定资

[①] 新华网. 习近平致第39届国际标准化组织大会的贺信[EB/OL]. (2016-09-12)[2024-04-16]. http://www.xinhuanet.com/politics/2016/09/12/c_1119554153.htm.

产投资价格的平减指数处理后获得；③融资约束水平（lnfinance），使用企业负债总额除以固定资产净值表示，取自然对数，该指标越大，企业面临的融资约束越严重；④企业全要素生产率（tfp），参考Head和Ries（2003）的方法，利用 $tfp = \ln(y/l) - s\ln(k/l)$ 来衡量企业全要素生产率，具体见5.3.1节；⑤企业存续年限（lnage），采用当年年份与企业成立年份的差值衡量，取自然对数；⑥赫芬达尔-赫希曼指数（lnHHI），以3位码行业层面中企业总产出占有率的平方和表示，该指标越大，意味着市场竞争越低，市场结构更为集中，取自然对数。

实证数据主要来自中国工业企业数据库、中国海关贸易数据库及工标网，样本区间为 2000～2013 年①。标准存量为国民经济行业分类 3 位码层面数据，来自工标网，将中标分类与国民经济行业分类 3 位码进行名称匹配后，经过手工收集整理获得。企业出口国内增加值率的原始数据来自中国工业企业数据库和中国海关贸易数据库。参照 Cai 和 Liu（2009）的做法，并遵循会计准则，采用 5.3.1 节的处理方法对原始数据进行清理，构建企业面板数据。鉴于中国工业企业数据库与中国海关贸易数据库的企业代码隶属于两套完全不同的体系，无法直接使用企业代码作为中间变量匹配数据库，借鉴田巍和余淼杰（2013）、樊海潮和郭光远（2015）的方法，使用企业名称、邮政编码和电话号码后七位数字、企业联系人作为参数指标对接两个数据库，并利用 Kee 和 Tang（2016）的方法剔除了存在过度进口的企业。表 5.8 报告了主要变量的描述性统计结果。

表 5.8　主要变量的描述性统计结果（二）

变量	观测值	均值	标准差	最小值	最大值
Dvar	134384	0.8021	0.2484	0.0001	1
lnSTD	133672	5.2967	1.4084	0	7.5337
lncapint	134384	5.3653	1.2038	−0.1637	14.7127
lnfinance	134384	0.7235	1.3544	−9.8929	10.2680
tfp	134384	4.3438	0.9319	0.1580	10.5138
lnsize	134384	11.0412	1.5458	6.0259	18.9787
lnage	134384	2.1747	0.6373	0	5.0304
lnHHI	134384	−3.4533	0.9122	−5.4371	0

5.4.2　基准回归与异质性分析

1. 基准回归与稳健性检验

不同行业、年份的企业之间可能存在较大的异质性，其对企业出口国内增加

---

① 基于数据的可得性，中国工业企业数据库的样本区间的最新年份只到 2013 年。

值率会产生不同程度且难以测度的影响。为控制不同行业的随机误差项在不同年份的影响，本节选择面板固定效应模型。表 5.9 报告了行业标准存量影响企业出口国内增加值率的基准回归结果。列（1）为行业标准存量与出口国内增加值率单独回归的结果，列（2）为控制资本劳动比、融资约束水平、企业全要素生产率、企业规模和企业存续年限等控制变量的结果。观测列（2）的估计结果可知，在控制企业固定效应、行业固定效应和年份固定效应的情况下，行业标准存量的回归系数在1%的水平上显著为正，这表明行业标准存量的增加有助于我国制造业企业获得更高的出口国内增加值率。

表 5.9　行业标准存量对企业出口国内增加值率的影响：基准回归结果

变量	（1）Dvar	（2）Dvar
lnSTD	0.0130***	0.0123***
	（0.0023）	（0.0023）
lncapint		−0.0008
		（0.0016）
lnfinance		−0.0049***
		（0.0009）
tfp		0.0195***
		（0.0016）
lnsize		−0.0191***
		（0.0020）
lnage		0.0226***
		（0.0023）
lnHHI		−0.0001
		（0.0012）
企业固定效应	是	是
行业固定效应	是	是
年份固定效应	是	是
观测值	133672	133672
调整的 R^2	0.674	0.677

***回归系数在1%的水平上通过显著性检验。
注：括号中为稳健标准误。

另外，控制变量结果显示，融资约束水平的回归系数在1%的水平上显著为负，表明面临融资约束程度高的企业的出口国内增加值率更低，这是因为融资约束会导致企业降低对生产经营过程中风险较大但收益较高项目的投资（如研发投入等），从而不利于产品的功能升级，进而限制了制造业企业获得更高的出口国内增加值率。企业全要素生产率的提高能显著提升企业出口国内增加值率，高全要素生产率的企业能通过降低企业生产的可变成本，增加企业出口国内增加值率。企业存续年限的增加能有效促进企业出口国内增加值率的提升，这表明企业存续时间越长，越有利于积累生产经验，发挥"干中学"效应，增加企业的实际贸易利得。

考虑基准回归估计可能因样本极端值、内生性问题等而存在偏误，本节针对基准回归结果进一步进行稳健性检验，尝试解决回归估计可能涉及的内生性问题、样本极端值等。

（1）对样本进行双边缩尾、双边截尾处理。为了剔除极端值可能造成的影响，表 5.10 中的列（1）和列（2）分别表示对企业出口国内增加值率在 2.5% 的水平上进行双边缩尾和双边截尾处理后的回归结果。回归结果显示，虽然行业标准存量对企业出口国内增加值率的回归系数有所变化，但均在 1% 的水平上显著为正。样本估计结果表明，剔除极端值后行业标准存量的提高仍然能显著提升我国企业出口国内增加值率，与基准回归结果保持一致。

表 5.10　稳健性检验结果

变量	（1） 双边缩尾 2.5% Dvar	（2） 双边截尾 2.5% Dvar	（3） 面板 2SLS Dvar
lnSTD	0.0122***	0.0114***	0.1020***
	(0.0022)	(0.0022)	(0.0218)
控制变量	是	是	是
企业固定效应	是	是	否
行业固定效应	是	是	是
年份固定效应	是	是	是
观测值	133672	126990	62800
调整的 R^2	0.680	0.661	0.019
Anderson LM 统计量			5391.598
			(0.0000)
Cragg-Donald Wald F 统计量			5886.782
			(0.0000)
第一阶段回归			
工具变量（IV）：滞后一期的 lnSTD			0.1008***
			(0.0013)
F 统计值			5886.78***

***回归系数在 1% 的水平上通过显著性检验。

注：括号中为稳健标准误。

（2）考虑估计的内生性问题。基准回归在计量模型中通过固定效应分别控制了行业、企业、年份的非观测因素，并对企业层面的变量进行了控制；同时，模型中的核心解释变量为行业层面指标，被解释变量为企业层面指标，因此企业出口国内增加值率影响行业标准存量这一反向因果问题发生的可能性较小。针对模型中解释变量与随机误差项存在相关性的内生性问题，常用的做法是选取解释变量的滞后项作为工具变量，本节选取滞后一期的行业标准存量作为工具变量。为检验工具变量是否有效，对所选工具变量进行不可识别检验（安德森（Anderson）LM 检验），结果在 1%的水平上拒绝"工具变量识别不足"的原假设，弱工具变量检验（克拉格-唐纳德（Cragg-Donald）Wald F 检验）结果在 10%的水平上拒绝"存在弱工具变量"的原假设，以上结果均表明该工具变量的选择是有效的。由表 5.10 列（3）的估计结果可知，在考虑内生性问题后，行业标准存量的增加仍然能显著促进企业出口国内增加值率的提高，其他控制变量的影响没有发生本质性的改变，这表明估计结果是稳健的。

2. 异质性分析结果

1）基于企业所有制类型异质性的回归结果

对于不同所有制类型的企业，行业标准存量对企业出口国内增加值率的影响效应会存在差异。表 5.11 报告了外资企业、民营企业和国有企业的分组回归结果。结果显示，行业标准存量的回归系数仅在外资企业中表现为正向显著，可能的解释是外资企业的标准化意识较强，标准在外资企业中得到了更好的实施；在民营企业和国有企业中，行业标准存量的回归系数为正但并不显著，可能的原因是我国标准化水平发展起步较晚，国内企业利用标准来规范生产和服务秩序的意识较为薄弱，标准治理效应还没有完全发挥出来，标准治理意识有待加强（刘源张，2008）。

表 5.11　基于企业所有制类型异质性的回归结果

变量	外资企业 Dvar	民营企业 Dvar	国有企业 Dvar
lnSTD	0.0117***	0.0052	0.0202
	（0.0026）	（0.0038）	（0.0183）
控制变量	是	是	是
企业固定效应	是	是	是
行业固定效应	是	是	是
年份固定效应	是	是	是
观测值	100700	31291	1681
调整的 R^2	0.668	0.653	0.581

***回归系数在 1%的水平上通过显著性检验。

注：括号中为稳健标准误。

2）基于企业贸易方式异质性的回归结果

表 5.12 报告了一般贸易企业、加工贸易企业和混合贸易企业的分组回归结果。可以发现，行业标准存量对加工贸易企业出口国内增加值率的回归系数显著为正，对一般贸易企业和混合贸易企业出口国内增加值率的回归系数为负但并不显著。这可能是因为我国的国家标准体系是"生产型"而非"贸易型"（张丽虹，2015），加工贸易企业主要利用我国丰富的劳动力承接外来订单并进行组装加工，其产品设计、营销环节皆由国外委托方指定，出口目的地进入的技术要求、消费者的偏好已经被国外委托方考虑，因此对"贸易型"标准需求不大，而注重生产环节或过程的"生产型"标准有利于提升加工贸易企业产品的品质，进而提高企业的议价能力。相反，由于缺乏与国际接轨、满足国际贸易发展需要的技术标准体系作为支撑，一般贸易企业可能面临更多的出口目的地进入壁垒威胁，或其出口产品无法满足出口目的地的质量需求。另外，为满足新"生产型"标准，非加工贸易企业可能以更大的代价去协调或投入人力、物力等资源，增加其运营成本，因此表现为行业标准存量对非加工贸易企业的出口国内增加值率影响并不显著。

表 5.12　基于企业贸易方式异质性的回归结果

变量	一般贸易企业	加工贸易企业	混合贸易企业
	Dvar	Dvar	Dvar
lnSTD	−0.0093	0.0322***	−0.0117
	（0.0063）	（0.0111）	（0.0079）
控制变量	是	是	是
企业固定效应	是	是	是
行业固定效应	是	是	是
年份固定效应	是	是	是
观测值	52565	30832	50275
调整的 R^2	0.679	0.623	0.572

***回归系数在 1% 的水平上通过显著性检验。

注：括号中为稳健标准误。

3）基于企业要素密集度异质性的回归结果

借鉴 Rahman 等（2013）的做法，将企业划分为劳动密集型企业、资本密集型企业和技术密集型企业三种类型[①]。表 5.13 给出了劳动密集型企业、资本密集

---

① 各要素密集度产业分类同 3.2.3 节。

型企业和技术密集型企业的分组回归结果。结果显示，标准存量的增加均显著促进了不同要素密集度行业中企业的出口国内增加值率。行业标准存量的增加会提高行业内生产流程的规范性、统一性，为产品质量提供了一定的保证，有利于提升企业产品议价能力，提高企业出口国内增加值率。

表 5.13　基于行业要素密集度异质性的回归结果

变量	劳动密集型企业	资本密集型企业	技术密集型企业
	Dvar	Dvar	Dvar
lnSTD	0.0686***	0.0608***	0.0178*
	（0.0067）	（0.0191）	（0.0104）
控制变量	是	是	是
企业固定效应	是	是	是
行业固定效应	是	是	是
年份固定效应	是	是	是
观测值	55236	24452	53976
调整的 R^2	0.694	0.641	0.675

*回归系数在10%的水平上通过显著性检验。
***回归系数在1%的水平上通过显著性检验。
注：括号中为稳健标准误。

5.4.3　影响机制检验

1. 机制分析与模型构建

基于会计准则，增加值等于企业利润、工资、资本成本及国内原材料价值之和（Kee and Tang，2016）。本节结合现有的标准化相关文献，主要从企业成本、市场势力和国内中间品强度三个渠道，检验标准治理对出口国内增加值率的作用机制。

（1）企业成本渠道。标准治理可发挥规模经济效应，有效降低企业成本，提高企业利润，进而提升出口国内增加值率。一方面，标准针对特定行业内的生产技术进行了规范，为满足这类技术要求，企业内部的生产、管理和技术模式会进行一系列一致性、规范性调整，有利于生产资源的优化配置，减少资源浪费（于欣丽，2008），从而降低生产成本；标准规定了企业生产产品的操作流程和技术规范，有利于规模化生产，实现规模经济；相较于专利，技术标准在凝聚技术和知识的同时，具有更强的扩散性，也能产生更显著的知识和技术外溢（Swann and Peter，2010；Tassey，2000），提高企业的生产率，降低企业生产可变成本，提高企业出口国内增加值率。另一方面，标准及标准化有助于降低各项交易成本（李翕然，2006），通过产品的标准标签可以获得关于产品质量和性能的全面信息，降低了交易过程可能产生的信息成本、契约成本、监督和执行成本等，有利于促进出口国内增加值率的提升。

（2）市场势力渠道。标准治理是提升企业市场竞争优势的方式和手段，也是国家参与国际贸易竞争的微观动力源泉。Porter（1990）指出政府通过产品生产流程相关标准影响需求条件，为产业发展带来竞争优势。经典的产业组织理论提出，市场进入是决定市场势力程度的重要因素，而标准制定与企业进入有着密不可分的关系（刘小鲁，2018）。行业标准可以通过抑制潜在企业进入市场、强化在位企业市场势力，使得在位企业获得高额垄断利润，推动制造业价值链升级。在计划经济时代，行业标准的制定主要由政府承担。随着市场化的深入，一些行业龙头企业成为行业标准的制定者。大企业通过行业标准的制定增加了潜在企业的"遵从成本"，抑制了市场进入（刘小鲁，2018），有利于行业内外的利润转移至在位企业，以此扩大在位企业的经济利益，获得更高的利润，提高企业的出口国内增加值率。

（3）国内中间品强度渠道。标准治理还能通过增加出口企业生产过程中使用国内中间品的强度推动制造业价值链升级。标准有利于提高国家竞争优势，增强国内产品的出口竞争能力，有利于更多的国内产品进入国际市场，提高制造业企业的出口国内增加值率。Kee 和 Tang（2016）指出，中国出口国内增加值率提升的主要原因在于企业在生产过程中使用国内中间品作为对进口中间品的替代。标准的制定给产品质量提供了保证，国内产品质量的提高有利于国内产品替代进口产品，减少进口（Swann et al.，1996）。标准作为一种非关税贸易壁垒，可能削减一部分不符合我国进口标准的产品进入国内市场，出口企业将会在国内市场寻找替代品（Swann et al.，1996）。此外，标准具备一定的兼容性，标准的确立有利于上下游企业间实现产品的兼容，由此带动关联产业的产品投入使用，提升我国出口国内增加值率。

为了更深入地解释行业标准如何通过上述渠道影响制造业价值链升级，本节分别建立以企业成本、市场势力和国内中间品强度作为中介变量的中介效应模型对其进行检验。借鉴温忠麟和叶宝娟（2014）的方法，建立如下中介效应模型：

$$\text{Dvar}_{ijt} = a_0 + a_1 \ln\text{STD}_{jt} + X'_{ijt}\delta_{ijt} + \lambda_i + \kappa_j + \delta_t + \varepsilon_{ijt} \tag{5.11}$$

$$\text{Med}_{ijt} = b_0 + b_1 \ln\text{STD}_{jt} + X'_{ijt}\delta_{ijt} + \lambda_i + \kappa_j + \delta_t + \varepsilon_{ijt} \tag{5.12}$$

$$\text{Dvar}_{ijt} = c_0 + c_1 \ln\text{STD}_{jt} + c_2\text{Med}_{ijt} + X'_{ijt}\delta_{ijt} + \lambda_i + \kappa_j + \delta_t + \varepsilon_{ijt} \tag{5.13}$$

其中，Med_{ijt} 为中介变量；X_{ijt} 为企业层面控制变量向量；λ_i、κ_j、δ_t 分别为企业固定效应、行业固定效应和年份固定效应；ε_{ijt} 为随机误差项。模型（5.12）用于考察标准治理对中介变量（企业成本、市场势力和国内中间品强度）的影响效应，通过回归系数 b_1 来反映；模型（5.13）基于前述两步回归，进一步区分标准治理影响出口国内增加值率的直接效应，以及标准治理通过中介变量影响出口国内增加值率的间接效应（通过回归系数 b_1c_2 来反映）。根据温忠麟和叶宝娟（2014）的研究，如果 a_1 不显著，则停止中介效应分析；否则，继续进行中介效应分析：对于前者，若 b_1、c_2 全部显著，则中介效应存在，无须进行中介效应的自助法（bootstrap）检验，若 b_1、c_2 中至少一个不显著，则进行 bootstrap 检验，bootstrap 检验显著表明中介效应存在。

2. 基于不同渠道的机制检验

1）基于降低企业成本渠道的检验

根据刘斌和王乃嘉（2016）的方法，利用企业管理费用、销售费用、财务费用、主营业务成本、主营业务应付福利总额及主营业务应付工资总额之和来衡量企业成本（lncost），回归中取自然对数。由于中国工业企业数据库中缺失企业费用，本节对企业成本的影响机制检验样本区间为 2000～2010 年。构建模型（5.11）～模型（5.13）并进行检验，检验结果如表 5.14 所示，其中，模型（5.11）回归结果即表 5.9 列（2）的基准回归结果；模型（5.12）、模型（5.13）的回归结果如表 5.14 列（1）、列（2）所示。列（1）中行业标准存量对企业成本的回归系数并不显著，列（2）中企业成本的回归系数显著为负，进一步进行 bootstrap 检验，在随机抽样样本量为 1000 时，检验结果在 1%的水平上拒绝了 $b_1c_2 = 0$ 的原假设，直接效应与间接效应在 95%的置信区间内显然不包含 0，中介效应成立。为检验结果的稳健性，又进行随机抽样样本量为 5000 时的 bootstrap 检验，中介效应依然成立。这表明我国行业标准存量的增加可通过影响企业成本进而提高企业出口国内增加值率。

表 5.14　标准治理影响制造业价值链升级的企业成本机制检验

变量	（1）	（2）
	lncost	Dvar
lnSTD	−0.0031	0.0097***
	（0.0045）	（0.0028）
lncost		−0.0074**
		（0.0034）
控制变量	是	是
企业固定效应	是	是
行业固定效应	是	是

续表

变量	（1） lncost	（2） Dvar
年份固定效应	是	是
观测值	98226	98226
调整的 R^2	0.976	0.712

**回归系数在5%的水平上通过显著性检验。

***回归系数在1%的水平上通过显著性检验。

注：括号中为稳健标准误。

2）基于提高市场势力渠道的检验

为了考察标准治理通过市场势力影响制造业价值链升级，本节以市场势力作为中介变量，建立类似模型（5.11）～模型（5.13）的中介效应模型来进行检验。其中，借鉴刘小鲁（2018）的研究，市场势力以勒纳指数衡量。勒纳指数采用 Domowitz 等（1986）的方法计算：

$$market_{it} = \frac{p-c}{p} = \frac{valueadd_{it} - wage_{it}}{valueadd_{it} + midinput_{it}} \tag{5.14}$$

其中，$valueadd_{it}$ 为企业 i 在 t 年的工业增加值；$wage_{it}$ 为企业 i 在 t 年的应付工资总额；$midinput_{it}$ 为企业 i 在 t 年的中间品投入，中国工业企业数据库中存在中间品的缺失值，根据工业增加值生产法进行补齐，即中间品投入 = 工业总产值−增加值 + 增值税；市场势力进入模型中采用其对数形式（lnmarket）。结果如表 5.15 所示。列（1）中行业标准存量对市场势力的回归系数在1%的水平上显著为正，列（2）中市场势力的回归系数显著为正，表明行业标准存量的增加通过增加企业的市场势力，提高了企业的议价能力，进而拉动了制造业价值链升级。列（2）中行业标准存量的回归系数显著为正，说明行业标准存量影响制造业价值链升级的直接效应依然成立。与此同时，b_1c_2 与 c_1 均为正，说明存在部分中介效应，即行业标准存量的增加能够提高企业的市场竞争力，从而促进了制造业价值链升级；在考虑提升市场势力的中介渠道时，其中介效应占总效应的比例为2.07%。

表 5.15　标准治理影响制造业价值链升级的市场势力机制检验

变量	（1） lnmarket	（2） Dvar
lnSTD	0.0500***	0.0130**
	（0.0139）	（0.0038）
lnmarket		0.0051***
		（0.0013）

续表

变量	(1) lnmarket	(2) Dvar
控制变量	是	是
企业固定效应	是	是
行业固定效应	是	是
年份固定效应	是	是
观测值	119692	119692
调整的 R^2	0.633	0.811

**回归系数在 5%的水平上通过显著性检验。

***回归系数在 1%的水平上通过显著性检验。

注：括号中为稳健标准误。

3）基于提高国内中间品强度渠道的检验

为了检验标准治理如何通过国内中间品强度影响制造业价值链升级，以国内中间品强度作为中介变量，建立类似模型（5.11）～模型（5.13）的中介效应模型。国内中间品强度（lndomesinput）以国内中间品价值量除以企业总中间品价值量衡量。表 5.16 报告了检验结果，列（1）显示行业标准存量的增加显著提高了国内中间品强度，列（2）表明行业标准存量对出口国内增加值率的回归系数显著为正，国内中间品强度的回归系数也显著为正，且相比于模型（5.11）回归结果，加入国内中间品强度后行业标准存量的回归系数有所减小。这意味着国内中间品强度是中介渠道，行业标准存量的增加通过提升国内中间品强度，提高了出口国内增加值率。

表 5.16　标准治理影响制造业价值链升级的国内中间品强度机制检验

变量	(1) lndomesinput	(2) Dvar
lnSTD	0.0210***	0.0070***
	(0.0063)	(0.0024)
lndomesinput		0.1393***
		(0.0035)
控制变量	是	是
企业固定效应	是	是
行业固定效应	是	是
年份固定效应	是	是
观测值	111450	111450
调整的 R^2	0.497	0.648

***回归系数在 1%的水平上通过显著性检验。

注：括号中为稳健标准误。

5.5　质量升级、标准治理影响制造业全球价值链攀升的效应研究

标准把控质量、质量促进标准，两者相辅相成，在促进制造业迈向全球价值链中高端过程中具有至关重要的影响。本节对质量升级、标准治理共同影响制造业全球价值链攀升的机制进行分析，并进一步进行实证检验。

5.5.1　机制分析和模型设定

质量升级可影响标准治理，进而作用于我国制造业全球价值链攀升。质量升级包含生产技术的提高，行业内的技术创新有助于推动行业标准的制定及输出。标准治理的优势之一在于可将复杂烦琐的技术创新活动转化为系统内统一的技术创新活动，为更多的个体提供服务，进而开拓新的市场（杨武等，2006），同时质量升级带来了创新和技术进步，将其标准化后，会产生技术扩散效应，加速了技术的转移和传播，有利于促进相关产业链实现知识共享，给企业带来经济收益。另外，随着消费者需求的变动及企业面临的环境、科技等政策的变化，企业产品质量会在供给端率先与之匹配，如果新产品被市场广泛使用或成为新的事实标准，则有助于新技术标准的制定，技术标准是价值链治理的核心工具，标准能够给企业带来经济收益和垄断市场的能力（黄锦华和谭力文，2012）。因此，质量升级可促进标准治理，助推我国制造业向价值链中高端攀升。

同时，标准治理可影响质量升级，进而作用于我国制造业全球价值链攀升。Kindleberger（1983）提出标准在经济社会中可被视为一种公共产品，市场中的个体均可不受干扰地使用标准，随着经济社会中标准使用的个体增多，基于共享标准带来的产品兼容性和稳定性就会惠及更多的用户，产生明显的网络外部性。David 和 Greenstein（1990）也指出标准可通过增强产品兼容性有效促进产业链网络发展。这种网络外部性会激励位于产业链上游的企业提高产品质量。程贵孙等（2005）指出网络外部性是提高产品质量的因素之一，对于具备网络外部性特征的产品，拥有统一技术标准的企业相较于技术标准分散的企业更有动力提高产品质量。另外，最低质量标准定义了产品质量的最低水平（Swann and Peter，2010），促使不符合最低质量标准的产品退出市场，从而提高行业或国家层面产品整体质量。高质量产品有利于增强我国产品在国际市场中的竞争力，提升我国制造业企业的出口国内增加值率，进一步促进我国制造业全球价值链攀升。

为了检验质量升级与标准治理共同对制造业全球价值链攀升的影响效应，建立如下包含质量升级、标准治理交互项的回归模型：

$$\mathrm{Dvar}_{ijt} = \beta_0 + \beta_1 \mathrm{lnquality}_{ijt} + \beta_2 \mathrm{lnSTD}_{jt} + \beta_3 \mathrm{lnSTD}_{jt} \times \mathrm{lnquality}_{ijt}$$
$$+ X'_{ijt}\delta_{ijt} + \kappa_i + \lambda_t + \varepsilon_{it} \qquad (5.15)$$

其中，i、j、t 分别代表企业、行业和年份；lnquality 为企业出口产品质量，取自然对数；lnSTD 为行业标准存量，取自然对数；其他变量定义如 5.3.1 节、5.4.1 节所述。

5.5.2 影响效应及异质性分析

表 5.17 报告了质量升级与标准治理交互对出口国内增加值率影响的基准回归结果。交互项 lnSTD×lnquality 的回归系数一直显著为正，说明出口产品质量提升带来的行业标准存量增加有利于提高出口国内增加值率，结合 lnquality 的回归系数，出口产品质量与行业标准存量的交互作用缓解了出口产品质量对出口国内增加值率的负向作用。行业标准存量的回归系数一直显著为正，说明行业标准存量对出口国内增加值率有直接的正向影响，再结合交互项 lnSTD×lnquality 的回归系数，说明出口产品质量与行业标准存量的交互作用强化了行业标准存量对出口国内增加值率的正向影响。

表 5.17　质量升级与标准治理交互对出口国内增加值率的影响：基准回归结果

变量	(1) Dvar	(2) Dvar	(3) Dvar	(4) Dvar
lnquality	−0.0459***	−0.0497***	−0.0493***	−0.0463***
	(0.0094)	(0.0094)	(0.0094)	(0.0093)
lnSTD	0.0052***	0.0051***	0.0051***	0.0051***
	(0.0016)	(0.0016)	(0.0016)	(0.0016)
lnSTD×lnquality	0.0043**	0.0043**	0.0042**	0.0045***
	(0.0017)	(0.0017)	(0.0017)	(0.0017)
tfp		0.0341***	0.0342***	0.0365***
		(0.0013)	(0.0013)	(0.0013)
liquidity			0.0005**	0.0003
			(0.0002)	(0.0002)
leverage			−0.0097***	−0.0090***
			(0.0028)	(0.0028)
lnsize				−0.0170***
				(0.0015)

续表

变量	（1） Dvar	（2） Dvar	（3） Dvar	（4） Dvar
lncapint				−0.0036***
				（0.0009）
lnimp_qua				−0.0444***
				（0.0027）
lnage				0.0107***
				（0.0018）
soe				−0.0039
				（0.0089）
foreign				0.0014
				（0.0060）
HHI				0.1631***
				（0.0596）
企业固定效应	是	是	是	是
年份固定效应	是	是	是	是
观测值	93722	93722	93722	93722
R^2	0.7704	0.7739	0.7740	0.7760

**回归系数在 5% 的水平上通过显著性检验。

***回归系数在 1% 的水平上通过显著性检验。

注：括号中为稳健标准误。

从基准回归结果中可知，出口产品质量、行业标准存量的交互作用对出口国内增加值率的正向影响表现在两方面：一方面，缓解出口产品质量对出口国内增加值率的负向作用；另一方面，强化行业标准存量对出口国内增加值率的正向作用。为探究出口产品质量与行业标准存量交互作用对不同类型企业的差异化影响，进一步区分不同类型企业并进行异质性分析。

以行业内企业的要素密集度中位数将企业划分为资本劳动比高的企业与资本劳动比低的企业，结果见表 5.18 列（1）、列（2）。交互项 lnSTD×lnquality 的回归系数在资本劳动比高的企业中显著为正，在资本劳动比低的企业中为正但不显著，说明资本劳动比高的企业更可能进行质量升级和标准治理水平提高，从而推动出口国内增加值率提升。以行业内企业的存续年限中位数将企业划分为存续年限长的企业与存续年限短的企业，结果见表 5.18 列（3）、列（4）。交互项 lnSTD×lnquality 的回归系数在存续年限短的企业中显著为正，在存续年限长的企业中为正但不显著，这可能是因为存续年限短的企业更具竞争活力，更加重视技术创新和标准化，以及产品质量升级，从而有利于提高出口国内增加值率。以行业竞争程度中位数将行业内企业划分为市场势力高的企业与市场势力低的企业，结果见表 5.18 列（5）、列（6）。交互项 lnSTD×lnquality 的回归系数在市场势力低的企业中显著为正，在市场势力高的企业中为正但不显著，这是因为不管是标准治理促进质量升级还是质量升级提升标准治理都能通过提高企业竞争力、市场势力影响出口国内增加值率，因此质量升级与标准治理对出口国内增加值率的作用在市场势力低的企业中更为明显。

表 5.18　质量升级与标准治理交互对出口国内增加值率影响的异质性分析

变量	（1）	（2）	（3）	（4）	（5）	（6）
	资本劳动比		存续年限		市场势力	
	高	低	长	短	高	低
	Dvar	Dvar	Dvar	Dvar	Dvar	Dvar
lnquality	−0.0610***	−0.0333**	−0.0346**	−0.0459***	−0.0137	−0.0443***
	（0.0134）	（0.0154）	（0.0142）	（0.0134）	（0.0345）	（0.0102）
lnSTD	0.0072***	0.0026	0.0014	0.0061***	0.0035	0.0060***
	（0.0023）	（0.0026）	（0.0024）	（0.0023）	（0.0048）	（0.0019）
lnSTD×lnquality	0.0072***	0.0023	0.0010	0.0065***	0.0005	0.0041**
	（0.0024）	（0.0028）	（0.0026）	（0.0025）	（0.0055）	（0.0019）
控制变量	是	是	是	是	是	是
企业固定效应	是	是	是	是	是	是
年份固定效应	是	是	是	是	是	是
观测值	44752	43454	42306	47760	15467	75404
R^2	0.7771	0.8061	0.7904	0.8048	0.7844	0.7837

**回归系数在 5% 的水平上通过显著性检验。
***回归系数在 1% 的水平上通过显著性检验。
注：括号中为稳健标准误。

综上所述，出口产品质量与行业标准存量交互影响对企业出口国内增加值率的提高作用只显著存在于资本劳动比高的企业、存续年限短的企业和市场势力低的企业中。

5.6　全球价值链视阈下我国制造业质量升级的影响因素研究

我国出口产品质量总体较低，尤其中间品质量较低，这已成为我国制造业迈向全球价值链中高端的重要制约因素。促进我国制造业向全球价值链中高端攀升的基本路径之一就是推动产品质量升级。考虑产品生产、流动及消费过程，产品质量主要受需求端出口市场、供给端要素投入、市场及制度环境等方面因素影响。本节基于现有研究，针对已有文献的不足，进行相应的专题研究，主要包括从需求端研究出口市场因素中出口目的地非正式制度对出口产品质量的影响，从供给端研究要素投入因素中老龄化对出口产品质量的影响，从市场及制度环境因素中探讨企业上市对出口产品质量的影响，为进一步推动全球价值链视阈下我国制造业质量升级提供理论支持和经验依据。

5.6.1　出口产品质量影响因素的主要分类

已有研究在测算出口产品质量的基础上，进一步从多个方面考察了出口产品质量的影响因素。从出口产品的生产、流动及消费的过程来看，出口产品质量的影响因素主要归结于需求端出口市场因素、供给端要素投入因素、市场及制度环境因素等方面。

1. 需求端出口市场因素

首先，不同经济发展或收入水平的国家对产品质量的需求偏好是非同质的，高收入国家往往对高质量产品有更大的偏好、对高质量产品的支付意愿更高，因此企业倾向出口高质量产品到高收入国家。Hallak（2006）检验了进口国收入水平与进口产品质量之间的关系，结果发现高收入国家倾向于进口更高质量产品。Verhoogen（2008）的理论模型表明不同收入水平国家的消费者对产品质量拥有不同的偏好，并且这种偏好是收入的函数，高收入国家的消费者拥有更低的收入边际效用、对给定质量的产品有更高的支付意愿。Manova和Zhang（2012）利用2003～2005年中国海关贸易数据库对中国企业出口目的地与出口产品价格做了事实特征总结，发现中国企业对高收入国家出口了更高质量产品。曾利飞等（2023）基于中国出口数据进行实证分析，也得出了类似结论，中国企业倾向按市定质策略，会向收入水平高及基尼系数低的国家出口高质量产品。在Feenstra和Romalis（2014）的异质性企业模型中，出口目的地收入与企业出口产品质量正相关，高收入国家对高质量产品有更大的偏好。其次，很多文献关注了出口目的地距离对出口产品质量选择的影响，即华盛顿苹果效应。Alchian和Allen（1964）最早对华盛顿苹果效应进行了解释：相同的运输成本附加到高和低质量产品的价格中，会使得在进口国（或进口地）的高质量产品与低质量产品的价格比值低于在出口国（或出口目的地）的相应比值，导致在进口国（或进口地）购买高质量产品的消费者比例高于在出口国（或出口目的地）的相应比例，因此企业倾向出口高质量产品。Hummels和Skiba（2004）对华盛顿苹果效应进行了实证检验，结果显示运输成本增加1倍，出口产品的离岸价格（free on board，FOB）增加80%～141%。Bastos

和Silva（2010）利用2005年葡萄牙的微观贸易数据考察了出口目的地距离与企业
出口产品质量的关系，结论表明企业倾向出口高质量产品到距离更远的出口目的
地。Feenstra和Romalis（2014）的异质性企业模型中，企业进行利润最大化决策
的一阶条件显示，运输成本越高，企业出口产品质量越高。最后，部分文献关注
了出口目的地制度和非制度因素对出口产品质量的影响。Faruq（2011）最早考察
了制度质量与出口产品质量的关系，发现一国制度质量的提高会在长期鼓励出口
商进行投资与创新活动，促进出口产品质量提高。在国际贸易过程中，出口目的
地的正式制度特别是法治水平会通过影响企业的契约执行状况，对企业出口产品
质量及出口动态产生重要影响（谭智等，2014；余淼杰等，2016）。一些学者关注
了非正式制度对出口贸易的影响。价值观等非正式制度具有与正式制度相似的作
用，能够约束个体的经济行为，普遍道德作为一种特定的价值观能为一国契约
密集型部门提供出口比较优势（Tabellini，2008a）。王永进和盛丹（2010）研究
指出信任利于降低交易成本，社会信任水平较高的国家在契约密集型产品上具
有出口比较优势，Cingano和Pinotti（2016）利用微观企业数据进行研究，也得
出了类似的结论。另一些学者研究了国家间文化距离与出口贸易的关系，认为
文化距离会通过贸易成本、消费需求等影响出口贸易（曲如晓和韩丽丽，2010；
Lankhuizen and de Groot，2016）。

2. 供给端要素投入因素

现有关于供给端要素投入因素对出口产品质量影响的文献主要集中于中间
品、劳动力成本、资本约束、研发投入等方面。在中间品方面，许家云等（2017）
通过实证检验发现中间品进口通过中间品质量效应、产品种类效应与技术溢出效
应三个可能的渠道显著促进了企业出口产品质量提升，但中间品进口的影响效应
因企业生产率水平、融资约束、所有制类型、贸易方式及中间品进口国和中间品
技术含量的不同而不同。Bas和Strauss-Kahn（2015）研究也表明，贸易自由化通
过提高进口中间品的质量来提高出口产品质量。Ariu（2022）发现国外高技能劳
动力的流入能够降低信息成本，有利于高质量中间品进口，提升出口产品质量。
在劳动力成本方面，张明志和铁瑛（2016）研究表明劳动生产率是人均工资水平影
响出口产品质量的渠道，但仅当劳动生产率足够高时，人均工资水平对出口产品质
量有显著促进作用。许和连和王海成（2016）实证研究发现最低工资标准显著抑制
了企业出口产品质量，但这种抑制作用存在行业、所有制类型和地区间的差异：劳
动要素密集度越高则抑制作用越大，对国有企业的抑制作用大于非国有企业，对中
部地区的抑制作用大于东部地区。程虹和张诚（2016）研究发现企业工资差距与企
业出口产品质量存在倒U形关系，即企业出口产品质量随工资差距的扩大呈现先上
升后下降的趋势。铁瑛等（2017）研究表明工资扭曲对中国企业出口产品质量的影

响整体上表现为抑制作用。在资本约束方面，张杰（2015）研究发现融资约束和企业出口产品质量之间呈现显著的倒U形关系，由于存在政府干预及金融抑制，不同所有制类型企业的融资约束对出口产品质量具有显著的扭曲性差异。Bernini等（2015）实证发现过高的债务负担与流动性紧张等所引起的融资约束对企业出口产品质量的提升造成了显著的负向效应，其作用机制为当企业出口面临融资约束时，其可能减少风险较高的投资，如减少进口高质量中间品、企业研发或广告投入，造成出口产品质量降低。汪建新和黄鹏（2015）研究也表明信贷约束会使得企业无法得到充足的资金而显著地降低企业投资高质量产品。Crinò和Ogliari（2017）通过构建包含企业融资约束与出口产品质量的异质性企业贸易模型验证了这一负向关系。在研发投入方面，Prajogo和Sohal（2006）实证研究了澳大利亚194家机构的数据，发现技术创新与出口产品质量之间呈显著正相关关系。罗丽英和齐月（2016）研究认为技术创新效率有利于出口产品质量升级，并指出相对于技术转化阶段效率，技术研发阶段效率提高对出口产品质量的提升效应更为显著。国胜铁等（2018）认为长期来看出口产品质量升级的关键在于自主创新，因此要加大研发投入、完善创新管理体系，强化自主创新的作用和地位，实现高技术产业的关键环节和核心领域的重大技术突破与攻关，形成自主创新的产业链和价值链，推动制造业出口产品质量升级。除此以外，也有学者认为研发投入对中国企业出口产品质量提升并没有明显效果（施炳展和邵文波，2014）。

3. 市场及制度环境因素

市场竞争环境、国际金融市场环境和制度环境等因素对出口产品质量也具有重要影响。一是市场竞争环境因素。Amiti和Khandelwal（2013）研究发现美国贸易自由化程度对出口产品质量的影响存在两种效应：熊彼特效应和摆脱竞争效应，对于质量水平与世界前沿水平接近的产品，关税下降带来的竞争加剧促进了其质量提升，对于质量水平与世界前沿水平相差较远的产品，关税下降带来的竞争加剧反而阻碍了其质量提升。Martin和Mejean（2014）发现来自低工资水平国家的进口竞争有利于高工资水平的国家提高其出口产品质量。施炳展和邵文波（2014）研究了市场竞争等一系列因素对出口产品质量的影响，结果表明市场竞争会提升出口产品质量。Fan等（2015）研究发现我国进口关税的下降提高了质量差异化程度高的行业的出口产品质量，降低了质量差异化程度低的行业的出口产品质量。王永进和施炳展（2014）研究了上游垄断对出口产品质量的影响，研究发现垄断的成因和下游的竞争程度决定了上游垄断对出口产品质量的作用，由政府保护所形成的垄断明显不利于出口产品质量升级；由企业自身的高效率所导致的垄断对出口产品质量升级的作用与下游竞争程度有关，下游竞争程度越高，则其正面作用越小。刘怡和耿纯（2016）研究表明出口退税对出口产品质量具有促进作用，市场竞争机制是这一作用的潜在解释，出口退税促使更多企业出口，加剧了市场竞争，迫使企业通过加大研发投入提升出口产品质量。张国峰等（2022）利用中国出口数据及46个国家的数字贸易限制指数数据，研究发现数字贸易壁垒会显著抑制出口产品质量提升。二是国际金融市场环境因素。许家云等（2015）发现人民币升值对出口产品质量升级具有促进作用，但在不同生产率、融资约束、所有制类型及贸易方式的企业中存在显著差异。余淼杰和张睿（2017）研究表明人民币升值对出口产品质量具有提升作用，且这一作用通过竞争机制实现，人民币升值引起出口企业数量减少，在非核心产品和低生产率企业中提升效应更加明显。王雅琦等（2018a）进一步分析了人民币升值对一般贸易企业与加工贸易企业影响的差异，结果发现人民币升值促进了一般贸易企业的出口产品质量提升，但抑制了加工贸易企业的出口产品质量提升。张明志和季克佳（2018）基于垂直专业化水平的角度，研究认为人民币升值提升了出口产品质量，高质量产品的出口比例增加是这一效应的潜在渠道，对于垂直专业化水平越高的企业，人民币升值的提升效应越大。李保霞等（2023）认为竞争国汇率变动会影响一国出口企业的产品质量调整，实证发现竞争国汇率贬值显著降低了一国出口产品质量。在国际资本流动方面，李瑞琴等（2018）研究了FDI对出口产品质量的影响，结果表明上游服务业FDI对下游企业的出口产品质量具有显著正向影响；上游制造业FDI对下游企业的出口产品质量具有一定程度的负向影响；受引资结构影响，上游综合FDI对下游企业出口产品质量的影响效应不确定。三是制度环境因素。余淼杰等（2016）基于供给需求法测算出口产品质量，研究表明司法质量对出口产品质量具有正向影响，但更高司法质量的国家出口契约密集型产品的质量并未更高，进口契约密集型产品的质量却显著更高。林秀梅和孙海波（2016）研究了知识产权制度对出口产品质量的影响，结果表明知识产权保护强度与出口产品质量之间呈倒U形关系；资本密集型产业和劳动密集型产业中知识产权保护强度与出口产品质量之间依然存在倒U形关系，但对于技术密集型产业，知识产权保护促进了出口产品质量升级。Macedoni和Weinberge（2022）认为，更严格的强制性最低质量标准会提升出口企业的遵从成本，迫使生产低质量产品的企业退出市场，重新将市场份额分配给生产高质量产品的企业，从而促进行业整体出口产品质量提升。

已有文献主要从需求端出口市场因素、供给端要素投入因素、市场及制度环境因素等方面研究了出口产品质量升级问题，但忽视了其中许多重要的因素，例如，需求端出口市场因素中没有考虑出口目的地非正式制度对出口产品质量的影响，供给端要素投入因素中尚缺乏考察老龄化对出口产品质量的作用，在市场及制度环境因素中没有考虑企业上市对出口产品质量的影响。以下则从出口目的地非正式制度、老龄化、企业上市等方面对出口产品质量进行专题研究，以深化识别出口产品质量的影响因素。

5.6.2　出口目的地非正式制度与出口产品质量

在国际贸易过程中，出口目的地的正式制度特别是法治水平会通过影响企业的契约执行状况，对企业出口产品质量及出口动态产生重要影响（谭智等，2014；余淼杰等，2016）。事实上，合作或交易均依靠外部执行机制与内部激励的不同组合来维系（Greif and Tabellini，2010），外部法律制度为交易个体提供经济激励，而内在道德为交易个体提供非经济激励。Guiso 等（2015）指出相较于法律制度，文化是更为原始的合作激励源头，且对法律起到支撑作用。本节构建包括出口商、出口目的地分销商（简称分销商）和潜在侵权者（简称侵权者）的博弈模型，研究以普遍道德水平衡量的出口目的地非正式制度影响企业出口产品质量的机制及效应，并基于 2003～2011 年中国海关贸易数据库与世界价值观调查（World Values Survey，WVS）数据库进行实证研究。

1. 理论机制分析

为探究出口目的地普遍道德水平对企业出口产品质量的影响，本节基于 Araujo 等（2016）的模型框架，通过引入出口商所面临的分销商的违约动机，以及潜在的侵权行为，构建包括出口商、分销商和侵权者的博弈模型。

1）基本设定

出口国代表性出口商 e 以 $c(q)$ 的成本生产质量为 q 的产品，并通过分销商 d 来销售该产品（出口商需要事先将产品给付分销商），其中，$c'(q) > 0$ 且 $c''(q) \geqslant 0$[①]。如果分销商实现销售并返还销售收益，则按照合约，出口商与分销商对收益分成：分销商和出口商分别获得 $k \in (0,1)$ 比例和 $1-k$ 比例的销售收益（假定不存在分销成本）。一旦分销商违约并拒不返还销售收益，则合约终止。

出口目的地代表性消费者消费质量为 q 的产品所获效用为 $u(q)$。假设 $u'(q) > 0$，表示支付意愿随产品质量递增（Manova and Yu，2017；祝树金等，2018）；$u''(q) < 0$，表示边际效用递减。假定消费质量为 q 的产品需支付 pq，则出口目的地市场对质量的需求对应消费者最优选择：$u'(q) = p$，即消费者对产品质量提高 1 单位的支付意愿等于该产品质量的提高带来的边际效用。

在出口目的地市场中，一些潜在的生产商具备（模仿）生产该出口商产品的能力。这些生产商可以选择侵权并制造质量为 q_γ 的产品。消费者只关心产品质量和价格，并不关心销售渠道，因此侵权者和出口商的产品具有替代作用（Bulow et al.,

---

① 高质量产品的生产需要高质量和高成本的中间品，所以产品质量越高，边际生产成本越大（Sutton，2007；Kugler and Verhoogen，2012），即 $c'(q) > 0$；中间品质量越高，购买价格的增幅越大，使得产品生产成本增速快于产品质量提升速度，边际生产成本递增（Bastos et al.，2018；Brambilla et al.，2012；Feenstra and Romalis，2014），即 $c''(q) \geqslant 0$。

1985）。如果市场上供应的产品质量为 $Q=q+q_\gamma$，则价格为 $p(Q)$。为了简便起见，根据 Singh 和 Vives（1984）的研究，令 $p(Q)$ 与 Q 呈线性关系。由于 $u''(q)<0$ 和产品替代，$p_1'=\partial p(Q)/\partial q<0$，$p_2'=\partial p(Q)/\partial q_\gamma<0$ 且 $p''(Q)=0$。因此，收益 $p(Q)q$ 满足二阶性质（边际收益递减），使得最优的质量选择存在内点解[①]。

2）普遍道德、机会主义与侵权行为

Williamson（1983）指出交易中的个体可能实施机会主义行为，合约达成后，分销商决定遵守合约（返还销售收益）或违约（拒不返还销售收益）。Araujo 等（2016）研究指出分销商的违约行为受一国法治水平的制约，法治水平越高，分销商违约的物质成本越高，违约机会越小，契约实施越能得到保障。一国的制度包括正式制度与非正式制度，除正式制度对交易主体具有约束作用外，分销商的违约动机还与普遍道德相关：违约可获得一次性的物质收入，但也会给分销商带来非经济成本[②]。

除了分销商违约（拒不返还销售收益），对出口目的地市场中侵权行为的预期也会影响出口商对出口产品质量的选择。将侵权行为定义在出口目的地的生产环节：出口目的地的生产商若具有低廉的模仿成本，则会制造并销售与该出口产品功能类似的替代品。

为了捕捉在一个普遍道德水平为 λ 的出口目的地中，分销商的机会主义行为与侵权者行为如何对出口商的产品质量造成影响，引入出口商将要面临的两类风险。

（1）销售渠道的违约风险。令 $\beta\in(0,1)$ 为分销商的折现因子，其值越高，分销商对未来的合作越重视：重视长期合作以避免违约所面临的道德谴责。出口商认为，在一个普遍道德水平为 $\lambda\in(0,1)$ 的出口目的地中，分销商的折现因子服从 $(0,\lambda)$ 的均匀分布。换言之，λ 越大，出口商预期分销商的折现因子均值越高，维持合作的可能性越大。

（2）产品市场的侵权风险。代表性侵权者每模仿并生产出一个替代品，则存在 $\gamma(\lambda)$ 的边际生产成本。除了低廉的经济模仿成本，$\gamma(\lambda)$ 体现了从道德层面，侵权者所发生的额外的非经济成本（良心受道德谴责的程度），其值越大，出口产品在出口目的地市场被侵权的风险越低。在其他条件不变的前提下，普遍道德扩散范围越广，侵权行为的非经济成本越高[③]，出口商预期侵权的边际生产成本越高，即 $\gamma'(\lambda)>0$[④]。

① 此外，本节排除相对于 $p(Q)$，k 或 $c(Q)$ 取值过大导致利润为负的可能性。

② 在合作中，除物质支付外，交易主体还享有由重视合作本身带来的非经济收益，这种偏好反映了社会道德准则的约束（Tabellini，2008a）。

③ 一国遵循普遍道德的个体越多，侵权行为使得侵权者感知到的道德谴责程度越高，侵权的非经济成本就越高（Posner，1997）。本节不讨论侵权的经济成本（其为常数），因此对 $\gamma(\lambda)$ 的一个局部扰动体现了侵权行为的非经济成本的变动。

④ 例如，在道德水平极高或者制度安排较为完善的地区中，侵权行为被预计会发生非常高的成本，则产品侵权的可能性较小。

上述信息对出口商、分销商和侵权者是公开的，各方会根据其他两方的行为特征，做出对己方最有利的决策：出口商根据分销商是否违约和侵权状况来决定是否签约并确定出口产品质量；分销商根据折现来决定是否违约；侵权者根据违约状况和出口商产品质量，给定自己的侵权成本并进行侵权选择。

3）出口商、分销商和侵权者的优化问题

假设该博弈持续 $1, 2, \cdots, t, \cdots$ 期，每期出口商和侵权者的边际生产成本不变，且出口商与分销商签约后，给定侵权者的策略，基于出口商和分销商的上下游关系，出口商根据下游终端市场的竞争情况，制定某期质量策略 q 并将该产品提前交付给分销商。因此，本节研究合约签署当期所决定的均衡出口产品质量。

引理 5.1　如果出口商与分销商签约，每期分销商负责销售质量为 q 的产品，并获得 k 比例的销售收益，则出口商预期分销商违约风险（或违约的分销商比例）为

$$\theta(\lambda) = \int_0^{1-k} \frac{1}{\lambda} \mathrm{d}\beta \tag{5.16}$$

且违约风险是出口目的地普遍道德水平的（弱）减函数：$\theta'(\lambda) \leqslant 0$。

证明：首先，考虑分销商的违约策略。易于证明，一个永远不违约的分销商所获利润为

$$\Pi_d = \sum_{t=0}^{\infty} \beta^t k p(Q) q = \frac{k}{1-\beta} p(Q) q \tag{5.17}$$

其次，考虑出口商的签约策略。显然，若出口商不与任何分销商签约，则永远无法进入市场并获得零利润。若签约，则出口商在第 t 期收到某个分销商返还的销售收益 $(1-k)p(Q)q$ 后，才会将第 $t+1$ 期的产品交付给该分销商；如果分销商在第 t 期产生机会主义行为并独吞销售收益 $p(Q)q$，则合约终止。假设出口商预期分销商在第 t 期违约，出口商损失 $c(q)$，则在第 $t-1$ 期结束后出口商不会将第 t 期的产品交付给分销商，因此分销商只能在第 $t-1$ 期违约。以此类推，出口商愿意签约的前提是从当期来看，分销商在合约签署后立即违约的效用低于永不违约的效用，即其折现因子满足

$$p(Q)q < \frac{k}{1-\beta} p(Q)q \Leftrightarrow \beta > 1-k \tag{5.18}$$

时，当期保持合作对双方才有利可图；否则，当 $\beta < 1-k$ 时，分销商在当期违约。

出口商基于出口目的地普遍道德水平 λ，按照均匀分布可以估算出违约概率 $\Pr(\beta < 1-k)$，且分销商折现因子的概率密度函数为 $1/\lambda$，因此违约概率为 $\Pr(\beta < \min\{1-k, \lambda\})$。当出口目的地普遍道德水平非常低，即 $\lambda < 1-k$ 时，$\theta = \int_0^{\lambda}(1/\lambda)\mathrm{d}\beta = 1$，此时出口商放弃与任何分销商签约。当出口目的地普遍道德水平

符合 $1-k < \lambda$ 时，出口商会进入出口目的地市场，且出口商预期分销商违约风险 $\theta = \int_0^{1-k} (1/\lambda)\mathrm{d}\beta$，即式（5.16）。

最后，根据

$$\theta'(\lambda) = \begin{cases} -(1-k)/\lambda^2 < 0, & \lambda > 1-k \\ 0, & \lambda < 1-k \end{cases} \tag{5.19}$$

可知，$\theta'(\lambda) \leqslant 0$。

根据引理 5.1，出口商决定签约的当期利润为

$$\Pi_e = (1-\theta)\underbrace{\left[\underbrace{(1-k)p(q+q_\gamma)q - c(q)}_{\text{侵权}}\right]}_{\text{分销商不违约}} + \underbrace{\left[-\theta c(q)\right]}_{\text{分销商违约}} \tag{5.20}$$

出口目的地的侵权者将以 γ 的边际生产成本进行仿造，生产 q_γ 质量的产品，当期利润为

$$\Pi_\gamma = p(Q)q_\gamma - \gamma q_\gamma \tag{5.21}$$

4）市场均衡

出口商根据出口目的地普遍道德水平，结合分销商和侵权者的行为特征（确定分销商的折现因子和侵权者的边际生产成本），选择出口产品质量 q^* 以最大化利润。整理式（5.20）的一阶条件（对 q 求导），可得价格加成率为

$$\frac{p(q^*(q_\gamma,\lambda)+q_\gamma) - c'(q^*(q_\gamma,\lambda))}{(1-\theta)(1-k)p(q^*(q_\gamma,\lambda)+q_\gamma)} = \frac{1}{\varepsilon} \tag{5.22}$$

其中，ε 为出口产品质量在出口目的地市场上对价格的弹性，$\varepsilon = -p(Q^*)/(p_1'q^*)$。在式（5.22）中对 q_γ 进行微分可得 $\partial q^*(q_\gamma,\theta)/\partial q_\gamma < 0$，即出口商与侵权者的生产质量是策略替代的：侵权越严重，则出口商越会降低出口产品质量[①]。

给定出口商和分销商的合约及出口商任意的质量策略，侵权者优化问题的一阶条件（最优选择）为

$$q_\gamma^*(q,\gamma) = \frac{p(q+q_\gamma^*(q,\gamma)) - \gamma}{-p_2'(q+q_\gamma^*(q,\gamma))} \tag{5.23}$$

当式（5.22）和式（5.23）同时成立时，市场出清，出口商和侵权者的均衡质量策略都是违约风险和侵权成本的函数，即 $\{q^*(\theta(\lambda),\gamma(\lambda)), q_\gamma^*(\theta(\lambda),\gamma(\lambda))\}$，而违约和侵权行为取决于出口目的地普遍道德水平。为了分析分销商机会主义行为和

① 消费者只关心最终的产品功能，并不关心销售渠道。以盗版为例，如果破解软件的功能较多，则挫伤正版发行商研发产品功能的积极性。

侵权行为对出口商均衡质量策略的影响，相应的比较静态分析应该在最优选择曲线［式（5.22）和式（5.23）的交点］处进行考察。首先，在均衡处对违约风险 θ 进行微分，化简可得（具体推导见附录 1）：

$$\frac{\partial q^*}{\partial \theta} = \frac{2c'(q^*)}{(1-\theta)\left[3(1-\theta)(1-k)p_1' - 2c''(q^*)\right]} < 0 \tag{5.24}$$

如果出口商预期分销商违约风险较高，则与出口商合作的分销商违约可能性较大，因此提高出口产品质量的潜在损失较大，使得出口商降低出口产品质量。

推论 5.1　若出口商预期分销商违约风险较低，则出口商出口高质量产品。

类似地，在均衡处对侵权成本 γ 进行微分，化简可得（具体推导见附录 1）：

$$\frac{\partial q^*}{\partial \gamma} = -\frac{(1-\theta)(1-k)}{3(1-\theta)(1-k)p_1' - 2c''(q^*)} > 0 \tag{5.25}$$

当出口商认为侵权成本较高时，侵权行为更难实施，侵权风险较低，促使出口商出口高质量产品。

推论 5.2　给定违约风险，若出口商预期侵权风险较低，则出口商出口高质量产品。

出口商、分销商和侵权者根据自身的特征和面临的约束，同时做出最优决策。因此，需要考察出口目的地普遍道德水平对均衡出口产品质量造成的影响。在均衡处对出口目的地普遍道德水平 λ 进行微分，可得出口目的地普遍道德水平对出口产品质量的影响（具体推导见附录 1）：

$$\frac{\partial q^*}{\partial \lambda} = -\frac{(1-k)\left[\gamma'(\lambda)(1-\theta)^2\lambda^2 + 2c'(q^*)\right]}{(1-\theta)\lambda^2\left[3(1-\theta)(1-k)p_1' - 2c''(q^*)\right]} > 0 \tag{5.26}$$

当同时考虑违约和侵权问题时，出口商均衡产品质量决策：当出口目的地普遍道德水平较高时，分销商更不愿意违约，且侵权者会相对减少侵权行为，从而出口商持有更乐观的态度，提高出口产品质量。

推论 5.3　出口目的地普遍道德水平越高，则出口商面临的分销商违约风险与产品被侵权风险越低，越有利于促使企业出口高质量产品。

2. 计量模型设定与数据说明

1）模型设定与变量选取

为实证考察出口目的地普遍道德水平与企业出口产品质量之间的关系，建立如下计量模型：

$$\text{lnquality}_{igdt} = \alpha_0 + \alpha_1\,\text{lniffins}_{dt} + X'_{dt}\alpha_{dt} + Z'_d\lambda_d + \delta_{igt} + \varepsilon_{igdt} \tag{5.27}$$

其中，$lnquality_{igdt}$ 为被解释变量，表示企业 i 在 t 年向出口目的地 d 出口产品 g 的质量，取自然对数；$lniffins_{dt}$ 为核心解释变量，衡量 t 年的出口目的地 d 普遍道德水平，取自然对数；X_{dt} 为国家-年份层面的控制变量向量，包括出口目的地与中国普遍道德水平的距离、出口目的地收入水平、出口目的地实际汇率；Z_d 为引力模型中的常用变量，也为国家层面的控制变量向量，包括出口目的地与中国的地理距离、与中国是否有共同语言、是否同属 WTO、与中国是否接壤；δ_{igt} 为企业-产品-年份层面的固定效应，以此控制企业-年份固定效应、企业-产品固定效应、产品-年份固定效应；ε_{igdt} 为随机误差项。变量选取说明如下。

（1）企业出口产品质量（lnquality）。本节采取 Amiti 和 Khandelwal（2013）、施炳展等（2013）的方法测算出口产品质量，得到企业层面出口产品质量后，取自然对数进入回归模型。

（2）出口目的地普遍道德水平（lniffins）。普遍道德是指个体在家族成员、朋友等小圈子之外仍遵循的良好行为规范和诚信行为（Platteau，2015）。普遍道德作为一种价值观，反映了个体对事物的主观态度与观点。Tabellini（2008b）指出，遵循普遍道德的个体更不愿实施机会主义行为或搭便车行为，在经济行为上的表现之一为不逃税。本节借鉴 Tabellini（2008b）的研究，根据 WVS 数据库中针对问题"您认为在有机会时逃税是否正当"的调查结果，将该问题的答案为"从不认为正当"或"完全不能接受"的受访者比例作为出口目的地普遍道德水平的代理指标。一方面，在已有关于道德的文献中，很多研究正是基于该问题，采用类似指标对道德或普遍道德进行测度（Knack and Keefer，1997；Franke and Nadler，2008；James，2015）。另一方面，该问题本身就是 WVS 的内容，其关键词有三组：①"您认为""是否正当"，这表示该问题的答案反映了受访者对逃税行为的主观态度，强调的是对逃税行为的看法，而非真实的行为选择，是个体的价值观；②"逃税"，逃税作为一种机会主义行为，会减少为公众提供必需服务的公共资源（James，2015），因此对逃税行为的态度一定程度上反映了个体是否愿意对广泛的社会公众履行道德与诚信行为，即是否遵循普遍道德；③"有机会"，这意味着该问题的假设是逃税行为不会受到外部法律的制约，此答案仅反映了个体的自我内部约束，与正式制度的约束存在区别。此外，现有研究指出个体对他人特别是陌生人的信任程度越高，越倾向于向公众履行道德行为（Ulsaner，2008；Glaeser et al.，2000；Dunning et al.，2012）。Tabellini（2008b）也使用信任水平作为一国普遍道德的衡量指标。本节借鉴 Tabellini（2008b，2010）的做法，分别使用信任，以及信任与机会主义取向的综合指标衡量出口目的地普遍道德水平。

（3）控制变量。控制变量主要包括出口目的地与中国普遍道德水平的距离、出口目的地实际汇率、出口目的地收入水平、引力模型中的相关变量等。出口目的地与中国普遍道德水平的距离（lniffins_dist）采用出口目的地与中国普遍道德水平差的绝对值来衡量；出口目的地实际汇率（lnexr）采用间接标价法，其值升高意味着人民币升值，本国商品的相对价格上涨，市场竞争力下降（徐建炜和杨盼盼，2011），加剧的竞争压力会促使企业提升出口产品质量（余淼杰和张睿，2017），实际汇率计算公式为 $\mathrm{exr}_{dt} = \dfrac{\mathrm{LUC}_{dt}}{\mathrm{CNY}_{ct}} \dfrac{\mathrm{CPI}_{ct}}{\mathrm{CPI}_{dt}}$，其中，$\mathrm{LUC}_{dt}$ 和 CNY_{ct} 分别为出口目的地和中国以美元标价的名义汇率，两者的比值为出口目的地以人民币标价的间接名义汇率，CPI_{ct} 和 CPI_{dt} 分别为中国和出口目的地的消费价格指数，各国名义汇率及消费价格指数数据均来自世界银行世界发展指数（World Development Indicators，WDI）数据库。出口目的地收入水平会影响消费者对产品质量的偏好（Manova and Zhang，2012），使用出口目的地人均生产总值（lngdpper）作为其收入水平的衡量指标，数据来自世界银行 WDI 数据库。新新贸易理论指出贸易成本是影响企业出口行为的重要因素（Bernard et al.，2007），模型中选取了一系列引力模型中的相关变量，包括出口目的地与中国的地理距离（lndistw）、与中国是否有共同语言（comlang_off）、与中国是否接壤（contig）、是否同属 WTO（fta_wto）四个变量作为贸易成本的测度指标，其中，后三个变量均为 0-1 虚拟变量，若国家属性为"是"，取值为 1，否则，取值为 0。数据来自 CEPII。

　　2）数据说明及特征性事实

　　本节主要使用的数据库为中国海关贸易数据库与 WVS 数据库。中国海关贸易数据库详细记录了中国企业的出口产品信息，基于 2002 年前后中国出口产品质量波动较大，2011 年后的海关贸易数据存在较大误差，本节选取 2003～2011 年的中国企业出口产品数据，进行以下处理：①考虑来料加工和来料装配贸易的交易双方不存在买卖关系，实质为委托加工关系，出口商只收取加工劳务费，并不承担产品成本风险，并且中国企业在交易过程中对出口产品质量不具有自主决定权，仅保留一般贸易、进料加工贸易样本[①]；②删除企业代码或产品代码缺失的样本；③删除产品数量、单价、总额小于等于 0 的样本；④删除出口目的地缺失的样本。WVS 数据库报告了一系列反映个体价值观的问题，该调查始于 1981 年，以 5 年为 1 个周期，以个体为调查单位，采用统一的多阶段、概率与规模成比例的抽样方法在各国进行跨地区（省或州）的入户调查（赵家章和池建宇，2014）。2003～2011 年被调查的国家共 90 个，各国的样本量为 720～5659，能较为合理地反映一国人民的价值观状况。主要变量的描述性统计结果如表 5.19 所示。

---

① 因 2007～2011 年中国海关贸易数据库中没有区分加工贸易方式，故没有作此处理。

表 5.19 主要变量的描述性统计结果（三）

变量	观测值	均值	标准差	最小值	最大值
lnquality	55696289	−0.7461	0.2913	−12.0269	0
lniffins	35686491	0.6238	0.1268	0.2381	0.9813
lniffins_dist	35686491	−2.3338	0.9935	−6.7626	−0.6522
lngdpper	54196429	11.6677	2.2743	4.6986	18.2550
lnexr	51096609	−0.0135	2.6671	−3.3437	7.9111
lndistw	54996753	8.6695	0.7342	7.0246	9.8580
contig	55344604	0.1570	0.3638	0	1
comlang_off	55344604	0.1491	0.3562	0	1
fta_wto	55344604	0.1976	0.3982	0	1

样本期间，WVS 数据库共报告了 90 个国家的数据。因该调查在各阶段选取的国家不同，故 2003～2011 年 90 个国家的数据并非连续数据。按照前面定义的普遍道德水平，计算得样本期间各国的普遍道德水平均值为 0.6238，仅保留跨越两个调查期的样本国家，发现欧美国家的普遍道德水平较高，亚洲国家中除日本、韩国外大多数国家普遍道德水平较低，但一些经济发展水平较低的国家如加纳、土耳其等呈现较高的普遍道德水平。样本期间，作为连续调查样本的国家共有 14 个（包括中国），其中，日本、约旦、摩洛哥、阿根廷、韩国、埃及 6 个国家的普遍道德水平超过 0.70，即各国的调查个体中认为机会主义行为是非道德的比例超过 70%，而南非、中国、瑞典 3 个国家的普遍道德水平低于 0.6。

图 5.10 描绘了 2003～2011 年中国企业出口至不同普遍道德水平国家的产品质量的变化趋势。样本期间，中国企业出口到所有样本国家的产品质量大致呈先上升后下降的趋势，2004～2008 年出口产品质量提升约 0.005，2008 年之后出口产品质量呈持续下降趋势。可能的原因在于在全球金融危机的冲击下，中国企业的资本、中间品等生产要素来源受到制约，出口产品质量下降；同时，国外消费者的购买力减弱，一方面，对高质量产品的需求量减少（许和连和王海成，2016），另一方面，对产品的高质量偏好减弱，间接造成出口产品质量下降；更根本地，中国企业长期以来的低成本、低价格竞争策略使得出口有落入"低质量陷阱"的迹象（李坤望等，2014）。按照出口目的地在样本期间的平均普遍道德水平，将其分为高普遍道德水平国家与低普遍道德水平国家两大类，样本期间，出口至高普遍道德水平国家的产品质量起初处于较低水平，2004 年后一跃超过出口至所有样本国家及低普遍道德水平国家的产品质量；出口到低普遍道德水平国家的产品质量总体上处于较低水平。

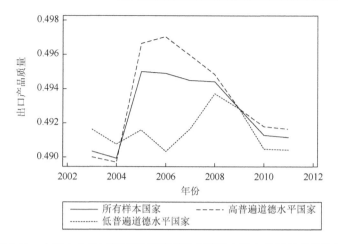

图 5.10　中国企业出口至不同普遍道德水平国家的产品质量变化趋势

3. 基准回归与稳健性检验

1）基准回归

表 5.20 报告了出口目的地普遍道德水平影响企业出口产品质量的基准回归结果，其中，列（1）、列（2）报告了 OLS 回归结果。另外，考虑模型估计可能存在内生性问题：①模型可能存在遗漏变量问题，尽管模型控制了企业-产品-年份层面的固定效应，但可能遗漏了其他影响出口产品质量且与普遍道德水平相关的国家-年份层面的变量；②价值观与贸易之间存在相互影响的关系，一国的贸易状况与制度相互影响（Faruq，2011），出口目的地进口高质量产品需以较高的质量标准等正式制度作为保障，而较好的正式制度能进一步引导价值观的改善（Tabellini，2008a），因此出口产品质量与出口目的地普遍道德水平之间存在双向因果关系。通过豪斯曼（Hausman）检验发现模型确实存在内生性问题，因此本节使用滞后一期的普遍道德水平作为其工具变量，进行 IV-GMM 回归，结果如列（3）、列（4）所示。列（1）、列（2）中普遍道德水平的回归系数显著为正，说明出口目的地普遍道德水平对企业出口产品质量具有正向影响，列（3）、列（4）中普遍道德水平的回归系数在 1%的水平上仍显著为正，且列（4）中的回归系数大于列（2）中的回归系数，说明 OLS 回归可能低估了普遍道德水平的影响。此外，工具变量均在 1%的水平上通过了弱工具变量检验和不可识别检验，证明其是有效的。使用不同估计方法得到的回归结果均说明出口目的地普遍道德水平越高，企业出口到该出口目的地的产品质量相对越高，普遍道德在出口目的地的扩散范围越广，践行普遍道德的个体所占比例越大，出口企业面临的违约风险及外生于合约的产品侵权风险越低，出口企业的预期收入越具有保障，从而越倾向选择出口质量更高、价格更高的产品。基准回归结果较好地验证了出口目的地普遍

道德水平对企业出口产品质量的总效应，即出口目的地普遍道德水平越高，企业出口产品质量越高，具体而言，出口目的地普遍道德水平每提高 10%，企业出口到该出口目的地的产品质量相对要高出 0.171%。

表 5.20　出口目的地普遍道德水平影响企业出口产品质量的基准回归结果

变量	(1)	(2)	(3)	(4)
	OLS		IV-GMM	
	lnquality	lnquality	lnquality	lnquality
lniffins	0.0090***	0.0111***	0.0142***	0.0171***
	(0.0006)	(0.0008)	(0.0009)	(0.0008)
lniffins_dist	−0.0020***	−0.0009***	−0.0022***	−0.0012***
	(0.0001)	(0.0001)	(0.0001)	(0.0001)
lnexr	0.0095***	0.0098***	0.00852***	0.0083***
	(0.0004)	(0.0007)	(0.0004)	(0.0004)
lndistw	0.0082***	0.0064***	0.0095***	0.0065***
	(0.0008)	(0.0013)	(0.0008)	(0.0008)
contig	0.0690***	0.0772***	0.0728***	0.0768***
	(0.0025)	(0.0041)	(0.0024)	(0.0024)
comlang_off	0.0107***	0.0075***	0.0130***	0.0101***
	(0.0007)	(0.0009)	(0.0007)	(0.0006)
fta_wto	0.0081***	0.0086***	0.0104***	0.0112***
	(0.0005)	(0.0006)	(0.0006)	(0.0006)
lngdpper	−0.0103***	−0.0106***	−0.0098***	−0.0095***
	(0.0004)	(0.0007)	(0.0004)	(0.0004)
常数项	−0.7870***	−0.7060***	0.0142***	0.0171***
	(0.0181)	(0.0059)	(0.0009)	(0.0008)
Kleibergen-Paap LM 统计量（χ^2）			602.5	506
Kleibergen-Paap LM Wald F 统计量			381211	438359
企业固定效应	是	否	是	否
产品固定效应	是	否	是	否
年份固定效应	是	否	是	否
企业-产品-年份固定效应	否	是	否	是
观测值	33352407	33388548	10006463	6296240
R^2	0.656	0.923	0.736	0.897

***回归系数在 1% 的水平上通过显著性检验。

注：括号中为稳健标准误。

关于控制变量，列（4）显示，出口目的地与中国普遍道德水平的距离（lniffins_dist）的回归系数在 1% 的水平上显著为负，贸易双方的价值观差异越大，沟通成本越高、互信程度越低，企业越倾向出口质量较低的产品。出口目的地与中国的地理距离（lndistw）的回归系数在 1% 的水平上显著为正，表明出口目的地距中国越远，企业出口产品质量越高，与 Manova 和 Zhang（2009）的研究一致。与中国是否有共同语言（comlang_off）和与中国是否接壤（contig）两个变量的回归系数均在 1% 的水平上显著为正，说明在出口目的地其他特征相同的情况下，企业会向汉语国家或地区、邻近国家或地区出口质量相对更高的产品。是否同属 WTO（fta_wto）的回归系数显著为正，贸易协定的缔结利于降低成员方之间的关税与非关税壁垒（谢建国和谭利利，2014），加剧出口目的地市场的竞争压力，这一方面直接迫使企业提高出口产品质量，另一方面会增加出口目的地最终品厂商对高质量中间品的需求，间接促使企业出口高质量产品。出口目的地实际汇率（lnexr）的回归系数在 1% 的水平上显著为正，余淼杰和张睿（2017）指出人民币贬值会迫使企业通过产品质量升级提升市场竞争力，本节的结果与张明志和季克佳（2018）的研究结论一致。

2）稳健性检验

（1）使用出口产品质量的其他测度指标。考虑出口产品质量的测算误差，为验证估计结果的稳健性，本节分别使用产品替代弹性的其他数值对出口产品质量进行再测算，其中，借鉴樊海潮和郭光远（2015）的研究，令替代弹性分别取值 5 或 10，进行估计，标准化处理后，分别得到出口产品质量 lnquality_5 和 lnquality_10。此外，基准回归中，为减少样本量损失，在测算出口产品质量时将产品替代弹性加总到 HS2 位码，本节直接使用 Broda 和 Weinstein（2004）测算的中国产品 HS3 分位层面的产品替代弹性，重新计算出口产品质量，标准化后得到出口产品质量 lnquality_3。使用以上三个出口产品质量指标重新进行 IV-GMM 回归，得到的结果如表 5.21 所示。使用不同出口产品质量指标得到的回归结果表明，出口目的地普遍道德水平对出口产品质量呈现出显著的促进作用，其中，列（1）中使用更为精细的产品替代弹性估计得到的结果显示，出口目的地的普遍道德水平越高，企业出口到该出口目的地的产品质量越高。

表 5.21　替换出口产品质量测度指标的回归结果

变量	（1） lnquality_3	（2） lnquality_5	（3） lnquality_10
lniffins	0.0263***	0.0163***	0.0164***
	（0.0010）	（0.0007）	（0.0006）

续表

变量	(1) lnquality_3	(2) lnquality_5	(3) lnquality_10
Kleibergen-Paap LM 统计量 (χ^2)	503	506	506
Kleibergen-Paap LM Wald F 统计量	435508	438360	438359
企业-产品-年份固定效应	是	是	是
观测值	6270340	6296220	6296233
R^2	0.840	0.882	0.905

***回归系数在1%的水平上通过显著性检验。

注：括号中为稳健标准误；这里仅报告核心解释变量 lniffins 的回归结果，略去了所有控制变量的回归结果，估计方法采用 IV-GMM 法，以下同。

（2）使用普遍道德水平的其他工具变量。在基准回归中，为减少样本量损失，使用滞后一期的普遍道德水平作为其工具变量，但事实上普遍道德水平基于 5 年为 1 个周期的 WVS 数据计算得到，因各调查周期内每年的指标值都相等，故存在部分年份的滞后一期值与当年值相等的情况。为验证 IV-GMM 回归结果的稳健性，本节进一步使用滞后五期的普遍道德水平作为其工具变量进行估计，结果如表 5.22 所示。列（1）中普遍道德水平的回归系数仍在 1%的水平上显著为正，验证了结果的稳健性。

表 5.22　替换普遍道德水平工具变量的回归结果

变量	(1) 滞后五期的普遍道德水平 lnquality	(2) 对行政人员约束程度历史变量 lnquality	(3) lnquality
lniffins	0.0662*** (0.0033)	0.0645*** (0.0036)	0.0652*** (0.0033)
Kleibergen-Paap LM 统计量 (χ^2)	390.3	181.674	287.5
Kleibergen-Paap LM Wald F 统计量	4797	776.671	57845
企业-产品-年份固定效应	是	是	是
观测值	10673804	2090451	2090451
R^2	0.882	0.914	0.914

***回归系数在1%的水平上通过显著性检验。

注：括号中为稳健标准误。

Tabellini（2010）在以欧洲国家为样本研究个体价值观对经济发展的影响时指出，普遍道德更可能存在于过去由非专制政治机构统治的社会，因此可使用几个世纪前的制度变量作为普遍道德水平的工具变量。本节借鉴 Tabellini（2010）的做法，使用欧洲六国 1600 年、1700 年、1750 年、1800 年、1850 年对行政人员约束程度历史变量，分别计算其在五个历史时点的简单平均值和加权平均值①，作为普遍道德水平的工具变量，数据来自第四代政治数据库（POLITY Ⅳ）数据库及 Tabellini（2010）的研究。列（2）显示了使用简单平均值作为工具变量的回归结果，列（3）显示了使用加权平均值作为工具变量的回归结果，两个回归结果均显示普遍道德水平的回归系数在 1%的水平上显著为正，证明普遍道德水平改善对中国企业出口产品质量的提升作用稳健。

（3）使用普遍道德水平的其他衡量指标。在基准回归中，采用 WVS 数据库中个体对逃税的机会主义取向来衡量一国的普遍道德水平。此外，信任也被用作普遍道德水平的衡量指标（Tabellini，2008b）。Ulsaner（2008）与 Glaeser 等（2000）研究指出个体对他人的信任程度与该个体的慈善捐款与志愿服务行为紧密相连。现有研究多基于 WVS 数据库中"大多数人可以被信任吗？"这一问题的答案构建信任指标，具体采用一国调查中认为"大多数人可以被信任"的受访者比例来衡量；在此基础上，借鉴 Tabellini（2010）的研究，对信任指标与机会主义取向指标各赋予 50%的权重，加权得到各国信任与机会主义取向的综合指标。信任及信任与机会主义取向的综合指标越大，国家的普遍道德水平越高。为验证结果的稳健性，本节分别使用信任及信任与机会主义取向的综合指标作为普遍道德水平的代理变量，利用 IV-GMM 法进行回归，估计结果如表 5.23 所示。列（1）显示使用信任衡量的普遍道德水平的回归系数显著为正，说明出口目的地的普遍道德水平越高，企业对该出口目的地的出口产品质量越高；列（2）显示采用信任与机会主义取向的综合指标衡量的普遍道德水平的回归系数也在 1%的水平上显著为正，表明替换普遍道德水平的衡量指标，实证结果仍然稳健。

表 5.23　使用普遍道德水平其他衡量指标的回归结果

变量	（1） 信任 lnquality	（2） 信任与机会主义取向的综合指标 lnquality
lniffins	0.0346***	0.0284***
	(0.0102)	(0.0034)
Kleibergen-Paap LM 统计量（χ^2）	415.1	457.6

① 取 1600 年、1700 年、1750 年、1800 年、1850 年对行政人员约束程度历史变量赋予的权重分别为 0.5、0.7、0.8、0.9、1。

续表

变量	（1） 信任 lnquality	（2） 信任与机会主义取向的综合指标 lnquality
Kleibergen-Paap LM Wald *F* 统计量	36905	2779.7
企业-产品-年份固定效应	是	是
观测值	595210	622910
R^2	0.8913	0.8912

***回归系数在1%的水平上通过显著性检验。

注：括号中为稳健标准误。

（4）基于不同样本的回归。选取不同的样本进行回归，进一步验证结果的稳健性，估计结果如表5.24所示。列（1）报告了剔除出口产品质量极端值（对lnquality双侧截尾5%）样本的回归结果，列（2）报告了仅保留制造业样本的回归结果。两个样本的回归结果均显示，普遍道德水平的回归系数仍在1%的水平上显著为正，出口目的地普遍道德水平对中国企业的出口产品质量具有稳健的促进作用。

表 5.24　基于不同样本的回归结果

变量	（1） 删除极端值 lnquality	（2） 制造业 lnquality	（3） 非中间商 lnquality	（4） 中间商 lnquality
lniffins	0.0171*** (0.0008)	0.0172*** (0.0009)	0.0165*** (0.0008)	0.0171*** (0.00104)
Kleibergen-Paap LM 统计量（χ^2）	506	433.5	574.4	324.7
Kleibergen-Paap LM Wald *F* 统计量	438339	386563	540109	152410
企业-产品-年份固定效应	是	是	是	是
观测值	6296044	5747664	4088737	2129232
R^2	0.898	0.898	0.898	0.894

***回归系数在1%的水平上通过显著性检验。

注：括号中为稳健标准误。

样本中包含中间商企业与非中间商企业，中间商不参与产品生产环节，不能改变出口产品质量，其对不同出口目的地的出口产品质量差异完全是出口决策的结果，因此以中间商企业为样本的回归结果更能反映出口目的地普遍道德水平对企业出口产品质量的影响，可较好地剔除普遍道德水平对生产产品质量的影响效应，突显企业出口产品质量决策而非质量生产能力对中国整体出口产品质量的重要性。据此，本节将出口企业分为中间商企业和非中间商企业，进行分样本回归，其中，把中国海关贸易数据库中名称含有"进出口""贸易""经贸""科贸""外贸"的企业归为中间商企业（Ahn et al.，2011），回归结果如列（3）、列（4）所示，普遍道德水平的回归系数均在 1%的水平上显著为正，且中间商企业样本中普遍道德水平的回归系数较大，这说明即使假设非中间商的出口产品质量差异完全由质量生产能力决定而不受出口产品质量决策的影响，出口目的地较强的普遍道德约束带来的风险降低效应也对出口企业的产品质量决策呈现出相对更大的影响效应。

（5）企业是否向高普遍道德水平国家出口更多高质量产品？上述稳健性检验的结果表明，企业趋于向普遍道德水平更高的国家出口高质量产品，那么企业是否会向普遍道德水平更高的国家出口更多的高质量产品呢？基于企业-产品-多出口目的地样本，本节构建企业-国家-年份层面的高质量集中度 f_p_qualityconcern$_{idt}$，用以反映企业向一国出口高质量产品的占比：

$$\text{f\_p\_qualityconcern}_{idt} = \frac{\text{firstvalue}_{idt}}{\text{exportvalue}_{idt}} \qquad (5.28)$$

其中，firstvalue$_{idt}$ 为将企业出口产品在各 HS6 类别内按质量高低进行排序后计算得到的企业 i 在 t 年向出口目的地 d 出口最高质量产品的总额；exportvalue$_{idt}$ 为企业 i 在 t 年对出口目的地 d 出口产品的总额。

为进一步考察企业是否将高质量产品集中出口至某个或某几个出口目的地，建立以高质量集中度为被解释变量、出口目的地普遍道德水平为核心解释变量的计量模型：

$$\text{f\_p\_qualityconcern}_{idt} = \beta_0 + \beta_{12} \ln\text{iffins}_{dt} + X'_{dt}\delta_{dt} + Z'_d\lambda_d + \delta_{igt} + \varepsilon_{igdt} \qquad (5.29)$$

表 5.25 报告了出口目的地普遍道德水平对企业出口产品高质量集中度的影响，列（1）报告了固定效应回归结果，列（2）报告了 IV-GMM 回归结果。两个结果均表明普遍道德水平的回归系数显著为正，说明出口目的地普遍道德水平越高，企业会向其出口越多的高质量产品。

表 5.25　出口目的地普遍道德水平对企业出口产品高质量集中度的影响

变量	（1） 固定效应 f_p_qualityconcern	（2） IV-GMM f_p_qualityconcern
lniffins	0.0660***	0.281**
	（0.00577）	（0.117）
企业-年份固定效应	是	是

变量	(1) 固定效应 f_p_qualityconcern	(2) IV-GMM f_p_qualityconcern
Kleibergen-Paap LM 统计量（χ^2）		8684
Kleibergen-Paap LM Wald F 统计量		7554
观测值	5059961	1360290
R^2	0.308	0.300

**回归系数在 5%的水平上通过显著性检验。

***回归系数在 1%的水平上通过显著性检验。

注：括号中为稳健标准误。

4. 影响机制探讨与扩展研究

1）出口目的地普遍道德水平影响企业出口产品质量的影响机制探讨

以上实证结果表明，出口企业会向普遍道德水平较高的出口目的地出口质量更高的产品。理论分析指出，出口目的地的普遍道德水平越高，越可能通过降低分销商违约风险及市场竞争者侵权风险促使企业出口高质量产品，本节进一步实证检验违约风险降低与侵权风险降低这两个影响渠道。

基于分样本回归的影响机制探讨，借鉴 Liu 和 Lu（2015）的方法，考虑不同契约密集度及不同专利密集度的产品分别对分销商违约风险与市场竞争者侵权风险的敏感程度不同，通过分样本回归进行影响机制探讨。

（1）基于降低违约风险的分样本回归。Nunn（2007）研究指出契约密集型行业通常以技术而非劳动为生产要素，其单位生产成本高于非契约密集型行业，若出口目的地的分销商违约，则企业会因出口契约密集型产品而遭受更大的成本损失，并且出口产品质量越高，企业预期的出口收入和成本损失风险均越高。因此，若出口目的地的普遍道德水平改善，遵循良好行为规范的分销商比例提升，出口商预期面临的违约风险降低，获得出口收入的概率增大，则企业会有更大的激励提高契约密集型产品的质量，即契约密集型产品的出口质量对违约风险降低的反应更为敏感。

按照产品的契约密集度，本节将样本分为高契约密集度样本和低契约密集度样本。契约密集度是指产品中用保守估计法测算得到的没有在交易场所买卖且没有参考价格的中间品的比例（Nunn，2007）。分样本回归结果如表 5.26 所示。列（1）和列（2）报告了按照产品契约密集度的中位数分样本的回归结果，结果显示，高契约密集度样本和低契约密集度样本中的普遍道德水平的回归系数均在 1%的水平上显著为正，说明出口目的地较高的普遍道德水平会激励企业提高不同契约密集度的出口产品质量。列（1）中普遍道德水平的回归系数大于列（2）中普遍道德水平的回归系数，并且检验发现两个回归系数的差异在 5% 的水平上显著存在，说明高契约密集度的出口产品质量对出口目的地普遍道德水平的变动更为敏感，出口目的地普遍道德水平改善会更大程度地促使企业提高契约密集度较高的出口产品质量，验证了本节的预期，支持出口目的地普遍道德水平改善通过降低分销商违约风险促使企业出口高质量产品的观点。进一步，本节按照 10% 分位数的产品契约密集度将样本进行分类，回归结果如列（3）、列（4）所示，高契约密集度样本中的普遍道德水平的回归系数显著大于低契约密集度样本中的普遍道德水平的回归系数。

表 5.26　普遍道德水平对高、低契约密集度出口产品质量的影响

变量	(1)	(2)	(3)	(4)
	根据契约密集度中位数分类		根据契约密集度10%分位数分类	
	高契约密集度	低契约密集度	高契约密集度	低契约密集度
	lnquality	lnquality	lnquality	lnquality
lniffins	0.0113***	0.0109***	0.0115***	0.0069***
	(0.0011)	(0.0011)	(0.0008)	(0.0017)
企业-产品-年份固定效应	是	是	是	是
观测值	18108710	15279838	30484040	2904508
R^2	0.9320	0.9082	0.9210	0.9394
回归系数差异检验（P 值）	0.040		0.000	

***回归系数在 1% 的水平上通过显著性检验。

注：括号中为稳健标准误；系数差异检验使用费希尔置换检验（Fisher's permutation test）方法，根据回归系数差异检验的 P 值判断回归系数差异的显著性，列（1）和列（2）中回归系数差异检验的 P 值为 0.040，列（3）和列（4）中回归系数差异检验的 P 值为 0.000，均拒绝"分样本回归系数无差异"的原假设，表明高契约密集度样本与低契约密集度样本间的普遍道德水平的回归系数差异显著。

（2）基于降低侵权风险的分样本回归。专利密集型产业具有相对较多的专利产出（李黎明和陈明媛，2017），主要依靠知识产权塑造市场竞争优势。若出口目的地普遍道德水平较低，较为广泛的市场竞争者受普遍道德约束程度低，容易实施搭便车行为，导致侵权行为发生。因此，专利密度越大的产品遭受侵权的概率越大、程度越深，市场势力被削弱得相对越多，对企业出口收入造成的损害越大，并且出口产品质量越高，企业预期收入损失越明显。因此，预期专利密集度高的出口产品对侵权风险降低的反应更为敏感，表现为普遍道德水平的改善使得专利密集度较高的出口产品质量提升幅度更大。

按照产品专利密集度，本节将样本分为高专利密集度样本与低专利密集度样本。自 2012 年以来，美国、欧盟和中国等先后提出了专利密集型产业的界定标准，

其中，发明专利密集度高于行业平均水平是各国（或地区）均采用的划分标准之一。发明专利密集度是指人均发明专利产出量。本节借鉴《知识产权（专利）密集型产业统计分类（2019）》关于该指标的测度方法，计算样本期间制造业行业的发明专利密集度，具体地，用各行业样本期间的有效发明专利数之和与行业年均就业人数之比来表示，其中，有效发明专利数是专利权人在当年拥有且仍处于有效期内的发明专利授权数①。按照该统计分类，选取发明专利密集度处于均值以上的行业为专利密集型行业。将参考《国民经济行业分类》（GB/T 4754—2002）②的专利密集型行业与 HS1992-6 位码匹配，分别按照产品专利密集度的中位数及 10% 分位数进行分类，回归结果如表 5.27 所示。列（1）～列（4）显示，普遍道德水平的回归系数均在 1% 的水平上显著为正，说明出口目的地普遍道德水平的改善显著促使企业提高了不同专利密集度的出口产品质量。针对不同分类标准下的回归结果检验表明，普遍道德水平在高专利密集度样本中的回归系数大于在低专利密集度样本中的回归系数，且回归系数差异显著，说明高专利密集度的出口产品对出口目的地普遍道德水平的变化具有更高的敏感性，普遍道德水平的改善激励企业更大程度地提高高专利密集度出口产品的质量，验证了本节的预期，说明普遍道德水平的改善会通过降低出口目的地市场侵权风险促使企业提高出口产品质量。

表 5.27 普遍道德水平对高、低专利密集度出口产品质量的影响

变量	(1)	(2)	(3)	(4)
	根据专利密集度中位数分类		根据专利密集度10%分位数分类	
	高专利密集度	低专利密集度	高专利密集度	低专利密集度
	lnquality	lnquality	lnquality	lnquality
lniffins	0.0093***	0.0089***	0.0095***	0.0064***
	(0.0093)	(0.0017)	(0.0002)	(0.0017)
企业-产品-年份固定效应	是	是	是	是
观测值	77079041	457988	10558802	1728983
R^2	0.8459	0.8431	0.8463	0.8526
回归系数差异检验（P 值）	0.100		0.000	

***回归系数在 1% 的水平上通过显著性检验。

注：括号中为稳健标准误；回归系数差异检验使用费希尔置换检验方法，根据回归系数差异检验的 P 值判断回归系数差异的显著性，列（1）和列（2）中回归系数差异检验的 P 值为 0.100，列（3）和列（4）中回归系数差异检验的 P 值为 0.000，均拒绝"分样本回归系数无差异"的原假设，表明高专利密集度样本与低专利密集度样本间的普遍道德水平的回归系数差异显著。

---

① 国家统计局发布的《知识产权（专利）密集型产业统计分类（2019）》虽明确了专利密集型产业分类，但距本节的样本期间（2003～2013 年）时间较远，因此本节重新计算样本期间的发明专利密集度。

② 现行《国民经济行业分类》（GB/T 4754—2017）与该版本存在区别。

2）影响渠道的进一步检验

为进一步检验出口目的地普遍道德水平影响企业出口产品质量的渠道机制，本节在模型（5.27）中分别引入违约风险（lncontract）及其与普遍道德水平的交互项（lncontract×lniffins）、侵权风险（lnpro）及其与普遍道德水平的交互项（lnpro×lniffins）进行机制检验。

现有研究指出，在契约环境良好的地区，经济个体的违约概率较小（黄玖立等，2013；刘竹青和周燕，2014）。使用各国的契约执行指标反向衡量一国的违约风险，即契约执行指标值越大，违约风险越低，数据来源于 2003～2011 年世界银行发布的《全球营商环境报告》中的契约执行指标。如果违约风险降低这一渠道机制存在，则普遍道德水平与契约执行指标交互项（lncontract×lniffins）的回归系数显著为正。表 5.28 列（1）的回归结果显示，普遍道德水平与契约执行指标交互项的回归系数在 1%的水平上显著为正，说明出口目的地较高的普遍道德水平确实会通过降低违约风险促使企业提高出口产品质量。选取各国的产权保护指标反向衡量一国的侵权风险。产权保护指标表示一国保护产权的程度，产权保护指标值越大，侵权风险越低，数据来自《经济自由度指数》（Index of Economic Freedom）报告。若侵权风险降低这一渠道机制存在，则普遍道德水平与产权保护指标交互项（lnpro×lniffins）的回归系数显著为正。表 5.28 列（2）中普遍道德水平与产权保护指标交互项的回归系数在 1%的水平上显著为正，意味着出口目的地较高的普遍道德水平确实会通过降低侵权风险促使企业提高出口产品质量。

表 5.28　普遍道德水平影响出口产品质量的渠道检验

变量	（1） 降低违约风险渠道 lnquality	（2） 降低侵权风险渠道 lnquality
lniffins	0.0099^{***}	0.0184^{***}
	（0.0006）	（0.0009）
lncontract	0.0110^{***}	
	（0.0010）	
lncontract×lniffins	0.0712^{***}	
	（0.0043）	
lnpro		0.0046^{***}
		（0.0005）
lnpro×lniffins		0.0366^{***}
		（0.0021）
Kleibergen-Paap LM 统计量（χ^2）	473.6	511.3
Kleibergen-Paap LM Wald F 统计量	580000	252724

续表

变量	（1） 降低违约风险渠道 lnquality	（2） 降低侵权风险渠道 lnquality
观测值	3780638	6291249
R^2	0.9093	0.8972

***回归系数在 1%的水平上通过显著性检验。

注：括号中为稳健标准误；lncontract 的取值为[0.7324, 4.5365]，lnpro 的取值为[1.6094, 4.5539]；根据伍德里奇（2010）的研究，为使 lniffins 有意义，本节对交互项中的两个变量进行去中心化处理，由此 lniffins 解释为 lncontract 或 lnpro 取均值时普遍道德水平对企业出口产品质量的偏效应。

3）扩展研究——非正式制度与正式制度影响出口产品质量的交互效应

非正式制度与正式制度共同构成规范个体行为的规则及其执行机制。在国际贸易领域，许多学者研究发现正式制度与非正式制度之间存在替代关系，即在正式制度不完善的国家，非正式制度起到更重要的作用（赵家章和池建宇，2014）。但在正式制度、非正式制度影响企业非出口活动的研究领域，Booltink 和 Saka-Helmhout（2018）考察企业的创新路径时研究指出，当正式制度较强时，非正式制度起到补充作用；当正式制度较弱时，非正式制度能够包容正式制度。那么，在对中国企业出口产品质量发挥作用时，普遍道德水平与法治水平之间存在什么关系呢？法律制度由政府强制实施，普遍道德引导自我约束，两者的执行机制不同，但在跨国交易中发挥的作用一致：法律制度中的契约制度用以保障合约的执行，契约制度越完善，交易主体违约的物质成本越高，违约机会越小，与普遍道德的作用结果一致，能约束贸易伙伴的机会主义行为，降低出口商面临的违约风险；法律制度中的知识产权保护制度能够为出口产品提供产权保护，出口目的地的知识产权保护水平越高，侵权行为带来的惩罚损失越大，因此能有效抑制市场竞争者的搭便车行为，降低出口产品被侵权的风险。

为进一步考察正式制度与非正式制度作用的交互关系，本节在基准模型的基础上引入正式制度与普遍道德水平的交互项，其中，正式制度用全球治理指标的法治水平（lnrl）来衡量，取值为[-2.5, 2.5]，数据来自世界银行。由于直接对法治水平取对数会损失大量样本，本节借鉴 Nunn（2007）的研究，对法治水平与普遍道德水平均进行标准化处理，再以对数形式纳入模型[①]。构建如下计量模型：

① 为尽可能消除模型的异方差问题并保持变量形式的一致性，需对正式制度（法治水平）取对数形式。但因法治水平取值为[-2.5, 2.5]，若直接对其取对数值会损失 15849403 个样本，且这些样本对应的均为法治水平较低的国家，造成选择性偏误问题。因此，本节借鉴 Nunn（2007）的研究，对法治水平进行标准化处理，同时考虑回归系数的解释，对普遍道德水平也进行标准化处理，具体方法与前面出口产品质量标准化方法一致。

$$\ln\text{quality}_{igdt} = \alpha_0 + \alpha_1 \ln\text{iffins}_{dt} + \alpha_2 \ln rl_{dt} + \alpha_3 \ln rl_{dt} \times \ln\text{iffins}_{dt}$$
$$+ X'_{dt}\kappa_{dt} + Z'_d \lambda_d + \delta_{igt} + \varepsilon_{igdt} \tag{5.30}$$

除考虑前面讨论的普遍道德水平的内生性问题外，因一国的贸易状况与正式制度相互影响（Faruq，2011），故出口目的地进口产品质量与法治水平之间可能存在相互影响；同时，通过 Hausman 检验发现，模型中的法治水平与普遍道德水平存在显著的内生性问题。因此，本节采用 IV-GMM 法进行模型估计。使用滞后一期的普遍道德水平作为其工具变量，参考 Nunn（2007）的研究，使用法律起源作为法治水平的工具变量，各国法律起源可归为英国普通法、法国公民法、德国公民法、社会主义法律体系和斯堪的纳维亚法五个法系（余淼杰等，2016），其中，英国普通法对债权人的权利具有相对更强的保护力，因此本节使用英国普通法这一虚拟变量作为法治水平的工具变量，即若一国的法律起源为英国普通法，则取值为 1，否则，取值为 0，数据来自 CEPII。

表 5.29 报告了出口目的地法治水平、普遍道德水平对中国企业出口产品质量的影响。列（1）仅报告了出口目的地法治水平对出口产品质量的回归结果，法治水平的回归系数在 1%的水平上显著为正，表明出口目的地法治水平的提升利于提高中国企业的出口产品质量，正式制度同样对出口产品质量具有正向效应。从列（2）的结果可以看出，在控制其他变量时，法治水平和普遍道德水平均显著为正，并且法治水平的回归系数显著大于普遍道德水平的回归系数，法治水平、普遍道德水平均提高 10%，对出口产品质量的提升幅度分别为 0.372%和 0.067%，正式制度对出口产品质量呈现出更大的提升作用。进一步，将普遍道德水平、法治水平及两者的交互项纳入同一方程，回归结果如列（3）所示，法治水平、普遍道德水平的回归系数仍显著为正，两者的交互项也在 1%的水平上显著为正，说明两者之间存在互补关系，意味着一国法治水平越高，普遍道德水平改善对中国企业出口产品质量的提升作用越大，当一国的法治水平高于–0.6040（ = (0–0.0929)/ 0.1538）时，普遍道德水平对出口产品质量的总效应为正，样本期间的平均法治水平为–0.3882，远高于临界值，总体上普遍道德水平对出口产品质量具有提升作用。同样地，一国的普遍道德水平越高，法治水平提高对中国企业出口产品质量的促进效应也越大。

表 5.29　出口目的地法治水平、普遍道德水平对出口产品质量的影响

变量	(1) lnquality	(2) lnquality	(3) lnquality
lnrl	0.0293***	0.0372***	0.1200***
	（0.0030）	（0.0031）	（0.0058）
lniffins		0.0067***	0.0929***
		（0.0004）	（0.0034）

续表

变量	(1) lnquality	(2) lnquality	(3) lnquality
lnrl×lniffins			0.1538***
			(0.0060)
Kleibergen-Paap LM 统计量（χ^2）	920507	920507	483705
Kleibergen-Paap LM Wald F 统计量	404083	404083	130920
企业-产品-年份固定效应	是	是	是
观测值	35987832	6296162	6296162
R^2	0.8654	0.8967	0.8960

***回归系数在 1%的水平上通过显著性检验。

注：括号中为稳健标准误。

　　本节的实证结果表明，在提升贸易质量层面，正式制度与非正式制度之间的作用存在相互促进、相互补充的关系。一方面，普遍道德水平的作用程度依赖法治水平。严格的法律及较高的执法效率利于普遍道德的扩散，交易一方是否遵守普遍道德受其关于对方行为预期的影响，当执法效率较高时，对方的违约成本高、违约机会小，从而鼓励个体践行普遍道德、遵守交易规则，对出口产品质量产生更大的提升作用。另一方面，普遍道德水平影响法治水平。运行良好的正式制度往往存在于个体价值观与普遍道德相一致的国家，较高的普遍道德水平能引导好的法律制度和执法效率：普遍道德作为良好行为规范，会引导个体对抽象规则如法治、基本个人权利、民主程序与制衡的信任和尊重，使得执法更具效率；遵守普遍道德的个体作为选民会基于更广泛的社会福利而非个人福利参与政治决策，从而引导形成良好的法律规则；执法官员以普遍道德为行为准则，机会主义行为概率较小，能有效提高执法效率（Tabellini，2008b）。这都会有效提高法治水平，降低出口目的地个体的机会主义行为，使其对企业出口产品质量发挥更大的提升作用。因此，一国较高的法治水平能激励个体遵守普遍道德，强化普遍道德在跨国交易中的作用；一国普遍道德的扩散范围越广，遵守普遍道德的个体越可能引导形成好的法律制度与执法效率，从而降低出口商面临的违约风险与侵权风险，提高出口产品质量，出口目的地正式制度与非正式制度对出口产品质量存在相互促进、相互补充的关系。

5. 结论性评述

　　本节首先构建了不完全契约下出口商、分销商与侵权者的博弈模型，进行了理论分析，并使用 2003～2011 年中国企业-产品-国家层面的出口数据与 WVS 数据进行匹配，实证考察了出口目的地普遍道德水平对中国企业出口产品质量的影响。研究发现出口目的地普遍道德水平越高，中国企业出口产品质量相对越高；使用关键变量的不同指标、改变工具变量，以及选择不同样本得到的结论仍然稳健；机制检验表明，出口目的地较高的普遍道德水平主要通过降低出口企业预期的违约风险和侵权风险，鼓励企业出口高质量产品。其次综合考察了正式制度和非正式制度对出口产品质量的影响，发现作为非正式制度的普遍道德水平与作为正式制度的法治水平对出口产品质量的提升作用具有相互补充、相互促进的关系。

近年来，全球总需求不振，以美国为首的发达国家和地区实行贸易保护主义及对中国的技术打压和封锁等，使中国产品在欧美等国家和地区的出口受阻。因此，推动中国出口目的地多元化，特别是通过共建"一带一路"，重构全球价值链、培育国际竞争新优势，对中国出口贸易的持续发展及升级具有重要意义。但是"一带一路"共建国大多普遍道德水平相对较低，中国与其开展国际合作，不仅要考虑制度环境、经济发展的影响，而且要考虑文化冲突、道德信任、风俗习惯等非正式制度的影响，要加强信任和合作。不仅要了解当地的文化习俗，输出中国产品和技术，而且要促进这些国家对中国历史文化、道德习俗的了解，这样更有利于中国出口产品质量提升和国际竞争新优势培育。此外，较高的普遍道德水平会提高契约密集型进口产品的质量，因此中国应深化普遍道德培育，重视通过价值观建设辅助法治水平提升，以促进专用性投资多、差异化程度高的高技术高质量中间品的进口，为出口产品质量提升提供动力。

5.6.3　老龄化与出口产品质量

随着我国人口老龄化加速，劳动力供给数量和价格上的比较优势正逐年削弱，曾经支撑我国成为贸易大国和制造大国的传统劳动密集型制造业企业由于劳动力供给数量不足而成本上升，正在逐渐失去原有国际竞争优势；相反，随着劳动力老龄化加速，拥有丰富工作经验和较高劳动技能的老年组劳动力资源越来越丰富，为我国企业出口产品质量提升储备了较为丰富的"老年人才"。本节将老龄化区分为人口老龄化和劳动力老龄化两个层面，分别从劳动力供给数量和劳动力供给质量视角分析人口老龄化、劳动力老龄化对企业出口产品质量的作用机制，并结合中国省级层面的老龄化数据和企业层面的出口产品等数据，实证检验老龄化对中国企业出口产品质量的影响效应。

1. 理论机制分析

从供给的角度来看，老龄化（人口老龄化和劳动力老龄化）加速会导致劳动力市场供给特征的重大变化，并通过技术变化来引致企业出口产品质量的变化（Cheng et al.，2013；王有鑫等，2015）。

1）人口老龄化对出口产品质量的影响机制：劳动力供给数量视角

人口老龄化意味着在人口结构中的劳动年龄人口与少儿人口之和占总人口的比例下降，而老年人口占总人口的比例上升，这会导致当前至未来的劳动力市场呈现出劳动力供给数量减少的特征（童玉芬，2014），进而通过企业的规模经济、研发投入和生产环节技术支持等因素，影响企业出口产品质量。首先，在企业规模经济层面，人口老龄化导致的劳动力供给数量减少使得企业在原有技术条件下生产规模不经济，意味着企业无法在原有技术的生产规模下按照原有最优的要素组合进行生产，进而抑制企业出口产品质量的提升（敖洁等，2019；许明和李逸飞，2018）。其次，在企业研发投入层面，劳动力供给数量减少会使企业生产的劳动要素成本上升从而挤压企业的研发投入，尤其是在交易信息不对称的情况下，会导致企业道德风险问题发生，企业为了降低生产成本而选择降低技术标准、偷工减料，这直接导致企业出口产品质量下降（高晓娜和兰宜生，2016）。最后，在企业生产环节技术支持层面，劳动力供给数量减少会导致企业关键生产环节的技术缺失，招工难的负向影响会在企业的各生产环节中不均衡地进行，即在一个产品生产链中，可能某些环节的员工很难招到，以至于难以维持原有的生产技术标准。因此，在人口老龄化背景下劳动力供给数量减少会制约企业技术发展。根据内生经济增长理论，企业的技术水平是企业出口产品质量的决定性因素，因此人口老龄化加速会导致企业出口产品质量下降（敖洁等，2019；蔡昉，2015）。

2）劳动力老龄化对出口产品质量的影响机制：劳动力供给质量视角

劳动力老龄化意味着在劳动力结构中的青、中年组劳动力之和占总劳动力的比例下降，而老年组劳动力占总劳动力的比例上升，这会导致劳动力市场呈现出劳动力供给质量变化的特征，进而通过积累效应、溢出效应和老化效应（王有鑫等，2015；汪伟等，2015；蔡昉，2015），影响企业出口产品质量。在积累效应层面，老年组劳动力多年的工作经历使其熟悉岗位工作中的生产流程和工艺技术，形成了丰富的工作经验且积累了丰富的技术技能，有助于指导自身今后的工作和提高工作效率。在溢出效应层面，老年组劳动力丰富的工作经验和技能可以在生产过程中指导青、中年组劳动力的工作和生产，通过"干中学"效应帮助他们积累工作经验和技能（汪伟等，2015；汪伟和姜振茂，2016）。根据内生经济增长理论，员工经验积累和技能提高会促进企业人力资本积累和技术进步，从而有利于企业出口产品质量提升。在老化效应层面，劳动力老龄化会使劳动力整体体能衰减和下降（许明和李逸飞，2018），在快速准确地阅读、提取和处理信息方面所需的能力会随着年龄的老化而逐渐下降，从而降低了工作效率和任务完成的准确度（敖洁等，2019；Peneder，2003），对企业出口产品质量可能产生负向影响。虽然劳动力老龄化对企业出口产品质量的影响同时存在正向和负向效应，但由于经济发展和生活条件改善，国民人均寿命和身体素质将不断提高，会使得老年组劳动力体能衰减的速度下降和老化效应到来的年龄推后，其正向效应会大于负向效应。

2. 计量模型、数据与变量

1）模型设定与数据来源

本节参考许和连和王海成（2016）的方法，设定基本计量模型如下。

$$\text{lnquality}_{imdt} = \alpha + \beta_n \text{aging}_{nmdt} + \text{Contr}'_{dit}\delta_{dit} + \xi_i + \eta_m + \lambda_d + \phi_t + \varepsilon_{imdt} \quad (5.31)$$

其中，i 为企业；m 为行业；d 为企业所在省（区市）；t 为年份；lnquality_{imdt} 为企业层面的出口产品质量；aging_{nmdt} 为企业所在省（区市）的老龄化，β_n 为其系数，下标 $n=1$ 代表人口老龄化 popaging_{dt}，下标 $n=2$ 代表劳动力老龄化 laboraging_{dt}；Contr_{dit} 为控制变量向量；ξ_i 为企业虚拟变量，η_m 为行业虚拟变量，λ_d 为地区（省级）虚拟变量，用以控制无法观测的企业、行业、地区（省级）固定效应；ϕ_t 为年份虚拟变量，用以控制整体宏观经济形势；α 和 ε_{imdt} 分别为常数项和随机误差项。

本节数据主要来源于 2000～2013 年的中国工业企业数据库、中国海关贸易数据库和各省区市人口老龄化和劳动力老龄化的数据，数据库之间的匹配主要参考 Brandt 等（2012）、杨汝岱（2015）的方法，利用法人代码、企业名称、地区代码、电话号码、邮政编码等关键词进行匹配。中国工业企业数据库提供了较为详细的企业特征数据，中国海关贸易数据库提供了企业产品层面的出口特征数据。由于尚无现成的企业层面的老龄化数据库，本节从各省区市统计年鉴和公报中搜集了省级层面的相关数据，并假定企业所在省（区市）内部的人口老龄化和劳动力老龄化的变化是一致的，只存在省际区别。出口产品质量的测算使用 2000～2013 年中国海关贸易数据库所有出口样本信息，这使得本节可以回答更长时期内中国出口产品质量的变化情况。在估计老龄化对企业出口产品质量的影响时，使用的是上述数据库相匹配后的数据。

2）变量选取和测算

（1）被解释变量为企业出口产品质量（lnquality）。本节借鉴 Khandelwal 等（2013）、施炳展和邵文波（2014）的方法测算出口产品质量，获得企业层面出口产品质量后，取自然对数进入回归模型。

（2）核心解释变量为人口老龄化（popaging）和劳动力老龄化（laboraging）。

人口老龄化是指在出生率下降与人均寿命延长的背景下，人口结构中的 15～64 岁的劳动年龄人口与 0～14 岁的少儿人口之和占总人口的比例下降而 65 岁及以上的老年人口占总人口的比例上升的动态化过程。根据现行国际标准，当一个国家或地区 65 岁及以上老年人口占总人口的比例超过 7% 时，该国家或地区进入老龄化社会①。计算公式如下：人口老龄化比例 = 65 岁及以上老年人口/总人口。图 5.11 描绘了 2000～2013 年代表性 6 年人口老龄化的核密度动态演进：人口老龄化核密度曲线尖峰分布在人口老龄化比例超过 7% 的位置，这说明早在 21 世纪初，我国许多省区市就已进入人口老龄化社会；人口老龄化核密度曲线不断向右移动，这说明随着时间的推移，我国各省区市人口老龄化程度在不断加深。按照现行退休年龄政策，人口老龄化加速的经济学含义为社会上已退出工作岗位且需要社会赡养的人群占比不断提高，社会总体负担在加重。

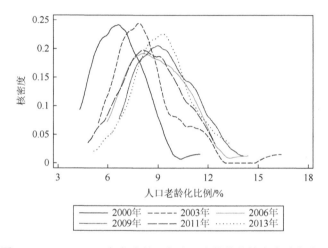

图 5.11　2000～2013 年代表性 6 年人口老龄化的核密度动态演进

　　劳动力老龄化是指在 15～64 岁劳动年龄阶段的人口中，青、中年组劳动人口占比下降而老年组劳动人口占比上升的动态化过程。按照童玉芬（2014）的分类方法，将 15～64 岁劳动人口划分为三个部分：15～24 岁为青年组劳动力，25～44 岁为中年组劳动力，45～64 岁为老年组劳动力。计算公式如下：劳动力老龄化比例 = 45～64 岁老年组劳动人口/劳动总人口。图 5.12 描绘了 2000～2013 年代表性 6 年劳动力老龄化的核密度动态演进：劳动力老龄化核密度曲线尖峰从劳动力老龄化比例为 30% 的位置移动到 40% 的位置上，这说明随着时间的推移，我国各省区市劳动力老龄化程度正在不断加深；劳动力老龄化核密度曲线的峰值从核密度为 0.5 到 0.6 再到不足 0.3 的位置，这说明随着时间的推移，我国各省区市劳动力老龄化程度加深的速度是不均衡的，即部分省区市相对较快、部分省区市相对较慢。按照现行退休年龄政策，劳动力老龄化加速意味着“高质”的老年组劳动力资源的闲置率在不断升高。

① 也有学者使用 60 岁及以上老年人口占总人口的比例超过 10% 来表示国家或地区进入老龄化社会。

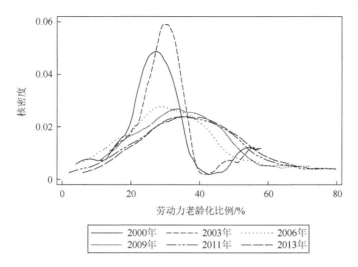

图 5.12　2000～2013 年代表性 6 年劳动力老龄化的核密度动态演进

（3）其他控制变量。在企业层面，控制变量如下：①融资约束（finance），使用 Ding 等（2013）提出的应收账款占总资产的比例作为代理变量；②企业规模（size），使用 Kugler 和 Verhoogen（2012）提出的企业职工人数（取自然对数）来衡量企业规模；③企业存续年限（age），使用许和连和王海成（2016）提出的当年年份与企业成立年份之差来衡量；④企业全要素生产率（tfp），使用 Head 和 Ries（2003）提出的近似全要素生产率的估计方法；⑤竞争程度（HHI），使用 HHI 来测量，具体由某特定市场上所有企业市场份额的平方和表示。在地区层面，控制变量如下：①经济发展水平（gdp），使用该省（区市）当年的生产总值（取自然对数）来衡量；②财政收支压力（deficit），使用该省（区市）当年的政府财政支出与财政收入的比值来衡量；③区划面积（area），使用省级行政区划面积（取自然对数）来衡量；④实际利用外资水平（fdi），使用该省（区市）当年的实际利用外资（取自然对数）来衡量；⑤投资需求（invest），使用该省（区市）当年的固定资产投资占生产总值的比例来衡量。主要变量的描述性统计结果如表 5.30 所示。

表 5.30　主要变量的描述性统计结果（四）

变量	均值	标准差	最小值	最大值
lnquality	−0.757	0.420	−12.681	−0.036
popaging	0.096	0.018	0.043	0.163
laboraging	0.440	0.132	0.024	0.801
finance	0.178	0.171	−12.259	18.925
size	5.408	1.118	2.301	12.747

续表

变量	均值	标准差	最小值	最大值
age	10.287	8.028	0	65
tfp	4.376	0.916	0.393	11.7528
HHI	0.013	0.173	0	1
gdp	162.013	158.234	0.800	924.1
deficit	3272	3540	−5600	29000
area	11000	10000	236	250000
fdi	1034	1397	0	8133
invest	70000	68000	521.623	400000

3. 实证研究

1）全样本回归结果

根据上述模型设定，分别检验人口老龄化和劳动力老龄化对企业出口产品质量的影响效应，基准回归结果见表 5.31。列（1）和列（4）汇报了在引入年份、企业和行业固定效应情况下的检验结果，列（2）和列（5）汇报了进一步控制企业、地区层面控制变量情况下的检验结果，列（3）和列（6）汇报了更进一步控制企业所在地区变动的地区固定效应情况下的检验结果。可以看出，在引入可能影响企业出口产品质量的企业、地区层面控制变量和控制年份、企业、行业和地区固定效应之后，人口老龄化对企业出口产品质量的影响显著为负，劳动力老龄化对企业出口产品质量的影响显著为正。

表 5.31　人口老龄化和劳动力老龄化对企业出口产品质量的影响：基准回归结果

变量	(1) lnquality	(2) lnquality	(3) lnquality	(4) lnquality	(5) lnquality	(6) lnquality
popaging	−0.054***	−0.087***	−0.087***			
	(0.001)	(0.006)	(0.006)			
laboraging				0.021***	0.023***	0.027***
				(0.003)	(0.001)	(0.003)
finance		−0.216***	−0.216***		−0.141***	−0.151***
		(0.002)	(0.002)		(0.001)	(0.001)
size		0.029***	0.029***		0.041***	0.031***
		(0.002)	(0.002)		(0.001)	(0.001)
age		0.002	0.002		−0.010***	−0.012***
		(0.003)	(0.003)		(0.003)	(0.003)

续表

变量	（1） lnquality	（2） lnquality	（3） lnquality	（4） lnquality	（5） lnquality	（6） lnquality
tfp		0.034***	0.034***		0.056***	0.053***
		(0.003)	(0.003)		(0.001)	(0.001)
HHI		−0.193***	−0.196***		−0.003	−0.070***
		(0.026)	(0.026)		(0.007)	(0.024)
gdp		0.445***	0.444***		0.183***	0.493***
		(0.031)	(0.031)		(0.010)	(0.028)
deficit		0.006	0.006		−0.027***	0.015***
		(0.004)	(0.004)		(0.002)	(0.003)
area		−0.115**	−0.094*		−0.012***	−0.086*
		(0.054)	(0.056)		(0.004)	(0.048)
fdi		0.023***	0.023***		−0.066***	−0.017***
		(0.004)	(0.004)		(0.002)	(0.004)
invest		0.002	0.003		0.150***	−0.053***
		(0.012)	(0.012)		(0.006)	(0.012)
控制变量	否	是	是	否	是	是
企业固定效应	是	是	是	是	是	是
年份固定效应	是	是	是	是	是	是
行业固定效应	是	是	是	是	是	是
地区固定效应	否	否	是	否	否	是
观测值	490872	490872	490872	490872	490872	490872

*回归系数在 10%的水平上通过显著性检验。
**回归系数在 5%的水平上通过显著性检验。
***回归系数在 1%的水平上通过显著性检验。
注：括号中为省级层面聚类的稳健标准误。

2）稳健性检验

本节进一步通过剔除可能的极端值及改变主要变量的测度方法、剔除大中型城市、排除2008年全球金融危机等方面的影响对基准回归进行稳健性检验。

（1）剔除可能的极端值及改变主要变量的测度方法。表5.32报告了基于剔除可能的极端值及替换被解释变量后的回归分析结果。首先，在剔除可能的极端值方面，借鉴Crinò和Ogliari（2017）的做法，对原始数据样本可能出现的极端值做进一步处理，列（1）、列（4）对企业出口产品质量进行1%水平的双边缩尾处理；列（2）、列（5）对企业出口产品质量进行1%水平的双边截尾处理，其检验结果与基准回归结果一致。其次，在改变主要变量的测度方法方面，将替代弹性取10

并重新计算企业出口产品质量后进行回归计算 [列 (3)、列 (6)], 其检验结果也与基准回归结果一致。

表 5.32　剔除可能的极端值及替换被解释变量后的回归分析结果

变量	(1) lnquality	(2) lnquality	(3) lnquality	(4) lnquality	(5) lnquality	(6) lnquality
popaging	−0.090***	−0.092***	−0.081***			
	(0.022)	(0.029)	(0.023)			
laboraging				0.060**	0.054**	0.084***
				(0.026)	(0.028)	(0.020)
控制变量	是	是	是	是	是	是
企业固定效应	是	是	是	是	是	是
年份固定效应	是	是	是	是	是	是
行业固定效应	是	是	是	是	是	是
地区固定效应	是	是	是	是	是	是
观测值	490235	480575	480640	490250	480358	480580

**回归系数在 5% 的水平上通过显著性检验。

***回归系数在 1% 的水平上通过显著性检验。

注: 括号中为省级层面聚类的稳健标准误。

（2）剔除 35 个大中型城市后进行回归分析。考虑城市规模与特殊的经济和政治地位可能影响回归结果, 在原始数据样本中剔除 35 个大中型城市后进行回归分析, 结果如表 5.33 所示, 列 (1) 和列 (2) 汇报了样本中剔除 35 个大中型城市后的回归分析结果, 与原模型的实证结论相一致。这说明老龄化（人口老龄化和劳动力老龄化）对企业出口产品质量影响效应的结论在城市和地区层面具有普遍性。

表 5.33　排除 35 个大中型城市和 2008 年全球金融危机影响后的回归分析结果

变量	(1) lnquality	(2) lnquality	(3) lnquality	(4) lnquality
popaging	−0.069***		−0.066***	
	(0.021)		(0.022)	
laboraging		0.033**		0.027***
		(0.007)		(0.008)
popaging×post08			−0.013**	
			(0.06)	

续表

变量	(1) lnquality	(2) lnquality	(3) lnquality	(4) lnquality
laboraging×post08				0.023*
				(0.013)
控制变量	是	是	是	是
企业固定效应	是	是	是	是
年份固定效应	是	是	是	是
行业固定效应	是	是	是	是
地区固定效应	是	是	是	是
观测值	364548	364548	490872	490872

*回归系数在 10%的水平上通过显著性检验。

**回归系数在 5%的水平上通过显著性检验。

***回归系数在 1%的水平上通过显著性检验。

注：括号中为省级层面聚类的稳健标准误。

（3）排除 2008 年全球金融危机的影响。考虑 2008 年全球金融危机可能影响回归结果，同时为了捕获全球金融危机的影响，从而更好地识别老龄化对企业出口产品质量的影响，列（3）和列（4）引入代表 2008 年的虚拟变量 post08 及 post08 和老龄化指标（人口老龄化和劳动力老龄化）的交互项（popaging×post08 和 laboraging×post08）。研究发现，控制 2008 年全球金融危机的影响之后，人口老龄化对企业出口产品质量的负向影响、劳动力老龄化对企业出口产品质量的正向影响的结论都未改变。同时，由 post08 与老龄化指标交互项的回归系数可以看出，2008 年全球金融危机加剧和放大了人口老龄化和劳动力老龄化对企业出口产品质量的影响。

3）影响机制检验

（1）劳动力供给数量与质量维度。本节分别从劳动力供给数量维度和劳动力供给质量维度分析人口老龄化和劳动力老龄化对企业出口产品质量的影响机制，借鉴 Aghion 等（2009）、王永进和施炳展（2014）的做法，采用引入交互项的方法进行检验，具体计量模型如下：

$$\text{lnquality}_{imdt} = \alpha + \beta_n \text{aging}_{imdt} + \phi_n \text{lnlaborqua}_{ndt} + \theta_n \text{aging}_{ndt} \times \text{lnlaborqua}_{ndt} \quad (5.32)$$
$$+ \text{Contr}'_{dit} \delta_{dit} + \xi_i + \eta_m + \lambda_d + \phi_t + \varepsilon_{imdt}$$

其中，lnlaborqua_{ndt} 为企业所在省（区市）的劳动力供给特征，ϕ_n 为其系数，下标 $n=1$ 代表劳动力供给数量 $\text{laborquantity}_{dt}$，下标 $n=2$ 代表劳动力供给质量 laborquality_{dt}。劳动力供给数量用 15~64 岁的劳动年龄人口表示，并取自然对数，数据来源于《中国统计年鉴》。参考 Peneder（2003）的做法，劳动力供给质量用劳动生产率来表示。$\text{aging}_{ndt} \times \text{lnlaborqua}_{ndt}$ 的系数 θ_n 是本节关注的重点。

表 5.34 给出了机制检验结果。popaging×laborquantity 的回归系数在 5%的水平上显著为负。这说明人口老龄化通过劳动力供给数量维度对企业出口产品质量产生负向影响，可能的原因是人口老龄化会通过劳动力供给数量减少，进而改变企业的要素配置、研发投入及生产链条等负向影响企业出口产品质量。同样，laboraging×laboruquality 的回归系数在 10%的水平上显著为正。这说明劳动力老龄化通过劳动力供给质量维度对企业出口产品质量产生正向影响，可能的原因是劳动力老龄化会在一定程度上提高劳动力供给质量，进而通过积累效应和溢出效应正向影响企业出口产品质量。

表 5.34　机制检验结果

变量	(1) lnquality	(2) lnquality	(3) lnquality	(4) lnquality	(5) lnquality
popaging	−0.023***				
	(0.005)				
popaging×laborquantity	−0.015**				
	(0.006)				
laboraging		0.057**			
		(0.007)			
laboraging×laborquality		0.125*			
		(0.067)			
laboraging×stat			0.335**		
			(0.145)		
laboraging×syn				0.215***	
				(0.013)	
laboraging×interior					−0.323*
					(0.156)
控制变量	是	是	是	是	是
企业固定效应	是	是	否	否	否
年份固定效应	是	是	是	是	是
行业固定效应	是	是	是	是	是
地区固定效应	是	是	是	是	是
观测值	62647	62647	1479	1479	1479

*回归系数在 10%的水平上通过显著性检验。
**回归系数在 5%的水平上通过显著性检验。
***回归系数在 1%的水平上通过显著性检验。
注：括号中为省级层面聚类的稳健标准误。

（2）劳动力供给质量的效应分解。为了进一步考察劳动力供给质量效应，本节将企业层面的数据加总到地区（省级）-行业层面，并采用份额变化（shift-share）分析模型将劳动生产率（劳动力供给质量）的变化分解成三个部分，即静态效应（stat）、动态效应（syn，反映产业间的变化）、内部效应（interior，反映产业内的变化）：

$$\frac{P_{iT}}{P_{t_0}} = \underbrace{\frac{P_{idt_0}\Delta S_{ijT}}{P_{idt_0}}}_{\text{stat}} + \underbrace{\frac{\Delta P_{idT}\Delta S_{ijT}}{P_{idt_0}}}_{\text{syn}} + \underbrace{\frac{\Delta P_{idT}\Delta S_{idt_0}}{P_{idt_0}}}_{\text{interior}} \qquad (5.33)$$

其中，P 为单位劳动力单位时间里的产出；S 为制造业细分部门就业人数分别占制造业总就业人数的比例；i 代表制造业各部门；d 代表全国各省区市；T 代表 t_0 到 t 这一时间段，继而推导出 $\Delta P_T = P_T - P_{t_0}$ 等关系（以 1999 年作为基期 t_0），数据来自中国工业企业数据库。stat 体现了劳动力从低效率部门转向高效率部门的能力；syn 体现了劳动力从产出增长较慢部门转向产出增长较快部门的能力；interior 体现了部门内部劳动力产出增加对整体单位产出增加的推动能力。相关计量模型设计如下：

$$\text{lnquality}_{mdt} = \alpha + \beta_2 \text{laboraging}_{mdt} + \rho_2 \text{laboraging}_{mdt} \times \text{shiftshare}_{lmdt} \qquad (5.34)$$
$$+ \eta_m + \lambda_d + \phi_t + \varepsilon_{mdt}$$

其中，m 代表行业；d 代表省（区市）；t 代表年份；shiftshare$_{lmdt}$ 为劳动力供给质量的不同分解部分，其中，$l=1$ 代表劳动力供给质量的静态效应部分，$l=2$ 代表劳动力供给质量的动态效应部分，$l=3$ 代表劳动力供给质量的内部效应部分；laboraging$_{mdt}$ × shiftshare$_{lmdt}$ 为交互项，其系数 ρ_2 是本节关注的重点。回归结果如表 5.34 列（3）～列（5）所示。

从回归结果可以看出，laboraging×stat 的回归系数在 5%的水平上显著为正，laboraging×syn 的回归系数在 1%的水平上显著为正，laboraging×interior 的回归系数在 10%的水平上显著为负。这说明劳动力老龄化主要从劳动力供给质量的静态效应和动态效应渠道对出口产品质量产生正向影响，即劳动力老龄化在推动生产效率更高的劳动力从低效率部门转向高效率部门、从产出增长较慢部门转向产出增长较快部门方面具有正向效应，进而提升出口产品质量，劳动力老龄化从劳动力供给质量的内部效应渠道对出口产品质量则产生负向影响，即劳动力老龄化在部门内部对整体单位产出增加的推动具有负向效应，进而抑制出口产品质量。总体而言，劳动力老龄化从劳动力供给质量渠道对出口产品质量产生的影响是正向的。

4. 结论性评述

我国人口老龄化正在加速，传统的劳动力成本优势正在下降，但拥有丰富工作经验和较高劳动技能的老年组劳动力资源越来越丰富。本节通过研究老龄化（包括人口老龄化和劳动力老龄化）对中国企业出口产品质量的影响，得出以下两个重要结论：第一，人口老龄化加速对企业出口产品质量的影响为负，而劳动力老龄化加速对其影响为正，这一结论在剔除可能的极端值及改变主要变量的测度方法、排除 35 个大中型城市样本和 2008 年全球金融危机等因素影响后仍然成立；第二，机制检验证明了人口老龄化抑制企业出口产品质量的机制在于劳动力供给数量减少，劳动力老龄化则通过影响劳动力供给质量而促进企业出口产品质量提升，特别是促进了劳动力从低效率部门转向高效率部门、从产出增长较慢部门转向产出增长较快部门。

5.6.4　企业上市与出口产品质量

中国金融体系的现状是"不缺资金，缺资本"（徐忠，2018），社会融资体系以银行主导的间接融资模式为主，直接融资特别是股权融资占社会融资规模增量的比例较低。过于依赖间接融资不但给实体经济投资造成了严重的融资约束，而且由其导致的企业杠杆率上升业已成为潜在的重大金融风险，中国需要降低间接融资比例，提高以股权融资为代表的直接融资比例（马建堂等，2016）。本节考察企业上市进行股权融资对出口产品质量的影响效应及其作用机制。从管理质量、生产技术复杂性和中间品质量三个方面分析企业上市影响出口产品质量升级的理论机制，在此基础上，使用 2000～2013 年中国上市公司数据、中国工业企业数据库和中国海关贸易数据库的匹配数据进行实证检验。

1. 理论机制分析

Kugler 和 Verhoogen（2012）假设企业的生产技术外生给定，中间品质量与生产技术为互补关系，出口产品质量是生产技术与中间品质量的函数；Bloom 等（2021）进一步将管理质量引入出口产品质量函数，并建立了一个局部均衡贸易模型，假定企业管理质量及产品专业化水平外生给定，但企业可内生决定出口产品质量，在利润最大化条件下，企业出口到一国的某种产品的最优质量 $q = (\lambda\vartheta)^\varsigma$，$\varsigma > 0$，生产 1 单位这种质量的产品所需要的边际成本 $c = (\lambda\vartheta)^{\varsigma-\psi}$ 个单位劳动力（劳动力工资标准化为 1 单位）。其中，ϑ 为企业管理质量，λ 为产品专业化水平；ς 为高管理质量能提升出口产品质量的程度；ψ 为在生产最终品过程中提升中间品使用效率的程度及提高组装中间品效率的程度。根据最优出口产品质量表达式，出口产品质量受到企业管理质量的影响；同时，边际成本表达式表明，企业生产高质量产品需要更高的边际成本，这意味着企业生产高质量产品需要复杂程度较高的生产技术和高质量的中间品（Bloom et al.，2021）。

1）管理质量渠道

Bloom 等（2021）研究表明，企业管理质量对其出口产品质量具有重要的影响。企业股东与管理层之间的委托代理问题是影响企业管理质量的重要因素，企业上市既可能加剧企业的委托代理问题，也可能缓解企业的委托代理问题，进而影响企业管理质量。

企业上市后，企业股权的流通和分散及所有权和控制权的分离可能导致严重的委托代理问题，降低企业管理质量。具体表现如下：①企业上市后，企业股权的流通有利于企业高级管理人员在股市中进行套现，从而使得他们过度关注股价短期的波动，可能导致企业高级管理人员的短视（Stein，1989），降低企业进行长期投资的动力（Fang et al.，2014）。②来自资本市场的压力（如分析师的预测）可能扼制企业高级管理人员进行创新和质量升级的意愿。He 和 Tian（2013）表明被更多分析师跟踪的企业，其管理层面临更大的短期盈利目标压力。③具有短期投资期限的股东可能向企业高级管理人员施加压力，迫使他们通过牺牲企业长期竞争力以实现短期盈利目标。短期机构投资者在股市中追求短期收益，一旦企业业绩没有实现预期目标，就会立即抛售所持企业股票，这会加剧企业高级管理人员对短期业绩的关注。Bushee（1998）表明短期机构投资者的高比例持股会增加企业高级管理人员通过削减研发支出以逆转盈利下滑的可能性；Matsumoto（2002）发现如果企业中短期机构投资者持股比例较高，那么企业的季度业绩更有可能达到或超过分析师的预测。

同时，企业上市后，企业股权在股票市场上的流通便于长期机构投资者对企业进行持股，从而有利于上市企业克服短视行为、提升管理质量。Aghion 等（2013）研究表明机构投资者持股比例越高，其对上市企业研发投入和研发效率的正向作用就越大，越能减轻企业高级管理人员对自身薪酬、业界声誉等职业发展的担忧。长期机构投资者对单只股票持仓比例较大，且其关注企业的长期投资价值，因此，他们有动机对企业高级管理人员的短视行为进行监督，从而有利于企业克服牺牲长期竞争力来实现短期业绩目标的短视行为，同时，长期机构投资者会广泛且持续地搜集持股企业的相关信息，根据搜集的信息而非企业短期业绩对管理层能力作出评价（Porter，1992），因此减弱了企业高级管理人员对自身职业生涯的担忧，有利于企业高级管理人员提升管理质量。

2）生产技术复杂性渠道

借鉴 Bloom 等（2021）的研究，生产技术复杂性是指企业拥有的在制造最终品过程中能组装多少种类中间品的技术能力。企业能组装中间品的种类越多，其最终品质量就越高。因此，生产技术复杂性与企业获取多样化的中间品能力、生产技术的创新和改进有关。上市对企业获取多样化的中间品能力、生产技术的创新和改进这两方面都有影响，进而作用于生产技术复杂性。

上市有利于改善企业获取多样化中间品的能力。企业生产技术复杂性的提高需要多样化的中间品与之配套，企业对多样化中间品获取能力的不足可能抑制企业提高生产技术复杂性的积极性。企业采购新中间品特别是进口新中间品需要花费大量的成本，资金缺乏会显著抑制企业进口国数量和进口产品种类（魏浩等，2019）。上市后企业融资约束得到缓解（Acharya and Xu，2017），有利于企业获得多样化的中间品。同时，上市有利于企业开展兼并收购（Maksimovic et al.，2013），兼并收购后采购渠道的整合也有利于企业获取更加多样化的中间品，进而提升企业提高生产技术复杂性的积极性。

上市有利于企业生产技术的创新和改进。一方面，上市后企业实施股权激励可以缓解委托代理问题、提升代理人的风险承担水平（Coles et al.，2006），进而促进企业进行生产技术的创新和改进。另一方面，上市为企业生产技术创新和改进补充了必需的资源。技术、知识等无形资产往往难以量化成为可抵押物，较难获得信贷部门资金支持（Hall and Lerner，2010），股票市场允许投资者分享项目投资收益，且融资不需要抵押物，因此股权融资有利于补充企业进行生产技术创新和改进所需的资金；上市后充足的资金有利于企业吸引和留住人才，股权激励能为员工提供除工资外的收入（张劲帆等，2017），从而提升企业进行生产技术创新和改进的人力资本积累；同时，上市有利于企业通过兼并收购获取外部创新资源，兼并收购双方通过技术平台的共享、技术间的互补能带来研发规模经济、提升研发效率，获得技术协同效应（Bena and Li，2014），进而促进企业生产技术的创新和改进。

3）中间品质量渠道

企业上市可以通过缓解融资约束、兼并收购来影响企业获取高质量中间品的能力。①高质量中间品意味着高价格与高成本，当国内中间品难以满足企业对于高质量中间品的需求，企业需要进口中间品时，可能会产生企业融资约束问题。魏浩等（2019）表明融资约束显著抑制了企业的进口规模、进口国数量和进口产品种类。上市可以补充企业的资金，缓解企业的融资约束（Acharya and Xu，2017），进而有利于提高企业进口高质量中间品的规模。②对于高杠杆率企业，供应商出于其财务状况考虑，为其提供中间品的意愿往往较低（Bernini et al.，2015），上市后企业杠杆率下降，有利于提升供应商对其财务状况的信心，进而改善供应商为其提供高质量中间品的意愿。③兼并收购双方资产的共享、互补能给企业带来协同效应（Bena and Li，2014），兼并收购后企业对采购渠道的整合有利于改善企业在特定进口国的市场准入条件，进而提升企业获取高质量进口中间品的能力。

2. 数据来源、变量定义和描述性统计

本节使用 2000～2013 年中国制造业企业数据，主要来源于中国工业企业数据库、中国海关贸易数据库、CSMAR 数据库和 Wind 数据库。中国工业企业数据库涵盖了所有国有企业及规模以上的非国有工业企业，包含这些企业的基本信息及资产负债表、损益表和现金流量表中大部分的财务数据。中国海关贸易数据库包含了企业-国家-产品（HS8 位码）层面的每一笔进出口记录，其中，出口贸易数量和出口单价是本节计算出口产品质量的关键。CSMAR 数据库提供了上海证券交易所和深圳证券交易所（简称沪深两市）A 股上市企业的基本信息及机构投资者持股比例等相关数据。Wind 数据库提供了计算机构投资者类型所需的机构投资者资产组合数据。

为了分析企业上市与出口产品质量的关系，需要将中国工业企业数据库、中国海关贸易数据库和上市公司数据进行匹配。匹配之前，本节对中国工业企业数据库进行清理，具体见 5.3.1 节。借鉴 Yu（2015）的研究，本节对中国工业企业数据库与中国海关贸易数据库进行匹配，分为两步：①使用企业名称和年份进行匹配；②按照邮政编码和电话号码的后七位数字进行匹配，由这两步匹配的结果取并集得到匹配数据库。为了保证上市前后至少有一年的观测值，选择 2001~2012 年上市的企业，将其与匹配数据库进行名称匹配，上市企业名称来源于 CSMAR 数据库。本节旨在考察上市前后企业出口产品质量的差异，因此只保留上市前后有相同企业-国家-产品（HS6 位码）对的上市企业样本，获得共计 166 家企业、4284 个企业-国家-产品对、24476 个年份-企业-国家-产品层面观测值；保留匹配数据库中连续三年有相同企业-国家-产品对的非上市企业样本，获得共计 70877 家企业、1024357 个企业-国家-产品对、4965615 个年份-企业-国家-产品层面观测值。

出口产品质量（quality）借鉴 Khandelwal 等（2013）、施炳展和邵文波（2014）的方法进行测度，具体见 5.2.1 节。

控制变量的说明如下：①企业全要素生产率（tfp），借鉴 Head 和 Ries（2003）、许和连和王海成（2016）的方法测算；②企业资产收益率（roa），使用企业净利润除以企业总资产衡量；③企业规模（lnsize），使用总资产衡量，取其自然对数；④企业存续年限（lnage），使用观测值所在年份减成立年份衡量，取其自然对数；⑤竞争程度（HHI），使用 HHI 衡量，分年度分行业使用销售收入计算获得；⑥企业杠杆率（leverage），使用企业总负债除以企业总资产衡量；⑦企业资本劳动比（lncapint），使用企业固定资产除以企业雇佣人数衡量，取其自然对数；⑧是否为国有企业（soe），根据企业注册登记类型识别，若是国有企业，取值为 1，否则，取值为 0。为消除样本中极端值的影响，对所有连续变量在 1% 和 99% 分位上进行缩尾处理。

3. 基准回归与稳健性检验

1）企业上市影响出口产品质量：OLS 估计

为了检验企业上市对出口产品质量的影响，借鉴 Chemmanur 等（2010）的方法，设立如下模型：

$$\text{quality}_{fthc} = \pi + \xi \text{public}_{ft} + Z'_{ft}\delta_{ft} + \gamma \text{HHI}_{it} + \varphi_{fhc} + \mu_t + \varepsilon_{fthc} \qquad (5.35)$$

其中，f 为企业；t 为年份；h 为 HS6 位码层面的产品；c 为出口目的地；i 为行业；quality_{fthc} 为企业 f 在 t 年出口到 c 地的产品 h 的质量；public_{ft} 为虚拟变量，如果企业 f 在 t 年上市，那么对于企业 f 在 t 年及 t 年以后的观测值，设 $\text{public}_{ft} = 1$，否则，设 $\text{public}_{ft} = 0$；Z_{ft} 为企业层面控制变量向量，其中各变量定义如前所述；φ_{fhc} 为企业-产品-国家固定效应；μ_t 为年份固定效应；ε_{fthc} 为随机误差项。根据 Bertrand 和 Mullainathan（2003）、Chemmanur 等（2010）的研究，采用 OLS 方法估计模型（5.35），其中，ξ 为企业上市对出口产品质量的影响程度。表 5.35 报告了这一估计的回归结果。其中，列（1）为企业上市（public）与出口产品质量（quality）单独进行回归；

列（2）加入了企业全要素生产率（tfp）；列（3）加入了企业杠杆率（leverage）、企业资产收益率（roa）等企业财务变量；列（4）加入了企业资本劳动比（lncapint）、企业规模（lnsize）、企业存续年限（lnage）、竞争程度（HHI）、是否为国有企业（soe）等企业特征变量。通过逐步加入控制变量，列（1）～列（4）回归结果显示，企业上市对出口产品质量升级有显著的正向影响，且回归系数基本稳定。这表明相比于非上市企业，上市企业上市后其出口产品质量显著提高。生产率更高的企业、规模更大的企业及处于市场集中度较高的行业内企业的出口产品质量更高；企业杠杆率的提升不利于企业进行出口产品质量升级，这与 Bernini 等（2015）的结论一致。

表5.35　企业上市对出口产品质量的影响：OLS 估计结果

变量	（1）quality	（2）quality	（3）quality	（4）quality
public	0.1206***	0.1183***	0.1160**	0.1024**
	（0.0454）	（0.0454）	（0.0455）	（0.0458）
tfp		0.0328***	0.0335***	0.0314***
		（0.0029）	（0.0030）	（0.0031）
leverage			−0.0166**	−0.0231***
			（0.0069）	（0.0070）
roa			0.0065	0.0072
			（0.0136）	（0.0136）
lncapint				−0.0006
				（0.0019）
lnsize				0.0326***
				（0.0035）
lnage				−0.0028
				（0.0044）
HHI				2.3538***
				（0.6633）
soe				0.0248
				（0.0227）
企业-产品-国家固定效应	是	是	是	是
年份固定效应	是	是	是	是
观测值	4990091	4990091	4990091	4990091
R^2	0.7545	0.7546	0.7546	0.7546

**回归系数在 5%的水平上通过显著性检验。
***回归系数在 1%的水平上通过显著性检验。
注：括号中为企业-年份层面聚类的稳健标准误。

2）企业上市影响出口产品质量：PSM-DID 估计

虽然模型（5.35）对应的实证结果表明企业上市对出口产品质量有显著的正向

影响，但其回归可能存在内生性问题。这是因为上市企业与非上市企业可能存在本质的不同，从而可能产生选择性偏误问题。为解决这一问题，本节使用 PSM 法，从非上市企业中筛选出各方面与上市企业相似的企业进行匹配。在 PSM 过程中，本节选择的匹配方法是 k 近邻匹配法，匹配比例为 1∶5，匹配变量集包括企业规模（lnsize）、企业资产收益率（roa）、企业全要素生产率（tfp）、企业杠杆率（leverage）、竞争程度（HHI）、企业资本劳动比（lncapint）、企业存续年限（lnage），同时控制了年份固定效应、行业固定效应和地区（省级）固定效应。本节得到 830 个非上市企业匹配观测值、90723 个年份-企业-产品-国家匹配观测值。将上市企业作为处理组，匹配上的非上市企业作为对照组。

虽然 PSM 法控制了处理组与对照组之间可观测的企业特征差异，但处理组与对照组企业之间不可观测的恒定差异及一些不可观测的同时决定出口产品质量和企业是否上市的遗漏变量仍然可能导致估计偏误。因此，本节进一步利用 DID 法来建立企业上市影响出口产品质量升级的因果关系。设定如下回归模型：

$$
\begin{aligned}
\text{quality}_{fthc} = & \alpha + \beta \text{ptime}_{ft} \times \text{pfirm}_f + \theta \text{ptime}_{ft} + \rho \text{pfirm}_f \\
& + Z'_{ft} \delta_{ft} + \gamma \text{HHI}_{it} + \varphi_{fhc} + \mu_t + \upsilon_{fthc}
\end{aligned}
\tag{5.36}
$$

其中，如果观测值处于企业上市当年及以后年份，设 $\text{ptime}_{ft} = 1$，否则，设 $\text{ptime}_{ft} = 0$；如果观测值为上市企业，设 $\text{pfirm}_f = 1$，否则，设 $\text{pfirm}_f = 0$；υ_{fthc} 为随机误差项。其他变量的定义如前所述。借鉴 Heckman 等（1997）的研究，使用 bootstrap 计算标准误。本节关注的系数为 β，它反映了企业上市影响出口产品质量的程度。表 5.36 报告了回归结果，结果显示，ptime×pfirm 的回归系数仍然为正，且在 1% 的水平上显著，这意味着企业上市促进了出口产品质量升级。

表 5.36　企业上市对出口产品质量的影响：PSM-DID 回归结果

变量	（1）quality	（2）quality	（3）quality	（4）quality
ptime×pfirm	0.0937***	0.0925***	0.0836***	0.0689***
	(0.0148)	(0.0148)	(0.0150)	(0.0154)
控制变量	否	是	是	是
企业-产品-国家固定效应	是	是	是	是
年份固定效应	是	是	是	是
观测值	115199	115199	115199	115199
R^2	0.7377	0.7380	0.7380	0.7387

***回归系数在 1% 的水平上通过显著性检验。

注：括号中为稳健标准误，使用 bootstrap 重复运行 200 次获得；列（1）为交互项（ptime×pfirm）与出口产品质量（quality）单独进行回归；列（2）加入了企业全要素生产率（tfp）；列（3）进一步加入了企业杠杆率（leverage）、企业资产收益率（roa）等企业财务变量；列（4）加入了其他企业特征变量。

　　DID 法估计结果的有效性非常依赖平行趋势假设，且表 5.36 报告的结果仅反映了企业上市促进出口产品质量升级的总体效应。为进一步检验平行趋势假设及随时间变化的企业上市对出口产品质量影响的动态效果，设立如下回归模型：

$$\text{quality}_{fthc} = \alpha + \beta_1 \text{ptime}_{ft}^{-3} \times \text{pfirm}_f + \beta_2 \text{ptime}_{ft}^{-2} \times \text{pfirm}_f + \beta_3 \text{ptime}_{ft}^{0} \times \text{pfirm}_f$$
$$+ \beta_4 \text{ptime}_{ft}^{1} \times \text{pfirm}_f + \beta_5 \text{ptime}_{ft}^{2} \times \text{pfirm}_f + \beta_6 \text{ptime}_{ft}^{3} \times \text{pfirm}_f$$
$$+ \beta_7 \text{ptime}_{ft}^{4} \times \text{pfirm}_f + \beta_8 \text{ptime}_{ft}^{5} \times \text{pfirm}_f + \theta_1 \text{ptime}_{ft}^{-3} + \theta_2 \text{ptime}_{ft}^{-2} \quad (5.37)$$
$$+ \theta_3 \text{ptime}_{ft}^{0} + \theta_4 \text{ptime}_{ft}^{1} + \theta_5 \text{ptime}_{ft}^{2} + \theta_6 \text{ptime}_{ft}^{3} + \theta_7 \text{ptime}_{ft}^{4}$$
$$+ \theta_8 \text{ptime}_{ft}^{5} + Z'_{ft} \delta_{ft} + \gamma \text{HHI}_{it} + \varphi_{fhc} + \mu_t + \upsilon_{fthc}$$

其中，$\text{ptime}_{ft}^{\pm n}$ 为虚拟变量，如果观测值处于企业 f 上市前 n 年，设 $\text{ptime}_{ft}^{-n} = 1$，否则，$\text{ptime}_{ft}^{-n} = 0$，如果观测值处于企业 f 上市后 n 年，设 $\text{ptime}_{ft}^{+n} = 1$，否则，$\text{ptime}_{ft}^{+n} = 0$；如果观测值为上市企业，设 $\text{pfirm}_f = 1$，否则，$\text{pfirm}_f = 0$；其他变量的定义如前所述。在回归中将早于上市前 3 年的观测值归并于 $n = -3$，晚于上市后 5 年的观测值归并于 $n = 5$，并以上市前 1 年的观测值作为参照组。

　　表 5.37 报告了平行趋势检验及动态效果估计结果。结果显示，$\text{ptime}^{-3} \times \text{pfirm}$、$\text{ptime}^{-2} \times \text{pfirm}$ 和 $\text{ptime}^{0} \times \text{pfirm}$ 的回归系数都不显著，这表明在上市前和上市当年处理组与对照组企业间的出口产品质量变化趋势没有显著差异，因此以上回归估计没有违背平行趋势假设。另外，$\text{ptime}^{1} \times \text{pfirm}$ 的回归系数一直为正，但在列（4）不显著；$\text{ptime}^{2} \times \text{pfirm}$、$\text{ptime}^{3} \times \text{pfirm}$、$\text{ptime}^{4} \times \text{pfirm}$ 和 $\text{ptime}^{5} \times \text{pfirm}$ 的回归系数显著且稳健为正，这表明上市后第 2 年、第 3 年、第 4 年、第 5 年及以后年份处理组的出口产品质量较同期对照组有显著的提升。列（4）与列（3）的区别在于列（4）控制了企业资本劳动比（lncapint）、企业规模（lnsize）、企业存续年限（lnage）、竞争程度（HHI）和是否为国有企业（soe），列（4）的 $\text{ptime}^{1} \times \text{pfirm}$ 的回归系数不显著，且 $\text{ptime}^{2} \times \text{pfirm}$、$\text{ptime}^{3} \times \text{pfirm}$、$\text{ptime}^{4} \times \text{pfirm}$ 和 $\text{ptime}^{5} \times \text{pfirm}$ 的回归系数较列（3）稍小，意味着企业上市促进出口产品质量升级效应的发挥时间及大小受到这些变量的影响。综上所述，本节的 DID 回归符合平行趋势假设，从长期效果看，企业上市对出口产品质量升级的促进作用存在为期 1 年的滞后期，在经历上市第 1 年后这种促进作用表现出持续性。

表 5.37　平行趋势检验及动态效果估计结果

变量	（1）quality	（2）quality	（3）quality	（4）quality
$\text{ptime}^{-3} \times \text{pfirm}$	0.0210	0.0253	0.0255	0.0024
	（0.0237）	（0.0236）	（0.0235）	（0.0229）
$\text{ptime}^{-2} \times \text{pfirm}$	−0.0041	−0.0018	−0.0009	−0.0135
	（0.0247）	（0.0248）	（0.0248）	（0.0248）

续表

变量	(1) quality	(2) quality	(3) quality	(4) quality
$ptime^0 \times pfirm$	0.0224	0.0219	0.0156	0.0015
	(0.0212)	(0.0212)	(0.0212)	(0.0217)
$ptime^1 \times pfirm$	0.0442**	0.0493**	0.0407*	0.0311
	(0.0221)	(0.0221)	(0.0219)	(0.0221)
$ptime^2 \times pfirm$	0.1602***	0.1670***	0.1610***	0.1370***
	(0.0265)	(0.0266)	(0.0267)	(0.0270)
$ptime^3 \times pfirm$	0.2449***	0.2437***	0.2315***	0.1999***
	(0.0304)	(0.0304)	(0.0308)	(0.0321)
$ptime^4 \times pfirm$	0.2577***	0.2377***	0.2261***	0.1902***
	(0.0521)	(0.0521)	(0.0524)	(0.0525)
$ptime^5 \times pfirm$	0.3550***	0.3371***	0.3303***	0.3027***
	(0.0459)	(0.0460)	(0.0465)	(0.0476)
控制变量	否	是	是	是
企业-产品-国家固定效应	是	是	是	是
年份固定效应	是	是	是	是
观测值	115199	115199	115199	115199
R^2	0.7384	0.7386	0.7386	0.7393

*回归系数在 10%的水平上通过显著性检验。

**回归系数在 5%的水平上通过显著性检验。

***回归系数在 1%的水平上通过显著性检验。

注：括号中为稳健标准误，使用 bootstrap 重复运行 200 次获得；列（1）为交互项（$ptime^{\pm n} \times pfirm$）与出口产品质量（quality）单独进行回归；列（2）加入了企业全要素生产率（tfp）；列（3）进一步加入了企业杠杆率（leverage）、企业资产收益率（roa）等企业财务变量；列（4）加入了其他企业特征变量。

3）稳健性检验

（1）断点回归。断点回归能较好地识别因果关系（Lee and Lemieux，2010），本节使用这种方法对回归模型进行稳健性检验。按照 2006 年中国证券监督管理委员会颁布的《首次公开发行股票并上市管理办法》，企业上市必须符合"最近 3 个会计年度营业收入累计超过人民币 3 亿元"（简称 3 亿元）的条件，即只有达到 3 亿元条件的企业才可能上市，没有达到此条件的企业不能上市，因此构成企业是否上市是 3 亿元的非连续函数，3 亿元则是断点。断点回归可分为精确断点回归和模糊断点回归，因为没有达到 3 亿元条件的企业不能上市，但同时并非所有达到 3 亿元条件的企业都能上市，例如，企业上市还受到其他条件和自身意愿的影响，所以 3 亿元条件仅仅使得企业上市的概率发生一个外生跳跃，而不是完全由 0 直接到 1 的改变，这种特征符合模糊断点回归要求。

　　《首次公开发行股票并上市管理办法》于 2006 年颁布，在这之前企业上市遵循 1993 年国务院颁布的《股票发行与交易管理暂行条例》，而后者并没有关于 3 亿元的规定，因此本节使用 2007～2012 年上市企业作为样本；为了获得非上市企业连续 3 年累计营业收入，本节保留至少连续 4 年存在的非上市企业；创业板上市对营业收入的要求与主板上市存在差异，因此本节删除在创业板上市的企业，并进一步将样本限制在上市前 3 个会计年度累计营业收入为人民币 3 亿元附近的企业。模糊断点回归可以通过 2SLS 估计来实现。使用 3 亿元条件作为外生工具变量，将小于或大于 3 亿元的企业分别视为对照组与处理组，利用 3 亿元条件对企业上市决定的外生冲击来估计企业上市对出口产品质量的影响。回归模型如下：

$$\text{quality}_{fthc} = a_0 + a_1 \text{public}_{ft} + f(R_f) + \mu_t + \kappa_n + \varpi_d + \omega_{fthc} \tag{5.38}$$

其中，R_f 为驱动变量，是企业上市前 3 个会计年度累计营业收入与 3 亿元（断点）之差；$f(R_f)$ 为驱动变量的高阶项；μ_t 为年份固定效应；κ_n 为行业固定效应；ϖ_d 为地区（省级）固定效应，其他变量如前所述。表 5.38 报告了断点回归的估计结果，在因本斯-卡利亚纳拉曼（Imbens-Kalyanaraman，IK）法和卡拉尼寇-卡塔内奥-泰坦尼克（Calonico-Cattaneo-Titiunik，CCT）法确定的最优带宽下，企业上市的回归系数都稳健地显著为正，表明企业上市促进了出口产品质量升级。

表 5.38　稳健性检验：断点回归

变量	(1)	(2)	(3)	(4)	(5)	(6)
	IK 法确定最优带宽			CCT 法确定最优带宽		
	quality	quality	quality	quality	quality	quality
public	1.3634***	1.9052***	1.9413***	1.3118***	1.8461***	1.8586***
	(0.4975)	(0.7025)	(0.7044)	(0.4768)	(0.6608)	(0.6602)
$f(R_f)$	2 次方	3 次方	4 次方	2 次方	3 次方	4 次方
年份固定效应	是	是	是	是	是	是
地区固定效应	是	是	是	是	是	是
行业固定效应	是	是	是	是	是	是
观测值	12413	12413	12413	13026	13026	13026
R^2	0.1297	0.1332	0.1335	0.1279	0.1319	0.1322

***回归系数在 1%的水平上通过显著性检验。

注：括号中为企业-年份层面聚类的稳健标准误。

　　（2）以出口产品价格衡量出口产品质量。使用出口产品价格来衡量出口产质量，表 5.39 列（1）给出了回归结果，可以看到 ptime×pfirm 的回归系数仍然显著为正，表明企业上市促进了出口产品价格（质量）的提升。

表 5.39　稳健性检验：改变出口产品质量和控制潜在遗漏变量

变量	（1） 出口产品价格	（2） 企业-产品层面出口产品质量	（3） 控制企业劳动力人均工资	（4） 控制出口目的地市场规模和人均收入
ptime×pfirm	0.1155***	0.1091***	0.0864**	0.0603***
	(0.0190)	(0.0315)	(0.0404)	(0.0148)
控制变量	是	是	是	是
企业-产品-国家固定效应	是	否	是	是
企业-产品固定效应	否	是	否	否
年份固定效应	是	是	是	是
观测值	115199	25804	30122	109406
R^2	0.8689	0.7693	0.7746	0.7358

**回归系数在 5%的水平上通过显著性检验。
***回归系数在 1%的水平上通过显著性检验。
注：括号中为稳健标准误，使用 bootstrap 重复运行 200 次获得。

（3）以企业-产品层面出口产品质量作为被解释变量。使用企业-产品层面出口产品质量为被解释变量，进一步进行稳健性检验，表 5.39 列（2）给出了回归结果，结果显示 ptime×pfirm 的回归系数仍然显著为正，进一步表明企业上市促进出口产品质量升级这一结论是稳健的。

（4）控制企业劳动力人均工资。劳动力成本是影响出口产品质量的重要因素，本节进一步控制企业劳动力人均工资，企业劳动力人均工资以企业工资支出除以企业雇佣人数衡量。由于中国工业企业数据库中 2008～2010 年的企业工资支出数据缺失、2011 年的企业雇佣人数数据缺失，且为保证上市前后至少有一年的出口产品质量观测值，本节只利用 2001～2006 年上市企业作为样本。表 5.39 列（3）报告了回归结果，结果显示 ptime×pfirm 的回归系数仍然在 5%的水平上显著为正，因此企业劳动力人均工资不会显著影响本节的基本结论。

（5）控制出口目的地市场规模和人均收入。出口目的地市场规模和人均收入可能影响出口产品质量，本节控制出口目的地市场规模和人均收入，进行稳健性检验。其中，出口目的地市场规模以生产总值衡量，出口目的地人均收入以人均生产总值衡量。表 5.39 列（4）报告了回归结果，结果显示控制出口目的地市场规模和人均收入后，ptime×pfirm 的回归系数仍然显著为正。

4. 影响机制检验

前面研究表明中国企业上市促进出口产品质量升级。本节基于理论分析，对企业上市促进出口产品质量升级的内在机制进行检验。借鉴 Gao 等（2018）的研究，通过分样本考察管理质量渠道，使用中介效应模型检验生产技术复杂性渠道和中间品质量渠道。

1）管理质量渠道

企业进行产品质量升级需要持续长期投资，因此企业需要专注长期投资的高质量管理。本节采用企业长期机构投资者持股比例来衡量管理质量。不同类型的机构投资者对企业管理层进行长期投资的动力影响存在差异（Porter，1992；Bushee，1998）。Bushee（1998）将机构投资者划分为三类：短暂型（transient）机构投资者、准指数型（quasi-indexers）机构投资者和专注型（dedicated）机构投资者，其中，短暂型机构投资者在股市中追求短期收益，会加剧企业高级管理人员的短视行为；准指数型机构投资者由于采取被动盯住指数战略，其对企业高级管理人员的短视行为并没有很强的监督动机；专注型机构投资者由于对单只股票持仓比例较大且关注企业长期投资价值，其有利于克服企业高级管理人员的短视行为、专注长期竞争力（Porter，1992），缓解委托代理问题，激励企业提高管理质量。因此，不同类型机构投资者持股带来的管理质量差异可能是企业上市影响企业出口产品质量升级的一个内在机制，相比于上市后长期机构投资者持股比例低的企业，上市后长期机构投资者持股比例高的企业的出口产品质量可能提升得更多。

参照 Yan 和 Zhang（2009）的研究，本节使用交易换手率对机构投资者的类型进行划分。借鉴刘京军和徐浩萍（2012）的研究，以每个机构投资者在过去两年的交易情况来计算其换手率，交易数据来源于 Wind 数据库中所有股票型基金和混合型基金披露的每半年度的股票资产组合数据，时间跨度为 2000 年 6 月～2012 年 12 月。

为了考察企业上市通过长期机构投资者高比例持股带来的管理质量提升对出口产品质量升级的促进作用，以企业上市当年长期机构投资者持股比例的中位数，将上市企业划分为长期机构投资者持股高比例组和长期机构投资者持股低比例组，并将 PSM 得到的非上市企业样本划分到与其匹配的上市企业所在组别中。为了检验两组样本间回归系数差异的显著性，借鉴连玉君等（2010）的研究，使用 bootstrap 重复 1000 次计算检验统计量——经验 P 值，检验原假设为 $d = 0$ 即两组样本间回归系数不存在显著差异。

表 5.40 报告了回归结果。结果显示，在长期机构投资者持股高比例组中，ptime×pfirm 的回归系数一直显著为正；在长期机构投资者持股低比例组中，列（1）和列（2）的 ptime×pfirm 的回归系数为正但不显著，列（3）和列（4）的 ptime×pfirm 的回归系数则显著为负，经验 P 值显示两组样本间 ptime×pfirm 的回归系数的差

异均在 1%的水平上显著。这表明上市后长期机构投资者持股比例高的企业的出口产品质量有显著的提升，上市后长期机构投资者持股比例低的企业的出口产品质量则有显著的下降。因此，上市后长期机构投资者对企业高比例持股带来的管理质量提升是企业上市促进企业出口产品质量升级的一个潜在机制。

表 5.40 机制检验：管理质量渠道

变量	(1) quality	(2) quality	(3) quality	(4) quality
长期机构投资者持股高比例组 ptime×pfirm	0.1926***	0.1950***	0.2012***	0.2017***
	(0.0267)	(0.0268)	(0.0270)	(0.0269)
长期机构投资者持股低比例组 ptime×pfirm	0.0007	0.0071	−0.0453**	−0.0391*
	(0.0213)	(0.0214)	(0.0214)	(0.0210)
控制变量	否	是	是	是
企业-产品-国家固定效应	是	是	是	是
年份固定效应	是	是	是	是
观测值	85811	85811	85811	85811
经验 P 值	0.000	0.000	0.000	0.000

*回归系数在 10%的水平上通过显著性检验。
**回归系数在 5%的水平上通过显著性检验。
***回归系数在 1%的水平上通过显著性检验。
注：括号中为企业-年份层面聚类的稳健标准误差；列（1）为交互项（ptime×pfirm）与出口产品质量（quality）单独进行回归；列（2）加入了企业全要素生产率（tfp）；列（3）进一步加入了企业杠杆率（leverage）、企业资产收益率（roa）等企业财务变量；列（4）加入了其他企业特征变量；经验 P 值为检验两组样本回归结果中 ptime×pfirm 的回归系数是否存在显著差异的 P 值，借鉴连玉君等（2010）的研究，使用 bootstrap 重复 1000 次计算获得。

2）生产技术复杂性渠道

由于无法直接观测生产技术复杂性，借鉴 Bloom 等（2021）的研究，本节使用企业进口中间品种类（HS6 位码）来代理生产技术复杂性。这是因为生产精密的高质量产品需要装配多种类的中间品且需要完成多生产阶段（Hummels et al.，2001）。本节在前面获得的样本基础上保留有进口中间品的企业，获得 3242293 个观测值，其中包含上市企业 144 家、19521 个企业-产品-国家-年份观测值，非上市企业 45603 家、3222772 个企业-产品-国家-年份观测值。将生产技术复杂性作为中介变量，借鉴温忠麟等（2004）的研究，构建中介效应模型如下：

$$\text{quality}_{fthc} = b_0 + b_1 \text{public}_{ft} + b_2 \ln \text{exppnum}_{ft} \\ + Z'_{ft}\delta_{ft} + \gamma \text{HHI}_{it} + \varphi_{fhc} + \mu_t + e_{fthc} \quad (5.39)$$

$$\ln \text{imppnum}_{ft} = c_0 + c_1 \text{public}_{ft} + c_2 \ln \text{exppnum}_{ft} \\ + Z'_{ft}\delta_{ft} + \gamma \text{HHI}_{it} + \pi_f + \mu_t + h_{ft} \quad (5.40)$$

$$\text{quality}_{fthc} = d_0 + d_1 \text{public}_{ft} + d_2\,\text{lnimppnum}_{ft} + d_3\,\text{lnexppnum}_{ft}$$
$$+ Z'_{ft}\delta_{ft} + \gamma \text{HHI}_{it} + \varphi_{fhc} + \mu_t + k_{fthc} \tag{5.41}$$

其中，lnimppnum_{ft} 为企业 f 在 t 年进口中间品种类，取自然对数，反映了企业的生产技术复杂性；lnexppnum_{ft} 为企业 f 在 t 年出口产品种类（HS6 位码），取自然对数，控制它可以排除出口产品种类的干扰，以确保企业进口中间品种类能更好地反映生产技术复杂性（Bloom et al.，2021）。其他变量定义如前所述。

表 5.41 列（1）～列（3）报告了上述中介效应模型的结果。列（1）结果显示，与前面类似，企业上市对出口产品质量升级有显著的正向影响。列（2）和列（3）结果显示，企业上市对企业进口中间品种类有显著的正向影响，且企业进口中间品种类对出口产品质量的影响显著为正，将列（3）与列（1）中 public 的回归系数进行比较，控制企业进口中间品种类后 public 的回归系数稍有减小，表明生产技术复杂性是企业上市促进出口产品质量升级的渠道。这意味着上市有利于企业通过使用多样化的进口中间品、生产制造工艺的创新与改进来提升出口产品质量。

表 5.41　机制检验：生产技术复杂性渠道和中间品质量渠道

变量	（1）quality	（2）lnimppnum	（3）quality	（4）imp_quality	（5）quality
public	0.1082**	0.1461**	0.1067**	−0.0228	0.1116**
	(0.0489)	(0.0652)	(0.0489)	(0.0188)	(0.0480)
lnimppnum			0.0312***		
			(0.0034)		
imp_quality					0.1623***
					(0.0093)
控制变量	是	是	是	是	是
企业-产品-国家固定效应	是	否	是	否	是
企业固定效应	否	是	否	是	否
年份固定效应	是	是	是	是	是
观测值	3242293	223761	3242293	223761	3242293
R^2	0.7556	0.8595	0.7557	0.7076	0.7559

**回归系数在 5%的水平上通过显著性检验。

***回归系数在 1%的水平上通过显著性检验。

注：括号内为聚类稳健标准误，其中，列（1）、列（3）、列（5）聚类到企业-年份层面，列（2）、列（4）聚类到企业层面。

3）中间品质量渠道

由于缺失企业国内中间品的相关数据，借鉴 Bloom 等（2021）的研究，本节使用企业进口中间品质量来代理中间品质量。本节的进口中间品质量计算方法与前面出口产品质量的计算方法相同；为了得到企业层面进口中间品质量（imp_quality），借鉴施炳展和邵文波（2014）的研究，本节进行标准化处理并加总。将进口中间品质量作为中介变量，建立与模型（5.39）～模型（5.41）类似的中介效应模型，表 5.41 列（1）、列（4）、列（5）报告了相应中介效应模型的结果。其中，列（4）显示了企业上市对企业进口中间品质量的影响，列（5）显示了企业上市与中介变量（企业进口中间品质量）对出口产品质量的影响，结果表明进口中间品质量提升能显著提高出口产品质量，但企业上市对进口中间品质量的影响方向为负且不显著，因此，进口中间品质量不是企业上市促进出口产品质量升级的渠道。

5. 结论性评述

中国金融体系的现状是"不缺资金，缺资本"（徐忠，2018），直接融资特别是股权融资占社会融资规模增量的比例较低。本节考察了企业上市进行股权融资对出口产品质量的影响效应及其作用机制。通过将中国上市企业数据、中国工业企业数据库和中国海关贸易数据库进行合并，构造了包含上市企业与非上市企业的样本，建立了企业上市影响出口产品质量升级的回归模型，实证结果表明中国企业上市促进了出口产品质量升级；进一步检验了企业上市促进出口产品质量升级的内在机制，发现长期机构投资者高比例持股带来的高级管理人员管理质量及生产技术复杂性的提升解释了企业上市对出口产品质量升级的促进作用，但中间品质量这一机制并未通过检验。

5.7 全球价值链视阈下我国制造业标准治理的影响因素研究

5.7.1 标准治理影响因素的研究现状

基于标准在全球价值链治理中的关键作用，无论是国家、地区还是企业都日益认识到标准的重要性，标准以一种新的竞争方式登上国际舞台。随着标准竞争的逐步展开，竞争领域也从高技术产业逐步蔓延到其他产业领域，各国纷纷把标准化战略作为企业参与市场竞争、国家参与国际竞争的重要手段。标准的形成始于科学创新，企业依据自己的研发成果对标准提出建议，企业间或联盟或竞争，最终经标准化组织的协调达成一致协议，确定技术规范的详细框架，形成公认的标准，其主要围绕核心专利的研发和申请展开（胡武婕和吕廷杰，2009）。现有关于标准治理影响因素的研究主要涉及以下方面。

（1）标准自身特性。标准自身特性是决定标准化的首要因素之一，包括标准的先进性、兼容性和开放性。先进性意味着新标准产品比旧标准产品性能佳，兼容与开放性意味着新标准产品能在生产使用过程中与其他模块接驳，这三个特性共同形成新标准对旧标准的替代基础。在标准形成过程中，兼容性非常重要。黄锦华和谭力文（2012）认为兼容性是产品研发设计分工与整合的基础，其中界面标准的兼容性尤为关键，界面标准是与少数产品兼容，还是能够扩展到整个产业里与通用标准兼容，或仅作为单个企业控制的技术规范或私有协议存在，其使用范围直接影响了标准的生存能力与市场影响力。

（2）研发创新和专利。标准的形成始于科学创新，其主要围绕核心专利的研发和申请展开，因此研发创新和专利是影响标准的重要因素。专利标准化可以视作企业研发活动的延伸，在标准化过程中披露的专有技术可以得到充分保护，因此专利强度越高，企业加入标准化过程的可能性就越大；在专利标准化的同时，研发水平低的公司可以通过加入标准化俱乐部来弥补其创新产出的不足。曾德明和彭盾（2008）指出专利发展决定标准的创立，并影响标准的内容和质量；高照军（2016）指出内向型开放式创新能够提高企业自主创新能力，较强的创新能力会提升企业参与标准制定的意愿；陈立勇等（2019）认为技术创新能力主导了标准的发展，技术标准来源于最具创新性的技术，协作研发、专利交叉许可有利于技术外溢的内部化，提升企业技术实力，促进企业技术标准化；熊文等（2023）指出企业技术创新合作及由此产生的创新网络有利于知识的传播与扩散，推动标准制定进程，因此在我国制造业标准制定过程中越来越受到重视，并且企业越来越倾向与科研院所、高校、政府等其他主体进行合作创新，制定技术标准。但 Iversen（2001）认为专利申请过慢使得专利与标准创立之间具有时差，从而阻碍标准创立；Sidak（2009）发现专利在一定情况下影响市场竞争，专利权的拥有者垄断专利技术，可能向那些需要使用这项专利技术的竞争者索取高额许可费，以谋取额外超额利润，从而构成了市场进入障碍，不利于技术共享和标准制定；郑伦幸（2018）指出专利许可费用使标准实施的成本提高，阻碍了技术标准的发展。

（3）企业标准联盟。标准形成前期需要投入大量资金与技术型人才，后期回报却难以确定，这注定单一企业即使拥有先进技术，也无法独自完成技术标准的研发与推广。事实上，在标准市场竞争中，标准的创立大多由企业标准联盟完成。Bekkers等（2002）提出企业联盟在标准创立过程中起到重要作用；Lea 和 Hall（2004）表明拥有不同专利的企业之间结成联盟，有助于标准创立；Aoki 和 Nagaoka（2005）研究发现当专利权人较少时，企业联盟谈判效率高，标准创立进程推动力大；Uotila（2017）通过分析技术供给方网络效应对标准开发的作用，发现组建联盟可实现与技术供给方的有效协同，有助于标准的建立；Wiegmann（2017）指出技术标准是典型的"俱乐部产品"，利益相关主体会形成标准生态中的竞争，又会通过合作来形成标准。余晓等（2018）认为企业标准联盟能够明显缩短技术进入市场的时间，进而推动技术标准的发展；姜红和刘文韬（2019）研究表明企业标准联盟建立后其有效面对和解决问题能力的提高会提升技术标准化的速度与质量；文金艳和曾德明

（2019）认为标准带来的"赢者通吃"局面迫使企业形成联盟，以通过集聚优质技术和市场资源提升技术标准化能力，企业标准联盟的规模越大、多样性越强，标准化能力就越强；文金艳等（2020）指出企业参与标准联盟使得其可以根据自身技术偏好影响标准的制定方向；Schott 和 Schaefer（2023）使用中国企业参与第三代合作伙伴计划（3rd Generation Partnership Project，3GPP）的经验数据，验证了参与国际标准化组织及建立多元合作关系有利于弥合"标准化鸿沟"。但朱雪忠等（2007）发现拥有核心技术专利的企业为实现超额利润，往往倾向与行业内大型企业结成专利技术联盟，对其他企业征收不合理的专利使用费，对标准的创立产生消极影响。

（4）政府治理与法律规则。标准的制定、实施和推广过程需要整合各种知识产权的应用，政府治理与法律规则能保护创新成果，助益标准治理。Christoper（2008）指出，标准竞争不是纯粹的技术市场竞争，而是国家与市场的博弈，在标准创立过程中，市场成为主要竞争舞台，政府与法律同样具有重要影响。李薇和李天赋（2013）认为政府对企业标准联盟的介入能影响标准的创立；于连超和王益谊（2016）则从法律的角度入手，认为团体标准化组织（即企业标准联盟）能实现自我治理，也需要法律规制；崔维军等（2020）总结了知识产权许可制度中的公平、合理和无歧视（fair，reasonable and non-discriminatory，FRAND）原则对标准制定过程的影响，指出 FRAND 原则作为一种信用机制，可以有效建立标准制定过程的信任。周青等（2023）指出其他标准或技术的合法性竞争、构建协作网络或制度规范都会影响技术标准的设立。

已有研究主要从定性层面阐释标准治理的影响因素，而基于定量层面的研究主要涉及研发创新、政府治理等方面。Blind 和 Thumm（2004）使用欧洲样本进行了实证检验，发现专利申请数与标准存量之间呈倒 U 形关系，研发投入对标准化则没有显著影响。陈长石和刘晨晖（2008）运用中国数据得出了类似结果，发现新技术开发费用投入对行业标准影响有限。但张米尔等（2013）使用 1985～2008 年中国数据研究发现技术专利与技术标准之间存在显著的因果关系，前者对后者具有促进作用。林洲钰等（2014）研究认为研发投入更多的企业在标准治理中话语权更大。标准从制定、审批到发布离开不了政府的监管，这使得政府与企业的关系对企业获取标准制定权有着直接影响。林洲钰等（2014）使用 2008～2011 年中国创新型企业相关数据，实证检验了政治关系在国家标准制定中的作用，结果发现在国家标准制定过程中，政治关系对技术创新存在显著替代作用，但在政府治理水平较高的地区，政治关系对企业标准制定话语权的积极影响受到了一定程度的抑制。不仅如此，政府补贴在标准制定过程中扮演了不可或缺的角色，但当政府成为标准制定过程中的主要资金来源时，烦冗的资金申请与使用程序导致漫长的审议过程不利于企业的标准化产出。李季（2017）使用 2011～2014 年 20 个国家数据研究表明政府补贴会对标准产出量产生显著的负向影响。

现有针对标准治理影响因素的研究以定性分析为主，而实证检验主要考虑了研发创新、政府治理等因素。实际上，标准形成还可能受其他因素影响。例如，标准化是一个长期过程，标准形成需要投入大量资金（李季，2017），因此企业在标准治理过程中可能面临融资约束；标准本质是一组规范或规则，中国是发展中国家，贸易开放有助于中国企业向发达国家学习优秀的知识、规则、经验（李春顶，2015），从而影响标准形成和治理；激烈的市场竞争可能倒逼企业进行创新和标准治理，以摆脱竞争（Aghion et al.，2009）。此外，标准对高技术企业可能更为重要（谭劲松和林润辉，2006），不同所有制类型的企业参与标准治理的积极性可能存在差异（吴延兵，2012）。因此，基于现有文献，并考虑数据可得性，本节将从融资约束、贸易开放、市场竞争和行业特征等方面探讨标准治理的影响因素，从而拓展标准治理影响因素的相关研究。

5.7.2　标准治理影响因素的模型和实证

1. 计量模型、数据与变量

本节基于 2000～2013 年的行业数据对标准治理的影响因素进行实证检验，设定如下计量模型：

$$
\begin{aligned}
\ln\mathrm{STD}_{jt} = {}& a_0 + a_1\mathrm{interest}_{jt} + a_2\mathrm{fix}_{jt} + a_3\mathrm{liquidity}_{jt} + a_4\,\ln\mathrm{expnum}_{jt} + a_5\mathrm{HHI}_{jt} \\
& + a_6\,\ln\mathrm{size}_{jt} + a_7\,\ln\mathrm{capint}_{jt} + a_8\mathrm{hightech}_{jt} + a_9\mathrm{wsr}_{jt} + a_{10}\mathrm{gyr}_{jt} \qquad (5.42) \\
& + a_{11}\mathrm{myr}_{jt} + \mu_j + \theta_t + \varepsilon_{jt}
\end{aligned}
$$

其中，被解释变量 $\ln\mathrm{STD}_{jt}$ 为行业 j 在 t 年（国民经济行业分类 3 位码）的标准，用标准存量衡量，取自然对数。解释变量主要包括如下四个层面的影响因素。

（1）融资约束。主要有：①利息支出（interest），采用行业利息支出除以行业总资产来衡量；②固定资产比率（fix），采用行业固定资产除以行业总资产来衡量；③流动性比率（liquidity），采用流动资产除以流动负债来衡量。

（2）出口企业数量（lnexpnum），采用每个行业中出口交货值大于 0 的企业数量来衡量，取自然对数。

（3）市场竞争程度（HHI），采用年份-行业层面企业销售收入计算的 HHI 衡量。

（4）行业特征。主要有：①行业规模（lnsize），采用行业总资产来衡量，取自然对数；②资本劳动比（lncapint），采用行业固定资产净值与行业年均员工数的比值来衡量，取自然对数；③是否为高技术产业（hightech），若产业为高技术产业，取值为 1，否则，取值为 0；④所有权性质变量，包括外商资本占比（wsr）、国有资本占比（gyr）、民营资本占比（myr）。

由于模型中控制变量主要为国民经济行业分类 3 位码层面的变量，本节主要控制国民经济行业分类 2 位码层面的固定效应，同时控制年份固定效应。

实证数据主要来自 1998~2013 年中国工业企业数据库及工标网。标准存量为国民经济行业分类 3 位码层面数据，来自工标网，将中标分类与国民经济行业分类 3 位码进行名称匹配后，经过手工整理获得。参照 Cai 和 Liu（2009）的做法，并遵循会计准则，对原始数据进行清理，具体见 5.3.1 节。表 5.42 报告了主要变量的描述性统计结果。

表 5.42　主要变量的描述性统计结果（五）

变量	观测值	均值	标准差	p25	p50	p75
lnSTD	1717	4.9928	1.5609	4.1431	5.3230	6.2285
interest	1717	0.0131	0.0060	0.0093	0.0124	0.0162
fix	1717	0.3365	0.0917	0.2765	0.3289	0.3912
liquidity	1717	−0.1911	0.1815	−0.3151	−0.2107	−0.0623
lnexpnum	1717	5.3186	1.3690	4.7005	5.4638	6.2403
HHI	1717	0.0196	0.0461	0.0044	0.0090	0.0192
lnsize	1717	18.0995	1.3857	17.2982	18.0902	19.0419
lncapint	1717	4.4693	0.7158	4.0296	4.4051	4.8469
hightech	1717	0.1543	0.3614	0.0000	0.0000	0.0000
wsr	1717	0.2283	0.42199	0.0000	0.0000	0.0000
gyr	1717	0.1373	0.1569	0.0265	0.0754	0.1989
myr	1717	0.1779	0.11879	0.0878	0.1650	0.2552

注：p25 为第 25 百分位数；p50 为第 50 百分位数，即中位数；p75 为第 75 百分位数。

2. 实证结果分析

1）基准回归

表 5.43 报告了标准治理影响因素的回归结果。列（1）将融资约束与标准存量单独进行回归，可以看到，利息支出的回归系数显著为正，表明能获得越多银行信贷资源的行业的标准化水平越高，这可能是因为企业的技术创新及标准的编写、发布、实施耗时较长且需要资金投入，所以获得更多的信贷资金可以满足企业进行标准化对资金的需求，进而有利于行业标准化水平的提高。列（2）进一步加入出口企业数量（lnexpnum），结果表明出口企业数量的回归系数在 1%的水平上显著为正，行业内的出口企业数量增加 1%，标准存量就会增加 0.2407%，表明行业内参与国际竞争的企业越多，该行业标准化水平就越高。国际贸易理论认为，企业通过出口可以学习国外先进的技术、管理经验（李春顶，2015），出口能显著提高行业标准化水平，这一结论也表明出口学习效应显著存在。列（3）进一步加入市场竞争程度（HHI），市场竞争程度的回归系数在 1%的水平上显著为负，说明市场竞争程度的提升有利于产业标准化水平的提高。这可能是因为存在竞争摆脱效应，即更加激烈的竞争提高

了企业生存的压力，为了摆脱竞争，企业会努力提高技术标准化水平。列（4）进一步加入行业特征变量，可以看到，资本劳动比（lncapint）的回归系数显著为正，说明资本密集型行业的标准化水平较高；高技术行业（hightech）较低技术行业的标准化水平高，这是由行业特点决定的，高技术行业往往是知识和技术密集型行业，研发投入强度相对较高，技术专利化和标准化的水平自然相对较高。外商资本占比高的行业（wsr）对技术标准化水平有显著的负向影响，国有资本占比（gyr）和民营资本占比（myr）越高，该行业的技术标准化水平越高，这可能是因为在我国大量外资企业以加工贸易企业形式存在，较少注重提高技术标准化水平。

表 5.43　标准治理影响因素的回归结果（一）

变量	（1） lnSTD	（2） lnSTD	（3） lnSTD	（4） lnSTD
interest	57.3254***	58.4431***	55.4862***	38.8008***
	(6.8540)	(6.6065)	(6.6476)	(6.9085)
fix	−0.6391	−0.5697	0.0136	−0.3456
	(1.0612)	(1.0228)	(1.0350)	(1.0463)
liquidity	0.1181	0.0749	−0.2705	−0.5500
	(0.5429)	(0.5233)	(0.5321)	(0.5240)
lnexpnum		0.2407***	0.1935***	0.2265***
		(0.0212)	(0.0255)	(0.0388)
HHI			−2.2004***	−1.1636*
			(0.6662)	(0.6834)
lnsize				0.0612
				(0.0427)
lncapint				0.2590***
				(0.0824)
hightech				0.2668**
				(0.1112)
wsr				−0.1148**
				(0.0543)
gyr				1.5177***
				(0.2635)
myr				1.6963***
				(0.3354)
行业固定效应	是	是	是	是
年份固定效应	是	是	是	是
观测值	1716	1716	1716	1716
R^2	0.6294	0.6560	0.6582	0.6770

*回归系数在 10%的水平上通过显著性检验。

**回归系数在 5%的水平上通过显著性检验。

***回归系数在 1%的水平上通过显著性检验。

注：括号中为稳健标准误。

2）异质性分析

前面从总体层面分析了融资约束、贸易开放、市场竞争和行业特征变量对标准治理的影响效应。考虑国有资本与非国有资本在创新效率、融资约束等方面存在显著差异（吴延兵，2012；叶康涛和祝继高，2009），资本密集型行业与劳动密集型行业在研发投入、国有资本占比、融资来源等方面也存在显著不同（鲁桐和党印，2014；叶康涛和祝继高，2009），本节进一步基于国有资本占比和资本劳动比进行分样本回归，以考察各因素对标准治理影响效应的差异性。

基于国有资本占比的中位数，将样本划分为国有资本占比高的行业和国有资本占比低的行业，回归结果见表 5.44 列（1）、列（2）。利息支出的回归系数在国有资本占比高的行业中为正但不显著，在国有资本占比低的行业中显著为正，说明来自信贷渠道的资金对国有资本占比低的行业的标准化水平非常重要，这可能是因为相对国有企业，非国有企业的融资渠道更少，融资约束程度更高；出口企业数量的回归系数在国有资本占比高的行业中显著为正，说明出口学习效应对国有企业的标准化水平有显著正向影响，其在国有资本占比低的行业中为正但不显著；市场竞争程度的回归系数在国有资本占比高的行业中显著为负，在国有资本占比低的行业中显著为正，说明在国有资本占比高的行业中提高市场竞争程度会显著提升标准化水平，在国有资本占比低的行业中提升行业集中度对标准化水平有显著正向影响。行业规模的回归系数在国有资本占比高的行业中为负但不显著，在国有资本占比低的行业中显著为正。资本劳动比的回归系数在国有资本占比高的行业中显著为正，在国有资本占比低的行业中为负但不显著。高技术行业的回归系数在两个样本中都显著为正，但相对于低技术行业，高技术行业的标准数量显著更多。外商资本占比提升对两组样本的标准化水平都有负向影响，且在国有资本占比低的行业中外商资本占比的回归系数在 5%的水平上显著；国有资本占比提升对两个样本的标准化水平都有显著正向影响；民营资本占比提升对两个样本的标准化水平都有正向影响，且在国有资本占比低的行业中民营资本占比的回归系数在 1%的水平上显著。

表 5.44　标准治理影响因素的回归结果（二）

变量	（1）国有资本占比高 lnSTD	（2）国有资本占比低 lnSTD	（3）资本劳动比高 lnSTD	（4）资本劳动比低 lnSTD
interest	15.8139	54.1763***	64.4443***	14.6323*
	(10.2942)	(9.1127)	(11.7812)	(8.1960)
fix	−0.3839	0.2198	2.3284	−3.1524**
	(1.8849)	(1.3188)	(1.5591)	(1.5373)
liquidity	−1.1478	0.0420	−2.2297***	1.4213*
	(0.9802)	(0.6126)	(0.7954)	(0.8145)

变量	（1） 国有资本占比高 lnSTD	（2） 国有资本占比低 lnSTD	（3） 资本劳动比高 lnSTD	（4） 资本劳动比低 lnSTD
lnexpnum	0.3866***	0.0950	0.2993***	0.1063*
	(0.0531)	(0.0580)	(0.0523)	(0.0626)
HHI	−6.1879***	1.3861*	−2.8708**	−2.2756***
	(1.4032)	(0.8140)	(1.3800)	(0.8085)
lnsize	−0.1016	0.1849***	0.0679	0.1064
	(0.0623)	(0.0622)	(0.0584)	(0.0662)
lncapint	0.3254**	−0.0560	0.5332***	0.2100
	(0.1344)	(0.1179)	(0.1305)	(0.1306)
hightech	0.3564**	0.2630*	0.0698	0.3596***
	(0.1597)	(0.1517)	(0.2025)	(0.1259)
wsr	−0.0342	−0.1560**	−0.0534	−0.0631
	(0.0825)	(0.0680)	(0.0831)	(0.0661)
gyr	1.8095***	9.3994***	0.6824*	2.5281***
	(0.3486)	(1.9848)	(0.4097)	(0.3424)
myr	0.4328	1.9641***	1.5425***	2.8206***
	(0.5799)	(0.4115)	(0.5071)	(0.4558)
行业固定效应	是	是	是	是
年份固定效应	是	是	是	是
观测值	858	858	858	857
R^2	0.6859	0.7275	0.7051	0.7200

*回归系数在10%的水平上通过显著性检验。
**回归系数在5%的水平上通过显著性检验。
***回归系数在1%的水平上通过显著性检验。
注：括号中为稳健标准误。

　　基于资本劳动比的中位数，将样本划分为资本劳动比高的行业和资本劳动比低的行业，回归结果见表5.44列（3）、列（4）。利息支出的回归系数在资本劳动比高的行业和资本劳动比低的行业都显著为正，但在资本劳动比高的行业中相对更大，说明来自信贷渠道的融资对资本密集型行业的标准化水平更为重要。固定资产比率的回归系数在资本劳动比高的行业中为正但不显著，在资本劳动比低的行业中显著为负，说明对于劳动密集型行业，过多的固定资产不利于标准化水平的提升。流动性比率的回归系数在资本劳动比高的行业中显著为负，在资本劳动比低的行业中显著为正，说明对于资本密集型行业，过多的流动资产不利于标准化水平的提升，而对于劳动密集型行业，更多的流动资产有利于标准化水平的提升。出口企业数量的回归系数在两个样本中都显著为正，说明出口学习效应对资本密集型和劳动密集型行业的标准化水平都有显著正向影响。市场竞争程度的回归系数在两个样本中都显著为负，说明摆脱竞争效应在资本密集型和劳动密集型行业中都显著存在。高技术产业的回归系数在资本劳动比高的行业中为正但不显著，在资本劳动比低的行业中显著为正；外商资本占比提升对资本密集型行业和劳动密集型行业的标准化水平影响都为负但不显著，国有资本占比和民营资本占比提升对资本密集型行业和劳动密集型行业的标准化水平影响都显著为正。

5.8　本 章 小 结

本章基于测算的出口产品质量数据及手工搜集的制造业行业标准存量数据，分析了我国出口产品质量和制造业标准化水平现状，检验了产品质量升级、标准治理及产品质量升级和标准治理两者共同对促进我国制造业迈向全球价值链中高端的影响效应和作用机制，并进一步探讨影响出口产品质量升级和标准治理的因素。主要研究结论如下。

样本期间我国制造业出口产品质量相对还处于低位水平，总体上低于美国、日本、德国等发达国家，但与这些国家的产品质量差距在不断缩小。中间品质量是我国制造业迈向全球价值链中高端的制约因素，我国建设质量强国仍有很长的路要走，提升出口产品质量势在必行；制造业行业标准存量虽然总体上呈现出稳步提升的态势，但依然存在发展较为缓慢、高技术产业标准化水平较低等问题。现有数据研究表明我国制造业出口产品质量的提升并未带来制造业企业价值链地位的显著改善，实证发现其内在原因在于我国制造业企业的出口产品质量对进口中间品存在较大的依赖，企业进口中间品对出口国内增加值率虽有正向的技术溢出效应和对高技术劳动力的互补效应，但并不足以弥补其对出口国内增加值率的直接负向影响。标准存量的增加能显著促进企业出口国内增加值率的提高，同时这种促进作用呈现出明显的异质性，特别是对于加工贸易企业、外资企业、劳动密集型行业的正向影响显著。进一步，利用中介效应模型，检验了标准治理促进出口国内增加值率的中介机制，结果表明标准治理可通过降低企业成本、提高企业市场势力及国内中间品强度作用于出口国内增加值率。出口产品质量升级与标准治理的交互影响既有缓解出口产品质量升级对出口国内增加值率的负向作用，又有强化标准治理对出口国内增加值率的正向作用，这一交互作用的显著性取决于企业的要素密集度、企业年限和企业市场势力。具体来说，出口产品质量升级与标准治理交互对于企业出口国内增加值率的提高作用只显著存在于资本劳动比高的企业、存续年限短的企业和市场势力低的企业中。

基于已有文献研究，本章还从需求端出口市场因素、供给端要素投入因素、市场及制度环境因素等方面探讨了出口产品质量的影响因素，同时基于以上三个方面，选择出口目的地非正式制度、老龄化、企业上市等视角对出口产品质量的影响因素进行了专题研究。①以普遍道德水平来衡量的出口目的地非正式制度的改善通过降低出口企业预期的违约风险及侵权风险，促进企业出口更高质量的产品；出口目的地的普遍道德水平对出口产品质量的影响效应依赖出口目的地的法治水平，两者存在相互补充、相互促进的关系。②人口老龄化对企业出口产品质量的影响效应为负，且其影响主要源于劳动力供给数量的路径；劳动力老龄化对企业出口产品质量的影响效应为正，且其影响主要源于劳动力供给质量的路径。③企业上市对出口产品质量升级具有显著的促进作用；管理质量提升、生产技术复杂性提高是企业上市促进出口产品质量升级的渠道。

我国标准制定起步晚，不具备先发优势，且许多核心和关键零部件严重依赖发达国家，这使得许多具有领先技术的领域的标准却受制于他国。实证检验结果表明，融资约束的缓解、出口企业数量的增加及市场竞争程度的提升皆促进我国标准化水平的提升。

基于以上结论，为实现我国制造业迈向全球价值链中高端，政策建议如下。

（1）充分发挥质量升级、标准治理的路径作用，推动我国制造业在全球价值链条中不断攀升。从质量升级方面，进一步深化和推进我国贸易自由化改革，鼓励企业充分利用高质量、关键性进口中间品；进一步适时降低进口中间品关税，优化进口中间品结构；完善高技能型人才的培养机制，通过高技能型人才来提升出口产品质量，进而提升出口国内增加值率。生产高质量产品的过程中需要高技能型人才。本章研究表明，样本期间我国出口的高质量产品更多地来自高质量的中间品而非高素质的劳动力，因此要大力发展职业技术教育，强调和鼓励工匠精神，通过高技能型人才来提升出口产品质量，进而提升出口国内增加值率。

从标准治理方面，充分发挥标准化的支撑和引领作用，依托行业中主导企业的技术创新，建立以企业为主体、产学研用相结合的产业技术标准创新机制，引导和支持主导企业提高技术标准创新研制能力，通过龙头企业的带头作用推动建设一批国家标准、行业标准协调配套的标准群，利用标准带动质量提升；鼓励主导企业内和行业内形成模块化的生产方式，实现生产环节上的技术和资源共享，充分发挥技术标准对生产环节的规模经济作用，降低企业生产成本，实现价值链攀升。在制定技术标准发展和制造业价值链攀升发展战略时，应考虑企业异质性因素，研究表明标准存量的增加仅对外资企业和一般贸易企业的出口国内增加值率提升表现出积极作用，因此应不断提高标准的科技含量，加快自主创新成果转化为技术标准，注重技术标准与科技创新的协同发展，强化科技计划对技术标准的指导、协调与服务，加强科技成果转化为行业内应用的标准化支撑，形成科技创新与技术标准融合发展的长效动力，充分发挥技术标准在提质增效过程中对企业迈向价值链中高端的积极作用。此外，充分发挥质量升级、标准治理的协同作用，积极推进质量标准化，如制定产品最低质量标准，通过质量标准提高产品质量，以提升企业出口国内增加值率，企业要重视生产过程标准，打造标准化的生产流水线和管理体系，通过标准化的流水线、标准化的中间品、标准化的管理质量体系来规范企业运营、市场运作，进而提升出口产品质量。

（2）多措并举推动我国出口的内外部市场环境建设，注重要素升级，不断提升我国出口产品质量。第一，重视我国文化和价值观"走出去"，这样有利于我国出口产品质量提升和国际竞争新优势培育；针对非正式制度水平较低的出口目的地，我国政府应建立出口服务平台，规范跨国贸易的协调沟通机制，降低企业出口预期风险，推动企业开拓多元化市场，提升出口产品质量。第二，进一步加强要素供给变革，不断降低和消除要素流动壁垒，充分发挥市场在要素配置中的决定性作用，不断提高要素配置效率。党的十九大报告中指出，"人才是实现民族振兴、赢得国际竞争主动的战略资源"[1]。为促进我国出口产品质量提升，要加快人才队伍建设，解决劳动力供给与市场需求不匹配的矛盾；健全创新人才评价机制，实施人才多元化评价；加强基础学科拔尖人才和共性技术人才培养；实施更加积极开放的创新人才政策，吸引和利用全球科技创新资源与人才；进一步完善现代职业教育体系，大力发展职业技能教育，健全技能型人才职业发展机制；注重培养与制造业新业态、新商业模式、新服务方式等相适应的服务型人才；我国老年人口在一定程度上也可以视作一种"高质"的劳动力资源，而且这种资源正随着社会医疗卫生的发展和人均寿命的延长变得越来越丰富，应尽快制定和实行新的退休政策，适当延迟退休。第三，提高直接融资在社会融资规模中的比例，便于企业利用股权资金来提升出口产品质量。重视长期机构投资者在完善公司治理结构中的作用，助力企业克服短视行为，提高管理质量，鼓励企业对制造工艺进行创新与改进，进而提升出口产品质量。

（3）进一步强化标准化意识，通过创新引领标准建设，不断提高我国标准化水平。第一，充分认识标准的重要性，强化企业标准化的意识，抢占标准制定的先机。"三流的企业卖产品，二流的企业卖品牌，一流的企业卖标准"，掌控标准制定权的主导企业在全球价值链中能获得更大的收益。当前，在制造业的中高端领域，发达国家把控重点行业和领域国际标准，我国国际标准制定话语权缺失，面临发达国家对全球价值链的主导和控制。由此，我国要充分认识到标准在全球价值链中作用，推动企业参与标准治理。第二，加大前沿技术的研发投入，布局

---

① 中国政府网. 习近平：决胜全面建成小康社会 夺取新时代中国特色社会主义伟大胜利——在中国共产党第十九次全国代表大会上的报告[EB/OL].（2017-10-27）[2024-04-03]. https://www.gov.cn/zhuanti/2017-10-27/content_5234876.htm.

未来产业的技术标准制定。我国标准制定起步晚，在传统领域不具备先发优势。因此，我国应在人工智能、精准医疗、量子信息、智能网联汽车、新能源汽车等处于孕育突破期的未来产业中加大投入，取得前沿技术突破，实现标准治理的"弯道超车"。第三，积极落实国家标准化管理委员会关于从标准化水平提升我国制造业竞争力的战略部署，支持企业、产业技术创新战略联盟并结合技术研发、市场经营开展标准化活动，充分利用自主创新技术制定标准；支持企业之间、企业与高校及科研机构组成联盟，通过原始创新、集成创新和引进消化吸收再创新，共同研制技术标准，提高企业标准治理能力。第四，改善融资环境，助力企业提升技术标准化水平。研究表明融资约束的缓解有利于提升技术标准化水平，因此，我国应改善融资环境，为企业提升技术标准化水平提供资金支持。需要注意的是，我国社会融资体系以间接信贷融资为主，而技术、知识等无形资产往往较难量化成为抵押物，同时，标准化过程具有不确定性，直接融资可能是支持企业进行技术标准化的更优渠道，因此，建立多层次资本市场，便于企业使用股权资本提升技术标准化水平就变得非常重要。此外，应进一步扩大对外开放，鼓励更多企业"走出去"，通过学习发达国家的技术标准制定经验提升自身标准化水平。

第6章 我国制造业向全球价值链中高端攀升的发展模式：制造业服务化转型

6.1 制造业服务化界定

制造业和服务业的融合发展已成为推动经济结构转型的主要动能和顺应时代潮流的重要发展模式。20 世纪 70 年代以来，发达国家相继完成工业化建设并进入"服务经济"时代，德国"工业 4.0"战略、《美国制造业促进法案》等均表明世界经济呈现出从生产型制造向服务型制造加速转变的发展趋势。同时，以移动互联网、云计算、大数据、人工智能等为标志的新一代信息技术的飞速发展极大地提升了服务业的效率和可贸易性，促进了服务业内容、业态和模式的不断变革与创新，为制造业与服务业深度融合提供了技术支撑和现实基础，不断促进服务业和制造业从生产过程到消费过程的深度融合（江小涓，2013）。服务型制造作为先进制造业和现代服务业融合发展的新业态不断得到认可和推广，也是推动我国制造业在全球价值链攀升的重要模式。2019 年中央全面深化改革委员会第十次会议通过的《关于推动先进制造业和现代服务业深度融合发展的实施意见》提出，"先进制造业和现代服务业融合是顺应新一轮科技革命和产业变革，增强制造业核心竞争力、培育现代产业体系、实现高质量发展的重要途径"；党的二十大报告中指出，"建设现代化产业体系""推动制造业高端化、智能化、绿色化发展""构建优质高效的服务业新体系，推动现代服务业同先进制造业、现代农业深度融合"①。先进制造业和现代服务业融合发展的主要方式和路径是制造业服务化（郭朝先，2019），即在制造业生产各环节融入金融、设计研发、管理咨询等服务要素，充分发挥服务业对制造业的"黏结剂"作用，形成制造业和服务业双向融合、交互支撑的新业态、新模式，推动制造业高质量发展。

制造业服务化最初由 Vandermerwe 和 Rada（1988）提出，主要包含制造业产品销售后应提供的安装、维修及维护等附加服务，揭示了企业从以核心制造为中心向以服务为中心的转变。从全球价值链的角度来看，制造业服务化过程提高服

---

① 中国政府网. 高举中国特色社会主义伟大旗帜 为全面建设社会主义现代化国家而团结奋斗——在中国共产党第二十届全国代表大会上的报告[EB/OL].（2022-10-16）[2024-04-03]. https://www.gov.cn/gongbao/content/2022/content_5722378.htm.

务在制造业价值链中的比例，促使制造业产业向全球价值链微笑曲线的两端延伸。在当前的国际分工体系中，主要高增值环节逐渐向全球价值链的上、下游转移，即沿着全球价值链微笑曲线的两端延伸；制造业企业通过在价值链上、下游分别融入研发与设计、营销与服务等服务要素投入，提高企业国际竞争势力。2016 年7 月，工业和信息化部等 3 个部委联合发布了《发展服务型制造专项行动指南》，明确指出"服务型制造，是制造与服务融合发展的新型产业形态""制造业企业通过创新优化生产组织形式、运营管理方式和商业发展模式，不断增加服务要素在投入和产出中的比重，从以加工组装为主向'制造＋服务'转型，从单纯出售产品向出售'产品＋服务'转变，有利于延伸和提升价值链，提高全要素生产率、产品增加值和市场占有率"。这对发挥制造业服务化效应、推动制造业和服务业融合发展、提升制造业企业全球价值链位置、深化参与全球产业链分工、保障产业链供应链稳定具有重要意义。2020 年 7 月，工业和信息化部等 15 个部委联合印发了《关于进一步促进服务型制造发展的指导意见》，进一步强调"加快培育发展服务型制造新业态新模式，促进制造业提质增效和转型升级，为制造强国建设提供有力支撑"。截至 2022 年末，工业和信息化部组织开展了四批服务型制造示范遴选工作，共遴选出 24 个示范城市、436 个服务型制造示范企业及平台（包含共享制造平台）；已有 2/3 以上省（市）结合本地实际情况出台了有关服务型制造的地方性政策（蔡承彬，2022）。

　　从制造业生产过程来看，制造业服务化包含两个方面的内容，即制造业产出服务化和制造业投入服务化。制造业产出服务化主要指服务产品在制造业产出中占比的提升，即制造业企业从单纯出售产品向"产品＋服务"转变，例如，国际商业机器公司（International Business Machines Corporation，IBM）、美国通用电气公司、远大科技集团等制造业企业纷纷将经营活动向服务领域延伸，其发展的高级阶段是服务转变为制造业企业的核心竞争力（邓洲，2019），产业边界模糊化，很难判断产品是从属于制造部门还是从属于服务部门。制造业投入服务化主要指制造业企业在制造过程中对服务要素需求的增加，作为中间投入的服务，将其内含的技术、信息及人力资本等高级生产要素融入制造业生产过程，旨在促进制造业企业要素结构升级、提升企业制造效能、提高核心产品竞争力。例如，华为技术有限公司 2022 年科研人数占员工总数的比例达到 55.4%[①]，小米集团注重工业设计、软件开发[②]。这使得企业在获得高速增长的同时也打造出"中国制造"的全球名片，服务要素投入的提升为我国传统制造业的创新和转型提供了契机和动力，有助于低端企业摆脱低端锁定困境，中端企业进一步提升其在全球价值链中的位

---

① 参见 https://www.huawei.com/cn/corporate-information.
② 参见《小米集团 2022 年度报告》。

置。因此，本节关注制造业投入服务化，其有助于我国制造业参与新的国际分工和产业重构，培育新的比较优势，重塑产业发展新动力，无疑是制造业企业向全球价值链中高端攀升的重要模式。

中国制造业在顺应经济全球化中获得了长足发展，"互联网＋"、物联网、新型基础设施建设等已经形成中国新经济的名片，深刻改变了传统的供需关系和运输成本。但中国在全球产业链分工格局中总体仍处于中低端环节，仍面临亟待解决的重要问题。在国际方面，全球新冠疫情后出口需求的紧缩、中美贸易摩擦后面临的全球经济格局调整、东南亚发展中国家产业优化带来的国际产业转移等都将深刻地影响和改变我国制造业企业参与全球产业链分工的方式，倒逼我国制造业优化要素投入结构，从而提升国际分工地位。在国内方面，国内要素价格进入集中上升期导致综合物流成本居高不下，制造业和服务业融合面临发展不均、协同性不强的问题，我国服务业整体创新能力和竞争力不高，相对于发达国家，我国服务部门在出口增加值中所占比例相对较低（40.5%），远低于全球 67.5%的平均水平，制约了制造业企业向全球价值链中高端的迈进。因此，在新时代，我国制造业企业面临前所未有的挑战，同时迎来全面跃升的机遇，考察服务业与制造业融合的程度和机制，并进一步研究其对促进我国制造业向全球价值链中高端攀升具有重要现实意义。

本章首先基于经济服务化的测度指标，从总体层面和区域层面比较分析我国制造业服务化的宏观经济基础；基于制造业服务化的测度指标，对我国制造业服务化发展进行现状分析，并进行国别比较。其次，从行业、要素密集度、服务投入要素种类、服务投入要素来源深入考察我国制造业服务化的特征及其差异性。再次，基于我国制造业服务化与制造业全球价值链地位的特征事实，系统分析制造业服务化对制造业价值链攀升的影响渠道和机制；构建计量模型，实证检验制造业服务化影响制造业全球价值链攀升的效应及中间渠道，探讨我国制造业服务化的影响因素，考察我国制造业服务化影响价值链攀升的调节效应；基于企业出口产品质量和企业加成率视角，对制造业投入服务化影响全球价值链攀升进行专题实证研究。最后，提出推进我国制造业服务化的相关政策建议。

6.2　我国制造业服务化测算与现状分析

6.2.1　我国经济服务化发展的现实观察

自美国在 20 世纪成为第一个"服务经济"国家后，其他国家特别是发达国家加快了经济服务化转型的进程。我国自 20 世纪 70 年代实行改革开放后，越来越重视服务业的发展。本章首先分析我国经济服务化的总体趋势，以反映我国产业结构调整是否向服务化迈进，这是我国制造业服务化能否发展推进的重要背景及前提。本节使用《中国城市统计年鉴》中 2000～2019 年 292 个地市的生产总值、第三产业增加值、第三产业年平均从业人数，以及年末平均从业人数等数据，构建总体层面和区域层面的服务业发展指标，具体包括服务业增加值占生产总值比值（陈宪和黄建锋，2004）、服务业从业人数占比（顾乃华和夏杰长，2010），以及服务业劳动生产率（张艳等，2013）等。

1. 服务业增加值占生产总值比值

图 6.1 描述了 2000～2020 年我国服务业增加值占 GDP 比值及其增长率的变化趋势。从服务业增加值占 GDP 比值的变化趋势来看，2000～2020 年，我国服务业增加值占 GDP 比值保持较快的平稳增长趋势，从 42%增长至 54%[①]，20 年间实现了 12 个百分点的增长。2015 年，我国服务业增加值占 GDP 比值首次超过50%，服务业增加值超过工业增加值，我国经济结构明显呈现出向服务化转型的趋势。从服务业增加值占 GDP 比值增长率的变化趋势来看，我国服务业增加值占GDP 比值增长率的变化幅度较小，但波动较大。2015 年，我国服务业增加值占GDP 比值增长率达到 5%，为 20 年间服务业增加值占 GDP 比值增长率的峰值。这很大程度上是因为 2011 年商务部等 34 个部门发布了《服务贸易发展"十二五"规划纲要》，推动了管理咨询、金融、产品研发等高增加值服务部门的高速发展，为服务业在结构调整中爆发增长力奠定了坚实基础。此外，"十二五"期间，以云

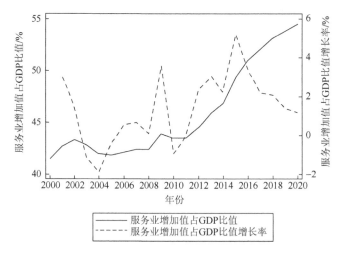

图 6.1　我国服务业增加值占 GDP 比值及其增长率的变化趋势

---

① 资料来源：《城市统计年鉴》。

计算、物联网、移动互联网为代表的新一轮信息技术革命方兴未艾，加速了服务型制造新业态新模式的形成，极大程度地提升了服务业增值空间。

从分区域的变化趋势（图 6.2）来看，2000~2019 年，我国东、中、西部地区服务业增加值占生产总值比值均呈现上升的趋势，分别从 43%、39%和 42%上升到 59%、51%和 52%。2002~2009 年，三个区域服务业增加值占生产总值比值整体或局部呈现不同程度的下滑，2011 年之后，三个区域服务业增加值占生产总值比值呈现出高速增长的趋势。东部地区服务业增加值占生产总值比值大多高于中、西部地区，且 2004 年后，东部地区服务业增加值占生产总值比值与中、西部地区服务业占生产总值比值的差距逐渐扩大。但同时也可以看到，2011 年后，中部地区服务业增加值占生产总值比值上升速度最快。具体来看，东部地区中，北京市和上海市的服务业增加值占生产总值比值相对较高，分别从 2000 年的 66%和 52%上升到 2019 年的 84%和 73%，山东省的服务业增加值占生产总值比值整体较低，均值为 40%；西部地区中，新疆维吾尔自治区、甘肃省服务业发展水平相对较高，服务业增加值占生产总值比值在 2019 年达到 52%和 55%，基本与东部地区服务业增加值占生产总值比值均值持平；中部地区的服务业增加值占生产总值比值相对最低，其中，黑龙江省的上升趋势最为明显，从 2000 年的 30%上升到 2019 年的 50%。

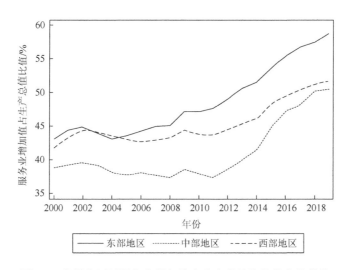

图 6.2　我国分区域服务业增加值占生产总值比值的变化趋势

各省区市具体数据见附表 2.1

图 6.3 描述了 2000~2018 年中国、美国、加拿大、英国、法国、日本、韩国、印度和巴西 9 个国家服务业增加值占 GDP 比值的变化趋势。样本期间，各国服务业增加值占 GDP 比值总体上呈平稳增长趋势。美国、英国、法国、日本等发达国

家服务业增加值占 GDP 比值始终保持在 70%左右，其中，美国服务业增加值占 GDP 比值整体水平最高，2018 年底已经达到 77%；加拿大、巴西服务业增加值占 GDP 比值保持在 60%上下，以较稳定的增速缓慢增长；中国服务业增加值占 GDP 比值相比其他国家靠后，仅于 2014 年超过印度，但 2000～2018 年中国服务业增加值占 GDP 比值呈现出较快增长趋势，从 40%上升至 52%[①]。这与我国加快现代服务业发展、促进制造业转型升级、转变经济增长方式密不可分。

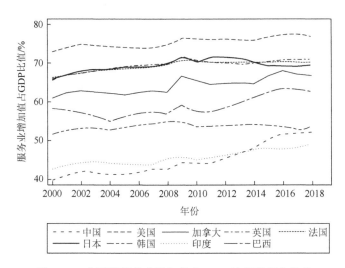

图 6.3　9 个国家服务业增加值占 GDP 比值的变化趋势

资料来源：世界银行数据库

基于以上分析，可以发现，样本期间我国服务业增加值占 GDP 比值增长较快，特别是在 2011 年以后，呈现出明显的突破，并在 2015 年超过 50%。但是相较于美国等发达国家，我国经济服务化仍有很大的发展空间。

2. 服务业从业人数占比

图 6.4 描绘了 2000～2019 年我国服务业从业人数占比及其增长率的变化趋势。2000～2019 年我国服务业从业人数占比总体呈上升趋势，从 2000 年的 28%上升至 2019 年的 47%。从服务业从业人数占比增长率来看，2001～2006 年存在较大波动，2007～2010 年波动有所放缓，2010～2015 年呈明显上升趋势，2015～2017 年呈明显下降趋势，2017～2019 年呈小幅上升趋势。

---

① 资料来源：世界银行数据库。

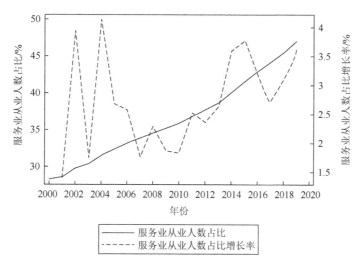

图 6.4　我国服务业从业人数占比及其增长率的变化趋势

图 6.5 描绘了 2000～2019 年我国东、中、西部地区服务业从业人数占比的变化趋势。具体来看，在东部地区，各省区市服务业从业人数占比存在比较大的差异，其中，北京市、上海市和天津市的服务业从业人数占比始终处于领先位置，2019 年分别为 83%、73% 和 63%，远高于其他省区市。北京、上海和天津均属于直辖市，国家在推行服务业的战略发展格局时，直辖市通常具有一定的示范作用，其服务业发展速度较快，服务业与制造业融合发展水平更高，进而拉动了服务业

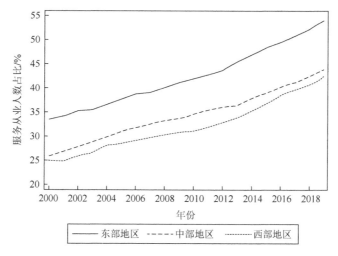

图 6.5　我国分区域服务业从业人数占比的变化趋势

各省区市具体数据见附表 2.2

就业人数的上升。海南省的服务业从业人数占比增长速度较快，从 2000 年的 30%
上升至 2019 年的 56%，这很大程度上归因于经济特区优势与地理优势的协同效
应。在中部地区，河南省和湖南省的服务业从业人数占比相对较低，2019 年分别
为 36%和 39%，和中部地区其他省区市的差距相对较小。黑龙江省、吉林省和山
西省等省份的服务业发展水平相对更高，其中，黑龙江省的服务业从业人数占比
从 2000 年的 28%上升至 2019 年的 51%。在西部地区，云南省和贵州省的服务业
发展较为缓慢，重庆市的服务业发展速度较快，其服务业从业人数占比从 2000 年
的 27%上升至 2019 年的 51%。整体来看，中、西部地区各省区市的服务业从业
人数占比均有不同幅度的上升，但和东部地区的差距仍然较为明显。

3. 服务业劳动生产率

图 6.6 绘制了 2000～2019 年我国服务业劳动生产率及其增长率的变化趋势。
2000～2019 年我国服务业劳动生产率总体呈上升趋势，从 2000 年的 23599 元/人
上升到 2019 年的 138874 元/人，增长了约 4.9 倍。2002～2007 年我国服务业劳动
生产率增长率呈现较为明显的上升趋势，2008～2009 年、2011～2014 年我国服务
业劳动生产率增长率均出现下降，2017～2019 年我国服务业劳动生产率增长率的
下降趋势更为明显。《中华人民共和国国民经济和社会发展第十三个五年规划纲
要》对全员劳动生产率的预期目标是年均增长 6.6%，服务业劳动生产率增长率与
该目标有着一定的差距。

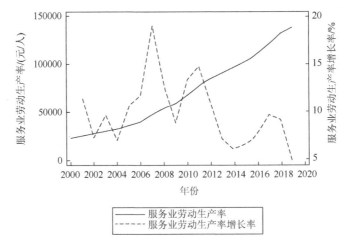

图 6.6　我国服务业劳动生产率及增长率的变化趋势

图 6.7 描绘了 2000～2019 年我国东、中、西部地区服务业劳动生产率的变化趋
势。东部地区的服务业劳动生产率最高，由 2000 年的 34929 元/人提升至 2019 年的

180886 元/人，上升了 4.2 倍。中、西部地区的服务业劳动生产率的变化趋势较为接近，西部地区的服务业劳动生产率略高于中部地区。在东部地区，北京市、上海市、江苏省和浙江省的服务业劳动生产率较高，2019 年的服务业劳动生产率分别为280346 元/人、276944 元/人、227439 元/人和 183845 元/人，河北省和辽宁省的服务业劳动生产率相对较低。在中部地区，湖北省和湖南省的服务业劳动生产率相对较高，且上升幅度更为明显，2019 年的服务业劳动生产率分别为 155996 元/人和 144038 元/人，黑龙江省和吉林省的服务业劳动生产率相对较低。在西部地区，青海省和新疆维吾尔自治区的服务业劳动生产率相对较低，重庆市和内蒙古自治区的服务业劳动生产率较高，2019 年的服务业劳动生产率分别为 148509 元/人和151993 元/人。

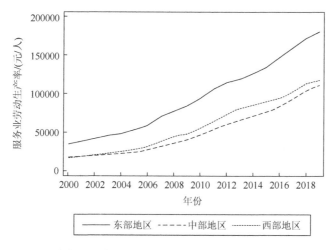

图 6.7　分区域服务业劳动生产率变化趋势

各省区市具体数据见附表 2.3

　　总体上，样本期间我国服务业增加值占 GDP 比值、服务业从业人数占比和服务业劳动生产率均呈上升趋势，但上升速度不同程度放缓。整体而言，我国经济结构已进入"服务经济"时代。从服务业增加值占 GDP 比值来看，我国与英美等发达国家相比，仍处于较低水平，但呈现出较稳定的快速增长趋势，其中，东部地区的服务业增加值占生产总值比值明显高于中、西部地区；从服务业从业人数占比来看，西部地区最低，东部地区最高；从服务业劳动生产率来看，东部地区最高。

6.2.2　制造业服务化测算指标

　　目前主要使用投入产出表中的消耗系数法，基于投入侧对制造业服务化进行测算，包括直接消耗系数法和完全消耗系数法（顾乃华和夏杰长，2010；刘斌等，

2016；许和连等，2017）。投入产出表由中间使用矩阵、最终使用矩阵和最初投入矩阵三个部分组成，各部分间相互连接，从总量和结构上全面、系统地反映国民经济各部门从生产到最终使用这一完整的实物运动过程中的联系。投入产出表把经济体系中各部门之间的相互依存关系通过一个线性方程组（矩阵）来描述，能够清晰地反映系统内各部门间产品投入产出的数量关系，从纵向来看，描述了各部门间的中间消耗结构，从横向来看，反映了各部门间产品的分配情况，提供了测度制造业服务化的基础。

1. 直接消耗系数法

直接消耗系数法测算制造业行业层面的投入服务化水平，反映了各制造业细分行业的单位总产出对各类服务行业的直接消耗，用制造业细分行业（j 行业）在生产中所使用的某生产性服务业（i 行业）价值量（x_{ij}）占制造业细分行业总投入（X_j）的比例来表示。直接消耗系数矩阵为

$$A = \begin{bmatrix} a_{11} & a_{12} & \cdots & a_{1n} \\ a_{21} & a_{22} & \cdots & a_{2n} \\ \vdots & \vdots & & \vdots \\ a_{n1} & a_{n2} & \cdots & a_{nn} \end{bmatrix} \tag{6.1}$$

其中，$a_{ij} = x_{ij} / X_j (i, j = 1, 2, \cdots, n)$ 为制造业 j 行业对服务业 i 行业的直接消耗系数。

2. 完全消耗系数法

完全消耗系数法测算制造业行业层面的投入服务化水平，反映了各制造业细分行业的单位总产出对各类服务行业的完全消耗。在实际生产过程中，各制造业行业间除了直接消耗服务投入，还存在大量的间接消耗服务投入。完全消耗系数为直接消耗系数与间接消耗系数之和：

$$b_{ij} = a_{ij} + \sum_{k=1}^{n} a_{ik}a_{kj} + \sum_{k=1}^{n}\sum_{s=1}^{n} a_{is}a_{sk}a_{kj} + \cdots, \quad i, j = 1, 2, \cdots, n \tag{6.2}$$

其中，b_{ij} 为制造业 j 行业对服务业 i 行业的完全消耗系数；$\sum_{k=1}^{n} a_{ik}a_{kj}$ 为制造业对服务业第一轮间接消耗，$\sum_{k=1}^{n}\sum_{s=1}^{n} a_{is}a_{sk}a_{kj}$ 为制造业对服务业第二轮间接消耗，依次类推，加到制造业对服务业第 n 轮间接消耗。

6.2.3 制造业服务化测算结果分析

本节主要基于 OECD 发布的 2000～2014 年投入产出表，使用直接消耗系数

和完全消耗系数核算中国及主要发达国家、发展中国家的制造业投入服务化指标，分析我国制造业服务化的总体变化趋势，并进行比较分析。

1. 基于直接消耗系数测算的总体趋势分析及比较

图 6.8 显示了基于直接消耗系数测算的 2000～2014 年中国制造业投入服务化的变化趋势。总体来看，中国制造业投入服务化呈现出先减后增的 U 形发展趋势，由 2000 年的 0.125 下滑到 2007 年的 0.098，并在 2007 年达到最低值，此后呈现出增长趋势，增长到 2014 年的 0.118。可以发现，中国制造业与服务业融合程度较低，2007 年之后制造业投入服务化总体呈上升趋势。

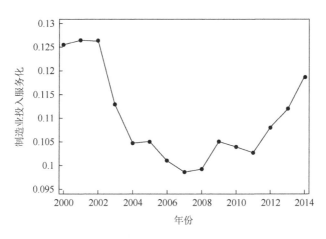

图 6.8　中国制造业投入服务化的变化趋势

图 6.9 显示了 2000～2014 年中国、美国、加拿大、英国、法国、日本、韩国、印度和巴西 9 个国家制造业投入服务化的变化趋势。法国制造业投入服务化始终位于前列；中国和韩国制造业投入服务化较低；其他国家制造业投入服务化发展较为平稳，但整体位于较高水平。具体地，2000～2014 年，巴西制造业投入服务化上升最快，从 2000 年的 0.19 上升到 2014 年的 0.23；印度、美国、法国、加拿大和韩国制造业投入服务化也均有不同程度的提升；中国、英国和日本制造业投入服务化呈下降趋势，其中，英国制造业投入服务化下降幅度最大，在 2008 年之前，英国制造业投入服务化和法国基本一致，但在 2008 年之后，英国制造业投入服务化出现断崖式下滑，由 2008 年的 0.23 下滑到 2010 年的 0.17，并在 2012 年达到最低值（0.168）。

2. 基于完全消耗系数测算的总体趋势分析及比较

图 6.10 给出了基于完全消耗系数测算的 2000～2014 年我国制造业行业投入

服务化均值和标准差的变化趋势。2000~2014 年，制造业行业投入服务化均值总体呈上升趋势，表明我国制造业投入趋于服务化；随着制造业行业投入服务化均值的提升，行业之间的差异也在不断扩大。具体地，2000~2004 年制造业行业投入服务化均值迅速下降，但是 2004 年后不断上升，这与我国近些年制造业与服务业融合发展的趋势是一致的。

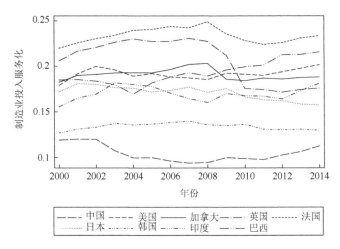

图 6.9　9 个国家制造业投入服务化的变化趋势（一）

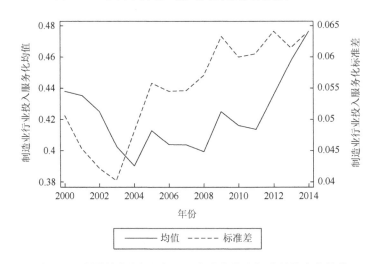

图 6.10　我国制造业行业投入服务化均值和标准差的变化趋势

图 6.11 显示了 2000~2014 年基于完全消耗系数测算的中国、美国、加拿大、英国、法国、日本、韩国、印度和巴西 9 个国家制造业投入服务化的变化趋势。2000~2014 年各国制造业投入服务化总体呈增长趋势，但随着制造业投入服务化的不断

提升，各国之间的差异日益显著。总体来看，法国制造业投入服务化始终位于前列；中国制造业投入服务化较低；其他国家制造业投入服务化发展较为平稳，整体位于较高水平。具体地，2000～2014 年法国制造业投入服务化上升最快，由 2000 年的 0.57 上升到 2014 年的 0.65；美国、加拿大、韩国、印度、巴西和中国制造业投入服务化均有不同程度的提升，仅有英国和日本制造业投入服务化呈现下滑趋势，其中，日本制造业投入服务化下降幅度最大，降幅约为 0.87%。

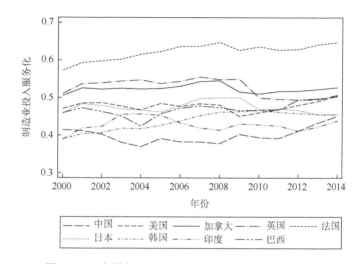

图 6.11　9 个国家制造业投入服务化的变化趋势（二）

　　基于以上分析，无论是采取直接消耗系数法，还是采取完全消耗系数法，2000～2014 年我国制造业投入服务化相较于其他国家处于较低的位置，存在显著的差距。这在一定程度上说明我国服务化政策支持力度不够、服务化人才支撑不足、政策与产业环境障碍等问题导致制造业投入服务化显著低于其他国家。

3. 不同类型制造业行业投入服务化趋势分析

1）制造业细分行业

图 6.12 绘制了 2000～2014 年我国制造业各细分行业①投入服务化的变化趋

---

① WIOD 的 18 个制造业行业如下：食品、饮料和烟草制品制造业（C5）；纺织品、服装以及皮革和相关产品制造业（C6）；木材、木材制品及软木制品的制造（家具除外），草编制品及编织材料物品制造业（C7）；纸和纸制品制造业（C8）；记录媒介物的印刷及复制制造业（C9）；焦炭和精炼石油产品制造业（C10）；化学品及化学制品制造业（C11）；基本医药产品和医药制剂制造业（C12）；橡胶和塑料制品制造业（C13）；其他非金属矿物制品制造业（C14）；基本金属制造业（C15）；金属制品的制造业，但机械设备除外（C16）；计算机、电子产品和光学产品制造业（C17）；电力设备制造业（C18）；未另分类的机械和设备制造业（C19）；汽车、挂车和半挂车制造业（C20）；其他运输设备制造业（C21）；家具的制造和其他制造业（C22）。

势。总体来看,所有制造业行业投入服务化均呈现不同程度先下降后上升的 U 形趋势,其中,基本医药产品和医药制剂制造业投入服务化位于前列,食品、饮料和烟草制品制造业,家具的制造和其他制造业投入服务化增长速度最为缓慢且处于较低位置,其他制造业行业投入服务化稳定增长且处于较高的发展水平。

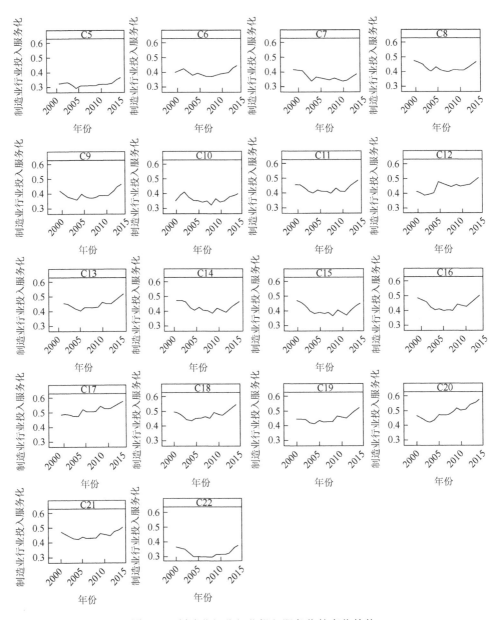

图 6.12　制造业细分行业投入服务化的变化趋势

具体地，2000～2014 年，基本医药产品和医药制剂制造业投入服务化增长最快，由 2000 年的 0.41 增长到 2014 年的 0.50，并在 2014 年达到最高值；计算机、电子产品和光学产品制造业，汽车、挂车和半挂车制造业，其他运输设备制造业等制造业行业投入服务化稳定增长，其中，计算机、电子产品和光学产品制造业投入服务化由 2000 年的 0.49 增长到 2014 年的 0.58 并在 2014 年达到最高值，这可能是在此阶段，我国重点发展了与计算机、电子产品和光学产品制造业密切相关的生产性服务业，如研发设计、信息技术服务和电子商务等，从而促进了该制造业部门的服务化进程。食品、饮料和烟草制品制造业，家具的制造和其他制造业投入服务化较低，其中，食品、饮料和烟草制品制造业投入服务化由 2000 年的 0.33 增长到 2014 年的 0.37，家具的制造和其他制造业由 2000 年的 0.36 下降到 2006 年的 0.29，并在 2006 年达到最低值，在此之后呈现出增长趋势，到 2014 年上升到 0.37。

2）区分不同要素密集度类型

根据 3.2.3 节要素密集度划分标准，把制造业划分为劳动密集型制造业、资本密集型制造业和技术密集型制造业三大类，进一步基于制造业要素密集度来看投入服务化的变化趋势。如图 6.13 所示，技术密集型制造业投入服务化较高，呈上升趋势；资本密集型制造业投入服务化次之，劳动密集型制造业投入服务化最低，后两者上升趋势均不明显。

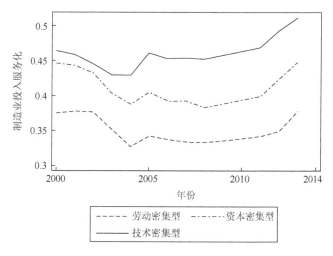

图 6.13　按要素密集度区分制造业投入服务化的变化趋势

3）区分服务投入要素类型

参考刘斌等（2016）和 WIOD 服务投入要素的分类，将制造业投入服务化分为运输投入服务化、邮电投入服务化、金融投入服务化、商务投入服务化、研发设计与其他技术投入服务化。图 6.14 报告了 2000~2014 年区分服务投入要素的制造业投入服务化的变化趋势。运输投入服务化最高，但呈现出下降趋势；金融投入服务化、商务投入服务化、研发设计与其他技术投入服务化不高但上升趋势较明显；邮电投入服务化最低且呈下降趋势。我国服务化伴随着从传统服务投入向先进服务投入转变的趋势，但目前运输投入服务化仍然是我国整体服务化水平攀升的主要来源，金融投入服务化、商务投入服务化、研发设计与其他技术投入服务化对我国服务化水平的推动作用在逐步提升。

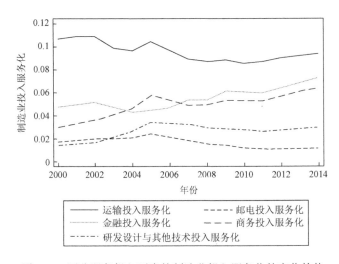

图 6.14　区分服务投入要素的制造业投入服务化的变化趋势

4）区分服务投入要素来源

基于 WIOD，根据服务投入要素来源，将制造业投入服务化划分为来自国内制造业投入服务化和来自国外制造业投入服务化两部分，分析两者对总体制造业投入服务化的贡献水平和变化趋势。图 6.15 描绘了 2000~2014 年我国来自国内制造业投入服务化和来自国外制造业投入服务化的柱状图。从横向看，我国制造业投入服务化主要来自国内，约占总体制造业投入服务化的 3/4；从纵向看，2000~2014 年，来自国内制造业投入服务化呈先下降后上升的 U 形变化趋势，这与总体制造业投入服务化变化趋势基本一致，来自国外制造业投入服务化则主要呈先上升后下降的倒 U 形变化趋势，这说明我国制造业服务要素投入近些年越来越多地依赖国内市场。

通过以上分析，我国制造业投入服务化发展主要集中于资本、技术密集型制造业，技术密集型制造业投入服务化最高，劳动密集型制造业投入服务化最低；运输投入服务化是我国整体服务化水平攀升的主要来源，金融投入服务化、商务

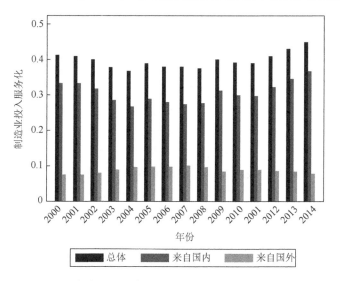

图 6.15　区分来自国内和来自国外制造业投入服务化的变化趋势

投入服务化、研发设计与其他技术投入化对服务化的推动作用逐步提升；制造业
服务投入要素更多地依赖国内市场，国外贡献趋于下降。

6.3　制造业服务化影响制造业全球价值链攀升的机制分析

6.3.1　我国制造业服务化与全球价值链关系的典型事实

图 6.16 描绘了 2000～2014 年我国制造业投入服务化和行业层面全球价值链地

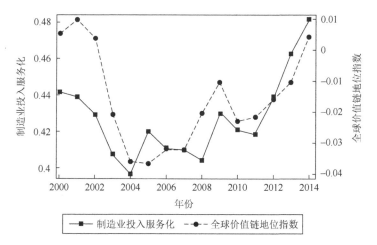

图 6.16　我国制造业投入服务化与行业层面全球价值链地位指数的变化趋势

位指数的变化趋势。制造业行业层面全球价值链地位指数具体测算方法见 3.2.2 节。两者总体变化趋势基本一致，具有较强的相关性。具体来看，在 2004 年之前，我国制造业投入服务化和行业层面全球价值链地位指数均呈下降趋势；在 2004 年之后，两者均呈上升趋势。整体来看，样本期间两者呈 U 形变化趋势。

图 6.17 描绘了 2000～2013 年我国制造业投入服务化和企业出口国内增加值率的变化趋势。可以看到，两者总体上呈上升趋势。2004 年后，我国制造业与服务业融合发展速度加快，制造业行业中科研、管理等服务投入要素增加，制造业服务化水平提升，有利于我国制造业生产率提升、产品质量升级，从而提高企业出口国内增加值率，即制造业投入服务化的提升一定程度上带动企业出口国内增加值率的提高。

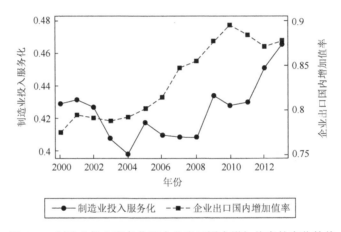

图 6.17　制造业投入服务化和企业出口国内增加值率的变化趋势

6.3.2　制造业服务化影响制造业全球价值链攀升的理论机制

1. 成本效应

制造业服务化能有效降低生产成本，进而提升制造业生产率，增加企业全球价值链参与程度和提升企业全球价值链参与位置（Grossman and Helpman，2002；Grossman and Rossi-Hansberg，2008；刘斌等，2016），提高其出口国内增加值率。运输服务化通过区域和全球交通运输网络的不断完善和整合，极大地降低运输成本，减少运输、库存等不确定性带来的风险，即运输服务化优化资源的空间配置，从而提高企业生产率。邮电服务化表现为信息技术与制造技术的融合，电子信息技术具有渗透性、倍增性、网络性和系统性等特点（胡汉辉和邢华，2003），使得企业更有效地控制产、供、销各节点，改善制造业生产业务流程效率。邮电服务化能够提高企业内部和企业间的信息共享程度与协同运作效率，有效降低企业信息成本和管理成本，增强企业"干中学"的能力（Grossman and Helpman，2002；Grossman and Rossi-Hansberg，2008），进而提升企业生产和运营效率，提高企业出口国内增加值率。金融服务化能够缓解企业融资约束，为技术创新、研发投入提供充裕的资金支持（Arnold et al.，2008），从而促进企业创新行为的长期化、稳定化和持续化，为企业价值链两端的攀升提供有力支持；研发设计与其他技术服务化表现为在产业链上游提高研发、设计、管理等优质服务要素的投入，促进企业技术进步、提高企业核心产品的增加值。

我国当前的制造业服务化还处于低质量层次，传统服务占比较高，智能服务占比较低，服务业对制造业的渗透程度和支撑作用有限，服务化的成本效应将大打折扣；一方面，以人力资本为主的服务中间投入有知识密集型、资本密集型的特征，在制造业服务化转型的前期，服务投入需要较高的成本，在一定程度上可能挤占制造业企业核心产品的要素投入（肖挺，2018），从而影响企业产品增加值提升；另一方面，当服务化进程达到一定程度时，服务业与制造业深度融合，有效发挥服务化的成本效应，从而对企业出口国内增加值率产生促进作用。

2. 质量效应

制造业服务化可通过市场反馈作用、产品差异化程度、高质量服务中间投入提升产品质量，实现向全球价值链中高端攀升。首先，制造业服务化具有明显的市场反馈作用（刘斌等，2016），通过增加制造业企业在产业链下游环节的参与度，有效缩短生产商与顾客之间的地理、空间距离，充分满足目标顾客的个性化需求，提供"产品-服务包"的完整解决方案，实现目标顾客的锁定和产品增值（刘斌等，2016）；在不减少市场需求的前提下提高产品价格，并实现产品质量升级。其次，制造业服务化有助于企业将生产性服务和实物产品组合成不同属性、各具特色的产品，根据顾客需求将现有服务要素（如研发、设计、营销等）融入产品中，实现多元化经营策略，从而提高产品差异化程度，促进产品质量升级（郭跃进，1999）。最后，在全球一体化背景下，制造业企业进口高质量服务中间投入，特别是以人力资本和知识资本为主的生产性服务要素的投入，能直接或间接地提高出口产品的技术复杂度，改进产品质量，加快企业产品从"量"到"质"的转变（戴翔，2016；王思语和郑乐凯，2018）。

3. 生产率效应

制造业服务化通过服务外包、空间集聚效应有效提高企业生产率。首先，制造业服务化的发展是服务外包不断外化发展的过程（顾乃华和夏杰长，2010）。服务外包是指将内置于制造业企业内部的服务部门相关业务和环节外包出去，使得企业关注核心业务和产品，优化企业生产资源配置效率，提高生产率；同时，随着垂直专业化分工的不断深化，外包的服务部门基于其知识密集型特征，形成规模经济，推动服务业发展，也通过人力资本、技能培训等途径"反哺"制造业生产效率的提高（杨小凯和张永生，2002；顾乃华，2006）。其次，制造业服务化有助于生产性服务业形成空间集聚，从而通过范围经济提升制造业生产率。一方面，生产性服务业的空间集聚通过竞争效应间接提升制造业的服务效率，从而带动制造业生产率提升；另一方面，生产性服务业的空间集聚通过协同效应促进制造业与服务业之间的协调合作、优势互补，从而提高区域内整体制造业生产率（顾乃华，2011）。

4. 技术创新效应

制造业服务化对企业技术创新能力的推动主要体现在技术外溢、创新激励和学习效应三个方面。首先，随着产业链在全球范围不断深化和延长，内嵌于制造业各环节的服务投入的深度和广度日益提高，在其与制造业不断融合的过程中，通过新思想、新技术和新流程推动知识的转移和共享，产生技术外溢；同时，外包活动通过深化专业化分工实现技术扩散从而促进企业创新。其次，在产业链上游，高端服务要素投入（如研发）提高了企业的技术创新和吸收能力；在产业链中下游，信息咨询、技术支持、营销等要素投入比例的不断增加促使制造业企业从以加工组装为主向"制造 + 服务"转型，从单纯出售产品向出售"产品 + 服务"转变。通过不断优化要素禀赋与产品组合方式，激励企业进行自主创新和协同创新（Robinson et al.，2002；戴觅和余淼杰，2011），推动产品之间形成技术的水平差异性和垂直差异性，推动具备创新特质产品和服务的开发。最后，制造业服务化，尤其是高端服务要素的投入，对企业原有产品开发架构、运营管理体系、人力资本管理体制及内外部制度环境无疑是一种"破坏式创新"，可以更为直接地推动企业生产范式的革新，减少生产冗余，降低成本，激发企业技术创新能力。

6.4　制造业服务化影响制造业全球价值链攀升的实证研究

本节基于我国制造业服务化与制造业全球价值链地位的特征事实，结合制造业服务化影响价值链攀升的机制分析，通过构建计量模型，从行业、企业两个层面实证检验制造业服务化对制造业全球价值链攀升的影响效应，并进行机制检验。

6.4.1　基于行业层面的实证研究

1. 计量模型、变量及数据

结合前面机制分析，借鉴刘斌等（2016）的研究，加入制造业投入服务化的二次项，构建如下计量模型：

$$GVC_{jt} = \alpha_0 + \alpha_1 \text{service}_{jt} + \alpha_2 \text{service}_{jt}^2 + X_{jt}' \delta_{jt} + \mu_j + \mu_t + \varepsilon_{jt} \qquad (6.3)$$

其中，GVC_{jt} 为行业层面全球价值链地位；service_{jt} 为制造业投入服务化；X_{jt} 为行业层面控制变量向量；μ_j 和 μ_t 分别为行业固定效应、年份固定效应。

被解释变量 GVC_{jt} 采用全球价值链地位指数来衡量，具体测算方法见 3.2.2 节；核心解释变量 service_{jt} 的具体测度方法见 6.2 节。控制变量如下：①行业资本劳动比（capint），由实收资本除以从业人数并取对数得到；②行业融资约束（fincon），借鉴 Braun（2005）、吕越等（2016）的研究，用行业固定资产占总资产比例的倒数表示，该值越大，表明行业受到的融资约束越大；③行业所有权性质（owner），用国有资本占实收资本的比例表示。

本节所使用数据来自 WIOD、《中国工业经济统计年鉴》及《中国统计年鉴》等。其中，中国制造业各细分行业的全球价值链地位指数和投入服务化的数据来自 WIOD，该数据库提供了 2000～2014 年世界投入产出表数据，共包含 43 个国家和 56 个行业，其中，制造业行业为 C5～C22。WIOD 行业分类标准与《国民经济行业分类》有所不同，借鉴李怡和李平（2018）、谢会强等（2018）的研究，本节根据《国民经济行业分类》（GB/T 4754—2002）①对两者进行归类和匹配，得到 17 个制造业细分行业的数据。行业层面资本劳动比、融资约束、所有权性质对应指标的数据来自《中国工业经济统计年鉴》《中国统计年鉴》等。

2. 基准回归结果

表 6.1 报告了制造业服务化影响制造业全球价值链地位的基准回归结果。其中，列（1）单独报告了制造业投入服务化对全球价值链地位指数的回归结果，列（2）报告了加入行业资本劳动比、行业融资约束、行业所有权性质等控制变量的回归结果，列（3）～列（6）为加入制造业投入服务化二次项，并依次纳入控制变量的回归结果。实证结果显示，在控制年份固定效应和行业固定效应后，制造业投入服务化对全球价值链地位指数具有显著的先降后升的 U 形影响；加入控制变量后，制造业投入服务化对全球价值链地位指数的影响基本不变。如前面理论机制所述，制造业投入服务化和全球价值链地位指数之间的 U 形关系与服务要素知识密集型特性有关。一般而言，服务要素涉及较多的人力资源和知识资本，单位成本较高，如商业咨询、软件定制等；服务要素无实物形态，且需要累积到一定规模时才能发挥作用，如市场调研、广告营销等；物流运输、互联网通信等基础性服务要素则需要较大的前期投入，这意味着在制造业投入服务化较低时，服务要素投入增加会给制造业带来较大的成本压力，甚至会降低制造业生产效率、缩小其升级空间；只有在服务要素投入超过特定阈值后，才能有助于提高制造业行业的全球价值链地位。

---

① 现行《国民经济行业分类》（GB/T 4754—2017）与该版本存在区别。

表 6.1　制造业服务化影响制造业全球价值链地位的基准回归结果

变量	(1) GVC	(2) GVC	(3) GVC	(4) GVC	(5) GVC	(6) GVC
service	0.1020	0.0523	−1.0811***	−0.7793**	−0.7793**	−0.7031*
	(1.56)	(0.65)	(−2.82)	(−2.03)	(−2.01)	(−1.79)
service²			1.3096***	0.9457**	0.9154**	0.8298*
			(3.13)	(2.26)	(2.19)	(1.97)
capint		−0.0369***		−0.0363***	−0.0344***	−0.0338***
		(−3.20)		(−3.42)	(−2.98)	(−2.93)
fincon		−0.0173*			−0.0179*	−0.0185**
		(−1.88)			(−1.96)	(−2.03)
owner		0.0497				0.0405
		(1.64)				(1.33)
常数项	−0.0397	0.0869	0.2242**	0.2253**	0.2840***	0.2568**
	(−1.36)	(1.56)	(2.52)	(2.52)	(2.82)	(2.50)
年份固定效应	是	是	是	是	是	是
行业固定效应	是	是	是	是	是	是
观测值	270	216	270	234	216	216
R^2	0.4287	0.4907	0.4516	0.5066	0.4965	0.5013

*回归系数在 10%的水平上通过显著性检验。
**回归系数在 5%的水平上通过显著性检验。
***回归系数在 1%的水平上通过显著性检验。
注：括号中为稳健标准误。

　　为考察估计结果的稳健性，进一步改变制造业全球价值链指标的度量进行估计。采用全球价值链位置指数、全球价值链参与度来衡量全球价值链，具体度量方法见 3.1 节。制造业服务化对制造业全球价值链攀升影响的稳健性分析见表 6.2。结果显示，制造业投入服务化二次项对全球价值链位置指数的回归系数不显著，但制造业投入服务化与全球价值链参与度呈显著的倒 U 形关系，阈值为 0.4478，结合全球价值链地位指数与全球价值链参与度呈反向变动的关系，进而说明估计结果是稳健的。

表 6.2　制造业服务化对制造业全球价值链攀升影响的稳健性分析

变量	(1) 全球价值链位置指数	(2) 全球价值链参与度
service	−0.1947	0.8772***
	(−0.22)	(3.65)

续表

变量	（1） 全球价值链位置指数	（2） 全球价值链参与度
service^2	−0.6538	−0.9794***
	（−0.70）	（−3.79）
capint	0.0044	0.0328***
	（0.17）	（4.63）
fincon	−0.0168	−0.0057
	（−0.83）	（−1.02）
owner	−0.0244	0.0530***
	（−0.36）	（2.84）
常数项	1.1862***	−0.0103
	（5.23）	（−0.16）
年份固定效应	是	是
行业固定效应	是	是
观测值	216	216
R^2	0.1426	0.7487

***回归系数在 1%的水平上通过显著性检验。

注：括号中为稳健标准误。

3. 异质性分析

1）基于要素密集度的异质性分析

参照李怡和李平（2018）的研究，本节按要素密集度对制造业行业进行划分，表 6.3 报告了回归结果，其中，列（1）、列（2）为劳动密集型行业回归结果，列（3）、列（4）为资本密集型行业回归结果，列（5）、列（6）为技术密集型行业回归结果。不同要素密集度行业的投入服务化对全球价值链地位指数的影响存在异质性。其中，劳动密集型行业投入服务化与全球价值链地位指数呈现显著的先降后升的 U 形关系，阈值为 0.3037；资本密集型行业和技术密集型行业投入服务化与全球价值链地位指数也呈先降后升的 U 形关系，但结果并不显著。这意味着在劳动密集型行业中，投入服务化在突破阈值后，对全球价值链地位指数的影响呈现显著的提升作用。相较而言，劳动密集型行业投入服务化的阈值更低，说明在劳动密集型行业中较低的投入服务化就可以提升全球价值链地位指数，可能原因是劳动密集型行业全球价值链地位指数提升比较依赖服务要素投入，而对于资本密集型行业和技术密集型行业，服务要素投入并不是促进全球价值链地位指数提升的重要因素。

表 6.3 基于要素密集度异质性的回归结果

变量	（1）	（2）	（3）	（4）	（5）	（6）
	劳动密集型		资本密集型		技术密集型	
	GVC	GVC	GVC	GVC	GVC	GVC
service	0.3001*	−1.0971**	0.1908	−0.7340	0.0980	−1.1949
	(1.94)	(−2.27)	(0.82)	(−0.47)	(0.69)	(−1.48)
$service^2$		1.8061***		1.0391		1.4538
		(3.02)		(0.60)		(1.63)
常数项	−0.1724***	0.0558	0.0892	0.2994	−0.0599	0.2430
	(−3.69)	(0.65)	(0.57)	(0.78)	(−0.63)	(1.17)
控制变量	是	是	是	是	是	是
年份固定效应	是	是	是	是	是	是
行业固定效应	是	是	是	是	是	是
观测值	48	48	84	84	60	60
R^2	0.9110	0.9328	0.4848	0.4879	0.8793	0.8870

*回归系数在 10%的水平上通过显著性检验。

**回归系数在 5%的水平上通过显著性检验。

***回归系数在 1%的水平上通过显著性检验。

注：括号中为稳健标准误。

2）基于技术水平的异质性分析

借鉴尹伟华（2017）的研究，本节按技术水平对行业进行划分，表 6.4 报告了回归结果。其中，列（1）、列（2）为低技术行业回归结果，列（3）、列（4）为中低技术行业回归结果，列（5）、列（6）为中高技术和高技术（简称中高技术）行业回归结果。不同技术水平行业的投入服务化对全球价值链地位指数的影响存在差异性，其中，中高技术行业投入服务化与全球价值链地位指数呈现显著的先降后升的 U 形关系，投入服务化阈值大约为 0.4579，低技术和中低技术行业投入服务化对全球价值链地位指数提升没有显著影响。

表 6.4 基于技术水平异质性的回归结果

变量	（1）	（2）	（3）	（4）	（5）	（6）
	低技术		中低技术		中高技术	
	GVC	GVC	GVC	GVC	GVC	GVC
service	0.0612	0.0496	0.1571	−0.0787	−0.0179	−2.0190**
	(0.37)	(0.08)	(0.54)	(−0.04)	(−0.11)	(−2.34)
$service^2$		0.0146		0.2596		2.2048**
		(0.02)		(0.12)		(2.36)

续表

变量	(1)	(2)	(3)	(4)	(5)	(6)
	低技术		中低技术		中高技术	
	GVC	GVC	GVC	GVC	GVC	GVC
常数项	−0.0028	−0.0007	0.1403	0.1955	0.0420	0.4908**
	(−0.04)	(−0.01)	(0.74)	(0.40)	(0.38)	(2.26)
控制变量	是	是	是	是	是	是
年份固定效应	是	是	是	是	是	是
行业固定效应	是	是	是	是	是	是
观测值	72	72	60	60	72	72
R^2	0.6964	0.6964	0.5427	0.5429	0.7880	0.8093

**回归系数在 5%的水平上通过显著性检验。

注：括号中为稳健标准误。

6.4.2　基于企业层面的实证研究

1. 计量模型、变量及数据

本节进一步采用微观企业数据，考察中国制造业投入服务化对企业出口国内增加值率的影响效应。基于理论分析和已有研究（许和连等，2017），构建如下计量模型：

$$\text{Dvar}_{ijt} = \alpha + \alpha_1 \text{service}_{jt} + \beta_2 \text{service}_{jt}^2 + Z'_{ijt}\gamma_{ijt} + \delta_i + \delta_t + \varepsilon_{ijt} \tag{6.4}$$

其中，i 为企业；j 为制造业企业所属行业；t 为年份；Dvar_{ijt} 为企业层面的出口国内增加值率；service_{jt} 为行业层面的制造业投入服务化，考虑制造业投入服务化对企业出口国内增加值率可能存在非线性的影响，模型中加入了制造业投入服务化的二次项。

核心解释变量为制造业投入服务化（service_{jt}），具体测算方法见 6.2.2 节；被解释变量为企业出口国内增加值率（Dvar_{ijt}），具体测算方法见 3.4.2 节。

控制变量如下：①企业全要素生产率（lntfp），在计算企业加成率的过程中，需要基于生产函数估计每种要素投入的产出弹性系数，并采用索罗残差方法计算得到企业全要素生产率，取自然对数；②企业规模（size），采用企业职工人数测度；③企业存续年限（age），采用当年年份与企业成立年份之差表示；④企业资本密集度（lnklratio），采用企业的固定资产净值与企业的就业人数之比表示，是表征企业要素构成的关键变量，取自然对数；⑤国有企业虚拟变量（soe），根据企业登记注册类型，将国有企业赋值为 1，其余企业类型赋值为 0。

制造业投入服务化的数据来自 WIOD，企业出口国内增加值率、企业全要素生产率、企业规模、企业存续年限、企业资本密集度及国有企业虚拟变量等的数据均来自中国工业企业数据库，该数据库包含丰富的企业层面信息，如企业名称、法人代码、经营年份、所有制类型、就业人数、工业增加值、工业销售产值、固定资产总额、固定资产折旧、所得税、出口交货值等指标。WIOD 行业分类标准与《国民经济行业分类》有所不同，本节根据名称对两者进行归类和匹配，得到17 个制造业细分行业的数据。

2. 基准回归及稳健性检验

1）基准回归估计

表 6.5 报告了制造业投入服务化对企业出口国内增加值率的基准回归结果。表 6.5 列（1）显示，在只控制年份固定效应和企业固定效应的情况下，制造业投入服务化的回归系数在 1%的水平上显著为负，制造业投入服务化二次项的回归系数在 1%的水平上显著为正，表明制造业投入服务化与企业出口国内增加值率之间存在显著的 U 形关系；列（2）在加入企业全要素生产率、企业规模、企业存续年限及企业资本密集度等企业层面控制变量后，制造业投入服务化、制造业投入服务化二次项的回归系数的方向和显著性并未发生明显改变；列（3）进一步加入了国有企业虚拟变量，制造业投入服务化与企业出口国内增加值率的 U 形关系及其显著性没有改变；列（4）同时控制了企业全要素生产率、企业规模、企业存续年限、企业资本密集度及国有企业虚拟变量，制造业投入服务化的回归系数为−1.1770，制造业投入服务化二次项的回归系数为 1.3680，且均通过了 1%水平上的显著性检验。综上所述，制造业投入服务化与企业出口国内增加值率呈现显著的 U 形关系，即制造业投入服务化对企业出口国内增加值率的影响效应存在阈值，当制造业投入服务化低于这一阈值时，制造业企业的投入服务化抑制了企业出口国内增加值率的提高。基于生产性服务业具有知识密集型、资本密集型的特征，制造业企业在服务化转型的前期需要投入大量的学习成本，提升了企业生产成本，但随着服务化的深入，服务要素投入逐渐产生积极效应，有效提升了企业生产率和产品质量，从而提升企业出口国内增加值率。因此，当制造业投入服务化高于这一阈值时，它能显著促进企业出口国内增加值率的提升。基于实证样本计算，该阈值为 0.4302，样本中我国制造业整体投入服务化均值尚未超过该阈值。

表 6.5　制造业投入服务化对企业出口国内增加值率的基准回归结果

变量	(1) Dvar	(2) Dvar	(3) Dvar	(4) Dvar
service	−1.0130***	−1.1760***	−1.0110***	−1.1770***
	(0.0932)	(0.1010)	(0.0932)	(0.1010)

续表

变量	(1) Dvar	(2) Dvar	(3) Dvar	(4) Dvar
service^2	1.1520***	1.3670***	1.1500***	1.3680***
	(0.1070)	(0.1150)	(0.1070)	(0.1150)
lntfp		0.0180***		0.0180***
		(0.0005)		(0.0005)
size		0.0009		0.0008
		(0.0008)		(0.0008)
age		0.0008***		0.0008***
		(0.0001)		(0.0001)
lnklratio		−0.0108***		−0.0107***
		(0.0006)		(0.0006)
soe			0.0370***	0.0320***
			(0.0059)	(0.0067)
年份固定效应	是	是	是	是
企业固定效应	是	是	是	是
观测值	250103	203957	250103	203957
R^2	0.760	0.782	0.760	0.782

***回归系数在 1% 的水平上通过显著性检验。

注：括号中为稳健标准误。

此外，其他企业层面控制变量的回归结果与已有文献结论基本一致。企业全要素生产率越高，其出口国内增加值率越高；企业规模的回归系数为正但不显著；企业存续年限越长，其出口国内增加值率也越高，这是由于企业存续时间越长，其"干中学"、研发投入等效应相对凸显；企业资本密集度高反而会抑制企业出口国内增加值率的提升；国有企业虚拟变量的回归系数显著为正，表明相较于其他类型的企业，国有企业在国内市场更具优势，拥有更强的资金实力和风险承担能力，企业出口国内增加值率相对更高。

2）稳健性检验

考虑样本中极端值、估计的内生性问题等，本节通过剔除极端值、采用工具变量法进行回归估计，考察以上估计结果的稳健性。

（1）剔除极端值。为了排除回归结果受到样本中极端值的干扰，分别对被解释变量、核心解释变量及控制变量进行 1% 水平的双边截尾处理，表 6.6 报告了回归结果。列（1）、列（2）的估计结果表明在剔除被解释变量的极端值后，核心解释变量的回归系数的方向与基准回归保持一致，且均通过 1% 水平的显著性检验。列（3）、列（4）为剔除核心解释变量极端值的回归结果，回归结果显示，制造业投入服务化、制造业投入服务化二次项的回归系数有所变化，但方向均没有改变，且都通过了 1%水平的显著性检验，即制造业投入服务化与企业出口国内增加值率仍保持稳健的 U 形关系。以上估计结果表明，剔除核心解释变量和被解释变量的极端值不影响制造业投入服务化与企业出口国内增加值率的 U 形关系。

表 6.6　剔除极端值和考虑内生性问题的回归结果

变量	（1）	（2）	（3）	（4）	（5）	（6）	（7）
	剔除被解释变量极端值		剔除核心解释变量极端值		剔除控制变量极端值		考虑内生性问题
	Dvar	Dvar	Dvar	Dvar	Dvar	Dvar	Dvar
service	−0.965***	−1.113***	−1.160***	−1.367***	−0.997***	−1.074***	−1.933***
	(0.0993)	(0.110)	(0.111)	(0.123)	(0.103)	(0.117)	(0.312)
service²	1.094***	1.290***	1.333***	1.602***	1.132***	1.234***	2.315***
	(0.115)	(0.127)	(0.129)	(0.143)	(0.119)	(0.1236)	(0.365)
控制变量	否	是	否	是	否	是	是
年份固定效应	是	是	是	是	是	是	是
企业固定效应	是	是	是	是	是	是	是
观测值	248681	202739	250570	203988	252717	190872	118318
R^2	0.754	0.775	0.753	0.775	0.752	0.782	0.717
Kleibergen-Paap rk LM 统计量							7808
Kleibergen-Paap rk LM P 值							0.000
Kleibergen-Paap rk Wald F 统计量							5414.508

***回归系数在 1%的水平上通过显著性检验。
注：括号中为稳健标准误。

（2）克服内生性问题。在前面的分析中，控制企业固定效应和年份固定效应，一定程度上解决了基准模型中因遗漏变量产生的内生性问题。但考虑企业出口国内增加值率更高的企业有更雄厚的资金实力进行制造业投入服务化，即两者可能存在互为因果的关系，为解决以上内生性问题，本节采用滞后一期的制造业投入服务化作为工具变量，进行 2SLS 法估计。表 6.6 列（5）汇报了回归结果，制造业投入服务化与企业出口国内增加值率之间仍然存在显著的 U 形关系。为了验证工具变量的有效性，对工具变量分别进行识别不足检验（Kleibergen-Paap rk LM 统计量）和弱工具变量检验（Kleibergen-Paap rk Wald F 统计量），结果均在 1%的显著水平上拒绝

"工具变量识别不足"和"存在弱工具变量"的原假设。基于以上分析，在考虑可能的内生性问题后，制造业投入服务化与企业出口国内增加值率之间的 U 形关系仍然稳健。

3. 异质性分析

1）基于企业所在地区的异质性分析

表 6.7 报告了不同地区企业的制造业投入服务化对出口国内增加值率影响的差异性。回归结果表明，与基准回归结果一致，东、中、西部地区企业的制造业投入服务化均与出口国内增加值率呈明显的 U 形关系，阈值分别为 0.4294、0.4598 和 0.4407，即当企业制造业投入服务化超过一定阈值时，才会对其出口国内增加值率产生明显促进作用。中国幅员辽阔，地区间的经济发展水平存在显著差异，东部地区得益于政策红利率先进行改革开放，经济基础和技术实力雄厚，服务业发展水平和开放程度明显优于其他地区，企业的边际生产成本加速下降、吸收能力和创新能力快速增强，因此东部地区企业出口国内增加值率发生变化的阈值较低；在中部地区崛起和西部大开发的指导下，中、西部地区企业的服务业得到了高速发展，但来自东部地区企业的知识外溢效应有限，且受国内金融水平、科研能力的限制，两地区前期服务中间投入成本较大，因此制造业投入服务化促进中、西部地区企业出口国内增加值率提升的阈值相对较高。

表 6.7 基于企业所在地区的异质性分析结果

变量	（1）东部地区 Dvar	（2）中部地区 Dvar	（3）西部地区 Dvar
service	−1.1370***	−1.6000***	−1.919***
	（0.1030）	（0.5700）	（0.717）
$service^2$	1.3240***	1.7400***	2.177***
	（0.1180）	（0.4830）	（0.790）
控制变量	是	是	是
年份固定效应	是	是	是
企业固定效应	是	是	是
观测值	193175	7671	3111
R^2	0.781	0.752	0.802

***回归系数在 1%的水平上通过显著性检验。

注：括号中为稳健标准误。

2）基于企业贸易方式的异质性分析

基于不同贸易方式，表 6.8 报告了一般贸易企业、加工贸易企业和混合贸易企业的制造业投入服务化对其出口国内增加值率影响的差异性。列（1）报告了一般贸易企业的回归结果，结果表明两者之间为 U 形关系，但不显著。列（2）、列（3）回归结果表明制造业投入服务化较低会对加工贸易企业和混合贸易企业的出口国内增加值率产生明显的抑制作用，当制造业投入服务化超过一定阈值时，会对两者的出口国内增加值率产生明显的促进作用，两者的阈值分别为 0.4153 和 0.4109，混合贸易企业的显著性更强。对以上结果可能的解释是，样本期间，我国制造业企业主要以加工组装的形式参与全球价值链分工，这类企业更多地关注企业规模扩张，倾向于加大对研发、设计、人力资本等高端服务要素投入，因此初期的服务要素将提高企业生产成本，压缩企业出口产品的增加值，但随着制造业投入服务化的进一步提升，即当制造业投入服务化超过特定阈值后，将极大地增大企业产品创新空间，优化企业资源配置效率，提升企业产品的质量及多样性，利于制造业企业向全球价值链中高端迈进，提高了其出口国内增加值率。一般贸易企业承担了开发、生产、销售等诸多增值环节，且管理技术、研发投入、运营体系等服务要素的投入在一定程度上发挥了积极效应，进一步的制造业投入服务化可能导致企业管理繁复、成本上升等问题，或者未能与原有服务要素投入形成较好的匹配，从而没有对企业出口国内增加值率产生影响。

表 6.8　基于企业贸易方式异质性的回归结果

变量	（1）一般贸易 Dvar	（2）加工贸易 Dvar	（3）混合贸易 Dvar
service	−0.3980	−0.7220**	−1.8430***
	（0.3010）	（0.2820）	（0.168）
service²	0.3840	0.8580**	2.2450***
	（0.3530）	（0.3350）	（0.191）
控制变量	是	是	是
年份固定效应	是	是	是
企业固定效应	是	是	是
观测值	30033	46107	104574
R^2	0.872	0.859	0.794

**回归系数在 5%的水平上通过显著性检验。
***回归系数在 1%的水平上通过显著性检验。
注：括号中为稳健标准误。

3）基于企业生产率的异质性分析

表 6.9 列（1）、列（2）报告了不同生产率企业的制造业投入服务化对出口国内增加值率影响的差异性。高生产率企业和低生产率企业的制造业投入服务化与出口国内增加值率呈 U 形关系，均在 1% 的水平上显著。企业生产率越高，生产边际成本越低，因此在发展初期高生产率企业会将更多的资金用于制造业投入服务化的优化中，进而加速了成本下降和企业创新，有利于产品增加值的提高，导致高生产率企业出口国内增加值率出现显著提升的阈值更低。

表 6.9　基于企业生产率和市场集中度异质性的回归结果

变量	（1） 高生产率 Dvar	（2） 低生产率 Dvar	（3） 高市场集中度 Dvar	（4） 低市场集中度 Dvar
service	−1.9720***	−0.524***	−2.305***	−0.979***
	(0.1600)	(0.144)	(0.249)	(0.118)
$service^2$	2.3510***	0.552***	2.582***	1.115***
	(0.1800)	(0.166)	(0.279)	(0.134)
控制变量	是	是	是	是
年份固定效应	是	是	是	是
企业固定效应	是	是	是	是
观测值	103011	100946	47493	156464
R^2	0.822	0.813	0.795	0.791

***回归系数在 1% 的水平上通过显著性检验。
注：括号中为稳健标准误。

4）基于市场集中度的异质性分析

表 6.9 列（3）、列（4）报告了不同市场集中度企业的制造业投入服务化对其出口国内增加值率影响的差异性。估计结果表明，高市场集中度和低市场集中度企业的制造业投入服务化与其出口国内增加值率也呈显著的 U 形关系，但对低市场集中度企业，制造业投入服务化影响其出口国内增加值率发生显著提升的阈值更低。一方面，市场集中度越高，企业的垄断性越强，而强垄断明显降低了市场竞争水平，一定程度上不利于企业管理、技术方面的创新，不利于产品增加值的提升，因此对低市场集中度企业，相应的阈值更低；另一方面，高市场集中度企业所占市场份额相对更大，在人才、资金、技术方面拥有更强的比较优势，因此当制造业投入服务化超过一定阈值后，它对高市场集中度企业提高资源配置效率、创新产品工艺、增加产品增加值才会产生更为明显的作用。

5）不同类型服务投入要素的异质性分析

由于服务投入要素的类型存在显著异质性，本节从运输服务化、邮电服务化、金融服务化、商务服务化、研发设计与其他技术服务化这五方面来分析不同种类的服务投入要素对企业出口国内增加值率的影响差异，表 6.10 报告了其回归结果。可以看到，邮电服务化的回归系数在 5%的水平上显著为负，邮电服务化二次项的回归系数为正但不显著；运输服务化、金融服务化、商务服务化及研发设计与其他技术服务化则与整体制造业投入服务化的影响一致，与企业出口国内增加值率呈现显著的 U 形关系。对上述结果的解释可能为邮电服务化属于垄断行业，多为社会公众提供基本服务和公共产品，行业竞争力度较小，服务投入要素发挥的效用有限，因此，随着投入服务化的提升，样本期间并不利于企业出口国内增加值率的提升，甚至邮电服务化改革程度、管理水平的相对滞后会对企业出口国内增加值率产生抑制作用。运输服务化和商务服务化属于传统劳动密集型服务行业，服务化初期行业内的专业型人才、流动资金相对匮乏，但随着服务化的发展，其技术含量、创新能力有了显著提升，进而对企业出口国内增加值率产生明显的促进效应。因此，运输服务化、商务服务化与企业出口国内增加值率呈先下降后上升的 U 形关系。随着我国金融市场的开放和发展，金融服务化在提升企业产品价值方面扮演着越来越重要的角色，加大金融服务的投入力度有利于缓解出口企业的融资压力，提高资金的使用效率，促使资金流向生产高增值产品的企业，但与发达国家相比，我国金融体系的发展还不够成熟，业务创新能力低、抗风险能力弱、监管能力亟待提高，导致金融服务化对企业出口国内增加值率的影响呈明显的 U 形关系，即当我国的金融服务化发展到一定阶段时，才能显著促进企业出口国内增加值率的提升。研发设计与其他技术服务化是提升产品增加值的重要环节，投入服务化发展初期我国使用研发设计等高端服务要素较少、水平较低，且研发设计等服务要素初始投入成本较高，一定程度上挤占了制造业企业生产核心产品的要素投入份额，并不利于企业出口国内增加值率提升。随着投入服务化的深入发展，研发设计对制造业企业的生产效率、产品质量的提升效应逐渐彰显，当投入服务化超过一定阈值时能显著促进企业出口国内增加值率的提升。

表 6.10　基于不同类型服务投入要素异质性的回归结果

变量	（1）运输服务化	（2）邮电服务化	（3）金融服务化	（4）商务服务化	（5）研发设计与其他技术服务化
	Dvar	Dvar	Dvar	Dvar	Dvar
service	−3.7110***	−1.3530**	−2.7710***	−1.0250***	−1.1230***
	（0.3480）	（0.5810）	（0.3290）	（0.2060）	（0.2330）
service²	20.4800***	14.1900	19.7700***	5.0050***	9.8190***
	（1.7410）	（11.6800）	（2.5530）	（1.6760）	（2.8070）

续表

变量	(1) 运输服务化 Dvar	(2) 邮电服务化 Dvar	(3) 金融服务化 Dvar	(4) 商务服务化 Dvar	(5) 研发设计与其他 技术服务化 Dvar
控制变量	是	是	是	是	是
年份固定效应	是	是	是	是	是
企业固定效应	是	是	是	是	是
观测值	203957	203957	203957	203957	203957
R^2	0.782	0.781	0.782	0.782	0.781

**回归系数在 5%的水平上通过显著性检验。

***回归系数在 1%的水平上通过显著性检验。

注：括号中为稳健标准误。

4. 影响机制检验

结合前面制造业服务化影响价值链攀升的机制分析，成本效应、质量效应、生产率效应和技术创新效应是制造投入服务化影响企业出口国内增加值率的重要途径，参考温忠麟和叶宝娟（2014）、许和连等（2017）的研究，本节构建中介效应模型并进行机制检验，构建模型如下：

$$M_{ijt} = \alpha_0 + \alpha_1 \text{service}_{jt} + \alpha_2 \text{service}_{jt}^2 + Z'_{ijt}\gamma_{ijt} + \delta_i + \delta_t + \varepsilon_{ijt} \tag{6.5}$$

$$\begin{aligned}\text{Dvar}_{ijt} = &\beta_0 + \beta_1 \text{service}_{jt} + \beta_2 \text{service}_{jt}^2 + \theta M_{it} \\ &+ Z'_{ijt}\gamma_{ijt} + \delta_i + \delta_t + \varepsilon_{ijt}\end{aligned} \tag{6.6}$$

其中，M_{ijt} 为中介变量，分别为企业成本、产品质量、生产率和技术创新等变量。企业成本（lncost）参考刘斌和王乃嘉（2016）的研究，使用会计准则计算得到，即企业成本 = 管理费用 + 财务费用 + 产品销售成本 + 主营业务应付工资总额 + 主营业务应付福利总额；产品质量（lnquality）根据 Khandelwal（2010）的需求信息回归推断法测算而得；企业全要素生产率（lntfp）根据产出弹性系数，采用索罗残差方法计算而得；技术创新（lninnovation）使用研发投入经费与销售收入的比值来替代，中介变量均取自然对数进入回归模型。模型（6.5）主要检验制造业投入服务化对中介变量的影响效应，模型（6.6）进一步包括中介变量、制造业投入服务化及其他控制变量，主要检验中介变量、制造业投入服务化对出口国内增加值率的影响效应。

表 6.11 报告了影响机制检验的回归结果。列（1）、列（2）报告了企业成本作为中介变量时模型（6.5）和模型（6.6）的回归结果。结果表示，制造业投入服务化与企业成本之间呈显著的倒 U 形关系，即在制造业投入服务化转型的初期，服务要素投入会提高企业成本，随着服务要素与制造业融合深化，制造业投入服

务化会显著降低企业成本，显著促进出口国内增加值率提高。在考虑生产成本后，制造业投入服务化对企业出口国内增加值率的直接效应与基准回归一致，呈显著的 U 形关系。列（3）、列（4）分别报告了产品质量作为中介变量时模型（6.5）和模型（6.6）的回归结果。制造投入服务化通过反馈效应[①]（刘斌和王乃嘉，2016）、提高技术复杂度等途径将显著提高企业产品质量；列（4）显示产品质量提升显著降低了出口国内增加值率，这可能是由于企业在提高产品质量的过程中使用了更多的高质量进口中间品，增加了成本，从而降低了出口国内增加值率。在考虑产品质量这一中介变量后，制造业投入服务化对企业出口国内增加值率的直接效应与基准回归一致，呈显著的 U 形关系。综合上述检验结果，生产成本和产品质量是制造业投入服务化影响企业出口国内增加值率的可能中介变量，从而验证了成本效应和质量效应是制造业投入服务化影响企业出口国内增加值率的有效渠道。

表 6.11　影响机制检验的回归结果

变量	(1) lncost	(2) Dvar	(3) lnquality	(4) Dvar
service	6.067***	−1.011***	0.5220***	−1.1280***
	(0.626)	(0.218)	(0.0255)	(0.1020)
service^2	−7.447***	1.311***		1.3260***
	(0.736)	(0.256)		(0.1170)
lncost		0.0140***		
		(0.00172)		
lnquality				−0.0168***
				(0.0016)
控制变量	是	是	是	是
年份固定效应	是	是	是	是
企业固定效应	是	是	是	是
观测值	203957	203957	189845	189845
R^2	0.733	0.782	0.713	0.782

变量	(5) lntfp	(6) Dvar	(7) lninnovation	(8) Dvar
service	3.9040***	−1.1760***	−0.0316	−2.1172***
	(0.5030)	(0.1010)	(0.0211)	(0.3143)

---

① 根据刘斌和王乃嘉（2016）的研究，制造业投入服务化具有明显的市场反馈效应，也就是说企业通过可行性研究、市场咨询等服务要素投入，了解出口目的地市场信息，满足不同顾客需求，并且通过增加产品的耐用性、安全性和舒适度，提高产品质量，锁定目标市场。

续表

变量	(5) lntfp	(6) Dvar	(7) lninnovation	(8) Dvar
service^2	−4.7900***	1.3670***	0.0498*	2.4922***
	(0.5740)	(0.1150)	(0.0255)	(0.3705)
lntfp		0.0180***		
		(0.0005)		
lninnovation				−0.1511***
				(0.0072)
控制变量	是	是	是	是
年份固定效应	是	是	是	是
企业固定效应	是	是	是	是
观测值	203957	203957	68657	68657
R^2	0.733	0.782	0.726	0.789

*回归系数在 10%的水平上通过显著性检验。

***回归系数在 1%的水平上通过显著性检验。

注：括号中为稳健标准误。

列（5）、列（6）分别报告了企业全要素生产率作为中介变量时模型（6.5）和模型（6.6）的回归结果。列（5）表明制造业投入服务化与企业全要素生产率之间存在显著的倒 U 形关系，即制造业投入服务化超过一定阈值，企业全要素生产率会随制造业投入服务化的提升而显著下降，这与周念利等（2017）的研究结论相似，目前我国制造业服务化水平整体较低，远低于最优水平。列（6）表明制造业投入服务化与企业出口国内增加值率之间存在明显的 U 形关系，且企业全要素生产率的提升会显著推动企业出口国内增加值率的增加，这主要是因为生产率越高，企业的边际成本越低，有助于提升企业出口国内增加值率（许和连等，2017）。列（7）、列（8）分别报告了技术创新作为中介变量时模型（6.5）和模型（6.6）的回归结果。列（7）显示制造业投入服务化与技术创新之间存在显著的 U 形关系，即制造业投入服务化超过一定阈值前，技术创新随制造业投入服务化的提升而显著下降，当制造业投入服务化超过阈值后，技术创新随制造业投入服务化的提升而显著上升。列（8）显示在考虑技术创新这一中介变量后，制造业投入服务化对企业出口国内增加值率的影响与基准回归一致，即呈显著的 U 形关系。综合上述检验结果，企业全要素生产率和技术创新是制造业投入服务化影响企业出口国内增加值率的可能中介变量，从而验证了生产率效应和技术创新效应也是制造业投入服务化影响企业出口国内增加值率的有效渠道。

6.4.3 制造业服务化促进制造业价值链攀升的影响因素研究

1. 关于制造业服务化影响因素的研究概述

制造业服务化的相关研究主要从制造业服务化的影响因素方面展开。加快提高制造业服务化水平，是实现产业价值链升级的有效路径（刘明宇和芮明杰，2009），越来越多的学者开始关注制造业服务化的影响因素。本节在简要总结相关研究的基础上，进一步从企业内、外部视角探讨制造业服务化促进价值链攀升的影响因素。

已有研究主要从生产性服务中间投入及其来源方面研究制造业服务化的影响因素。黄群慧和霍景东（2014）利用 WIOD 提供的 20 个主要制造业国家的投入产出数据进行了检验，研究表明制造业部门进出口比例、服务业相对生产率、创新能力、人力资本、经济自由度明显促进了产出服务化水平的提升，而制造业投入服务化强度、制造业增加值率对制造业服务化具有一定的抑制作用。基于服务业增加值来源的视角，垂直专业化程度等因素对国内服务增加值和国外服务增加值的影响具有明显的差异性（戴翔，2016）。Markusen（1989）研究发现进口性服务业可以从提供熟练劳动力、先进生产技术、服务要素等方面对制造业服务化产生影响。生产性服务进口贸易一定程度上能够促进我国制造业投入服务化（杨玲，2015；刁莉和朱琦，2018）。夏杰长和姚战琪（2019）研究发现生产性服务中间投入可以促进制造业服务化，但国内生产性服务中间投入显著小于进口生产性服务中间投入对制造业服务化的促进作用。部分学者从服务创新、交通基础设施等方面论述其对制造业服务化的影响。曲婉等（2012）基于服务创新和价值迁移视角，深入剖析制造业服务化转型的影响因素，研究发现服务创新、客户需求、技术进步和宏观环境等因素在推动制造业企业服务转型过程中发挥着重要作用。李筱乐（2017）研究发现推进交通基础设施建设会促进制造业服务化，但制造业的规模效应和城市化带来的集聚效应对制造业服务化产生显著的积极作用。

作为制造业和服务业融合发展的主要途径，制造业服务化已成为我国制造业企业提升国际竞争力的重要模式。从企业内部来看，企业规模、人力资本、创新水平等会在不同程度上对制造业服务化产生影响。Neely（2008）运用全球上市公司分析数据库（Bureau van Dijk-Osiris 数据库）探讨了企业规模对制造业服务化的影响，研究显示企业规模越大，越倾向于在生产中增加服务要素；周艳春和赵守国（2010）利用 120 家制造上市企业数据，实证考察了制造业服务化的影响因素，发现员工素质、品牌因素、企业规模等均对制造业产出服务化有着重要影响；肖挺和黄先明（2018）基于我国东、中部地区企业的微观数据进行实证分析，认为企业规模与制造业服务化之间呈现明显的倒 U 形关系，而企业的创新能力及产品的工艺性、复杂性均与制造业服务化显著正相关。Leiponen（2012）运用芬兰的数据，发现企业加大在研究与开发方面的支出，即提升创新水平会促进服务业与制造业的融合，在促进制造业服务化的发展中发挥了重要作用；肖挺等（2014）将研究对象聚焦在我国中、东部地区，发现制造业服务化会受到人力资本投资、信息技术水平，以及与客户是否形成良好的关系等多种因素影响；王小波和李婧雯（2016）分别探讨了制造业投入服务化和制造业产出服务化的影响因素，运用 1990～2010 年的投入产出表测算中国制造业投入服务化，结果显示国有控股比例与制造业投入服务化呈负向关系，而企业规模、营利能力与企业上市对制造业产出服务化有明显的推动作用；李强等（2017）基于 Wind 数据库，探究了制造业服务化的影响因素，结果显示企业成本与制造业服务化呈负向关系，而企业国有化程度、企业存续年限、人力资本水平及企业规模在推动制造业企业服务转型过程中发挥着重要作用；肖挺和黄先明（2018）将江苏、湖北、湖南等 5 个中、东部地区省份成立年限未超过五年的工业开发区制造业企业作为研究对象，结果表明企业规模与制造业服务化呈现显著的倒 U 形关系，企业创新与制造业服务化呈现正向关系。Matarazzo 等（2021）研究发现企业推进数字化转型对制造业服务化存在正向激励作用，数字化转型可以提高创新能力，进而提升制造业企业服务化。杨惠馨和孙芹（2023）基于问卷调查的研究发现，数字技术应用能够强化制造业服务化对企业绩效的正向作用。

从企业外部来看，首先，融资约束通过提高企业投资成本和抑制技术创新等因素阻碍企业制造业服务化转型，进而不利于企业价值链攀升。一方面，制造业企业通过增加高质量服务型生产要素投入，推动企业由生产型制造向服务型制造转变，而增加人力资本、研发设计、营销管理等以知识为核心的生产资料投入需要雄厚的资金支持（顾乃华等，2018）；服务型生产企业提供的服务和产品具有定制性的特点，难以实现规模生产，在一定程度上提高了企业成本。简言之，企业制造业服务化转型具有高成本、高风险、长周期的特点，因此面临融资约束的企业在很大程度上难以负担高昂的转型成本，这势必会影响制造业服务化的有效实施，进而阻碍企业价值链的攀升。另一方面，制造业服务化对企业技术创新能力具有较高的要求（唐志芳和顾乃华，2018）。融资约束较大的企业通过削减中间投入和研发投入显著降低了企业技术创新水平（张嘉望等，2019；魏浩和张宇鹏，2020），在一定程度上抑制了企业转型，不利于企业走出价值链低端锁定困境，实现价值链攀升。大量文献直接证实了融资约束与制造业服务化之间的关系，例如，解季非（2018）研究表明资金是有效实施制造业服务化的主要抓手。顾乃华等（2018）研究认为制造业企业面临的融资约束对其服务化转型具有显著的抑制作用。融资约束是企业进行制造业服务化转型的主要障碍。因此，在其他条件不变的情况下，融资约束缓解可以通过促进制造业服务化转型推动价值链攀升。其次，市场竞争加剧迫使企业寻求新的盈利模式，通过技术深化与服务创新提高核心竞争力，推动企业转型能力的提升。制造业服务化的本质是企业价值链的延伸，即制造业企业由价值链中心（加工组装、生产等）向价值链两端（研发设计、品牌营销、售后服务等）转移，进而实现价值链攀升。一方面，面临市场竞争的企业为提高核心竞争力，无疑会增加对关键技术、领域的研发投入，拓展企业技术创新能力的深度与广度（何玉润等，2015；简泽等，2017），为提高制造业企业服务化转型能力奠定技术基础，进而有利于实现制造业企业向价值链高端攀升。另一方面，随着数字经济的迅猛发展，市场竞争进一步加剧，制造业企业被迫开拓企业蓝海，通过增加研发、规划、营销、售后等服务环节的介入提高企业服务创新能力，实现上下游产业链服务化（简兆权和伍卓深，2011），为企业打破价值链低端锁定困境提供路径选择。现有研究证实了市场竞争与制造业服务化的关系，例如，王小波和李婧雯（2016）研究表明市场竞争越激烈，企业制造业服务化水平越高。企业应对竞争的关键在于能否塑造差异化竞争优势（Shu and Steinwender，2019），制造业服务化有助于企业构建难以模仿的差异化竞争优势，实现逃离竞争效应（Ariu et al.，2020），改善企业面临竞争时的经营绩效（张峰等，2021）。市场竞争是制造业企业服务化转型的主要推动力。因此，在其他条件不变的情况下，市场竞争程度越大，制造业服务化水平越高，企业越有可能向价值链两端攀升。

2. 影响因素的实证研究

基于以上分析，本节进一步从企业内、外部因素两个方面，主要考虑企业规模、工资水平和融资约束、市场竞争程度等因素，实证探究这些因素对制造业服务化影响价值链攀升的调节效应。

1）企业规模

企业规模越大，就越有能力投入制造业服务化转型所需的技术、资本与人力，因而越有能力应对制造业服务化转型带来的风险。本节用企业年末从业人数来衡量企业规模，研究企业规模对制造业投入服务化影响企业出口国内增加值率的调节效应，回归结果如表6.12列（1）所示。

表 6.12　我国制造业投入服务化内部影响因素的实证结果

变量	(1)	(2)
	Dvar	Dvar
service	0.4843	1.1167**
	(0.5159)	(0.4342)
service^2	−0.6795	−1.5766***
	(0.6017)	(0.5199)

续表

变量	(1) Dvar	(2) Dvar
service²×size	0.2903***	
	(0.0976)	
service×size	−0.2296***	
	(0.0841)	
service²×lnwage		0.2721***
		(0.0554)
service×lnwage		−0.2053***
		(0.0468)
控制变量	是	是
年份固定效应	是	是
企业固定效应	是	是
观测值	149495	149495
R^2	0.8208	0.8209

**回归系数在5%的水平上通过显著性检验。

***回归系数在1%的水平上通过显著性检验。

注：括号中为稳健标准误。

制造业投入服务化和企业规模交互项（service×size）的回归系数在1%的水平上显著为负，制造业投入服务化二次项和企业规模交互项（service²×size）的回归系数在1%的水平上显著为正，即企业规模越大，制造业投入服务化与企业出口国内增加值率的U形关系越陡峭（张杰，2015）。这说明企业规模对制造业投入服务化影响企业出口国内增加值率有显著的调节作用。随着企业规模的扩大，制造业企业为了突破发展瓶颈并获得更大竞争力而更倾向于服务化转型，进而会增强制造业投入服务化对企业出口国内增加值率的影响。

2）工资水平

制造业劳动者的工资收入与劳动者的技能呈正向关系，而高技能劳动力能促进劳动生产率的提高，这为制造业企业服务化转型提供了有利条件。本节研究工资水平对制造业投入服务化影响企业出口国内增加值率的调节效应，使用主营业务应付工资衡量工资水平，取其自然对数，回归结果如表6.12列（2）所示。

制造业投入服务化和工资水平交互项（service×lnwage）的回归系数在1%的水平上显著为负，制造业投入服务化二次项和工资水平交互项（service²×lnwage）的回归系数在1%的水平上显著为正。这说明工资水平越高，制造业投入服务化与企业出口国内增加值率间的U形关系越陡峭，因此工资水平对制造业投入服务化影响企业出口国内增加值率有显著的调节作用。事实上,人力资本不仅是制造业企业最重要的生产要素之一,而且是进行研发活动的重要因素;当企业面临制造业服务化转型时,拥有高技能劳动力的企业能更迅速地开拓市场并占领重要位置,从而增强制造业投入服务化对企业出口国内增加值率的影响。

3)融资约束

制造业企业的服务化转型不可能一蹴而就,且其作用于企业的效果有一定的时滞性。在此过程中,大量且持续的资金支持是制造业企业能够顺利实现服务化转型的重要条件(顾乃华等,2018)。因此,本节考虑融资约束对制造业投入服务化影响企业出口国内增加值率的调节效应,采用应付账款与主营业务收入之比来衡量企业的融资约束,该值越大,说明企业面临的融资约束越小,回归结果如表6.13列(1)所示。

表6.13　我国制造业投入服务化外部影响因素的实证结果

变量	(1) Dvar	(2) Dvar
service	-1.0675^{***}	-0.7515^{***}
	(0.1346)	(0.1533)
$service^2$	1.2743^{***}	0.8414^{***}
	(0.1555)	(0.1783)
$service^2 \times finance\_res$	-0.8180^{*}	
	(0.4217)	
$service \times finance\_res$	0.6832^{*}	
	(0.3606)	
$service^2 \times hhi\_salesrev$		9.5394^{***}
		(3.0579)
$service \times hhi\_salesrev$		-11.6605^{***}
		(3.6802)
控制变量	是	是
年份固定效应	是	是
企业固定效应	是	是
观测值	149495	117138
R^2	0.8208	0.8269

*回归系数在10%的水平上通过显著性检验。

***回归系数在1%的水平上通过显著性检验。

注:括号中为稳健标准误。

制造业投入服务化和融资约束交互项(service×finance_res)的回归系数在

10%的水平上显著为正，制造业投入服务化二次项和融资约束交互项（service^2 × finance_res）的回归系数在 10%的水平上显著为负，代表企业面临的融资约束越大，制造业投入服务化与企业出口国内增加值率之间的 U 形关系越平坦。这说明融资约束显著抑制了制造业投入服务化对企业出口国内增加值率的影响效应，融资约束趋紧，会使得企业难以在谋求生存发展之余加大制造业投入服务化，进而会削弱制造业投入服务化对企业出口国内增加值率的影响。

4）市场竞争程度

王小波和李婧雯（2016）表示，随着市场竞争程度的增大，制造业企业会更积极地寻求新的盈利模式，例如，借助提升技术研发水平、提供咨询等服务来形成自身独特的竞争优势。因此，制造业的市场竞争程度可能影响制造业企业服务化的作用。本节研究市场竞争程度对制造业投入服务化影响企业出口国内增加值率的调节效应，使用行业层面的 HHI 衡量市场竞争程度，回归结果如表 6.13 列（2）所示。

制造业投入服务化和市场竞争程度交互项（service × hhi_salesrev）的回归系数在 1%的水平上显著为负，制造业投入服务化二次项和市场竞争程度交互项（service^2 × hhi_salesrev）的回归系数在 1%的水平上显著为正，即市场竞争程度越大，制造业投入服务化与企业出口国内增加值率之间的 U 形关系越陡峭。这说明市场竞争程度对制造业投入服务化影响企业出口国内增加值率有显著的调节作用。随着市场竞争程度的加大，制造业企业为了突破发展瓶颈而更倾向服务化转型，获得更大的竞争优势，强化制造业投入服务化对企业出口国内增加值率的影响效应。

以上实证表明，企业规模、工资水平、市场竞争程度对制造业投入服务化影响企业出口国内增加值率有显著的促进作用，而融资约束对制造业投入服务化影响企业出口国内增加值率有显著的抑制作用。因此，应扩大企业规模、降低融资约束、提高工资水平和强化市场竞争程度，进而更大程度地发挥制造业服务化的价值链攀升效应。

6.5　制造业服务化影响制造业全球价值链攀升的专题研究

自改革开放以来，我国依托低成本劳动投入、土地等要素禀赋，以加工贸易为主的方式参与全球产业分工，获得了较长时期的经济增长。当前我国正处于由高速增长阶段向高质量发展阶段转变的攻关期，提升出口产品质量和国际竞争优势是促进经济高质量发展、建设制造强国和贸易强国的重要内容（苏丹妮等，2018）。然而与发达国家相比，我国制造业企业技术短板明显、国际竞争势力不高，限制了我国制造业企业向全球价值链中高端的攀升。前面深入分析并实证检验了质量升级是促进我国制造业迈向全球价值链中高端的基本路径，而企业加成率可以表示为企业产品价格与边际成本之比，是衡量企业竞争优势的重要指标，可以通过价格效应和成本效应促进企业出口国内增加值率的提升（赵玲等，2018），因此，企业出口产品质量、企业加成率的提升有利于我国制造业企业融入全球价值链，是衡量制造业企业向价值链高端攀升的重要内容。就实际情况而言，基于第 5 章关于出口产品质量的测算和分析，样本期间我国出口产品质量总体上低于美国、日本、德国等发达国家，甚至部分年份低于巴西和印度；2023 年世界经济论坛（World Economic Forum，WEF）发布的《全球竞争力报告》（*The Global Competitiveness Report*）显示，中国仅排第 21 名，这与中国经济总量和贸易规模形成鲜明对比，"大而不强"的贸易地位亟须改善。本节选择企业出口产品质量、企业加成率两个视角进行专题研究，旨在分析制造业投入服务化是否促进了制造业企业出口产品质量升级、提升了企业国际竞争势力，从而揭示制造业服务化促进制造业企业向全球价值链中高端攀升的路径，对破解我国价值链低端锁定困境、建设制造强国和贸易强国具有重要意义。

6.5.1　制造业投入服务化与企业出口产品质量

制造业服务化作为服务业和制造业融合发展的新型产业形态，是推动制造业转型升级的重要手段。党的十九大报告指出，"支持传统产业优化升级，加快发展现代服务业，瞄准国际标准提高水平。促进我国产业迈向全球价值链中高端"[①]。党的二十大报告指出，"构建优质高效的服务业新体系，推动现代服务业同先进制造业、现代农业深度融合"[②]。研究我国如何通过制造业服务化转型升级，提高企业出口产品质量，对破解我国价值链低端锁定困境具有重要理论启示和现实意义。目前关于制造业服务化的研究大致围绕如下方面展开。第一，制造业服务化与全球价值链，代表性观点均认为制造业服务化是全球价值链升级的关键（刘斌等，2016；戴翔，2016；綦良群等，2024）；第二，制造业服务化的驱动因素，现有研究表明技术创新、人才及知识资本等要素投入有利于制造业服务化转型（唐志芳和顾乃华，2018），还有学者认为制造业资本有机构成、垂直专业化程度和经济自由度等因素对制造业企业服务化转型具有促进作用（戴翔，2016）；第三，从微观视角探究制造业服务化对企业的影响效应，现有研究表明制造业服务化转型对企业绩效（肖挺，2018）、出口国内增加值（许和连等，2017）、要素禀赋（苏杭等，2017）

---

① 中国政府网. 习近平：决胜全面建成小康社会 夺取新时代中国特色社会主义伟大胜利——在中国共产党第十九次全国代表大会上的报告[EB/OL].（2017-10-27）[2024-04-03]. https://www.gov.cn/zhuanti/2017-10/27/content_5234876.htm.

② 中国政府网. 高举中国特色社会主义伟大旗帜 为全面建设社会主义现代化国家而团结奋斗——在中国共产党第二十次全国代表大会上的报告[EB/OL].（2022-10-16）[2024-04-03]. https://www.gov.cn/gongbao/content/2022/content_5722378.htm.

等具有推动作用。但现有研究鲜有从制造业投入服务化视角考察其对我国企业出口产品质量的影响。首先，本节基于制造业投入服务化视角，深入探讨制造业服务化转型对企业出口产品质量的影响，特别地，阐释制造业投入服务化影响出口产品质量的非线性机制和技术创新的中介效应机制，进一步丰富新新贸易理论框架下关于出口产品质量影响因素的研究。其次，综合运用中国工业企业数据库、中国海关贸易数据库和 WIOD 的匹配数据，实证考察制造业服务化转型对出口产品质量的影响效应及作用机制，并进一步从企业贸易方式、所有制类型、融资约束及要素密集度等方面研究制造业投入服务化对出口产品质量影响的异质性。最后，研究结果表明制造业投入服务化对企业出口产品质量存在 U 形影响效应，为推动我国制造业服务化发展、促进企业转型升级和出口贸易高质量发展提供有价值的政策参考。

1. 理论机制分析

制造业服务化意味着企业生产过程中加工组装等制造环节所占比例减少，研发设计、品牌运营及售后维护等服务环节所占比例逐渐增加，即由从低增加值的制造环节向高增加值的服务环节转移。一方面，企业通过制造业服务化转型能够直接对接客户，充分满足目标消费群体的个性化偏好，更快速、贴切地响应消费者需求，提高消费者效用。企业在为消费者提供"产品＋服务"整体解决方案的同时，将企业责任扩展到产品生命周期全过程（宋高歌等，2005），有效保障了消费者的售后服务和权益。因此，制造业服务化转型使得消费者效用和生产者效用不再割裂，换言之，由产品价值向使用价值的转变过程中，消费者效用和生产者效用都将提升，这意味着企业出口产品质量的升级。另一方面，由于生产性服务更广泛地融入社会生产各个阶段，实际上已经是创新活动的首要供给者和传播者。相比于机器设备、原材料等实物生产要素，服务投入中的知识、技术等无形要素无疑具备更少的损耗性、更高的流动性和更大的价值创造力。这有助于促进企业内部形成高效的运作体系、健全的产品开发体系和高效的人力资本管理体制，共同促进整个生产经营过程更有效率地运行，有利于企业实现规模经济和范围经济（刘斌等，2016），企业出口产品质量提升也成为必然。

由于中国出口型企业长期以来一直处于价值链中低端，且制造业投入服务化水平普遍较低，制造业投入服务化与企业出口产品质量之间可能存在 U 形影响关系，并且通过技术创新效应对出口产品质量产生非线性影响。在制造业企业服务化转型初期，由于制造业投入服务化水平较低，技术、知识及人力资本等高端服务要素投入不足。若企业忽视自身驾驭高端价值链的素质而一味追求服务化转型，反而会导致内部管理成本和外部运营成本大幅提高（Gebauer et al.，2005），迫使企业降低研发投入，制约企业技术进步和创新，从而抑制企业出口产品质量提升，甚至使企业深陷服务化困境（Gebauer et al.，2010）。当制造业投入服务化水平超过一定阈值时，以知识为主导的服务要素嵌入制造业企业，制造环节和服务环节将密切耦合（许和连等，2017），服务化转型将推动企业技术创新（刘维刚和倪红福，2018），进而提高企业出口产品质量。服务化转型可能在两个方面推动企业技术创新。一方面，以知识为主导的服务要素与其他生产要素互补，能够直接推动技术创新。熊彼特的创新理论认为在生产体系中引入生产要素和生产条件的"新组合"就是一种创新。具体到制造业企业转型过程，服务要素与其他生产要素的重新组合对企业原有产品开发架构、运营管理体系、人力资本管理体制及内外部制度环境无疑是一种"破坏式创新"，这种"破坏式创新"可以更为直接地推动企业生产范式的革新，减少生产冗余，降低成本，激发企业技术创新能力。另一方面，制造业服务化可以通过技术溢出作用间接促进企业技术创新。生产性服务投入往往伴随着服务供应商技术支撑及人员培训的相应转移，通过技术溢出实现技术成果的传播和共享，有利于拓展技术受益范围，帮助企业突破技术瓶颈，促进企业技术创新。服务化转型引致的技术创新效应推动产品之间形成技术的水平差异性和垂直差异性，推动具备创新特质产品和服务的开发，是推动企业出口产品质量提升的重要途径（Cockburn et al.，2016）。因此，制造业投入服务化对企业技术创新产生 U 形影响，并且通过技术创新的中介作用进一步对企业出口产品质量产生非线性影响效应。

2. 计量模型、变量与数据

基于以上机制分析，设定基本计量模型如下：

$$
\begin{aligned}
\text{lnquality}_{it} = &\ \beta_0 + \beta_1 \text{lnservice}_{jt} + \beta_2 \text{lnservice}_{jt}^2 \\
&+ \text{Contr}_{it}' \delta_{it} + \mu_i + \mu_t + \varepsilon_{it}
\end{aligned}
\tag{6.7}
$$

其中，lnquality_{it} 为企业 i 在 t 年的出口产品质量；lnservice_{jt} 为制造业 j 在 t 年的投入服务化。考虑制造业投入服务化对出口产品质量可能造成 U 形影响，本章在模型（6.7）中加入制造业投入服务化二次项 lnservice_{jt}^2 来对其进行检验。另外，由于 lnservice_{jt} 为行业数据，而 lnquality_{it} 为企业数据，借鉴许和连等（2017）的方法，在模型中采用企业所属行业聚类标准误，以减轻不同维度数据结构带来的估计偏差。Contr_{it} 为控制变量向量，具体包括企业资本密集度（lnklratio）、企业全要素生产率（tfp）、融资约束（lnfinance_res）、企业存续年限（lnage）、企业规模（lnsize）；μ_i 和 μ_t 分别为企业固定效应和年份固定效应；ε_{it} 为随机误差项。

核心解释变量为制造业投入服务化，具体测算方法见 6.2.2 节，根据投入产出表中的完全消耗系数法来测度制造业投入服务化，取其自然对数；被解释变量为出口产品质量，借鉴 Khandelwal 等（2013）、施炳展和邵文波（2014）的方法对我国企业出口产品质量进行测度，取其自然对数，具体测算方法见 5.2.1 节。

控制变量说明如下。①企业全要素生产率（tfp）。借鉴 Head 和 Ries（2003）的方法，采用近似估计方法。估计方程为 $\text{tfp} = \ln(Y/L) - s\ln(K/L)$，其中，$Y$ 为工业增加值，采用企业的工业总产值对工业增加值进行替换，K 为固定资产，L 为劳动人数，s 为资本贡献度，设为 1/3。②企业资本密集度（lnklratio），反映企业要素禀赋结构。企业资本密集度越大，说明企业越倾向为资本密集型企业，否则，企业越倾向为劳动密集型企业。企业资本密集度采用平减处理后的固定资产净值年均余额除以就业人数来衡量，取其自然对数。③融资约束（lnfinance_res），采用应付账款与总资产的比值来衡量（张杰，2015），取其自然对数。应付账款度量企业得到的商业信贷或银行信贷融资的数额，其值越小，反映企业融资环境和银行信用融资越差，导致融资约束越大。④企业规模（lnsize）。企业规模越大，在一定程度上意味着企业具备丰裕的技术、人才及资本，对产品质量的把控和改进也更具先发优势。企业规模使用企业职工人数来衡量，取其自然对数。⑤企业存续年限（lnage）。一般情况下，随着企业存续时间延长，生产经营方式成熟，竞争优势突显，产品生产经验丰富，更有利于产品质量提升。企业存续年限采用当年年份和成立年份之差度量，取其自然对数。

本节对 2003～2011 年中国工业企业数据库、中国海关贸易数据库及 WIOD 进行匹配，其中，测算企业出口产品质量的原始数据来源于中国海关贸易数据库，根据时间和企业名称等信息对中国工业企业数据库和中国海关贸易数据库进行匹配，并进一步参照 Yu（2015）的方法，剔除部分异常样本。制造业投入服务化根据 WIOD 中的行业间投入产出数据测算得到。考虑 WIOD 中行业分类采用 ISIC Rev.4，而中国行业分类采用《国民经济行业分类》。根据盛斌（2002）整理的《国民经济行业分类》和 ISIC Rev.4 对照表将制造业行业进行重新分类组合，得到 17 个制造业细分行业。通过上述整理，得到 2003～2011 年 53465 个企业数据，样本量为 169212。数据的描述性统计见表 6.14。

表 6.14 数据的描述性统计

变量	观测值	均值	标准差	最小值	最大值
lnquality	169212	1.7988	1.3313	−5.1818	7.9407
lnservice	169220	−0.8654	0.1288	−1.2318	−0.6083
tfp	140560	1.2318	0.8943	−3.6296	7.3070
lnklratio	140560	3.9255	1.4138	−6.1159	10.4570
lnfinance_res	160568	−2.4632	1.5281	−13.3626	3.7011
lnsize	140560	1.6952	0.2187	0.7321	2.5086
lnage	167359	1.9852	0.7232	0	5.0752

3. 基准回归及稳健性检验

1）基准回归估计

表 6.15 报告了回归结果。列（1）仅控制了企业固定效应和年份固定效应，

估计结果显示制造业投入服务化、制造业投入服务化二次项的回归系数显著为正。列（2）～列（4）为在模型中逐步加入企业全要素生产率、企业资本密集度和企业融资约束后的估计结果，制造业投入服务化、制造业投入服务化二次项的回归系数方向及显著性均没有改变。列（5）进一步控制企业规模和企业存续年限，模型整体拟合值有所提高，制造业投入服务化、制造业投入服务化二次项的回归系数均在1%的水平上显著为正。实证检验结果与理论分析一致，有效证实了制造业投入服务化与出口产品质量之间的U形关系，即服务化转型对制造业企业出口产品质量的作用效应存在阈值，当企业处于服务化转型初期，由于面临开拓新市场、搜寻信息等压力，成本上升，短期内将抑制出口产品质量提高；当服务化发展到一定阶段时，服务化优势带来的竞争收益弥补了成本上升的负效用（肖挺，2018），有利于企业形成规模经济和范围经济，企业出口产品质量提升也成为必然逻辑。

表 6.15　基准回归结果

变量	（1） lnquality	（2） lnquality	（3） lnquality	（4） lnquality	（5） lnquality
lnservice	4.2033***	3.8226***	3.8195***	3.9596***	3.6931***
	(0.3952)	(0.3930)	(0.3930)	(0.4076)	(0.3999)
lnservice^2	2.2842***	2.0603***	2.0588***	2.1279***	2.0697***
	(0.2246)	(0.2230)	(0.2230)	(0.2316)	(0.2279)
tfp		0.0998***	0.0985***	0.1018***	0.1520***
		(0.0057)	(0.0060)	(0.0063)	(0.0065)
lnklratio			−0.0036	−0.0061	0.1061***
			(0.0039)	(0.0042)	(0.0056)
lnfinance_res				0.0090***	0.0274***
				(0.0025)	(0.0025)
lnsize					1.4481***
					(0.0439)
lnage					0.0854***
					(0.0095)
常数项	3.3811***	3.1214***	3.1358***	3.2247***	0.0307
	(0.1780)	(0.1784)	(0.1792)	(0.1855)	(0.2035)
年份固定效应	是	是	是	是	是
企业固定效应	是	是	是	是	是
观测值	169212	140555	140555	132847	131243
企业数	53460	42918	42918	41722	41381
可调整 R^2	0.0839	0.0784	0.0784	0.0799	0.1008
F 值	531.6	457.1	416.5	363.0	388.4

***回归系数在1%的水平上通过显著性检验。

注：括号中为稳健标准误。

各控制变量的回归系数基本符合预期。企业全要素生产率提高，可变成本下降，能有效地提升出口产品质量。企业资本密集度增大，意味着企业通过资本、技术等高端生产要素对低端劳动要素进行替代，高质量的中间投入要素共同促进出口产品质量提升。由于改进出口产品生产技术、开辟国际市场需要支付一定的沉没成本，大的融资约束将会限制企业国际化发展和出口产品质量提升（文东伟和冼国明，2014）。融资约束的回归系数为正，意味着企业获得商业信贷或银行信贷融资越多，企业面临的融资约束越小，越有利于提高出口产品质量。企业规模的回归系数为正且回归系数较大，表明企业出口产品质量的提升依赖规模效应，这一结果与 Verhoogen（2008）的研究一致。企业存续年限长，其动态能力体系趋于完善，有利于提升企业出口产品质量。

2）稳健性检验

考虑样本可能存在极端值、核心解释变量度量、估计的内生性问题等，本节通过改变样本范围、替换核心解释变量、采用工具变量法进行回归，考察以上估计结果的稳健性。

（1）改变样本范围。考虑样本中可能存在极端值、数据设限等数据结构问题，本节对观测样本范围进行调整。表 6.16 列（1）为将数据调整为平行面板数据的估计结果；列（2）表示将 lnquality 在 1%的水平上进行双边缩尾处理；列（3）表示将 lnquality 在 1%的水平上进行双边截尾处理。估计结果均显示，制造业投入服务化、制造业投入服务化二次项的回归系数仍显著为正，主要结论依然成立。

表 6.16　稳健性检验结果

变量	（1） lnquality	（2） lnquality	（3） lnquality	（4） lnquality	（5） lnquality
lnservice	3.6379***	3.5613***	3.4330***	0.5062***	3.5215*
	(1.2783)	(0.3943)	(0.3932)	(0.0834)	(2.0918)
lnservice^2	2.2761***	2.0074***	1.9599***	0.0508***	1.9811*
	(0.7401)	(0.2248)	(0.2248)	(0.0047)	(1.1909)
常数项	0.0210	−0.0003	−0.0632	1.3738***	
	(0.7189)	(0.2006)	(0.1994)	(0.2501)	
控制变量	是	是	是	是	是
年份固定效应	是	是	是	是	是
企业固定效应	是	是	是	是	是
观测值	11298	131247	128680	116281	67038
R^2	0.1450	0.1005	0.1017	0.0883	0.0153

*回归系数在 10%的水平上通过显著性检验。

***回归系数在 1%的水平上通过显著性检验。

注：括号中为稳健标准误。

（2）替换核心解释变量。基准回归中制造业投入服务化为行业层面指标，为使变量同一维度可比，本节借鉴 Fang 等（2008）的做法，获取上市公司的财务报表中企业经营范围、经营类型等信息，判断企业是否存在服务业务；进一步以企业提供服务的收入与销售总收入的比值作为制造业投入服务化的替代指标。估计结果见列（4），制造业投入服务化、制造业投入服务化二次项的回归系数大小有所改变，但与企业出口产品质量的 U 形关系仍然稳健。

（3）内生性问题探讨。在基准回归中，虽然企业固定效应和年份固定效应能够部分解决内生性问题，但会遗漏随个体和时间变动的因素对产品质量的影响，如企业文化、企业管理者信息（Verhoogen，2008）。由于数据库并无该类数据信息，这些变量的缺失可能导致模型估计的内生性问题。另外，出口产品质量与制造业投入服务化之间可能存在双向因果关系。企业进出口行为很大程度上受企业自身生产结构影响（Yu，2015），企业拥有较高的出口产品质量在很大程度上也就意味着产业结构相对优化。本节采用滞后一期的制造业投入服务化作为工具变量进行 2SLS 法估计。通过对工具变量进行检验，可以拒绝"弱工具变量问题"假设；LM 检验显示不存在识别不足问题，因此可以认为选用滞后一期的制造业投入服务化为工具变量是合理的。估计结果见列（5），制造业投入服务化、制造业投入服务化二次项的回归系数基本上与基准回归结果一致，说明考虑模型潜在的内生性问题后，制造业投入服务化与企业出口产品质量之间的 U 形关系依然稳健。

4. 异质性分析

进一步区分企业贸易方式、所有制类型、融资约束和要素密集度，对所有企业样本进行划分，考察制造业投入服务化对企业出口产品质量影响的异质性。

1）基于企业贸易方式的异质性分析

表 6.17 报告了制造业投入服务化对不同贸易方式企业出口产品质量的影响。估计结果表明，一般贸易企业投入服务化对出口产品质量具有线性的促进作用，加工贸易企业和混合贸易企业投入服务化对出口产品质量呈 U 形影响。由于我国加工贸易企业以初级产品的生产、组装和加工等低增加值制造为主，人才、资本、技术等高端要素储备不足，企业转型能力较弱，初期的服务化转型发展将会挤占生产环节的资源，迫使企业降低研发投入，不利于企业技术深化和创新，反而对出口产品质量产生抑制作用。当制造业投入服务化超过一定阈值时，以知识为主导的服务要素嵌入企业，对技术创新具有直接推动作用（刘维刚和倪红福，2018），有利于具备创新特质的产品和服务的开发，因此，混合贸易企业和加工贸易企业投入服务化对出口产品质量存在非线性影响效应。相比于加工贸易企业，一般贸易企业承担着从研发端到售后端的全部价值增值活动，拥有丰裕的技术、人才和

资本等要素储备（许和连等，2017），企业转型能力较强，一般贸易企业投入服务化将会促进出口产品质量提升。

表 6.17　分企业贸易方式回归结果

变量	（1） 一般贸易企业 lnquality	（2） 加工贸易企业 lnquality	（3） 混合贸易企业 lnquality
lnservice	2.9573**	1.2470**	3.7046***
	(1.4443)	(0.5003)	(0.5010)
lnservice^2	1.5816	0.6335**	1.9837***
	(1.8122)	(0.2825)	(0.2912)
常数项	0.0824	1.0406***	2.5829***
	(0.6652)	(0.2787)	(0.2247)
控制变量	是	是	是
年份固定效应	是	是	是
企业固定效应	是	是	是
观测值	23219	30544	71216
R^2	0.8603	0.1822	0.0449

**回归系数在 5%的水平上通过显著性检验。
***回归系数在 1%的水平上通过显著性检验。
注：括号中为稳健标准误。

2）基于企业所有制类型的异质性分析

表 6.18 报告了制造业投入服务化对不同所有制类型企业出口产品质量的影响。国有企业投入服务化的二次项的回归系数没有通过显著性检验，表明国有企业服务化转型对出口产品质量具有直接的提升效应，而外资企业、民营企业服务化转型对出口产品质量呈 U 形影响。相比于非国有企业，国有企业在资源分配方面占有优势，有利于服务要素特别是高端的服务要素进入生产制造过程，从而使企业更容易得到服务化转型带来的正面效应，因此国有企业服务化转型对出口产品质量表现为线性的促进效应，而非国有企业投入服务化需要发展到一定阶段，才对出口产品质量有提升作用。此外，当其他变量不变时，在民营企业投入服务化均值附近，其投入服务化每提高 1%，出口产品质量大约提升 0.258%，这一幅度远大于外资企业投入服务化对出口产品质量的影响效应。相比于外资企业，民营企业对制度、市场等有更大的适应性和自主性，且更善于利用本土市场优势，因此在越过阈值后将会对出口产品质量产生更大的提升作用。

表 6.18　分所有制类型企业回归结果

变量	（1）国有企业 Inquality	（2）外资企业 Inquality	（3）民营企业 Inquality
Inservice	5.2345*	3.4379***	5.0005***
	(3.0546)	(0.4313)	(1.2456)
Inservice^2	2.4754	1.9824***	2.7147***
	(1.7822)	(0.2469)	(0.7019)
常数项	0.4059	−0.0682	2.4005***
	(1.5115)	(0.2204)	(0.5972)
控制变量	是	是	是
年份固定效应	是	是	是
企业固定效应	是	是	是
观测值	4829	94598	15493
R^2	0.8508	0.8782	0.8761

*回归系数在 10%的水平上通过显著性检验。

***回归系数在 1%的水平上通过显著性检验。

注：括号中为稳健标准误。

3）基于企业要素密集度的异质性分析

企业要素密集型不同，导致其对投入服务化敏感性存在差异。考虑企业要素密集度的异质性，本节按照行业资本密集度 1/3、2/3 分位点，将企业划分成资本密集型企业、中间型企业及劳动密集型企业（Lu，2010）。表 6.19 报告了制造业投入服务化对不同要素密集度的企业出口产品质量的影响。综合来说，不同要素密集度企业投入服务化与其出口产品质量的 U 形影响效应均显著存在，并且随着资本密集度的加深，制造业投入服务化对出口产品质量的促进作用将会增强。资本密集度越高，意味着企业越有能力驾驭研发设计、品牌建设及渠道拓展等价值链高端环节。随着制造环节和服务环节的进一步融合，企业在生产经营过程中对服务要素的需求将会不断扩大，更有利于产品创新、生产工艺改进，导致企业出口产品质量提高。

表 6.19　分要素密集度企业回归结果

变量	（1）劳动密集型企业 Inquality	（2）中间型企业 Inquality	（3）资本密集型企业 Inquality
Inservice	2.4235**	8.2160***	6.8110***
	(0.9549)	(1.4200)	(0.6513)
Inservice^2	0.9900**	4.5942***	3.5502***
	(0.4675)	(0.8482)	(0.3694)

续表

变量	（1） 劳动密集型企业 lnquality	（2） 中间型企业 lnquality	（3） 资本密集型企业 lnquality
常数项	−0.2488	2.6007***	1.4030***
	(0.5217)	(0.6063)	(0.3425)
控制变量	是	是	是
年份固定效应	是	是	是
企业固定效应	是	是	是
观测值	18805	56495	41855
R^2	0.8893	0.8669	0.8772

**回归系数在 5%的水平上通过显著性检验。

***回归系数在 1%的水平上通过显著性检验。

注：括号中为稳健标准误。

4）基于融资约束的异质性分析

表 6.20 报告了制造业投入服务化对不同融资约束企业的影响。与前面分样本方法一致，按照企业融资约束的分位点，将企业划分为融资约束大企业、融资约束较大企业、融资约束较小企业、融资约束小企业四组。列（1）中制造业投入服务化、制造业投入服务化二次项的回归系数均不具有统计意义，表明融资约束大企业投入服务化对其出口产品质量不会产生显著影响。当融资约束进一步减小时，制造业投入服务化与企业出口产品质量的 U 形关系依旧存在。可能的原因在于融资约束越大，企业市场策略越趋于保守，越有可能减少高风险投资，具体做法有降低高质量中间品的投入、减少具备创新特质产品和服务的研发等（张杰，2015），从而对出口产品质量产生抑制作用。当融资约束较小时，企业有能力获得更多的商业信用融资，能够为企业服务化转型投入技术、人才等高端服务要素，从而为提高出口产品质量奠定要素基础。

表 6.20　分企业融资约束回归结果

变量	（1） 融资约束大企业 lnquality	（2） 融资约束较大企业 lnquality	（3） 融资约束较小企业 lnquality	（4） 融资约束小企业 lnquality
lnservice	0.2772	3.3091***	5.8653***	4.9137***
	(0.7662)	(0.8734)	(0.9375)	(1.1724)
lnservice^2	−0.2217	1.8176***	3.5317***	2.5869***
	(0.4583)	(0.4989)	(0.5326)	(0.6428)

续表

变量	（1） 融资约束大企业 lnquality	（2） 融资约束较大企业 lnquality	（3） 融资约束较小企业 lnquality	（4） 融资约束小企业 lnquality
常数项	−1.7846***	−0.9906**	0.8221*	2.0152***
	（0.3850）	（0.4491）	（0.4852）	（0.6137）
控制变量	是	是	是	是
年份固定效应	是	是	是	是
企业固定效应	是	是	是	是
观测值	32696	32041	32423	34083
R^2	0.0765	0.1379	0.1127	0.0718

*回归系数在10%的水平上通过显著性检验。
**回归系数在5%的水平上通过显著性检验。
***回归系数在1%的水平上通过显著性检验。
注：括号中为稳健标准误。

5. 影响机制检验

结合前面机制分析，本节认为制造业投入服务化对技术创新可能存在U形影响，并且通过技术创新的中介效应进一步作用于企业出口产品质量。借鉴 Edwards 和 Lambert（2007）的方法，对技术创新作为本节可能的中介机制进行检验，该方法比温忠麟等（2004）的中介效应检验"三步法"更适用于检验变量的非线性关系。具体模型构建如下：

$$\text{lntechnology}_{it} = \gamma_0 + \gamma_1 \text{lnservice}_{jt} + \gamma_2 \text{lnservice}_{jt}^2 \tag{6.8}$$
$$+ \text{Contr}'_{it}\,\gamma_{it} + \delta_i + \delta_t + \zeta_{it}$$

$$\text{lnquality}_{it} = \alpha_0 + \alpha_1 \text{lnservice}_{jt} + \alpha_2 \text{lnservice}_{jt}^2 + \alpha_3 \text{lntechnology}_{it} \tag{6.9}$$
$$+ \alpha_4 \text{lnservice}_{jt} \times \text{lntechnology}_{it} + \text{Contr}'_{it}\,\gamma_{it} + \mu_i + \mu_t + \varepsilon_{it}$$

其中，lntechnology_{it} 为企业 i 在 t 年的技术创新，为中介变量，使用专利授权量来衡量技术创新，其他变量的含义均与模型（6.7）一致。本节重点关注系数 γ_1 和系数 α_3 的方向和显著性，若这两个系数均显著，则本节的技术创新中介效应显著。

表 6.21 报告了技术创新作为中介机制的检验结果。列（1）为模型（6.8）的估计结果，制造业投入服务化、制造业投入服务化二次项的回归系数均在1%的水平上显著为正，说明制造业投入服务化和技术创新之间呈U形影响关系。当制造业投入服务化较低时，由兼顾制造和服务发展引起成本上升，挤占企业技术研发投入，不利于企业技术深化和技术创新。当制造业投入服务化越过阈值时，以知识为主导的服务要素嵌入制造业企业，能够推动企业技术创新，并且通过"破

坏式创新"和技术溢出作用不断激发企业技术创新活力。列（2）为模型（6.9）的估计结果，制造业投入服务化、制造业投入服务化二次项的回归系数均显著为正，同时技术创新的回归系数显著为正，可以认为技术创新是制造业投入服务化影响企业出口产品质量的有效中介渠道。制造业投入服务化对技术创新产生 U 形影响效应，并通过技术创新的中介作用进一步作用于企业出口产品质量，产生非线性影响。在服务化水平较低时，研发投入受制于企业转型造成的管理和运营成本增加，企业经营性风险增大，减少研发投入，制约企业技术创新的活力和空间，不利于企业出口产品质量提升，甚至对产品质量产生抑制作用；在服务化水平较高时，加之以技术、资金等自身素质储备的提高，以及制度、市场等外部环境的支持，拓展了技术创新的广度和深度，对出口产品质量产生促进效应。综合上述检验，可以推定技术创新为制造业投入服务化影响企业出口产品质量的可能中介机制。

表 6.21　技术创新作为中介机制的检验结果

变量	（1）lntechnology	（2）lnquality
lnservice	1.4842***	1.2489***
	（0.4365）	（0.4432）
lnservice^2	0.7760***	1.7877***
	（0.2604）	（0.2281）
lntechnology		0.1934***
		（0.0188）
lnservice×lntechnology		0.2051***
		（0.0211）
常数项	2.8610***	−1.7459***
	（0.2219）	（0.2619）
控制变量	是	是
年份固定效应	是	是
企业固定效应	是	是
观测值	116603	116602
R^2	0.8998	0.8751

***回归系数在1%的水平上通过显著性检验。

注：括号中为稳健标准误；对中介效应检验结果进一步进行 Sobel 检验，得到解释变量为制造业投入服务化和制造业投入服务化二次项时 Sobel 检验 Z 统计量分别为 7.69 和 7.41，均大于 5%显著性水平对应的阈值 0.97，说明中介效应在 5%的水平上显著存在。

6. 结论性评述

改革开放以来，我国出口导向型经济发展战略取得一定阶段的成功，但低端嵌入全球价值链的发展模式不利于中国企业出口产品质量的提升，反而导致企业被锁定在全球价值链中低端（刘斌等，2016）。随着全球产业结构由"工业型经济"向"服务型经济"转型，如何发挥制造业服务化对出口企业高质量发展的推动作用，是我国现阶段需要研究的重要问题。本节深入研究制造业投入服务化与企业出口产品质量之间的影响效应，结果发现，制造业投入服务化与制造业企业的出口产品质量之间存在显著的 U 形关系，并且通过技术创新的中介作用进一步对企业出口产品质量产生非线性影响，即服务化水平较低时，服务化转型对技术创新具有抑制作用，从而抑制企业出口产品质量；当服务化水平超过一定阈值时，制造环节和服务环节的耦合将带动服务要素不断嵌入企业，推动企业技术进步和技术创新，进而提升出口产品质量。此外，该 U 形影响效应因企业贸易方式、所有制类型、要素密集度和融资约束的不同而存在异质性。

本节的研究对于我国出口贸易高质量发展、破解企业价值链中低端锁定困境，以培育出口竞争优势具有重要的启示意义。随着发达国家制造业回流加快及经济增速放缓，为实现经济软着陆，稳增长调结构势在必行。在目前我国服务业发展程度相对滞后的情况下，政府应当营造良好的服务业发展氛围，提供相应的政策、制度支持，推动制造业与服务业融合发展，促进我国生产型制造向服务型制造转型，协助企业越过服务化 U 形阈值。但也要考虑不同贸易方式、所有制类型、要素密集度和融资约束的企业间的差异，切不可"一刀切"，应精准施策。同时，企业自身也应当注重技术研发和创新，进一步加快知识资本和人力资本积累，并充分利用和吸收高端服务要素，提升服务化发展能力，从而激发服务化对企业出口产品质量的积极效应，实现出口产品质量不断攀升。

6.5.2　制造业投入服务化与企业加成率

制造业投入服务化已成为全球产业发展的重要趋势，也是培育制造业竞争优势、推动价值链升级的关键模式；推动制造业投入服务化是提升制造业核心竞争力、实现高质量发展的重要渠道。制造业投入服务化的上升如何影响企业竞争优势？企业加成率反映了企业价格与边际成本的偏离程度，较高的加成率反映企业具有较强的市场竞争能力或市场势力。本节基于企业加成率视角，衡量企业的市场竞争能力或市场势力，研究制造业投入服务化对其影响机制和效应，这不仅有助于深入理解制造业投入服务化的微观成效，而且能够为更好地推动制造业与服务业深度融合提供有益的政策启示。

现有文献从许多方面考察了企业加成率的影响因素，例如，最终品贸易自由化通过进口竞争降低企业价格，进而降低加成率（Feenstra，2010；钱学锋等，2016；余淼杰和袁东，2016；许明和李逸飞，2018）；中间品贸易自由化引致企业边际成本下降，利于企业价格加成的提高（De Loecker et al.，2016；毛其淋和许家云，2017；祝树金等，2018）；部分文献基于产品创新、人民币汇率、劳动力成本、贸易政策、数字化转型等视角研究企业加成率的影响因素并得到诸多有益观点（刘啟仁和黄建忠，2016；许家云和毛其淋，2016；诸竹君等，2017；谢杰等，2021；戴翔等，2023）。但较少有研究将制造业投入服务化和企业加成率联系起来进行分析。制造业投入服务化会影响企业生产率、技术创新等方面，势必会对企业国际竞争势力产生影响，而加成率作为衡量企业国际竞争势力的一个重要指标，耿伟和王亥园（2019）探讨了制造业投入服务化和企业加成率的关系，但他们侧重出口企业，且认为制造业投入服务化与企业加成率之间主要表现为线性关系。本节基于我国制造业企业数据，研究制造业投入服务化对企业加成率的非线性效应及其作用机制。区别于耿伟和王亥园（2019）的研究，本节以全部制造业企业为研究对象，探讨制造业投入服务化对企业加成率的非线性影响；从企业成本和技术创新两方面检验作用机制，深化制造业、服务业融合与企业国际竞争势力之间关系的认识。

1. 理论机制分析

加成率使用产品价格相对边际成本的偏离程度进行衡量，因此，引起产品价格或边际成本变动的因素均会影响企业加成率。制造业投入服务化可能通过成本效应、技术创新效应降低企业边际成本、提高产品价格从而影响加成率。

1）成本效应

制造业投入服务化可降低企业的边际成本进而影响企业加成率。首先，在制造业企业增加服务要素投入的过程中，通过融合不同的服务要素可能直接降低企业的生产成本、管理成本、运输成本和销售成本等。例如，在"互联网＋"时代，通过融合信息服务技术与制造技术，有利于提高企业内、外部信息互享与协同运作，从而利于企业有效控制与协调研发设计、生产和销售等各环节，提高产出效率，降低企业生产成本和管理成本；受益于区域和全球交通网络的不断完善和整合，运输服务化可更为有效地实现生产要素和产品的空间移动，极大地降低交易风险和单位运输成本；分销服务化有助于缩短企业与消费者之间的距离（刘斌等，2016），完善企业的营销服务网络，从而降低企业的沟通成本和销售成本。其次，制造业投入服务化可通过服务外包促进企业优化资源配置，降低生产成本。制造业投入服务化的发展是服务外包不断外化发展的过程（顾乃华和夏杰长，2010），制造业企业将自身服务部门的相关业务或环节外包出去，集中资源于核心产品的生产，利于企业通过优化资源配置提高生产率，降低生产成本。同时，随着外包服务业务自身质量的提高，外部生产性服务业的专业化水平和市场细分程度都相应提高，形成规模经济，服务中间投入成本进一步降低。

2）技术创新效应

已有研究表明技术创新可以通过提高企业生产率、降低生产成本、扩大市场份额等而提升企业加成率（Aghion and Howitt，1992；刘啟仁和黄建忠，2016），制造业投入服务化可通过推动企业技术创新而影响企业加成率。首先，随着产业链在全球范围不断深化和延长，内嵌于制造业各环节的服务投入的深度和广度日益提高，在其与制造业不断融合的过程中，通过新思想、新技术和新流程推动知识的转移和共享，产生技术外溢，推动技术创新，增加创新产品产出。其次，在产业链上游，高端服务要素投入（如研发、设计、管理）提高了企业的技术创新和吸收能力，在产业链中下游，信息咨询、技术支持、市场调查、营销等服务要素占比的增加促使制造业企业从以加工组装为主向"制造+服务"转型，从单纯出售产品向出售"产品+服务"转变，优化要素禀赋与产品组合方式，利于激励企业进行自主创新和协同创新（戴觅和余淼杰，2011），提供差异化、多样化的产品供给，提高企业议价能力。特别地，以人力资本和知识资本为主的生产性服务要素的投入对企业内部结构和部门协作管理产生重要影响，主要通过"干中学"、经验积累和学习效应促进企业创新能力的提升，直接或者间接地提高企业出口产品的技术复杂度，加快企业产品从"量"到"质"的转变速度（戴翔，2016；王思语和郑乐凯，2018），有利于提高企业营利能力和竞争势力。此外，制造业、服务业融合发展，可能衍生出更多新业态、增值服务等，从而突破创新边界，扩大创新领域，推动交叉创新或者跨界创新（黄群慧和霍景东，2015）。

在制造业投入服务化初期，其可能通过成本效应和技术创新效应提升企业加成率，但这种提升效应存在边际递减趋势，过度的服务化甚至会对部分企业加成率产生负向影响。一方面，生产性服务业有知识密集型和资本密集型特征，固定成本投入较高，过度地进行生产要素投入服务化会增加企业的成本，同时可能挤出核心生产环节的资源，降低生产效率，对企业加成率产生负向影响。特别地，对于以劳动、资源密集型产品为主的中国制造业企业，当服务化水平超过一定程度时，其服务化转型带来的成本下降难以抵消过度的服务投入增加的成本，对企业加成率可能产生负向作用。另一方面，近年来我国制造业服务要素投入越来越多地依赖国内市场，国外服务要素投入占比仅1/4，且呈明显下降趋势。国内服务要素投入，特别是研发技术服务、商务服务等高增加值优质服务要素投入，与发达国家水平存在差距，因此过高的服务化带来的技术创新效应呈边际下降趋势，对企业加成率的提升幅度可能难以弥补成本挤出效应带来的负向影响，整体上降低企业的市场竞争能力。因此，总体上制造业投入服务化对企业加成率的影响可能存在非线性的倒 U 形效应。

2. 计量模型与变量说明

根据机制分析，设定制造业投入服务化影响企业加成率的基本模型如下：

$$\text{lnmarkup}_{ijt} = \alpha_0 + \alpha_1 \text{service}_{jt} + \alpha_2 \text{service}_{jt}^2 + X_{it}' \gamma_{it} + \delta_i + \delta_t + \varepsilon_{ijt} \qquad (6.10)$$

其中，j 为各 WIOD 制造业行业；i 为企业；t 为年份；被解释变量 lnmarkup_{ijt} 为 t 年企业 i 的加成率，取自然对数；核心解释变量 service_{jt} 为 t 年制造业行业 j 的投入服务化，其取值范围为[0, 1]；模型中同时引入制造业投入服务化的二次项，检验制造业投入服务化与企业加成率之间的非线性关系，以及识别制造业投入服务化对企业加成率的影响发生变化的阈值；X_{it} 为企业层面控制变量向量，包括企业全要素生产率（lntfp）、企业资本密集度（lnklratio）、企业平均工资（lnwage）、企业存续年限（lnage）、外资企业（FOE）虚拟变量；δ_i 和 δ_t 分别为企业固定效应和年份固定效应，分别控制企业和年份等相关因素对企业加成率的影响；ε_{ijt} 为随机误差项。

核心解释变量为制造业投入服务化，具体测算方法同前面制造业投入服务化指标测算方法；被解释变量为企业加成率，借鉴 De Loecker 和 Warzynski（2012）的方法，企业加成率等于可变要素投入的产出弹性 $\theta_{it}^{X^V}$ 与该可变要素支出占销售总额的份额 $\alpha_{it}^{X^V}$ 的比值：

$$\mu_{it} = \theta_{it}^{X^V} / \alpha_{it}^{X^V} \qquad (6.11)$$

为了得到可变要素投入的产出弹性，需要估计企业的生产函数。与 de Loecker 和 Warzynski（2012）的方法一致，假设企业具有相同的技术参数且为希克斯中性，生产函数表示为

$$Q_{it} = F(X_{it}^1, \cdots, X_{it}^V, K_{it}; \beta) \exp(\omega_{it}) \qquad (6.12)$$

其中，Q_{it} 为企业 i 在 t 年的实际产量；X_{it}^V 为可变要素投入（如劳动力、中间品）；K_{it} 为累计资本投入；β 为产出弹性系数向量，反映投入转化为产出的程度；ω_{it} 为企业生产率。采用传统 OLS 方法估计生产函数［式（6.12）］会产生偏误问题，这是因为生产率会影响要素投入的决策，两者存在相关性。因此本节采用 Levinsohn 和 Petrin（2003）的半参数法估计生产函数［式（6.12）］。具体使用超对数生产函数形式，估计得到可变要素投入的产出弹性 $\widehat{\theta_{it}^{X^V}}$。将 $\widehat{\theta_{it}^{X^V}}$ 和经过产出调整的 $\alpha_{it}^{X^V}$ 代入式（6.11），即可得到企业加成率。

控制变量说明如下。①企业全要素生产率（lntfp），本节在计算企业加成率的过程中，需要基于生产函数估计每一种要素投入的产出弹性系数，在得到产出弹性系数后，采用索罗残差方法计算得到企业全要素生产率，取自然对数。根据 Melitz 和 Ottaviano（2008）的研究，企业全要素生产率与加成率呈正向关系。②企业资本密集度（lnklratio）。企业资本密集度由企业的固定资产净值与企业的就业人数之比表示，取自然对数，是表征企业要素构成的关键变量。一般而言，

资本劳动比越大，资本密集度越高，企业具有越大的成本加成定价能力。③企业平均工资（lnwage）。企业平均工资表示为企业总工资与就业人数之比，取自然对数，表示企业的劳动力成本。④企业存续年限（lnage）。企业存续年限根据当前年份与企业成立年份的差值计算，取自然对数。企业存续年限与企业加成率的关系往往不能直接确定。⑤外资企业（FOE）虚拟变量。外资企业用以控制企业所有制类型对加成率的影响效应。

本节使用的数据主要涉及两个数据库，分别是 WIOD 和中国工业企业数据库。被解释变量企业加成率的数据处理过程如下。首先，本节根据 Cai 和 Liu（2009）的做法，删除工业总资产、固定资本、就业人数和中间投入等关键指标缺失或者小于零的观测值；剔除流动资产高于总资产、固定资产合计大于总资产、固定资产净值超过总资产和就业人数少于 8 人的企业等违背会计准则的观测值。其次，借鉴 Brandt 等（2012）的方法，通过序贯识别法，构建一个包括新企业 ID 和年份两个维度的面板数据。再次，使用 Brandt 等（2012）公布的数据对样本期间的中国工业企业数据库国民经济 4 位行业代码进行统一，对工业总产值、中间投入等指标进行价格平减。最后，2007 年后中国工业企业数据库没有报告中间投入和增加值等估算生产函数的重要变量，需要利用已有变量构造这两个关键变量。具体方法如下：本节采用收入法计算增加值，其表达式为增加值 = 劳动工资 + 劳动福利 + 各项税收 + 各项费用 + 利润 + 当期折旧。其中，2009 年后没有统计劳动福利，本节估算出 2000～2008 年每年城市-行业层面的劳动福利占劳动工资的比例，并发现这一比例变动很小，因而采用 2008 年的劳动福利占劳动工资的比例和2009 年后的劳动工资计算 2009 年后的劳动福利。在测算增加值之后，采用工业总产值 = 增加值 + 中间投入的公式，得到每家企业的中间投入。需要说明的是，2009 年和 2010 年关键指标缺失特别严重，如没有折旧等指标，且 2010 年的数据存在较大的统计偏差，因此本节没有估计这两年的企业加成率。

3. 基准回归及稳健性检验

1）基准回归估计

表 6.22 列（1）和列（2）列报告了检验制造业投入服务化与企业加成率线性关系的回归结果，其中，列（1）仅纳入企业全要素生产率作为控制变量，列（2）在其基础上引入企业资本密集度、企业平均工资、企业存续年限和企业所有制类型等控制变量，两列均控制了企业固定效应和年份固定效应。回归结果显示，核心解释变量制造业投入服务化的回归系数在每一列中都显著为正，且回归系数较为稳定。以引入全部控制变量的列（2）为例进行分析，行业层面的制造业投入服务化上升1%，将导致该行业内企业加成率上升 0.2715%，具有较强的经济显著性。这意味着制造业投入服务化显著促进企业加成率提升，即有利于提高企业的市场竞争能力。

表 6.22　制造业投入服务化影响企业加成率的基准回归结果

变量	(1) lnmarkup	(2) lnmarkup	(3) lnmarkup	(4) lnmarkup
service	0.2965***	0.2715***	0.8137***	0.7632***
	(0.0461)	(0.0445)	(0.2273)	(0.2184)
service^2			−0.6030**	−0.5733**
			(0.2609)	(0.2504)
lntfp	0.5718***	0.5422***	0.5728***	0.5432***
	(0.0195)	(0.0194)	(0.0194)	(0.0193)
lnklratio		0.0030***		0.0030***
		(0.0002)		(0.0002)
lnwage		−0.0171***		−0.0171***
		(0.0007)		(0.0007)
lnage		−0.0181***		−0.0181***
		(0.0012)		(0.0013)
FOE		0.0204***		0.0204***
		(0.0009)		(0.0009)
常数项	−0.8033***	−0.7018***	−0.9140***	−0.8071***
	(0.0342)	(0.0349)	(0.0553)	(0.0542)
年份固定效应	是	是	是	是
企业固定效应	是	是	是	是
观测值	2749622	2749622	2749622	2749622
R^2	0.8676	0.8732	0.8677	0.8733

**回归系数在 5%的水平上通过显著性检验。

***回归系数在 1%的水平上通过显著性检验。

注：括号中为 WIOD 行业层面聚类稳健标准误。

　　表 6.22 列（3）和列（4）报告了检验制造业投入服务化与企业加成率非线性关系的回归结果，其中，列（3）仅纳入控制变量企业全要素生产率，列（4）在其基础上引入其他所有控制变量，两列均控制了企业固定效应和年份固定效应。回归结果显示，制造业投入服务化的回归系数均显著为正，制造业投入服务化二次项的回归系数均在 5%的水平上显著为负，且两列的回归系数绝对值大小较为接近。以列（4）为例进行分析，制造业投入服务化二次项的回归系数显著为负，表明制造业投入服务化与企业加成率存在显著的倒 U 形关系。具体地，当行业层面的制造业投入服务化低于某个阈值时，制造业投入服务化有利于提高该行业内企业加成率，当行业层面的制造业投入服务化高于该阈值时，进一步的制造业投入服务化将会降低企业加成率。这一实证结果与前面的预期一致。本节进一步基

于列（3）和列（4）的制造业投入服务化和制造业投入服务化二次项的回归系数，计算得到制造业投入服务化的阈值分别为 0.6747 和 0.6656。样本期间制造业投入服务化的均值为 0.4143，因此，样本期间中国制造业投入服务化与企业加成率的关系仍然处于倒 U 形曲线的上升阶段。这也在一定程度上与不考虑制造业投入服务化二次项的估计结果相符，也就是说在目前乃至今后一段时间内，我国制造业投入服务化对企业加成率具有促进效应。但当制造业投入服务化发展到一定阶段，即制造业投入服务化超出阈值时，制造业投入服务化将抑制企业加成率，因此，制造业投入服务化并不是越高越好，而是存在一个最优值。

关于控制变量，企业全要素生产率的回归系数显著为正，表明生产率高的企业能够获得更高的加成率；企业资本密集度的回归系数也显著为正，表示企业要素结构资本化有利于提升企业加成率；企业平均工资、企业存续年限的回归系数均显著为负，表明企业平均工资和企业存续年限与企业加成率呈负向关系；外资企业虚拟变量的回归系数显著为正，表明相对于内资企业，外资企业的加成率较高。控制变量的估计结果与已有文献的结果基本一致（钱学锋等，2016；余淼杰和袁东，2016）。

2）稳健性检验

考虑估计的内生性问题、样本可能存在的极端值等，本节进一步进行稳健性检验。

（1）内生性问题。基准回归模型控制了不可观测的年份固定效应、企业固定效应等，一定程度上缓解了样本选择和遗漏变量引起的内生性问题；同时，被解释变量是企业层面的数据，核心解释变量是行业层面的数据，制造业投入服务化与企业加成率之间的逆向因果导致内生性的可能性也明显降低。但是仍然存在某些行业内市场势力高的企业倾向更高的服务投入，且这些企业在行业内市场份额很高，其制造业投入服务化可能在很大程度上决定行业层面的制造业投入服务化。因此，本节进一步使用制造业投入服务化的滞后期作为制造业投入服务化的工具变量，进行 2SLS 法估计，回归结果见表 6.23。无论是否引入控制变量，制造业投入服务化和制造业投入服务化二次项的回归系数分别显著为正和显著为负，与基准回归结果一致。因此，在考虑模型潜在的内生性后，本节主要结论仍然成立。

表 6.23　工具变量回归结果

变量	（1） lnmarkup	（2） lnmarkup	（3） lnmarkup	（4） lnmarkup
service	0.1529***	0.4349***	0.2589***	0.3642***
	（0.0057）	（0.0263）	（0.0046）	（0.0259）
service²		−0.1858***		−0.1160***
		（0.0286）		（0.0281）

续表

变量	（1）lnmarkup	（2）lnmarkup	（3）lnmarkup	（4）lnmarkup
控制变量	否	否	是	是
年份固定效应	是	是	是	是
企业固定效应	是	是	是	是
观测值	1754148	1754148	1754148	1754148
R^2	0.8098	0.8256	0.8833	0.8952
Kleibergen-Paap rk LM 统计量	109.8***	70.45***	109.0***	69.62***
Kleibergen-Paap rk Wald F 统计量	363.6***	95.83***	362.4***	94.73***

***回归系数在1%的水平上通过显著性检验。

注：括号中为 WIOD 行业层面聚类稳健标准误；最后两行分别报告了检验工具变量的识别不足［Kleibergen-Paap rk LM χ^2（1）统计量］和弱识别［Weak Instrument（F 统计量）］的统计量，表明本节使用的工具变量是有效的。

（2）剔除极端值。为了排除回归结果受样本中极端值的干扰，本节进一步分别剔除被解释变量企业加成率、核心解释变量制造业投入服务化，以及控制变量位于最小和最大的 1% 区间的样本极端值，回归结果见表 6.24，结论依然稳健。

表 6.24　剔除极端值的回归结果

变量	（1）剔除被解释变量极端值 lnmarkup	（2）剔除被解释变量极端值 lnmarkup	（3）剔除核心解释变量极端值 lnmarkup	（4）剔除核心解释变量极端值 lnmarkup	（5）剔除控制变量极端值 lnmarkup	（6）剔除控制变量极端值 lnmarkup
service	0.2409***	0.6766***	0.3202***	0.8154***	0.2719***	0.7360***
	（0.0396）	（0.1897）	（0.0575）	（0.3006）	（0.0444）	（0.2204）
service^2		−0.5081**		−0.5768*		−0.5413**
		（0.2175）		（0.3362）		（0.2530）
控制变量	是	是	是	是	是	是
年份固定效应	是	是	是	是	是	是
企业固定效应	是	是	是	是	是	是
观测值	2694630	2694630	2647308	2647308	2572893	2572893
R^2	0.8694	0.8695	0.8600	0.8601	0.8747	0.8747

*回归系数在10%的水平上通过显著性检验。

**回归系数在5%的水平上通过显著性检验。

***回归系数在1%的水平上通过显著性检验。

注：括号中为 WIOD 行业层面聚类稳健标准误。

4. 异质性分析

前面基于全样本回归，考察了制造业投入服务化对企业加成率的总体影响效应。但是企业所有制类型、出口状态、所处行业的市场集中度及所在地区，以及投入服务化类型差异等因素可能影响制造业投入服务化对企业加成率的效应。因此，本节基于以上因素进行分样本回归，考察制造业投入服务化对企业加成率的异质性影响效应。

1）区分企业所有制类型的异质性分析

本节根据实收资本的出资比例，将全部企业分为外资企业、民营企业和国有企业等三类进行分样本回归，结果见表 6.25。在不考虑制造业投入服务化二次项时，对于不同所有制类型企业，制造业投入服务化的回归系数均显著为正，比较而言，制造业投入服务化对外资企业加成率的影响效应最大，其次是国有企业，最后是民营企业。纳入制造业投入服务化二次项后，对于国有企业分样本，制造业投入服务化和制造业投入服务化二次项的回归系数均不显著，这表明制造业投入服务化与国有企业加成率主要体现为单调的正向关系；在民营企业和外资企业分样本中，与基准回归一致，存在制造业投入服务化提升企业加成率的最优水平，分别为 0.609 和 0.704，样本期间民营企业和外资企业的制造业投入服务化均值分别为 0.413 和 0.414，因此存在一定的提升空间。

表 6.25　区分企业所有制类型的异质性分析结果

变量	(1)	(2)	(3)	(4)	(5)	(6)
	国有企业		民营企业		外资企业	
	lnmarkup	lnmarkup	lnmarkup	lnmarkup	lnmarkup	lnmarkup
service	0.3459***	0.4339	0.2093***	0.7066***	0.4105***	1.0439***
	(0.0651)	(0.4293)	(0.0438)	(0.2139)	(0.0475)	(0.1973)
service²		−0.1023		−0.5802**		−0.7416***
		(0.4725)		(0.2428)		(0.2387)
控制变量	是	是	是	是	是	是
年份固定效应	是	是	是	是	是	是
企业固定效应	是	是	是	是	是	是
观测值	127614	127614	2216350	2216350	405658	405658
R^2	0.9222	0.9222	0.8706	0.8707	0.8800	0.8802

**回归系数在 5%的水平上通过显著性检验。

***回归系数在 1%的水平上通过显著性检验。

注：括号中为 WIOD 行业层面聚类稳健标准误。

2）区分企业出口状态的异质性分析

根据 Melitz（2003）的研究，决定企业能否进入出口市场的关键因素是企业生产率，但是基于中国的数据实证结果发现出口企业的平均生产率反而低于非出口企业。现有文献从加工贸易、出口退税、出口补贴等多个方面解释此现象。企业出口状态对于企业绩效具有重要影响。因此，本节基于中国工业企业数据库报告的企业是否出口的信息，将全部企业划分为出口企业和非出口企业，回归结果见表 6.26。在不考虑制造业投入服务化二次项时，无论出口企业还是非出口企业，制造业投入服务化的回归系数均显著为正，但是出口企业分样本中的回归系数明显大于非出口企业，这表明制造业投入服务化对出口企业加成率的促进作用相对较大，这与刘斌等（2016）的研究结果类似，在一定程度上扩展了关于制造业投入服务化对价值链升级的影响研究。纳入制造业投入服务化二次项后，回归结果表明，制造业投入服务化与出口企业和非出口企业加成率均呈倒 U 形关系；进一步计算得到两者的制造业投入服务化阈值分别为 0.722 和 0.557，样本期间出口企业和非出口企业的制造业投入服务化均值分别为 0.415 和 0.414，出口企业的制造业投入服务化的提升空间相对较大。

表 6.26　区分企业出口状态的异质性分析结果

变量	（1）	（2）	（3）	（4）
	出口企业		非出口企业	
	lnmarkup	lnmarkup	lnmarkup	lnmarkup
service	0.4101***	0.9817***	0.1475***	0.6598***
	（0.0491）	（0.1979）	（0.0445）	（0.2139）
service^2		−0.6794***		−0.5921**
		（0.2372）		（0.2374）
控制变量	是	是	是	是
年份固定效应	是	是	是	是
企业固定效应	是	是	是	是
观测值	721916	721916	2027706	2027706
R^2	0.8981	0.8982	0.8756	0.8757

**回归系数在 5%的水平上通过显著性检验。
***回归系数在 1%的水平上通过显著性检验。
注：括号中为 WIOD 行业层面聚类稳健标准误。

3）区分行业市场集中度的异质性分析

行业市场集中度能够一定程度上反映行业的市场竞争程度：市场集中度越高，

表明行业的市场竞争程度越低。因此，高市场集中度行业内的企业往往具有更高
的垄断定价能力，因而其调整加成率的空间相对较大。本节预测制造投入服务化
对高市场集中度行业内的企业加成率的影响程度相对较大。借鉴 Lu 和 Yu（2015）
的做法，本节基于企业生产总值占国民经济 3 位码行业生产总值的份额计算国民
经济 3 位码行业内的 HHI，并定义高于其中位数的行业为高市场集中度行业，其
他行业则为低市场集中度行业。回归结果见表 6.27。在不考虑制造业投入服务化
二次项时，对于不同行业市场集中度分样本，制造业投入服务化的回归系数均显
著为正，但高市场集中度行业分样本中制造业投入服务化的回归系数相对较大，
这表明制造业投入服务化均提升高、低市场集中度行业内企业加成率，且对前者
的影响效应更大，验证了前面的预测。纳入制造业投入服务化二次项后，制造业
投入服务化的回归系数均显著为正，但是对于高市场集中度行业分样本，制造业
投入服务化二次项的回归系数不显著，这表明在高市场集中度行业内，制造业投
入服务化与企业加成率主要呈现正向关系；在低市场集中度行业内，制造业投入
服务化与企业加成率呈现倒 U 形关系。

表 6.27　区分行业市场集中度的异质性分析结果

变量	（1）	（2）	（3）	（4）
	高市场集中度行业		低市场集中度行业	
	lnmarkup	lnmarkup	lnmarkup	lnmarkup
service	0.3755***	0.5825*	0.2547***	0.7851***
	（0.0727）	（0.3430）	（0.0562）	（0.2426）
service^2		−0.2333		−0.6232**
		（0.3981）		（0.2733）
控制变量	是	是	是	是
年份固定效应	是	是	是	是
企业固定效应	是	是	是	是
观测值	583847	583847	2165775	2165775
R^2	0.9197	0.9197	0.8866	0.8867

*回归系数在 10%的水平上通过显著性检验。
**回归系数在 5%的水平上通过显著性检验。
***回归系数在 1%的水平上通过显著性检验。
注：括号中为 WIOD 行业层面聚类稳健标准误。

4）区分企业所在地区的异质性分析
我国东、中、西部地区在经济发展水平、市场化程度等方面均存在较大差异，

经济发展水平、市场化程度基本上呈现东、中、西部递减的趋势。已有研究发现在市场化程度更高的地区，制造业投入服务化对出口国内增加值率的影响效应更大（许和连等，2017）。因此，本节预测制造业投入服务化对企业加成率的影响效应呈东、中、西部递减的趋势。回归结果见表 6.28。在不考虑制造业投入服务化二次项时，对于东、中、西部地区分样本，制造业投入服务化的回归系数均在 1% 的水平上显著为正，且与预期一致，制造业投入服务化对东部地区企业加成率的正向影响效应最大，其次是中部地区，最后是西部地区。纳入制造业投入服务化二次项后，制造业投入服务化和制造业投入服务化二次项的回归系数分别显著为正和显著为负，表明在东、中、西部地区，制造业投入服务化与企业加成率均呈倒 U 形关系，计算得到阈值分别为 0.672、0.525 和 0.595；样本期间东、中、西部地区制造业投入服务化均值分别为 0.416、0.409 和 0.408。因此，东、中、西部地区制造业投入服务化存在较大的提升空间。

表 6.28　区分企业所在地区的异质性分析结果

变量	（1）	（2）	（3）	（4）	（5）	（6）
	东部地区		中部地区		西部地区	
	lnmarkup	lnmarkup	lnmarkup	lnmarkup	lnmarkup	lnmarkup
service	0.2655***	0.7275***	0.2013***	1.1487***	0.1572***	0.5886**
	（0.0409）	（0.1982）	（0.0757）	（0.3118）	（0.0473）	（0.2288）
service^2		−0.5409**		−1.0933***		−0.4947**
		（0.2302）		（0.3049）		（0.2390）
控制变量	是	是	是	是	是	是
年份固定效应	是	是	是	是	是	是
企业固定效应	是	是	是	是	是	是
观测值	2012266	2012266	471907	471907	265449	265449
R^2	0.8786	0.8786	0.8666	0.8669	0.8768	0.8768

**回归系数在 5% 的水平上通过显著性检验。
***回归系数在 1% 的水平上通过显著性检验。
注：括号中为 WIOD 行业层面聚类稳健标准误。

5）不同类型投入服务化的差异化影响效应分析

本节进一步区分投入服务化类型，考察不同类型制造业投入服务化对企业加成率的影响效应是否存在差异性，主要从投入服务化的行业差异及来源地差异两个方面来区分投入服务化。一是从具体的行业类型来看，投入服务化主要包括运输投入服务化、邮电投入服务化、金融投入服务化、商务投入服务化、研发设计与其他技术投入服务化等；二是从具体的来源地来看，投入服务化区分为国内投入服务化和国外投入服务化。

首先，根据 WIOD 统计的服务行业，分别计算运输投入服务化、邮电投入服务化、金融投入服务化、商务投入服务化和研发设计与其他技术投入服务化，进一步将各种类型投入服务化纳入模型（6.10），替代总体投入服务化进行估计，考察各类投入服务化对企业加成率的影响效应。回归结果见表 6.29。列（1）和列（2）汇报了运输投入服务化对企业加成率的影响回归结果。线性模型估计结果显示，运输投入服务化的回归系数在 1%的水平上显著为正；非线性模型估计结果显示，运输投入服务化和运输投入服务化二次项的回归系数分别显著为正和显著为负，与总体投入服务化一致，运输投入服务化也与企业加成率呈倒 U 形关系。计算得到运输投入服务化的阈值约为 0.181，本节所使用样本行业的运输投入服务化均值只有 0.094，最大值约为 0.136，仍然存在进一步提高运输投入服务化的空间。列（3）和列（4）汇报了邮电投入服务化对企业加成率的影响回归结果。邮电投入服务化和邮电投入服务化二次项的回归系数也分别显著为正和显著为负，表明邮电投入服务化也与企业加成率呈倒 U 形关系。计算得到邮电投入服务化的阈值为 0.036，本节所使用样本行业的邮电投入服务化均值只有 0.017，最大值约为 0.035，邮电投入服务化同样存在较大的提升空间。列（5）和列（6）报告了金融投入服务化对企业加成率的影响回归结果，同样发现金融投入服务化与企业加成率呈倒 U 形关系。计算得到金融投入服务化的阈值为 0.084，而本节使用样本行业的金融投入服务化均值为 0.053，大部分行业金融投入服务化低于阈值，只有基本金属行业金融投入服务化达到了 0.091，因此，总体上金融投入服务化存在进一步提高的空间，但是对于部分制造业行业而言，其金融投入服务化已经超过阈值，存在过度金融化，从而导致企业杠杆率过高，这些行业的企业需要适度控制金融投入服务化。列（7）汇报了商务投入服务化对企业加成率的线性影响回归结果，由于非线性关系不显著，本节没有报告相应的回归结果。商务投入服务化的回归系数显著为负，表明商务投入服务化不利于企业加成率。列（8）和列（9）报告了研发设计与其他技术投入服务化对企业加成率的影响回归结果。研发设计与其他技术投入服务化和研发设计与其他技术投入服务化二次项的回归系数同样分别显著为正和显著为负，表明研发设计与其他技术投入服务化也与企业加成率呈倒 U 形关系。计算得到研发设计与其他技术投入服务化的阈值为 0.432，而样本行业的研发设计与其他技术投入服务化均值为 0.027，最大值约为 0.062，远低于阈值，因此，样本期间我国企业研发设计与其他技术投入服务化存在较大的提升空间。综上所述，除商务投入服务化外，其他各种生产性投入服务化均显著提升企业加成率，且距离最优投入服务化存在较大的空间。

表 6.29　制造业不同类型投入服务化的差异性检验回归结果

变量	（1）	（2）	（3）	（4）
	运输服务		邮电服务	
	lnmarkup	lnmarkup	lnmarkup	lnmarkup
service	1.8692***	4.4581***	1.8062***	5.5752***
	（0.1774）	（0.8683）	（0.2970）	（1.2328）
service²		−12.3152***		−78.0146***
		（3.6591）		（23.7438）
控制变量	是	是	是	是
企业固定效应	是	是	是	是
年份固定效应	是	是	是	是
观测值	2749622	2749622	2749622	2749622
R^2	0.8757	0.8759	0.8728	0.8730

变量	（5）	（6）	（7）	（8）	（9）
	金融服务		商务服务	研发设计与其他技术服务	
	lnmarkup	lnmarkup	lnmarkup	lnmarkup	lnmarkup
service	1.3932**	5.5918***	−0.4083***	0.5886***	0.6426***
	（0.2488）	（0.9516）	（0.1106）	（0.2291）	（0.0341）
service²		−33.1875***			−0.7446*
		（6.6618）			（0.4382）
控制变量	是	是	是	是	是
企业固定效应	是	是	是	是	是
年份固定效应	是	是	是	是	是
观测值	2749622	2749622	2749622	2749622	2749622
R^2	0.8737	0.8743	0.8724	0.8724	0.8724

*回归系数在 10%的水平上通过显著性检验。

**回归系数在 5%的水平上通过显著性检验。

***回归系数在 1%的水平上通过显著性检验。

注：括号中为 WIOD 行业层面聚类稳健标准误。

　　其次，根据投入服务化的来源地，分别计算国内投入服务化（service_domestic）和国外投入服务化（service_foreign）。刘维刚和倪红福（2018）研究发现，国内投入服务化和国外投入服务化对企业技术进步的影响存在显著差异，前者的影响效应不显著，后者则具有显著的促进效应；他们认为相对于国外投入服务化，国内投入服务化处于低端化、低质量层次。本节进一步将国内投入服务化和国外投入服务化纳入模型（6.10），替代总体投入服务化进行估计，研究两者对企业加成率的差异化影响效应，回归结果见表 6.30。与基准回归结果一致，如果不考虑投入服务化二次项，国内投入服务化和国外投入服务化的回归系数均显著为正，且国外投入服务化的回归系数明显大于国内投入服务化。这表明国内投入服务化和国外投入服务化增加有利于提高企业加成率,且国外投入服务化的影响效应更强,这与刘维刚和倪红福(2018)的研究类似。进一步考虑投入服务化的非线性效应,纳入国内投入服务化和国外投入服务化二次项进行回归。由列(2)可知,国内投入服务化与企业加成率呈倒 U 形关系,阈值为 0.429,样本期间国内投入服务化的均值为 0.318,小于阈值,国内投入服务化存在进一步提升的空间。根据列(4),国外投入服务化和国外投入服务化二次项的回归系数均不显著,这表明国外投入服务化与企业加成率不存在非线性关系,主要体现为显著的正向关系。

表 6.30　来自国内与国外投入服务化对加成率的影响效应估计

变量	(1) lnmarkup	(2) lnmarkup	(3) lnmarkup	(4) lnmarkup
service_domestic	0.0967[*]	0.4730[**]		
	(0.0512)	(0.2120)		
service_domestic^2		−0.5512[*]		
		(0.2843)		
service_foreign			0.5974[***]	0.4669
			(0.0988)	(0.3037)
service_foreign^2				0.5198
				(0.9425)
控制变量	是	是	是	是
年份固定效应	是	是	是	是
企业固定效应	是	是	是	是
观测值	2749622	2749622	2749622	2749622
R^2	0.8724	0.8724	0.8737	0.8737

*回归系数在 10%的水平上通过显著性检验。
**回归系数在 5%的水平上通过显著性检验。
***回归系数在 1%的水平上通过显著性检验。
注:括号中为 WIOD 行业层面聚类稳健标准误。

5. 影响机制检验

正如理论机制分析所指出的,制造业投入服务化通过成本效应和技术创新效应等渠道影响企业加成率。本节借鉴刘斌和王乃嘉(2016)、许和连等(2017)的研究,构建如下中介效应模型进行机制检验:

$$\mathrm{MV}_{ijt} = \delta_0 + \delta_1 \mathrm{service}_{jt} + X'_{it}\,\delta_{it} + u_i + u_t + v_{it} \tag{6.13}$$

$$\mathrm{lnmarkup}_{ijt} = \gamma_0 + \gamma_1 \mathrm{service}_{jt} + \gamma_2 \mathrm{service}^2_{jt} + \gamma_3 \mathrm{MV}_{ijt} + X'_{it}\,\gamma_{it} + \tau_i + \tau_t + \sigma_{ijt} \tag{6.14}$$

其中,MV 为中介效应变量,主要包括两个变量:①反映成本效应的企业成本(lncost),借鉴刘斌和王乃嘉(2016)的研究,企业成本等于管理费用、财务费用、主营业务成本、产品销售费用、主营业务应付工资、主营业务应付福利费的总和，其中，产品销售费用、主营业务应付工资和主营业务应付福利费的总和数据有缺失，本节使用相应指标占主营业务收入的比例作为权重进行补齐，取自然对数；②反映技术创新效应的技术创新（lngrant），参考寇宗来和刘学悦（2020）的研究，使用 2000~2013 年中国专利数据库中专利授权量来衡量，取自然对数。

表 6.31 报告了中介效应模型检验回归结果。其中，列（1）和列（2）报告了成本渠道的中介效应回归结果。列（1）显示制造业投入服务化的回归系数显著为负，表明制造业投入服务化显著降低企业成本；列（2）显示企业成本的回归系数显著为负，即企业成本与企业加成率呈显著的负向关系，而制造业投入服务化的回归系数显著为正，制造业投入服务化二次项的回归系数显著为负，因此，成本效应是制造业投入服务化非线性影响企业加成率的可能中介渠道。列（3）和列（4）报告了技术创新渠道的中介效应回归结果。列（3）显示，制造业投入服务化与技术创新之间呈显著的正相关关系，列（4）显示技术创新的回归系数为正，制造业投入服务化与企业加成率呈倒 U 形关系，但不显著。基于以上分析，成本效应是制造业投入服务化影响企业加成率的主要渠道。

表 6.31　中介效应模型检验回归结果

变量	（1）	（2）	（3）	（4）
	成本效应		技术创新效应	
	lncost	lnmarkup	lngrant	lnmarkup
service	−1.0243***	0.8200***	1.9993***	0.4100
	（0.3300）	（0.1671）	（0.8247）	（0.3405）
service²		−0.6806***		−0.0405
		（0.1901）		（0.4339）
lncost		−0.0361***		
		（0.0008）		
lngrant				0.0002
				（0.0001）
控制变量	是	是	是	是
年份固定效应	是	是	是	是
企业固定效应	是	是	是	是
观测值	2709189	2709189	128711	128711
R^2	0.9036	0.8904	0.6935	0.9459

***回归系数在 1%的水平上通过显著性检验。

注：括号中为 WIOD 行业层面聚类稳健标准误。

6. 结论性评述

本节基于企业加成率视角来反映企业的竞争优势，研究制造业投入服务化如何影响企业竞争优势；从成本效应与技术创新效应两个渠道分析了制造业投入服务化影响企业加成率的理论机制，并采用微观企业数据进行了实证研究。结果显示，制造业投入服务化与企业加成率之间呈倒 U 形关系，一定程度的制造业投入服务化通过降低成本和提高技术创新水平促进了企业加成率提升；但因我国高端服务要素质量相对较低、服务投入存在成本挤出效应等，过高的制造业投入服务化会对企业加成率产生负向效应；当前我国制造业投入服务化尚未达到阈值，进一步推动制造业投入服务化能够提升企业加成率和竞争优势。异质性分析表明，运输投入服务化、邮电投入服务化、金融投入服务化和研发设计与其他技术投入服务化均显著提升企业加成率，但商务投入服务化会降低企业加成率；国内投入服务化占比较大，其与企业加成率呈倒 U 形关系，与基准回归结果一致，但国外投入服务化对企业加成率具有正向效应；制造业投入服务化的提高对外资企业、国有企业、出口企业、市场集中度较高行业中的企业、东中部地区的企业具有更为显著的作用。在克服内生性问题、剔除关键变量的极端值后，研究结果仍然稳健；通过构建中介效应模型进行机制检验，证实了成本效应是制造业投入服务化影响企业加成率的有效中间渠道。

本节的研究结论蕴含丰富的政策含义。第一，进一步推进制造业投入服务化，将有利于提升企业竞争势力。研究表明制造业投入服务化显著提升企业加成率，且样本期间制造业投入服务化远低于降低企业加成率的阈值，因此，为了提升企业的价格加成定价能力和市场势力，继续推进和深化制造业与服务业融合是一项重要的政策措施，尤其应该加大金融、研发设计等服务投入。第二，过高的制造业投入服务化可能对企业加成率产生负向效应，且这一效应可能主要来自国内投入服务化，因此，一方面应整合全球资源，适量增加国外优质服务投入，另一方面应提高国内服务投入质量、优化国内服务投入结构，大力发展现代服务业。第三，推进制造业投入服务化过程中切忌"一刀切"，应视地区、行业和企业特征和属性采取差异化措施。第四，制造业投入服务化能显著降低企业成本和促进技术创新，要充分发挥制造业投入服务化对企业加成率的促进效应，可进一步着力缩小企业成本和促进技术创新；进一步优化企业营商环境，尤其是降低企业的制度性交易成本，如税费负担、融资成本等；企业应积极参与国家创新驱动发展战略、"数字中国"战略等，通过自主创新、数智化转型等方式降低企业成本；企业应抓住机遇，着力提高高端化人才的投入数量、加大复合型人才的培训力度，提升服务投入的生产效率，提高制造业与服务业融合深度、广度和质量。

6.6 本 章 小 结

首先，本章基于测算的经济服务化相关指标和制造业服务化数据，分析了我国经济服务化和制造业服务化发展总体现状，并通过国别对比清晰反映我国制造业服务化位置。其次，基于制造业服务化与行业、企业层面全球价值链地位关系的典型事实分析，阐述了制造业服务化影响全球价值链攀升的理论机制，构建计量模型，实证检验了制造业服务化对制造业行业全球价值链地位、企业出口国内增加值率的影响效应与机制，进而实证考察了影响制造业服务化促进价值链攀升的影响因素。最后，从企业出口产品质量和企业加成率的视角，专题研究了制造业服务化影响全球价值链攀升的路径问题。通过以上研究，得到以下主要结论。

我国经济结构稳步向服务化迈进，为制造业服务化发展和推进提供了重要保障。2000 年以来，我国服务业增加值占 GDP 比值明显呈上升趋势，但是与美国、英国等发达国家相比仍然具有明显差距；我国服务业从业人数占全部就业人数的比例呈连年上升趋势，服务业劳动生产率稳步提高。我国制造业投入服务化水平总体上升趋势明显，但相较于美国、英国、日本、加拿大、巴西、韩国和印度，处于靠后位置；我国资本、技术密集型行业制造业投入服务化水平相对较高，如基本医药产品和医药制剂制造业，计算机、电子产品和光学产品制造业；我国制造业投入服务化呈现从传统服务投入向先进服务投入转变的趋势，但是运输服务这一类传统服务仍然是拉动我国整体投入服务化水平的主要来源，服务投入要素主要来自国内市场。

实证检验表明，在行业层面，制造业投入服务化对我国制造业全球价值链地位产生显著的先降后升的 U 形影响效应。也就是说，当制造业投入服务化较低时，制造业投入服务化的上升将降低我国制造业全球价值链地位，当制造业投入服务化发展到一定阈值时，制造业投入服务化的上升将提高我国制造业全球价值链地位。在企业层面，本节使用制造业企业的出口国内增加值率衡量企业的全球价值链地位，该值越大，表明企业在全球价值链中的地位越高，研究发现制造业投入服务化与制造业企业出口国内增加值率之间也呈现显著的 U 形关系，与行业层面的实证结论一致。根据实证结果计算得出制造业投入服务化的阈值为 0.4237（行业层面的研究）和 0.4302（企业层面的研究），样本期间我国制造业投入服务化均值为 0.4143。这表明我国制造业投入服务化均值仍然低于阈值，我国当前阶段制造业投入服务化还在 U 形曲线的左侧。但是，我国制造业投入服务化均值已经比较接近阈值。因此，在当前阶段，政府和企业应该继续大力推进制造业和服务业的融合发展，提升制造业投入服务化，跨过阈值后，进而发挥制造业投入服务化促进制造业行业和企业全球价值链攀升的作用。进一步地，利用中介效应模型进行机制检验，证实了成本效应、质量效应、生产率效应和技术创新效应是制造业投入服务化影响制造业全球价值链地位的重要途径。基于制造业投入服务化影响全球价值链攀升的内外部影响因素分析，选取企业规模、融资约束、工资水平和市场竞争程度为考察因素，实证分析其对制造业投入服务化影响全球价值链攀升的调节效应，结果表明，企业规模、工资水平、市场竞争程度对制造业投入服务化影响企业出口国内增加值率有显著的促进作用，融资约束对制造业投入服务化影响企业出口国内增加值率有显著的抑制作用。

企业出口产品质量和企业加成率是衡量制造业企业国际竞争势力、价值链攀升的重要内容，因此，本节进一步就制造业投入服务化对出口产品质量和企业加成率的影响进行了专题研究。①制造业投入服务化与出口产品质量之间呈U形关系，即服务化转型对制造业企业出口产品质量的作用效应存在一个阈值。企业处于服务化转型初期时，服务化转型带来的高成本并不利于出口产品质量的提高；当服务化发展到一定阶段时，服务化带来的竞争收益有利于企业形成规模经济和范围经济，将提升企业出口产品质量。目前我国出口制造业企业主要以加工贸易的方式低端嵌入全球价值链，并不利于企业出口产品质量的提升，反而导致企业被锁定在全球价值链中低端。因此，推动我国生产型制造向服务型制造的转型，并协助企业越过投入服务化U形曲线的阈值，将利于我国制造业企业向全球价值链中高端的攀升。②制造业投入服务化与企业加成率存在显著的倒U形关系，当制造业投入服务化低于某个阈值时，制造业投入服务化有利于提高该行业内企业加成率；当行业层面的制造业投入服务化高于该阈值后，进一步的制造业投入服务化将会降低企业加成率。经计算，目前我国制造业投入服务化远低于阈值。因此，可以进一步加大我国制造业企业投入服务化的力度，从而提高企业加成率，提升我国制造业企业的国际竞争势力，加快向全球价值链中高端攀升。

本章的研究对推动我国制造业服务化具有如下政策启示。

（1）构建示范案例库，加强制造业服务化交流平台建设。目前，我国制造业企业所进行的服务化转型发展依然处于探索和经验积累阶段，还缺乏可行的、能复制的实现路径和发展模式，因此可以通过构建制造业服务化示范案例、创新模式推动制造业服务化快速发展。选择代表性企业进行调研，总结企业服务化创新经验，提炼不同行业、不同发展水平的制造业企业服务化发展模式和路径；通过召开制造业服务化推进会、经验介绍会等，对代表性企业制造业服务化模式、示范项目进行经验推广和试点示范，充分发挥案例示范效应；构建制造业服务化示范企业评价体系，建立营运模式共创与知识交流平台，搭建示范企业与其他制造业企业交流和合作平台。

（2）完善人才培养体系建设，提高制造业服务化转型能力。加强人才市场调研，科学预测近期、中长期市场对高端化、复合型制造业服务化人才需求；推动人才培养的供给侧改革，积极引导和支持具有制造业服务化特征的本科院校向技术应用和服务转型，通过专项政策扶植构建一批极具制造业服务化特色的应用型本科职业院校，搭建从职业高中到本科生、专业硕士研究生、博士研究生的人才发展通道，完善制造业服务化人才培养体系，提升服务型人才培养层次；基于"高校＋企业"联合培养模式的现代学徒制要求，引导应用型院校做好专业建设的调整，加强制造业服务化所需的精品专业和特色专业建设；推动高校师生参与以工作为导向的企业实训，鼓励高校积极吸纳企业一线技术人员和研发人员参与校内教学及教改研究，进一步强化校企协同育人，并推进校企合作的国际化发展，提升对海外优秀人才的吸引力。

（3）加大金融财政政策支持，为制造业服务化转型提供政策保障。设立制造业服务化发展专项基金，重点加强制造业企业服务创新的研发投入，对公共服务平台、共性技术平台等载体建设加大财政支持；在高新技术企业资格认定中，加大对技术研发、工业设计等制造服务企业的支持，并予以企业所得税优惠和研发资助。健全中小企业信用担保机制，缓解中小企业在服务化转型过程中面临的资金问题；创新适合中小企业服务化转型的融资产品，引导商业银行向符合条件的中小企业贷款，促进政府与金融机构共同服务于中小企业服务化转型，完善服务化转型过程中的风险分担机制。大力发展创业投资、风险投资，鼓励风险投资向制造业服务化发展的新技术、新产业、新业态和新模式方向倾斜，引导风险资金向服务创新企业的种子期或初创期前移，增强资本在服务业对制造业渗透过程中的推动作用。

（4）重点加强技术创新，推动制造业与服务业融合发展。制造业与服务业的深度融合离不开相关技术支持，重点加强科技服务业、工业互联网平台及智能产品等方面的技术创新，推动制造业与服务业的融合发展。健全企业研发激励机制和制度建设，实施科技服务企业研发创新能力提升专项计划，推动科技服务企业针对制造业产业集群进行共性关键技术研发，鼓励科技服务企业持续开展研发创新，为制造业提供专业化的研发服务。建立和规范工业互联网平台研发和高质量发展专项资金，进一步推动工业互联网平台研发；加强工业数据分析技术创新，提升经营管理优化和资源匹配协同中的数据分析能力，鼓励企业加深对不同工业知识、场景的认识和整合，加快不同场景工业应用程序的研发。提升制造业企业"互联网＋"技术创新能力，结合应用场景为传统产品增加联网模块，通过互联网为传统产品赋能；推动"互联网＋"的产品功能创新，提升智能产品服务增值能力，加大智能产品创新的知识产权保护力度。

（5）持续优化营商环境，激发制造业服务化转型的活力。通过深化"放管服"

改革，加强服务型政府建设；不断创新移动便民便企服务模式，健全服务机制和渠道，优化"互联网＋服务"的营商环境，提升线上政务服务水平。消除各类行政性垄断、不合理限制和地区壁垒，减少社会资本市场准入限制，清除现有政策措施中地方保护、指定交易、市场壁垒等相关内容，营造有利于先进制造业和现代服务业融合的公平竞争环境。

第7章 结论与政策建议

改革开放以来，我国制造业经历突飞猛进的发展，就生产和出口而言，目前已成为名副其实的制造业大国，但相对一些发达国家，我国制造业自主创新程度不高，关键核心技术缺乏，特别是原创性、颠覆性技术创新少；技术含量较低，增加值率不高。在全球生产分工的背景下，"中国制造"凭借劳动力、土地、资源等成本优势参与国际分工和竞争，尽管有少量产业处于世界前沿，但所占比例不高，总体上我国制造业"大而不强"，还处于全球价值链的中低端环节。党的十九大报告提出要"促进我国产业迈向全球价值链中高端，培育若干世界级先进制造业集群"[①]。制造业作为我国实体经济的主体，对国民经济发展、人民生活需求具有至关重要的作用。纵观历史上各世界强国的崛起，无不是依赖强大的制造业为支撑，制造业始终是国家富强、民族振兴的坚强保障。因此，促进我国产业迈向全球价值链中高端，首先就要促进我国制造业价值链攀升。当前，全球制造业发展进入全方位竞争阶段，我国制造业发展面临"两端挤压"局面：在中低端环节，我国面临发展中国家的低成本、低价格竞争；在中高端环节，发达国家把控着重点行业和领域的关键核心技术、国际标准等，我国面临发达国家对全球价值链的主导和控制。我国经济进入增长速度换挡、结构调整阵痛和前期刺激政策消化"三期叠加"的新常态发展阶段；同时，受人口结构和消费结构转变、需求层次提升、节能减排和环保要求提高等多种因素影响，我国劳动力、土地、资源、原材料等要素面临成本上升和供应趋紧的双重压力，经济发展进入中等收入陷阱阶段。此外，前几年新冠病毒感染在世界范围内流行对供给端和需求端都造成了巨大冲击，我国经济发展面临着更多的不确定性，需求收缩、供给冲击、预期转弱三重压力显现。在这种情况下，促进我国制造业迈向全球价值链中高端，既是抓住了我国制造业发展的突出问题，也是破解前述瓶颈和痛点的有效途径。本书写作基于这一重大现实问题，响应了我国现代化经济体系建设要求。

本书立足于国内外经济环境的变化，围绕"促进我国产业迈向全球价值链中高端"与"加快建设制造强国"，基于我国制造业在全球价值链中的地位评判，遵循"提出问题—分析问题—解决问题"的思路，从动力机制、基本路径、发展模

---

① 中国政府网. 习近平：决胜全面建成小康社会 夺取新时代中国特色社会主义伟大胜利——在中国共产党第十九次全国代表大会上的报告[EB/OL].（2017-10-27）[2024-04-03]. https://www.gov.cn/zhuanti/2017/10/27/content_5234876.htm.

式等方面系统研究了我国制造业全球价值链攀升的相关问题，进而提出了相应对策建议。本书丰富和发展了全球价值链理论及其研究范畴，拓展了国际贸易与产业组织理论体系，为全面了解中国制造业贸易发展的真实水平及贸易利得提供了新思路，为加快培育我国外贸竞争新优势、促进制造业全球价值链攀升提供了理论依据和实证支撑；同时，本书为相关政府部门政策制定提供了数据支持和政策参考，为进一步推动我国企业高端嵌入全球价值链提供了重要的决策依据和启示，为发展中国家制造业价值链攀升提供了可借鉴的模式和经验证据。

7.1 主 要 结 论

本书首先在梳理和比较现有全球价值链地位评价指标的基础上，综合结构指标、价值指标中的全球价值链位置指数、全球价值链参与度指数和全球价值链地位指数，结合企业出口上游度、企业出口国内增加值率，从全球、区域、企业三个层面对我国制造业价值链地位分别进行了测度和比较分析，考察了我国制造业在全球价值链中的地位演变趋势及特征，进一步分析了我国制造业全球价值链升级存在的问题及现实基础。其次，考虑我国制造业自主创新能力薄弱、关键核心技术和国际标准制定话语权缺失、制造业服务化水平普遍较低等现存问题与痛点，本书分别从创新驱动、质量升级和标准治理、制造业服务化三个方面重点研究了我国制造业向全球价值链中高端攀升的三个核心问题，即根本动力、基本路径和发展模式，探讨了我国制造业发展从要素驱动向创新驱动转变的基础条件及存在问题，阐释了制造业创新驱动全球价值链攀升的理论机制，实证研究了创新对价值链攀升的影响效应与机制，并考察了企业内外部因素对创新驱动影响全球价值链攀升的调节效应；分析了我国出口产品质量和制造业标准化的现状，检验了质量升级、标准治理及质量升级和标准治理两者共同促进我国制造业全球价值链攀升的影响效应和作用机制，探讨了质量升级和标准治理的影响因素；在对制造业服务化内涵和发展现状进行分析的基础上，阐释并实证检验了制造业服务化影响制造业全球价值链攀升的内在机制及影响效应，考察了影响制造业服务化促进全球价值链攀升的外部因素等。通过上述研究，本书的主要研究结论如下。

（1）整体上，我国制造业参与国际生产分工的程度有所提高，但依然"大而不强"，在全球价值链中处于中低端环节，而自主创新能力不足、创新基础相对薄弱、制造业服务化水平低及标准建设处于劣势等是抑制我国制造业向全球价值链中高端攀升的关键问题。分行业来看，我国传统优势制造业部门参与国际生产分工的程度降低但处于产业链条的相对高端环节，而知识和技术密集型等高增加值制造业部门虽然参与国际生产分工的程度提高但一直处于产业链条的低端环节。分区域来看，北美地区在我国出口贸易额中的占比最高，但我国制造业在北美地区价值链中的融入程度和分工地位最低，且嵌入位置维持在低位，陷入低端锁定困境。我国制造业中高新技术产业的核心技术受制于人，制造业发展受阻，并且制造业企业利润水平较低，核心竞争力较弱，参与全球价值链的获益能力较低。

（2）我国制造业发展向创新驱动转变的基础条件在不断优化；总体层面，我国制造业创新竞争力稳步提升，在发展中国家中处于相对领先地位，但与发达国家特别是美国仍存在较大差距，创新基础持续增强，创新环境在全球尚处于相对落后位置，创新竞争力提升存在一定的制度障碍；我国创新投入得分和排名上升趋势明显，创新产出排名第二，但创新产出得分与排名第一的美国存在很大差距。从微观企业层面，样本期间企业平均研发投入强度为 4%～5.5%，平均研发人员数占比为 12%～25%，两者都呈现明显的波动趋势；企业专利申请量及平均申请量总体上都呈显著上升趋势。实证表明，制造业企业技术创新水平的提升能显著促进其出口国内增加值率的增加，并且创新驱动价值链攀升的效应呈现显著的异质性，降低边际成本和提高出口产品质量是技术创新影响制造业全球价值链攀升的中介渠道机制；进一步发现，创新驱动价值链攀升的效应受企业内外部多种因素的影响，内部因素包括企业规模、进口中间品质量和企业家精神等，外部因素则包括市场竞争程度、政府补贴、制度环境。此外，以创新制度安排为专题，针对高新技术企业认定政策、"瞪羚计划"分别考察其对企业出口国内增加值率的影响。研究表明，样本期间高新技术企业认定在一定程度上抑制了企业出口国内增加值率提升，主要是因为其扩大了企业高质量进口中间品，从而产生了负向效应，而进口竞争有利于降低这种负向效应。"瞪羚计划"短期内对企业出口国内增加值率也存在抑制作用，主要也是因为其降低了国内中间品使用的相对份额，从而负向影响了企业出口国内增加值率；但"瞪羚计划"能够提高信贷资金可得性，有利于解决高成长性科技企业创新过程中的"融资难"问题。

（3）我国制造业出口产品质量相对处于低位水平，但与美国、日本、德国等发达国家的差距在不断缩小；制造业标准存量总体上稳步提升，但存在发展较为缓慢、高技术产业标准化水平较低等问题。实证发现，样本期间我国制造业出口产品质量提升没有显著促进制造业企业价值链攀升，其内在原因是制造业企业出口产品质量较大程度地依赖进口中间品，后者对企业出口国内增加值率虽有正向的技术溢出效应和对高技术劳动力的互补效应，但也对出口国内增加值率存在负向影响；标准存量的增加能显著促进企业出口国内增加值率的提高，并且这种促进作用在加工贸易企业、外资企业、劳动密集型行业中更为显著；企业成本、市场势力及国内中间品强度是标准治理影响企业出口国内增加值率的潜在渠道；融资约束缓解、出口企业扩张及市场竞争程度提高均有利于我国标准化水平的提升；质量升级与标准治理的交互影响既缓解了出口产品质量升级对出口国内增加值率的负向作用，又有强化标准治理对出口国内增加值率的正向作用。

（4）我国制造业投入服务化上升趋势明显，但相较于美国、英国、巴西、韩国、印度等国家处于较低位置；制造业投入服务化呈现从传统服务投入向先进服务投入转变的趋势。我国制造业投入服务化对制造业全球价值链地位、企业出口国内增加值率具有 U 形影响效应；目前我国制造业投入服务化还在 U 形曲线左侧，应大力推进制造业和服务业的深度融合发展，提升制造业投入服务化，跨过阈值后可进一步发挥其对制造业全球价值链攀升的促进作用。成本效应、质量效应、生产率效应和技术创新效应是制造业投入服务化影响我国制造业全球价值链攀升的中介渠道；扩大企业规模、降低融资约束、提高工资水平和强化市场竞争对制造业投入服务化影响制造业价值链升级有显著的正向调节作用。此外，考虑企业出口产品质量和加成率作为反映制造业企业国际竞争势力、价值链地位的重要指标，针对制造业投入服务化对企业出口产品质量、企业加成率的影响进行专题研究，发现制造业投入服务化与出口产品质量之间呈 U 形关系，制造业投入服务化与企业加成率之间则存在倒 U 形关系。

7.2　我国制造业全球价值链攀升的政策建议

制造业在我国国民经济体系中占据着极其重要的战略地位，是我国经济的支柱产业。基于本书各章研究，围绕我国制造业向全球价值链中高端攀升的发展目标，提出如下政策建议。

遵循动态比较优势原则，转变政策导向，由"被动嵌入"走向"主动引领"。促进我国制造业实现全球价值链攀升是一项复杂的系统工程。在过去数十年，加工贸易与 FDI 的方式一直是我国参与全球价值链分工的主要途径，我国制造业通过廉价劳动力和粗放型经济增长方式捕获增加值率较低的环节。如今，国内外经济环境都发生了重大变革，在发展中面临的问题也更加复杂，促进我国制造业全球价值链攀升需要通过多种政策手段的密切配合实现，并且不同政策手段之间是层层嵌套与相互影响的，内部各驱动因素是相互耦合与相互制约的，涉及企业生产、产业组织和产业链等不同层级的资源配置，需要在更大经济范围内予以系统思考和分层解析。在此过程中，必须充分认识到中国制造业迈向全球价值链中高端的现实条件和基础，立足动态比较优势；以发展的眼光看待当前全球战略环境的深刻变化，顺应我国消费升级的新趋势，把握供给侧结构性改革的历史时机，抓住"逆向创新"、数字经济的发展趋势，以共建"一带一路"为契机，抓住新一轮全球经济规则形成的机遇，推动我国制造业发展从要素驱动到创新驱动，完成从"被动嵌入"到"主动引领"的角色转变。

转变产业政策职能，加快完成产业政策由选择性向功能性、普惠性转型。自改革开放以来，以政府作用为主的选择性产业政策一直占据我国宏观经济调控的主导地位，其在完善我国工业体系建设、调整结构失衡等方面发挥了重要作用。但近年来，选择性产业政策的弊端日益凸显，需要逐步摒弃选择性产业政策的直接干预，积极构建有利于促进竞争和创新的功能性产业政策体系。选择性产业政策带有较强的行政性垄断，具有明显的排除和限制公平竞争的特点，不利于市场机制的正常运行。过分依赖选择性产业政策对某些新兴产业的政策支持不仅造成了部分行业的过度投资和行业投机行为，而且降低了整个社会的资源配置效率。因此，应充分发挥市场在资源配置中的决定性作用，精简选择性产业政策的范围，不断完善产业政策职能，加快实现产业政策由选择性向功能性、普惠性转型，积极构建有利于促进竞争和创新的功能性的现代化产业政策体系。

健全政策出台机制，规范政策实施流程，不断加强政策间协同性。基于我国经济体制及内外部发展环境的复杂性，增强政策之间的协同性必不可少；避免各类政策间矛盾冲突，形成政策合力和同向叠加效应，从而达到政策效力最大化。缺乏政策协同性的根本原因在于未形成成熟的政策制定与出台控制机制，以至于在某些经济调控政策上存在"各唱各调"的情形。2018 年 11 月，习近平总书记在民营企业座谈会上谈道，"有些政策制定过程中前期调研不够""对政策实际影响考虑不周""有些政策相互不协调"[①]；2018 年 12 月，中央政治局会议提出"努力实现最优政策组合和最大整体效果"的要求，最关键的还是从完善政策制定机制、规范实施流程入手；2022 年，中央经济工作会议提出"加强各类政策协调配合，形成共促高质量发展合力"。因此，应进一步加强系统化顶层设计，完善政策涉及部门间的协调和联动机制；完善政府重大政策出台及实施的咨询机制，不断提高政策咨询水平和质量；破除政策实施中的体制机制障碍，既要加强政策出台的协同，也要强化政策实施中的协同；建立健全政策实施后的效应评估机制，对政策所可能造成的不利影响及时进行预防和规避，并对政策实施过程进行纠正和调整。

充分激发我国内需潜力和优势，推动国内国际双循环相互促进，培育我国参与国际合作和竞争新优势。改革开放以来，出口导向型经济发展战略推动了我国制造业的迅猛发展。但当下我国已经转向高质量发展阶段，面对日趋严峻的资源与环境约束、"逆全球化"的冲击，以及地缘政治冲突对全球经济的影响，我国的发展模式和发展战略必须进行调整。我国应在进一步推动高水平对外开放的基础上，注重利用内需优势，加快构建完整的内需体系，统筹推动国内国际双循环相互促进，培育新形势下我国参与国际合作和竞争新优势。一方面，应加强财政、金融、工业、司法等部门的政策联合，深化体制变革与机制创新，打破省市、城乡、区位壁垒，促进要素在国内各区域间自由流动，完善内需体系的制度建设和

---

① 中国政府网. 在民营企业座谈会上的讲话[EB/OL]. （2018-11-01）[2024-08-13]. https://www.gov.cn/gongbao/content/2018/content_5341047.htm.

空间布局，助力供给侧结构性改革；另一方面，以共建"一带一路"为核心，推动"一带一路"共建国家经济一体化建设，构建"一带一路"包容性全球价值链和投资链；以自由贸易区建设为抓手，积极推进与自由贸易区国家的深度合作，巩固和推进全球价值链命运共同体建设，提升我国在全球价值链治理中的话语权，形成国内国际双循环相互促进的全面开放新格局，推动我国制造业向全球价值链中高端攀升。

　　健全知识产权保护制度体系，加强产业标准建设与治理，内推外引助力我国制造业价值链攀升。进一步建立健全知识产权保护制度体系，加强我国制造业核心技术知识产权储备，对侵权行为予以严厉惩处；借助我国制造业企业加快"走出去"契机，加强知识产权保护的国际对话与合作，提升我国在知识产权国际规则重构中的话语权，选择知识产权保护水平较高的经济体开展合作，确保我国知识产权在协议经济体中受到有效的法律保护。同时，在国内树立我国制造业企业技术创新和标准研制的行业标杆，充分发挥其标准化的支撑和引领作用；考虑企业的异质性因素，针对不同贸易方式的企业，鼓励各企业制定适宜的、差异化的价值链攀升发展战略；提高我国行业标准技术含量，加快自主创新成果转化为技术标准，注重技术标准与科技创新的协同发展，最大限度地发掘技术标准在提质增效过程中对价值链攀升的作用。

　　完善技术创新激励机制建设，推动产学研深度融合，不断释放社会创新活力。我国制造业一直存在自主创新能力不足、核心技术缺失等问题，这与我国的产业政策对制造业技术创新激励和保障机制存在不足之处有关。创新是一种高风险、高投入的经济活动，应从如下方面加强和完善政策上的引导与支持：第一，完善产业政策中有关技术创新的法治建设，特别是健全对中小企业技术创新的法律保障机制建设，保障科技成果的有效转化，激励自主创新，例如，进一步完善"三审合一"模式，规范标准，形成统一操作范式；第二，进一步加大研发投入，注重提升技术创新的财政投入效率，充分发挥财政科技投入的放大效应；第三，进一步推进企业与高校、研究院所等机构的协同研发，优化产学研的合作交流模式；第四，重视技术创新产业政策中的"政策寻租"问题，加强对创新领先者的权益保护，加大政策在有关融资优惠、人才奖励及税收减免等方面的激励力度，引导企业为促进我国制造业价值链攀升提供内在动力。

参 考 文 献

敖洁，于金柳，阳立高，等. 2019. 人口老龄化会影响企业出口产品质量吗？. 财经理论与实践，40（4）：123-129.

白清. 2015. 生产性服务业促进制造业升级的机制分析——基于全球价值链视角. 财经问题研究（4）：17-23.

蔡承彬. 2022. "制造强国"之路：推动制造业向服务型制造转型发展.（2022-03-07）[2024-06-02]. https://www.financialnews.com.cn/zt/fazhan2022/202203/t20220307_240922.html.

蔡昉. 2011. "中等收入陷阱"的理论、经验与针对性. 经济学动态（12）：4-9.

蔡昉. 2015. 劳动经济学. 北京：中国社会科学出版社.

操龙升，赵景峰. 2019. 专利制度对区域技术创新绩效影响的实证研究——基于专利保护视角. 中国软科学（5）：97-103.

岑丽君. 2015. 中国在全球生产网络中的分工与贸易地位——基于 TiVA 数据与 GVC 指数的研究. 国际贸易问题（1）：3-13，131.

陈爱贞，刘志彪. 2011. 决定我国装备制造业在全球价值链中地位的因素——基于各细分行业投入产出实证分析. 国际贸易问题（4）：115-125.

陈贵富，何喆. 2020. 产业政策对中国制造业全球价值链地位攀升的影响. 经济研究参考（1）：11-26.

陈家勤. 2003. 对外贸易在全面建设小康社会中的重要作用——经济增长导向的外贸发展战略研究. 国际经贸探索，19（2）：4-10.

陈立勇，张洁琼，曾德明，等. 2019. 知识重组、协作研发深度对企业技术标准制定的影响研究. 管理学报，16（4）：531-540.

陈丽娴. 2017. 制造业企业服务化战略选择与绩效分析. 统计研究，34（9）：16-27.

陈漫，张新国. 2016. 经济周期下的中国制造企业服务转型：嵌入还是混入. 中国工业经济（8）：93-109.

陈启斐，刘志彪. 2013. 反向服务外包对我国制造业价值链提升的实证分析. 经济学家（11）：68-75.

陈莎莉，张纯. 2013. 基于技术标准的全球价值链治理框架下集群升级阻滞研究. 科技管理研究，33（7）：185-188.

陈雯，黄浩溢，陈鸣. 2023. 目的地收入与中国出口企业国际分工地位——论"低端锁定"效应. 经济科学（1）：84-99.

陈宪，黄建锋. 2004. 分工、互动与融合：服务业与制造业关系演进的实证研究. 中国软科学（10）：65-71，76.

陈长石，刘晨晖. 2008. 标准化与技术进步内在依从关系的实证研究. 财经问题研究（12）：36-40.

程大中，程卓. 2015. 中国出口贸易中的服务含量分析. 统计研究，32（3）：46-53.

程大中，姜彬，魏如青. 2017. 全球价值链分工与自贸区发展：内在机制及对中国的启示. 学术月刊，49（5）：48-58.

程贵孙，陈宏民，孙武军. 2005. 网络外部性与企业纵向兼并分析. 中国管理科学，13（6）：131-135.

程虹，张诚. 2016. 企业内部工资差距对产品质量的影响. 经济与管理研究，37（5）：113-120.

池仁勇，於珺，阮鸿鹏. 2020. 企业规模、研发投入对创新绩效的影响研究——基于信用环境与知识存量视角. 华东经济管理，34（9）：43-54.

崔焕金，张强. 2012. 全球价值链驱动模式的产业升级效应——对中国工业部门的实证研究. 首都经济贸易大学学报，14（1）：32-39.

崔维军，岑珊，陈光，等. 2020. 标准必要专利产生背景、运行机制与影响：文献回顾与研究展望. 科学学与科学技术管理，41（5）：140-158.

代谦，何祚宇. 2015. 国际分工的代价：垂直专业化的再分解与国际风险传导. 经济研究，50（5）：20-34.

代中强. 2014. 知识产权保护提高了出口技术复杂度吗？——来自中国省际层面的经验研究. 科学学研究，32（12）：1846-1858.

戴觅，茅锐. 2015a. 外需冲击、企业出口与内销：金融危机时期的经验证据. 世界经济，38（1）：81-104.

戴觅，茅锐. 2015b. 产业异质性、产业结构与中国省际经济收敛. 管理世界（6）：34-46，62，187.

戴觅，余淼杰. 2011. 企业出口前研发投入、出口及生产率进步——来自中国制造业企业的证据. 经济学（季刊），10（4）：211-230.

戴觅，余淼杰，Madhura M. 2014. 中国出口企业生产率之谜：加工贸易的作用. 经济学（季刊），13（2）：675-698.

戴翔. 2016. 服务贸易能够成为全球贸易增长新引擎吗？. 国际经贸探索，32（10）：4-15.

戴翔，金碚. 2013. 服务贸易进口技术含量与中国工业经济发展方式转变. 管理世界（9）：21-31，54，187.

戴翔，金碚. 2014. 产品内分工、制度质量与出口技术复杂度. 经济研究，49（7）：4-17，43.

戴翔，李洲，何启志. 2018. 中国制造业出口如何突破"天花板约束". 统计研究，35（6）：56-67.

戴翔，刘梦. 2018. 人才何以成为红利——源于价值链攀升的证据. 中国工业经济（4）：98-116.

戴翔，马皓巍，张二震. 2023. 数字化转型一定能提升企业加成率吗？金融研究（5）：134-151.

戴翔，王如雪. 2023. 人工智能条件下人口老龄化对全球价值链攀升的影响. 经济管理，45（3）：28-43.

戴翔，郑岚. 2015. 制度质量如何影响中国攀升全球价值链. 国际贸易问题（12）：51-63，132.

邓慧慧，徐昊，王强. 2023. 数字经济与全球制造业增加值贸易网络演进. 统计研究，40（5）：3-19.

邓洲. 2019. 制造业与服务业融合发展的历史逻辑、现实意义与路径探索. 北京工业大学学报（社会科学版），19（4）：61-69.

刁莉，朱琦. 2018. 生产性服务进口贸易对中国制造业服务化的影响. 中国软科学（8）：49-57.

董小麟，龚庆宇. 2008. 论我国对外贸易的结构局限和转型要求. 国际经贸探索，24（1）：4-8.

樊海潮，郭光远. 2015. 出口价格、出口质量与生产率间的关系：中国的证据. 世界经济，38（2）：

58-85.

樊海潮，李瑶，郭光远. 2015. 信贷约束对生产率与出口价格关系的影响. 世界经济，38（12）：
　　79-107.

樊茂清，黄薇. 2014. 基于全球价值链分解的中国贸易产业结构演进研究. 世界经济，37（2）：
　　50-70.

傅元海，叶祥松，王展祥. 2016. 制造业结构变迁与经济增长效率提高. 经济研究，51（8）：86-100.

高敏雪，葛金梅. 2013. 出口贸易增加值测算的微观基础. 统计研究，30（10）：8-15.

高翔，黄建忠，袁凯华. 2019. 价值链嵌入位置与出口国内增加值率. 数量经济技术经济研究，
　　36（6）：41-61.

高翔，刘啟仁，黄建忠. 2018. 要素市场扭曲与中国企业出口国内附加值率：事实与机制. 世界
　　经济，41（10）：26-50.

高翔，张敏，李之旭. 2022. 中国产业全球价值链分工的位置演变及其国际比较研究. 国际贸易
　　问题（7）：123-141.

高晓娜，兰宜生. 2016. 产能过剩对出口产品质量的影响——来自微观企业数据的证据. 国际贸
　　易问题（10）：50-61.

高越，魏俊华. 2023. RCEP 关税减让与制造业价值链地位变化：基于动态递归 CGE 模型的测算.
　　世界经济研究（6）：43-59，135.

高照军. 2016. 内向型创新、国际化与吸收能力影响技术标准的机制研究. 科技进步与对策，
　　33（5）：28-32.

葛海燕，张少军，丁晓强. 2021. 中国的全球价值链分工地位及驱动因素——融合经济地位与技
　　术地位的综合测度. 国际贸易问题（9）：122-137.

耿伟，王亥园. 2019. 制造业投入服务化与中国出口企业加成率. 国际贸易问题（4）：92-108.

顾乃华. 2006. 我国服务业、工业增长效率对比及其政策内涵. 财贸经济（7）：3-9.

顾乃华. 2011. 我国城市生产性服务业集聚对工业的外溢效应及其区域边界——基于 HLM 模型
　　的实证研究. 财贸经济（5）：115-122，44.

顾乃华，胡晓丹，胡品平. 2018. 融资约束、市场结构与制造业服务化. 北京工商大学学报（社
　　会科学版），33（5）：11-22.

顾乃华，夏杰长. 2010. 对外贸易与制造业投入服务化的经济效应——基于 2007 年投入产出表
　　的实证研究. 社会科学研究（5）：17-21.

郭朝先. 2019. 产业融合创新与制造业高质量发展. 北京工业大学学报（社会科学版），19（4）：
　　49-60.

郭晶. 2010. FDI 对高技术产业出口复杂度的影响. 管理世界（7）：173-174.

郭凯明，余靖雯，龚六堂. 2016. 人口转变、企业家精神与经济增长. 经济学（季刊），15（3）：
　　989-1010.

郭跃进. 1999. 论制造业的服务化经营趋势. 中国工业经济（3）：64-67.

国胜铁，杨博，王林辉. 2018. 产品质量、技术差距与技术引进效率：来自上海市制造业的经验
　　证据. 宏观经济研究（3）：103-117.

韩军辉，闫姗娜. 2018. 绿色技术创新能力对制造业价值链攀升的影响. 科技管理研究，38（24）：
　　177-182.

韩中. 2020. 全球价值链视角下中国出口的价值分解、增加值出口及贸易失衡. 数量经济技术经

济研究，37（4）：66-84.

何雅兴，马丹. 2022. 区域垂直专业化分工与出口产品竞争力提升——基于区域贸易增加值分解的新视角. 统计研究，39（5）：3-22.

何玉润，林慧婷，王茂林. 2015. 产品市场竞争、高管激励与企业创新——基于中国上市公司的经验证据. 财贸经济（2）：125-135.

洪俊杰，隋佳良. 2023. 立足国内大循环，推进高水平对外开放——基于全球价值链位置视角的研究. 国际贸易问题（1）：1-18.

洪锐凌，邹建华，韩永辉. 2011. 我国产业内贸易的实证研究及启示. 上海经济研究，23（6）：40-49.

侯俊军. 2009. 标准化与中国对外贸易发展研究. 长沙：湖南大学.

侯俊军，王胤丹，王振国. 2023. 数字贸易规则与中国企业全球价值链位置. 中国工业经济（4）：60-78.

侯俊军，袁强，白杨. 2015. 技术标准化提升产业国际竞争力的实证研究. 财经理论与实践，36（1）：117-122.

胡汉辉，邢华. 2003. 产业融合理论以及对我国发展信息产业的启示. 中国工业经济（2）：23-29.

胡武婕，吕廷杰. 2009. 技术标准竞争关键影响因素及其作用机理. 现代电信科技，39（10）：38-44.

胡昭玲，宋佳. 2013. 基于出口价格的中国国际分工地位研究. 国际贸易问题（3）：15-25.

胡昭玲，夏秋，孙广宇. 2017. 制造业服务化、技术创新与产业结构转型升级——基于 WIOD 跨国面板数据的实证研究. 国际经贸探索，33（12）：4-21.

胡昭玲，张玉. 2015. 制度质量改进能否提升价值链分工地位？. 世界经济研究（8）：19-26，127.

胡哲一. 1992. 技术创新的概念与定义. 科学学与科学技术管理，13（5）：47-50.

黄光灿，王珏，马莉莉. 2018. 中国制造业全球价值链分工地位核算研究. 统计与信息论坛，33（12）：20-29.

黄锦华，谭力文. 2012. 标准掌控与全球价值链治理研究. 技术经济与管理研究（6）：3-6.

黄玖立，吴敏，包群. 2013. 经济特区、契约制度与比较优势. 管理世界（11）：28-38.

黄群慧. 2014. "新常态"、工业化后期与工业增长新动力. 中国工业经济（10）：5-19.

黄群慧，霍景东. 2014. 全球制造业服务化水平及其影响因素——基于国际投入产出数据的实证分析. 经济管理，36（1）：1-11.

黄群慧，霍景东. 2015. 产业融合与制造业服务化：基于一体化解决方案的多案例研究. 财贸经济（2）：136-147.

黄群慧，倪红福. 2020. 基于价值链理论的产业基础能力与产业链水平提升研究. 经济体制改革（5）：11-21.

黄先海，杨高举. 2010. 中国高技术产业的国际分工地位研究：基于非竞争型投入占用产出模型的跨国分析. 世界经济，33（5）：82-100.

黄先海，余骁. 2018. "一带一路"建设如何提升中国全球价值链分工地位？——基于 GTAP 模型的实证检验. 社会科学战线（7）：58-69，281-282.

纪峰. 2017. 供给侧结构性改革视角下传统制造业现状与转型对策研究. 经济体制改革（3）：196-200.

简泽，谭利萍，吕大国，等. 2017. 市场竞争的创造性、破坏性与技术升级. 中国工业经济（5）：

16-34.

简兆权, 伍卓深. 2011. 制造业服务化的路径选择研究——基于微笑曲线理论的观点. 科学学与科学技术管理, 32 (12): 137-143.

江小涓. 2013. 服务经济理论的引进借鉴和创新发展——《服务经济译丛》评介. 经济研究, 48 (5): 154-156.

江小涓, 李蕊. 2002. FDI 对中国工业增长和技术进步的贡献. 中国工业经济 (7): 5-16.

江心英, 李献宾, 顾大福, 等. 2009. 全球价值链类型与 OEM 企业成长路径. 中国软科学 (11): 34-41.

姜红, 刘文韬. 2019. 技术标准联盟特性及联盟发展影响因素综述. 科技管理研究, 39 (11): 153-158.

姜延书, 何思浩. 2016. 中国纺织服装业出口贸易增加值核算及影响因素研究. 国际贸易问题 (8): 40-51.

蒋春燕, 赵曙明. 2006. 社会资本和公司企业家精神与绩效的关系: 组织学习的中介作用——江苏与广东新兴企业的实证研究. 管理世界 (10): 90-99, 171-172.

蒋伏心, 王竹君, 白俊红. 2013. 环境规制对技术创新影响的双重效应——基于江苏制造业动态面板数据的实证研究. 中国工业经济 (7): 46-57.

蒋为. 2015. 环境规制是否影响了中国制造业企业研发创新？——基于微观数据的实证研究. 财经研究, 41 (2): 76-87.

蒋瑛, 汪琼, 魏梦雯. 2023. "双循环"视角下国内消费需求扩量提质对全球价值链升级的影响研究. 财贸研究, 34 (4): 11-23.

金碚. 2004. 中国工业的技术创新. 中国工业经济 (5): 5-14.

荆林波, 袁平红. 2019. 全球价值链变化新趋势及中国对策. 管理世界, 35 (11): 72-79.

鞠建东, 余心玎. 2014. 全球价值链上的中国角色——基于中国行业上游度和海关数据的研究. 南开经济研究 (3): 39-52.

康志勇. 2018. 政府补贴促进了企业专利质量提升吗？. 科学学研究, 36 (1): 69-80.

寇宗来, 刘学悦. 2020. 中国企业的专利行为: 特征事实以及来自创新政策的影响. 经济研究, 55 (3): 83-99.

赖磊. 2012. 全球价值链治理、知识转移与代工企业升级——以珠三角地区为例. 国际经贸探索, 28 (4): 42-51.

雷根强, 郭玥. 2018. 高新技术企业被认定后企业创新能力提升了吗？——来自中国上市公司的经验证据. 财政研究 (9): 32-47.

黎峰. 2015. 全球价值链下的国际分工地位: 内涵及影响因素. 国际经贸探索, 31 (9): 31-42.

李保霞, 张辉, 王胜, 等. 2023. 竞争国汇率与出口产品质量: 兼论人民币汇率的国际影响. 世界经济, 46 (4): 3-31.

李兵, 岳云嵩, 陈婷. 2016. 出口与企业自主技术创新: 来自企业专利数据的经验研究. 世界经济, 39 (12): 72-94.

李春顶. 2015. 中国企业"出口-生产率悖论"研究综述. 世界经济, 38 (5): 148-175.

李春田. 2005. 标准化概论. 4 版. 北京: 中国人民大学出版社.

李季. 2017. 资金来源对标准制定的影响研究. 长沙: 湖南大学.

李金城, 周咪咪. 2017. 互联网能否提升一国制造业出口复杂度. 国际经贸探索, 33 (4): 24-38.

李坤望，蒋为，宋立刚. 2014. 中国出口产品品质变动之谜：基于市场进入的微观解释. 中国社会科学（3）：80-103，206.

李黎明，陈明媛. 2017. 专利密集型产业、专利制度与经济增长. 中国软科学（4）：152-168.

李梅，柳士昌. 2012. 对外直接投资逆向技术溢出的地区差异和门槛效应——基于中国省际面板数据的门槛回归分析. 管理世界（1）：21-32，66.

李美娟. 2010. 中国企业突破全球价值链低端锁定的路径选择. 现代经济探讨（1）：76-79.

李苗苗，肖洪钧，赵爽. 2015. 金融发展、技术创新与经济增长的关系研究——基于中国的省市面板数据. 中国管理科学，23（2）：162-169.

李平，姜丽. 2015. 贸易自由化、中间品进口与中国技术创新——1998—2012 年省级面板数据的实证研究. 国际贸易问题（7）：3-11，96.

李强，原毅军，孙佳. 2017. 制造企业服务化的驱动因素. 经济与管理研究，38（12）：55-62.

李瑞琴，王汀汀，胡翠. 2018. FDI 与中国企业出口产品质量升级——基于上下游产业关联的微观检验. 金融研究（6）：91-108.

李胜旗，佟家栋. 2016. 产品质量、出口目的地市场与企业加成定价. 国际经贸探索，32（1）：4-17.

李薇，李天赋. 2013. 国内技术标准联盟组织模式研究——从政府介入视角. 科技进步与对策，30（8）：25-31.

李翕然. 2006. 标准及标准化的经济学机理研究. 徐州：中国矿业大学.

李晓静，蒋灵多，罗长远. 2023. 数字技术与全球价值链嵌入位置——基于制造业企业的实证研究. 学术研究（5）：108-116.

李筱乐. 2017. 中国交通基础设施与制造业服务化. 管理现代化，37（4）：25-27.

李昕，徐滇庆. 2013. 中国外贸依存度和失衡度的重新估算——全球生产链中的增加值贸易. 中国社会科学（1）：29-55，205.

李新春，苏琦，董文卓. 2006. 公司治理与企业家精神. 经济研究，41（2）：57-68.

李焱，张筱涵，黄庆波. 2022. RCEP 生效对区域价值链分工及我国贸易增加值的影响研究. 南开经济研究（10）：37-54.

李怡，李平. 2018. FDI 对中国工业价值链升级影响的异质性考察. 世界经济研究（5）：37-50，135-136.

李正，武友德，胡平平. 2019. 1995—2011 年中国制造业全球价值链动态演进过程分析——基于TiVA 数据库的新兴市场国家比较. 国际贸易问题（5）：69-84.

连玉君，彭方平，苏治. 2010. 融资约束与流动性管理行为. 金融研究（10）：158-171.

廖丽. 2014. 发挥标准在"国家治理体系"和"治理能力现代化"中的重要作用. 中国标准导报（4）：39-40.

廖泽芳，宁凌. 2013. 中国的全球价值链地位考察——基于附加值贸易视角. 国际商务（对外经济贸易大学学报）（6）：21-30.

林桂军，何武. 2015. 中国装备制造业在全球价值链的地位及升级趋势. 国际贸易问题（4）：3-15.

林秀梅，孙海波. 2016. 中国制造业出口产品质量升级研究——基于知识产权保护视角. 产业经济研究（3）：21-30.

林洲钰，林汉川，邓兴华. 2014. 什么决定国家标准制定的话语权：技术创新还是政治关系. 世界经济，37（12）：140-161.

凌丹，张小云.2018.技术创新与全球价值链升级.中国科技论坛（10）：53-61，100.

刘斌，王杰，魏倩.2015.对外直接投资与价值链参与：分工地位与升级模式.数量经济技术经济研究，32（12）：39-56.

刘斌，王乃嘉.2016.制造业投入服务化与企业出口的二元边际——基于中国微观企业数据的经验研究.中国工业经济（9）：59-74.

刘斌，魏倩，吕越，等.2016.制造业服务化与价值链升级.经济研究，51（3）：151-162.

刘会政，朱光.2018.我国装备制造业国际分工地位再分析——增加值核算与要素分解的视角.产经评论，9（1）：107-117.

刘慧，陈晓华，吴应宇.2013.基于异质性视角的中国企业创新决策机制研究.中南财经政法大学学报（3）：143-150.

刘继国，赵一婷.2006.制造业中间投入服务化趋势分析——基于OECD中9个国家的宏观实证.经济与管理，20（9）：9-12.

刘京军，徐浩萍.2012.机构投资者：长期投资者还是短期机会主义者？.金融研究（9）：141-154.

刘林平.2020.制造业从业农民工的现状与变化趋势.人民论坛（9）：54-58.

刘琳，盛斌.2017.全球价值链和出口的国内技术复杂度——基于中国制造业行业数据的实证检验.国际贸易问题（3）：3-13.

刘明宇，芮明杰.2009.全球化背景下中国现代产业体系的构建模式研究.中国工业经济（5）：57-66.

刘啟仁，黄建忠.2016.产品创新如何影响企业加成率.世界经济，39（11）：28-53.

刘三江.2015.标准化助推国家治理现代化.经济日报（9）.

刘似臣，张诗琪.2018.中美制造业出口国内增加值比较研究——基于扩展的KWW方法.经济问题（6）：117-123.

刘维刚，倪红福.2018.制造业投入服务化与企业技术进步：效应及作用机制.财贸经济，39（8）：126-140.

刘维林，李兰冰，刘玉海.2014.全球价值链嵌入对中国出口技术复杂度的影响.中国工业经济（6）：83-95.

刘伟丽，郑启明，张涵.2015.发展中国家制造业出口质量升级研究——基于中国、印度和巴西数据.中国工程科学，17（7）：133-140.

刘小鲁.2018.标准制订强化了市场势力吗：基于中国制造业企业数据的经验研究.经济评论（4）：101-114.

刘怡，耿纯.2016.出口退税对出口产品质量的影响.财政研究（5）：2-17.

刘英基.2016.知识资本对制造业出口技术复杂度影响的实证分析.世界经济研究（3）：97-107，136.

刘源张.2008.推行全面质量管理三十周年回顾.上海质量（9）：25-30.

刘志彪.2015.从全球价值链转向全球创新链：新常态下中国产业发展新动力.学术月刊，47（2）：5-14.

刘志彪，张杰.2007.全球代工体系下发展中国家俘获型网络的形成、突破与对策——基于GVC与NVC的比较视角.中国工业经济（5）：39-47.

刘志彪，张杰.2009.从融入全球价值链到构建国家价值链：中国产业升级的战略思考.学术月刊，41（9）：59-68.

刘竹青，周燕. 2014. 地理集聚、契约执行与企业的出口决策——基于我国制造业企业的研究. 国际贸易问题（9）：58-66.

柳剑平，张兴泉. 2011. 产业内贸易与产业结构的优化——基于中国制造业动态面板数据的研究. 世界地理研究，20（3）：103-111.

卢福财，胡平波. 2008. 全球价值网络下中国企业低端锁定的博弈分析. 中国工业经济（10）：23-32.

鲁桐，党印. 2014. 公司治理与技术创新：分行业比较. 经济研究，49（6）：115-128.

陆菁，陈飞. 2015. 金融创新对我国高技术产业出口复杂度的影响分析. 国际经贸探索，31（5）：47-61.

罗丽英，齐月. 2016. 技术创新效率对我国制造业出口产品质量升级的影响研究. 国际经贸探索，32（4）：37-50.

吕铁. 2005. 论技术标准化与产业标准战略. 中国工业经济（7）：43-49.

吕越，陈帅，盛斌. 2018. 嵌入全球价值链会导致中国制造的"低端锁定"吗？. 管理世界（8）：11-29.

吕越，谷玮，包群. 2020. 人工智能与中国企业参与全球价值链分工. 中国工业经济（5）：80-98.

吕越，黄艳希，陈勇兵. 2017a. 全球价值链嵌入的生产率效应：影响与机制分析. 世界经济，40（7）：28-51.

吕越，李小萌，吕云龙. 2017b. 全球价值链中的制造业服务化与企业全要素生产率. 南开经济研究（3）：88-110.

吕越，罗伟，刘斌. 2015. 异质性企业与全球价值链嵌入：基于效率和融资的视角. 世界经济，38（8）：29-55.

吕越，罗伟，刘斌. 2016. 融资约束与制造业的全球价值链跃升. 金融研究（6）：81-96.

马海燕，马子坤. 2010. 全球价值链治理、组织学习与代工企业升级关系研究. 科技进步与对策，27（21）：91-95.

马建堂，董小君，时红秀，等. 2016. 中国的杠杆率与系统性金融风险防范. 财贸经济，37（1）：5-21.

马述忠，许光建. 2019. 出口制造业服务化与实际工资水平. 浙江大学学报（人文社会科学版），49（1）：93-108.

毛其淋，许家云. 2015. 政府补贴对企业新产品创新的影响——基于补贴强度"适度区间"的视角. 中国工业经济（6）：94-107.

毛其淋，许家云. 2016. 中间品贸易自由化与制造业就业变动——来自中国加入 WTO 的微观证据. 经济研究，51（1）：69-83.

毛其淋，许家云. 2017. 中间品贸易自由化提高了企业加成率吗？——来自中国的证据. 经济学（季刊），16（2）：485-524.

毛其淋，许家云. 2019. 贸易自由化与中国企业出口的国内附加值. 世界经济，42（1）：3-25.

孟东梅，姜延书，何思浩. 2017. 中国服务业在全球价值链中的地位演变——基于增加值核算的研究. 经济问题（1）：79-84.

苗圩. 2017. 构建立体高效制造业创新体系. 联合时报（4）：1-2.

倪红福. 2017. 中国出口技术含量动态变迁及国际比较. 经济研究，52（1）：44-57.

倪红福，王海成. 2022. 企业在全球价值链中的位置及其变化——基于中国微观企业的实证分析.

经济研究（2）：107-124.

聂鸣，刘锦英. 2006. 地方产业集群嵌入全球价值链的方式及升级前景研究述评. 研究与发展管理，18（6）：108-115.

潘敏，袁歌骋. 2019. 金融中介创新对企业技术创新的影响. 中国工业经济（6）：117-135.

潘文卿. 2018. 中国国家价值链：区域关联特征与增加值收益变化. 统计研究，35（6）：18-30.

庞瑞芝，范玉，李扬. 2014. 中国科技创新支撑经济发展了吗？. 数量经济技术经济研究，31（10）：37-52.

裴长洪，林江. 2006. 经济全球化背景下国际贸易的新发展. 求是（9）：59-61.

彭水军，袁凯华，韦韬. 2017. 贸易增加值视角下中国制造业服务化转型的事实与解释. 数量经济技术经济研究，34（9）：3-20.

彭支伟，张伯伟. 2017. 中间品贸易、价值链嵌入与国际分工收益：基于中国的分析. 世界经济，40（10）：23-47.

齐俊妍，王永进，施炳展，等. 2011. 金融发展与出口技术复杂度. 世界经济，34（7）：91-118.

綦良群，燕奇，王金石. 2024. 基于服务化的先进制造业全球价值链升级演进过程仿真研究. 科技进步与对策，41（1）：44-55.

钱学锋，范冬梅，黄汉民. 2016. 进口竞争与中国制造业企业的成本加成. 世界经济，39（3）：71-94.

钱学锋，王胜，何娟. 2020. 制造业服务化与中国出口——步入服务红利时代. 财经问题研究（5）：111-120.

邱斌，叶龙凤，孙少勤. 2012. 参与全球生产网络对我国制造业价值链提升影响的实证研究——基于出口复杂度的分析. 中国工业经济（1）：57-67.

曲如晓，韩丽丽. 2010. 中国图书版权贸易发展的问题与对策. 国际经济合作（8）：35-39.

曲婉，穆荣平，李铭禄. 2012. 基于服务创新的制造企业服务转型影响因素研究. 科研管理，33（10）：64-71.

任保全，刘志彪，任优生. 2016. 全球价值链低端锁定的内生原因及机理——基于企业链条抉择机制的视角. 世界经济与政治论坛（5）：1-23.

沙文兵. 2012. 对外直接投资、逆向技术溢出与国内创新能力——基于中国省际面板数据的实证研究. 世界经济研究（3）：69-74，89.

邵传林，王丽萍. 2017. 企业家创业精神与创新驱动发展——基于中国省级层面的实证研究. 当代经济管理，39（5）：18-23.

邵敏，包群. 2012. 政府补贴与企业生产率——基于我国工业企业的经验分析. 中国工业经济（7）：70-82.

沈琳. 2015. 技术创新对中国高技术产品出口复杂度影响的实证研究. 南京财经大学学报（1）：14-19.

沈云竹. 2017. 政府补贴对全球价值链地位提升影响研究：基于我国制造业面板数据实证分析. 杭州：浙江大学.

盛斌. 2002. 中国对外贸易政策的政治经济分析. 上海：上海人民出版社.

施炳展. 2010. 中国出口产品的国际分工地位研究——基于产品内分工的视角. 世界经济研究（1）：56-62，88-89.

施炳展，邵文波. 2014. 中国企业出口产品质量测算及其决定因素——培育出口竞争新优势的微观视角. 管理世界，30（9）：90-106.

施炳展，王有鑫，李坤望. 2013. 中国出口产品品质测度及其决定因素. 世界经济，36（9）：69-93.

宋高歌，黄培清，帅萍. 2005. 基于产品服务化的循环经济发展模式研究. 中国工业经济（5）：13-20.

苏丹妮，盛斌，邵朝对. 2018. 产业集聚与企业出口产品质量升级. 中国工业经济（11）：117-135.

苏杭，郑磊，牟逸飞. 2017. 要素禀赋与中国制造业产业升级——基于 WIOD 和中国工业企业数据库的分析. 管理世界，33（4）：70-79.

苏庆义，高凌云. 2015. 全球价值链分工位置及其演进规律. 统计研究，32（12）：38-45.

苏振东，周玮庆. 2009. FDI 对中国出口结构变迁的非对称影响效应. 财经科学（4）：117-124.

孙刚. 2018. 选择性高科技产业政策能被精准执行吗——基于"高新技术企业"认定的证据. 经济学家（8）：75-85.

孙灵希，曹琳琳. 2016. 中国装备制造业价值链地位的影响因素研究. 宏观经济研究（11）：59-71，166.

孙学敏，王杰. 2016. 全球价值链嵌入的"生产率效应"——基于中国微观企业数据的实证研究. 国际贸易问题（3）：3-14.

谭劲松，林润辉. 2006. TD-SCDMA 与电信行业标准竞争的战略选择. 管理世界，22（6）：71-84，173.

谭智，王翠竹，李冬阳. 2014. 目的国制度质量与企业出口生存：来自中国的证据. 数量经济技术经济研究，31（8）：87-101.

汤碧. 2012. 中日韩高技术产品出口贸易技术特征和演进趋势研究——基于出口复杂度的实证研究. 财贸经济，33（10）：93-101.

唐东波. 2012. 垂直专业化贸易如何影响了中国的就业结构？. 经济研究，47（8）：118-131.

唐东波. 2013. 贸易开放、垂直专业化分工与产业升级. 世界经济，36（4）：47-68.

唐荣. 2020. 产业政策促进企业价值链升级的有效性研究——来自中国制造企业微观数据的证据. 当代财经（2）：101-115.

唐荣，顾乃华. 2021. 竞争兼容性政策、制度环境差异与企业价值链升级. 经济与管理研究，42（2）：12-27.

唐书林，肖振红，苑婧婷. 2016. 上市公司自主创新的国家激励扭曲之困——是政府补贴还是税收递延？. 科学学研究，34（5）：744-756.

唐志芳，顾乃华. 2018. 制造业服务化、全球价值链分工与劳动收入占比——基于 WIOD 数据的经验研究. 产业经济研究（1）：15-27.

陶锋. 2011. 国际知识溢出、社会资本与代工制造业技术创新——基于全球价值链外包体系的视角. 财贸经济，32（7）：78-83.

田巍，余淼杰. 2013. 企业出口强度与进口中间品贸易自由化：来自中国企业的实证研究. 管理世界（1）：28-44.

铁瑛，张明志，陈榕景. 2017. 工资扭曲对中国企业出口产品质量的影响研究. 中南财经政法大学学报（6）：131-141.

佟家栋，范龙飞. 2022. 知识产权保护与国内价值链网络深化升级. 经济学动态（2）：18-34.

童玉芬. 2014. 人口老龄化过程中我国劳动力供给变化特点及面临的挑战. 人口研究，38（2）：52-60.

屠年松，曹宇芙. 2019. 知识产权保护对服务业全球价值链地位的影响研究——基于 OECD 国家面板数据的实证研究. 软科学，33（6）：37-41，48.

屠年松，李柯，柴正猛. 2022. 数字经济如何影响制造业全球价值链地位：机制分析与空间溢出. 科技进步与对策，39（22）：62-71.

汪建新，黄鹏. 2015. 信贷约束、资本配置和企业出口产品质量. 财贸经济，36（5）：84-95，108.

汪伟，姜振茂. 2016. 人口老龄化对技术进步的影响研究综述. 中国人口科学（3）：114-125，128.

汪伟，刘玉飞，彭冬冬. 2015. 人口老龄化的产业结构升级效应研究. 中国工业经济（11）：47-61.

王飞，王一智. 2013. 我国纺织和服装业增加值出口能力分析. 国际贸易问题（11）：54-62.

王华. 2011. 更严厉的知识产权保护制度有利于技术创新吗？. 经济研究，46（s2）：124-135.

王欢，王庆华. 2020. 中国企业开展国际标准化工作的思考. 中国标准化（6）：112-116.

王金亮. 2014. 基于上游度测算的我国产业全球地位分析. 国际贸易问题（3）：25-33.

王岚. 2014. 融入全球价值链对中国制造业国际分工地位的影响. 统计研究，31（5）：17-23.

王岚，李宏艳. 2015. 中国制造业融入全球价值链路径研究——嵌入位置和增值能力的视角. 中国工业经济（2）：76-88.

王思语，郑乐凯. 2018. 制造业出口服务化与价值链提升——基于出口复杂度的视角. 国际贸易问题（5）：92-102.

王小波，李婧雯. 2016. 中国制造业服务化水平及影响因素分析. 湘潭大学学报（哲学社会科学版），40（5）：53-60.

王雅琦，谭小芬，张金慧，等. 2018a. 人民币汇率、贸易方式与产品质量. 金融研究（3）：71-88.

王雅琦，张文魁，洪圣杰. 2018b. 出口产品质量与中间品供给. 管理世界，34（8）：30-40.

王英，陈佳茜. 2018. 中国装备制造业及细分行业的全球价值链地位测度. 产经评论，9（1）：118-131.

王迎，史亚茹，于津平. 2023. 数字经济与国内价值链分工. 中南财经政法大学学报（2）：118-130.

王永进，冯笑. 2018. 行政审批制度改革与企业创新. 中国工业经济（2）：24-42.

王永进，盛丹. 2010. 社会信任与出口比较优势——基于 IVTSLS 和 PSM 方法的实证研究. 国际贸易问题（10）：64-71.

王永进，盛丹，施炳展，等. 2010. 基础设施如何提升了出口技术复杂度？. 经济研究，45（7）：103-115.

王永进，施炳展. 2014. 上游垄断与中国企业产品质量升级. 经济研究，49（4）：116-129.

王有鑫，王猛，赵雅婧. 2015. 人口老龄化促进了出口产品品质升级吗？. 财贸研究，26（2）：61-69.

王玉燕，林汉川，吕臣. 2014. 全球价值链嵌入的技术进步效应——来自中国工业面板数据的经验研究. 中国工业经济（9）：65-77.

王正新，朱洪涛. 2017. 创新效率对高技术产业出口复杂度的非线性影响. 国际贸易问题（6）：61-70.

王直，魏尚进，祝坤福. 2015. 总贸易核算法：官方贸易统计与全球价值链的度量. 中国社会科学（9）：108-127，205-206.

王宗润，周艳菊. 2000. 技术创新的制度安排. 科技进步与对策，17（11）：64-66.

魏方. 2019. 中国出口质量的空间分布、阶梯动态与结构分解. 国际贸易问题（1）：54-66.

魏浩，白明浩，郭也. 2019. 融资约束与中国企业的进口行为. 金融研究（2）：98-116.

魏浩, 林薛栋. 2017. 进口产品质量与中国企业创新. 统计研究, 34 (6): 16-26.

魏浩, 王聪. 2015. 附加值统计口径下中国制造业出口变化的测算. 数量经济技术经济研究, 32 (6): 105-119.

魏浩, 张宇鹏. 2020. 融资约束与中国企业出口产品结构调整. 世界经济, 43 (6): 146-170.

魏龙, 王磊. 2017. 全球价值链体系下中国制造业转型升级分析. 数量经济技术经济研究, 34 (6): 71-86.

温忠麟, 叶宝娟. 2014. 中介效应分析: 方法和模型发展. 心理科学进展, 22 (5): 731-745.

温忠麟, 张雷, 侯杰泰, 等. 2004. 中介效应检验程序及其应用. 心理学报, 36 (5): 614-620.

文东伟, 冼国明. 2010. 中国制造业的垂直专业化与出口增长. 经济学 (季刊), 10 (2): 467-494.

文东伟, 冼国明. 2014. 企业异质性、融资约束与中国制造业企业的出口. 金融研究 (4): 98-113.

文嫮, 赵艳. 2007. 全球价值链治理中的技术标准研究——以移动通信产业为例. 地域研究与开发, 26 (6): 6-12.

文金艳, 曾德明. 2019. 标准联盟组合配置与企业技术标准化能力. 科学学研究, 37 (7): 1277-1285.

文金艳, 曾德明, 赵胜超. 2020. 标准联盟网络资源禀赋、结构嵌入性与企业新产品开发绩效. 研究与发展管理, 32 (1): 113-122.

吴代龙, 刘利平. 2022. 数字化转型升级促进了全球价值链地位攀升吗?——来自中国上市企业的微观证据. 产业经济研究 (5): 56-71.

吴俊, 黄东梅. 2016. 研发补贴、产学研合作与战略性新兴产业创新. 科研管理, 37 (9): 20-27.

吴佩, 陈继祥. 2012. 全球价值链下企业技术能力提升途径研究. 现代管理科学 (7): 64-66.

吴延兵. 2012. 国有企业双重效率损失研究. 经济研究, 47 (3): 15-27.

伍德里奇 J M. 2010. 计量经济学导论. 4 版. 费剑平, 译. 北京: 中国人民大学出版社.

夏大慰, 罗云辉. 2001. 中国经济过度竞争的原因及治理. 中国工业经济 (11): 32-38.

夏杰长, 姚战琪. 2019. 生产性服务中间投入对中国制造业服务化的影响. 社会科学战线 (5): 102-110.

肖挺. 2018. "服务化"能否为中国制造业带来绩效红利. 财贸经济, 39 (3): 138-153.

肖挺, 黄先明. 2018. 制造企业服务化现状的影响因素检验. 科研管理, 39 (2): 108-116.

肖挺, 刘华, 叶芃. 2014. 制造业企业服务创新的影响因素研究. 管理学报, 11 (4): 591-598.

肖宇, 夏杰长, 倪红福. 2019. 中国制造业全球价值链攀升路径. 数量经济技术经济研究, 36 (11): 40-59.

解季非. 2018. 制造企业服务化路径选择研究. 中国管理科学, 26 (12): 135-145.

谢会强, 黄凌云, 刘冬冬. 2018. 全球价值链嵌入提高了中国制造业碳生产率吗? 国际贸易问题 (12): 109-121.

谢建国. 2003. 外商直接投资与中国的出口竞争力——一个中国的经验研究. 世界经济研究 (7): 34-39.

谢建国, 谭利利. 2014. 区域贸易协定对成员国的贸易影响研究——以中国为例. 国际贸易问题 (12): 57-67.

谢建国, 周露昭. 2009. 进口贸易、吸收能力与国际 R&D 技术溢出: 中国省区面板数据的研究. 世界经济, 32 (9): 68-81.

谢杰, 陈锋, 陈科杰, 等. 2021. 贸易政策不确定性与出口企业加成率: 理论机制与中国经验. 中国工业经济（1）：56-75.

熊彬，范亚亚. 2020. 东亚区域价值链背景下中国制造业分工地位及提升路径研究. 软科学，34（2）：80-85.

熊文，王岳华，孙翊. 2023. 企业技术创新合作网络的结构及其演化——中国制造业国家标准研制的视角. 标准科学（1）：6-17.

徐国庆，周明. 2022. 投入产出视角下技术创新对制造业全球价值链提升的影响研究. 软科学，36（4）：53-59.

徐建炜，杨盼盼. 2011. 理解中国的实际汇率：一价定律偏离还是相对价格变动？. 经济研究，46（7）：78-90，115.

徐金海，夏杰长. 2020. 全球价值链视角的数字贸易发展：战略定位与中国路径. 改革（5）：58-67.

徐久香，方齐云. 2013. 基于非竞争型投入产出表的我国出口增加值核算. 国际贸易问题（11）：34-44.

徐兰，吴超林. 2022. 数字经济赋能制造业价值链攀升：影响机理、现实因素与靶向路径. 经济学家（7）：76-86.

徐晓萍，张顺晨，许庆. 2017. 市场竞争下国有企业与民营企业的创新性差异研究. 财贸经济，38（2）：141-155.

徐忠. 2018. 新时代背景下中国金融体系与国家治理体系现代化. 经济研究，53（7）：4-20.

许和连，成丽红，孙天阳. 2017. 制造业投入服务化对企业出口国内增加值的提升效应——基于中国制造业微观企业的经验研究. 中国工业经济（10）：62-80.

许和连，王海成. 2016. 最低工资标准对企业出口产品质量的影响研究. 世界经济，39（7）：73-96.

许家云，毛其淋. 2016. 人民币汇率水平与出口企业加成率——以中国制造业企业为例. 财经研究，42（1）：103-112.

许家云，毛其淋，胡鞍钢. 2017. 中间品进口与企业出口产品质量升级：基于中国证据的研究. 世界经济，40（3）：52-75.

许家云，佟家栋，毛其淋. 2015. 人民币汇率、产品质量与企业出口行为——中国制造业企业层面的实证研究. 金融研究（3）：1-17.

许明，邓敏. 2016. 产品质量与中国出口企业加成率——来自中国制造业企业的证据. 国际贸易问题（10）：26-37.

许明，李逸飞. 2018. 中国出口低加成率之谜：竞争效应还是选择效应. 世界经济，41（8）：77-102.

许培源，章燕宝. 2014. 行业技术特征、知识产权保护与技术创新. 科学学研究，32（6）：950-960.

薛飞，王奎倩. 2017. 中间产品进口对我国技能结构需求的影响. 经济经纬，34（6）：51-56.

闫小娜. 2023. 中美经贸关系的现实困境与未来选择. 世界经济研究（7）：3-14，134.

阳立高，龚世豪，王铂，等. 2018. 人力资本、技术进步与制造业升级. 中国软科学（1）：138-148.

杨高举，黄先海. 2013. 内部动力与后发国分工地位升级——来自中国高技术产业的证据. 中国社会科学（2）：25-45，204.

杨惠馨，孙芹. 2023. 数字技术与服务化对制造业企业绩效的影响研究. 经济与管理评论，39（3）：116-129.

杨林生，曹东坡. 2017. 生产者服务业集聚与制造业低端锁定的突破——基于俘获型治理视角的研究. 商业研究（4）：143-153.

杨玲. 2015. 生产性服务进口贸易促进制造业服务化效应研究. 数量经济技术经济研究，32（5）：

37-53.

杨骞，刘鑫鹏. 2021. 中国区域创新效率的南北差异格局：2001—2016. 中国软科学（12）：92-100，128.

杨仁发，郑媛媛. 2023. 数字经济发展对全球价值链分工演进及韧性影响研究. 数量经济技术经济研究，40（8）：69-89.

杨汝岱. 2015. 中国制造业企业全要素生产率研究. 经济研究，50（2）：61-74.

杨武，高俊光，傅家骥. 2006. 基于技术创新的技术标准管理与战略理论研究. 科学学研究，24（6）：979-984.

杨小凯，张永生. 2002. 新贸易理论及内生与外生比较利益理论的新发展：回应. 经济学（季刊），2（4）：251-256.

杨以文，郑江淮. 2013. 企业家精神、市场需求与生产性服务企业创新. 财贸经济，34（1）：110-118.

杨珍增，刘晶. 2018. 知识产权保护对全球价值链地位的影响. 世界经济研究（4）：123-134，137.

叶康涛，祝继高. 2009. 银根紧缩与信贷资源配置. 管理世界，25（1）：22-28，188.

殷凤，党修宇，李平. 2023. 区域贸易协定中数据流动规则深化对服务出口国内增加值的影响. 国际贸易问题（1）：55-72.

尹伟华. 2016. 中国制造业产品全球价值链的分解分析——基于世界投入产出表视角. 世界经济研究（1）：66-75，136.

尹伟华. 2017. 全球价值链视角下中国制造业出口贸易分解分析——基于最新的 WIDD 数据. 经济学家（8）：33-39.

尹彦罡，李晓华. 2015. 中国制造业全球价值链地位研究. 财经问题研究（11）：18-26.

于连超，王益谊. 2016. 团体标准自我治理及其法律规制. 中国标准化（16）：55-60.

于明超，刘志彪，江静. 2006. 外来资本主导代工生产模式下当地企业升级困境与突破——以中国台湾笔记本电脑内地封闭式生产网络为例. 中国工业经济（11）：108-116.

于欣丽. 2008. 标准化与经济增长：理论、实证与案例. 北京：中国标准出版社.

余淼杰. 2010. 中国的贸易自由化与制造业企业生产率. 经济研究，45（12）：97-110.

余淼杰，崔晓敏，张睿. 2016. 司法质量、不完全契约与贸易产品质量. 金融研究（12）：1-16.

余淼杰，袁东. 2016. 贸易自由化、加工贸易与成本加成——来自我国制造业企业的证据. 管理世界，32（9）：33-43，54.

余淼杰，张睿. 2016. 国际贸易中的产品质量研究：一个综述. 宏观质量研究，4（3）：23-31.

余淼杰，张睿. 2017. 人民币升值对出口质量的提升效应：来自中国的微观证据. 管理世界，33（5）：28-40，187.

余淼杰，智琨. 2016. 进口自由化与企业利润率. 经济研究，51（8）：57-71.

余明桂，范蕊，钟慧洁. 2016. 中国产业政策与企业技术创新. 中国工业经济（12）：5-22.

余姗，樊秀峰. 2014. 自主研发、外资进入与价值链升级. 广东财经大学学报，29（3）：55-63.

余晓，刘文婷，王小兵. 2018. 技术标准联盟研究综述和前沿研究探析. 中国标准化（1）：86-91.

俞可平. 2015. 标准化是治理现代化的基石. 理论学习（11）：56.

俞立平，蔡绍洪. 2017. 鲍莫尔病、专利类型与创新成本：一个模型. 管理世界（1）：182-183.

喻胜华，李丹，祝树金. 2020. 生产性服务业集聚促进制造业价值链攀升了吗？——基于 277 个城市微观企业的经验研究. 国际贸易问题（5）：57-71.

袁建国,程晨,后青松. 2015. 环境不确定性与企业技术创新——基于中国上市公司的实证研究. 管理评论, 27（10）：60-69.

曾德明,彭盾. 2008. 技术标准引致的产业创新集群效应分析. 科研管理, 29（2）：97-102.

曾利飞,蒋凯,曹伟. 2023. 中国出口产品质量、汇率传递与出口定价能力——基于出口目的国收入分布视角. 金融研究（6）：75-93.

翟士军,黄汉民. 2016. 基于全球风险指数的制度质量对价值链竞争力提升研究. 国际经贸探索, 32（7）：42-52.

章元,程郁,佘国满. 2018. 政府补贴能否促进高新技术企业的自主创新？——来自中关村的证据. 金融研究（10）：123-140.

张峰,战相岑,殷西乐,等. 2021. 进口竞争、服务型制造与企业绩效. 中国工业经济（5）：133-151.

张国峰,蒋灵多,刘双双. 2022. 数字贸易壁垒是否抑制了出口产品质量升级. 财贸经济, 43（12）：144-160.

张慧明,蔡银寅. 2015. 中国制造业如何走出"低端锁定"——基于面板数据的实证研究. 国际经贸探索, 31（1）：52-65.

张蕙,黄茂兴. 2017. G20国家创新竞争力发展态势及其中国的表现. 经济研究参考（68）：3-13.

张嘉望,彭晖,李博阳. 2019. 地方政府行为、融资约束与企业研发投入. 财贸经济, 40（7）：20-35.

张杰. 2015. 进口对中国制造业企业专利活动的抑制效应研究. 中国工业经济（7）：68-83.

张杰,陈志远,刘元春. 2013. 中国出口国内增加值的测算与变化机制. 经济研究, 48（10）：124-137.

张杰,郑文平,陈志远. 2015. 进口与企业生产率——中国的经验证据. 经济学（季刊）, 15（3）：1029-1052.

张杰,郑文平,翟福昕. 2014. 中国出口产品质量得到提升了么？. 经济研究, 49（10）：46-59.

张劲帆,李汉涅,何晖. 2017. 企业上市与企业创新——基于中国企业专利申请的研究. 金融研究（5）：160-175.

张丽虹. 2015. 技术标准对国际贸易影响的理论与实证研究. 上海：上海社会科学院.

张米尔,国伟,纪勇. 2013. 技术专利与技术标准相互作用的实证研究. 科研管理, 34（4）：68-73.

张明志,季克佳. 2018. 人民币汇率变动对中国制造业企业出口产品质量的影响. 中国工业经济（1）：5-23.

张明志,铁瑛. 2016. 工资上升对中国企业出口产品质量的影响研究. 经济学动态（9）：41-56.

张彭. 2023. 绿色技术创新对制造业全球价值链攀升的影响研究. 经济体制改革（1）：135-144.

张鹏杨,徐佳君,刘会政. 2019a. 产业政策促进全球价值链升级的有效性研究——基于出口加工区的准自然实验. 金融研究（5）：76-95.

张鹏杨,朱光,赵祚翔. 2019b. 产业政策如何影响GVC升级——基于资源错配的视角. 财贸研究, 30（9）：67-78, 100.

张其仔,许明. 2020. 中国参与全球价值链与创新链、产业链的协同升级. 改革（6）：58-70.

张体俊,黄建忠,高翔. 2022. 制造业投入服务化、产品质量与价值链分工：嵌入位置及升级模式. 国际经贸探索, 38（8）：50-67.

张天顶,魏丽霞. 2023. 金融服务发展与制造业全球价值链升级. 金融研究（3）：20-37.

张维迎. 1996. 中国国有企业资本结构存在的问题. 金融研究（10）：27-29.

张夏，汪亚楠，施炳展. 2020. 事实汇率制度、企业生产率与出口产品质量. 世界经济，43（1）：170-192.

张璇，刘贝贝，汪婷，等. 2017. 信贷寻租、融资约束与企业创新. 经济研究，52（5）：161-174.

张艳，唐宜红，周默涵. 2013. 服务贸易自由化是否提高了制造业企业生产效率. 世界经济，36（11）：51-71.

张译晟. 2015. 聚焦"中国标准"标准化与国家治理关系深度解析. 国家治理（40）：36-40.

张宇燕. 2017. 全球化之殇：涵义、诊断与矫正. 国际金融（7）：3-4.

张志明，代鹏. 2016. 中国分行业总出口的分解——兼论中国在全球价值链与全球生产网络中的地位. 国际经贸探索，32（8）：4-14.

张孜豪，姚战琪. 2023. 中国生产性服务业开放对制造业全球价值链升级的影响——基于引进来和走出去的双重视角. 首都经济贸易大学学报，25（2）：30-45.

赵宸宇. 2021. 数字化发展与服务化转型——来自制造业上市公司的经验证据. 南开管理评论，24（2）：149-163.

赵家章，池建宇. 2014. 信任、正式制度与中国对外贸易发展——来自全球 65 个国家的证据. 中国软科学（1）：43-54.

赵玲，高翔，黄建忠. 2018. 成本加成与企业出口国内附加值的决定：来自中国企业层面数据的经验研究. 国际贸易问题（11）：17-30.

赵伟. 2017. 产业异质性与中国环境拐点：一个空间经济学分析框架. 社会科学战线（3）：32-41.

赵伟，古广东，何元庆. 2006. 外向 FDI 与中国技术进步：机理分析与尝试性实证. 管理世界，22（7）：53-60.

赵增耀，沈能. 2014. 垂直专业化分工对我国企业价值链影响的非线性效应. 国际贸易问题（5）：23-34.

赵中华，鞠晓峰. 2013. 技术溢出、政府补贴对军工企业技术创新活动的影响研究——基于我国上市军工企业的实证分析. 中国软科学（10）：124-133.

郑丹青，于津平. 2014. 中国出口贸易增加值的微观核算及影响因素研究. 国际贸易问题（8）：3-13.

郑江淮，郑玉. 2020. 新兴经济大国中间产品创新驱动全球价值链攀升——基于中国经验的解释. 中国工业经济（5）：61-79.

郑伦幸. 2018. 技术标准与专利权融合的制度挑战及应对. 科技进步与对策，35（12）：139-144.

中国宏观经济研究院产业经济与技术经济研究所课题组，黄汉权. 2017. 产业迈向中高端：瓶颈、路径与对策（总报告）. 经济研究参考（63）：38-58.

钟腾，汪昌云. 2017. 金融发展与企业创新产出——基于不同融资模式对比视角. 金融研究（12）：127-142.

周密. 2013. 后发转型大国价值链的空间重组与提升路径研究. 中国工业经济（8）：70-82.

周洺竹，綦建红，张志彤. 2022. 人工智能对全球价值链分工位置的双重影响. 财经研究，48（10）：34-48，93.

周念利，郝治军，吕云龙. 2017. 制造业中间投入服务化水平与企业全要素生产率——基于中国微观数据的经验研究. 亚太经济（1）：138-146，176.

周青，陈静，杨伟，等. 2023. 后发企业如何提升国际技术标准话语权？——中车株洲所的探索性案例研究. 管理世界，39（7）：82-100.

周升起，兰珍先，付华. 2014. 中国制造业在全球价值链国际分工地位再考察——基于 Koopman 等的"GVC 地位指数". 国际贸易问题（2）：3-12.

周艳春，赵守国. 2010. 制造企业服务化的理论依据及动因分析. 科技管理研究，30（3）：169-171，168.

周长富，杜宇玮. 2012. 代工企业转型升级的影响因素研究——基于昆山制造业企业的问卷调查. 世界经济研究（7）：23-28，86-88.

朱雪忠，詹映，蒋逊明. 2007. 技术标准下的专利池对我国自主创新的影响研究. 科研管理，28（2）：180-186.

诸竹君，黄先海，王煌. 2017. 产品创新提升了出口企业加成率吗？. 国际贸易问题（7）：17-26.

祝树金，黄斌志，赵玉龙. 2017. 市场竞争、知识产权保护与出口技术升级——基于我国工业行业的实证研究. 华东经济管理，31（4）：5-11，2.

祝树金，戢璇，傅晓岚. 2010. 出口品技术水平的决定性因素：来自跨国面板数据的证据. 世界经济，33（4）：28-46.

祝树金，谢煜，段凡. 2019. 制造业服务化、技术创新与企业出口产品质量. 经济评论（6）：3-16.

祝树金，张鹏辉. 2013. 中国制造业出口国内技术含量及其影响因素. 统计研究，30（6）：58-66.

祝树金，张鹏辉. 2015. 出口企业是否有更高的价格加成：中国制造业的证据. 世界经济，38（4）：3-24.

祝树金，钟腾龙，李仁宇. 2018. 中间品贸易自由化与多产品出口企业的产品加成率. 中国工业经济（1）：41-59.

庄子银. 2005. 企业家精神、持续技术创新和长期经济增长的微观机制. 世界经济，28（12）：32-43，80.

Acharya V，Xu Z X. 2017. Financial dependence and innovation: The case of public versus private firms. Journal of Financial Economics，124（2）：223-243.

Aghion P，Akcigit U，Howitt P. 2015. The Schumpeterian growth paradigm. Annual Review of Economics，7: 557-575.

Aghion P，Bergeaud A，Lequien M，et al. 2017. The Impact of Exports on Innovation: Theory and Evidence. Cambridge: NBER.

Aghion P，Bloom N，Blundell R，et al. 2005. Competition and innovation: An inverted-U relationship. The Quarterly Journal of Economics，120（2）：701-728.

Aghion P，Blundell R，Griffith R，et al. 2009. The effects of entry on incumbent innovation and productivity. Review of Economics and Statistics，91（1）：20-32.

Aghion P，Howitt P. 1992. A model of growth through creative destruction. Econometrica，60（2）：323.

Aghion P，van Reenen J，Zingales L. 2013. Innovation and institutional ownership. American Economic Review，103（1）：277-304.

Ahn J，Khandelwal A K，Wei S J. 2011. The role of intermediaries in facilitating trade. Journal of International Economics，84（1）：73-85.

Alchian A，Allen R. 1964. University Economics: Elements of Inquiry. Belmont: Wadsworth Publishing Company.

Alesina A，Giuliano P. 2015. Culture and institutions. Journal of Economic Literature，53（4）：898-944.

Almus M，Czarnitzki D. 2003. The effects of public R&D subsidies on firms' innovation activities：The case of Eastern Germany. Journal of Business & Economic Statistics，21（2）：226-236.

Amiti M，Khandelwal A K. 2013. Import competition and quality upgrading. Review of Economics and Statistics，95（2）：476-490.

Amiti M，Konings J. 2007. Trade liberalization，intermediate inputs，and productivity：Evidence from Indonesia. American Economic Review，97（5）：1611-1638.

Amiti M，Wei S J. 2009. Service offshoring and productivity：Evidence from the US. The World Economy，32（2）：203-220.

Angrist J D，Pischke J S. 2014. Mastering' Metrics：The Path from Cause to Effect. Princeton：Princeton University Press.

Antràs P，Chor D，Fally T，et al. 2012. Measuring the upstreamness of production and trade flows. American Economic Review，102（3）：412-416.

Aoki R，Nagaoka S. 2005. Coalition Formation for a Consortium Standard Through a Standard Body and a Patent Pool：Theory and Evidence from MPEG2，DVD and 3G. Tokyo：Institute of Innovation Research，Hitotsubashi University.

Araujo L，Mion G，Ornelas E. 2016. Institutions and export dynamics. Journal of International Economics，98：2-20.

Ariu A. 2022. Foreign workers，product quality，and trade：Evidence from a natural experiment. Journal of International Economics，139：103686.

Ariu A，Mayneris F，Parenti M. 2020. One way to the top：How services boost the demand for goods. Journal of International Economics，123：103278.

Arnold J M，Mattoo A，Narciso G. 2008. Services inputs and firm productivity in Sub-Saharan Africa：Evidence from firm-level data. Journal of African Economies，17（4）：578-599.

Arrow K J，Hurwicz L，Uzawa H. 1961. Constraint qualifications in maximization problems. Naval Research Logistics Quarterly，8（2）：175-191.

Bair J，Peters E D. 2006. Global commodity chains and endogenous growth：Export dynamism and development in Mexico and Honduras. World Development，34（2）：203-221.

Baldwin R，Lopez-Gonzalez J. 2015. Supply-chain trade：A portrait of global patterns and several testable hypotheses. The World Economy，38（11）：1682-1721.

Ball R，Brown P. 1968. An empirical evaluation of accounting income numbers. Journal of Accounting Research，6（2）：159-178.

Baron R M，Kenny D A. 1986. The moderator-mediator variable distinction in social psychological research：Conceptual，strategic，and statistical considerations. Journal of Personality and Social Psychology，51（6）：1173-1182.

Bas M，Strauss-Kahn V. 2015. Input-trade liberalization，export prices and quality upgrading. Journal of International Economics，95（2）：250-262.

Bastos P，Silva J. 2010. The quality of a firm's exports：Where you export to matters. Journal of International Economics，82（2）：99-111.

Bastos P，Silva J，Verhoogen E. 2018. Export destinations and input prices. American Economic

Review，108（2）：353-392.

Bazan L，Navas-Alemán L. 2004. The Underground Revolution in the Sinos Valley: A Comparison of Upgrading in Global and National Value Chains. Cheltenham: Edward Elgar Publishing.

Bekkers R，Duysters G，Verspagen B. 2002. Intellectual property rights，strategic technology agreements and market structure: The case of GSM. Research Policy，31（7）：1141-1161.

Belke A，Wang L. 2006. The degree of openness to intra-regional trade-towards value-added based openness measures. Jahrbücher für Nationalökonomie und Statistik，226（2）：115-138.

Bellone F，Musso P，Nesta L，et al. 2016. International trade and firm-level markups when location and quality matter. Journal of Economic Geography，16（1）：67-91.

Bena J，Li K. 2014. Corporate innovations and mergers and acquisitions. The Journal of Finance，69（5）：1923-1960.

Bernard A B，Jensen J B，Redding S J，et al. 2007. Firms in international trade. Journal of Economic Perspectives，21（3）：105-130.

Bernini M，Guillou S，Bellone F. 2015. Financial leverage and export quality: Evidence from France. Journal of Banking & Finance，59：280-296.

Bertrand M，Mullainathan S. 2003. Enjoying the quiet life? Corporate governance and managerial preferences. Journal of Political Economy，111（5）：1043-1075.

Besanko D，Doraszelski U. 2004. Capacity dynamics and endogenous asymmetries in firm size. The RAND Journal of Economics，35（1）：23-49.

Blind K. 2001. The impacts of innovations and standards on trade of measurement and testing products: Empirical results of Switzerland's bilateral trade flows with Germany，France and the UK. Information Economics and Policy，13（4）：439-460.

Blind K，Thumm N. 2004. Interrelation between patenting and standardisation strategies: Empirical evidence and policy implications. Research Policy，33（10）：1583-1598.

Bloom N，Manova K B，van Reenen J，et al. 2018. Managing Trade: Evidence from China and the US. Cambridge: NBER.

Bloom N，Manova K B，van Reenen J，et al. 2021. Trade and management. The Review of Economics and Statistics，103（3）：443-460.

Booltink L W，Saka-Helmhout A. 2018. The effects of R&D intensity and internationalization on the performance of non-high-tech SMEs. International Small Business Journal，36（1）：81-103.

Brambilla I，Lederman D，Porto G. 2012. Exports，export destinations，and skills. American Economic Review，102（7）：3406-3438.

Brandt L，van Biesebroeck J，Zhang Y F. 2012. Creative accounting or creative destruction? Firm-level productivity growth in chinese manufacturing. Journal of Development Economics，97（2）：339-351.

Braun M. 2005. Financial Contractability and Asset Hardness. Amsterdam: SSRN.

Broda C M，Weinstein D E. 2004.Globalization and the gains from variety. The Quarterly Journal of Economics，121（2）：541-585.

Bulow J I，Geanakoplos J D，Klemperer P D. 1985. Multimarket oligopoly: Strategic substitutes and complements. Journal of Political Economy，93（3）：488-511.

Bushee B J. 1998. The influence of institutional investors on myopic R&D investment behavior. Accounting Review, 73 (3): 305-333.

Cabral M H, Veiga P. 2010. Determinants of Export Diversification and Sophistication in Sub-Saharan Africa. Lisbon: FEUNL.

Cadot O, Fernandes A M, Gourdon J, et al. 2015. Are the benefits of export support durable? Evidence from Tunisia. Journal of International Economics, 97 (2): 310-324.

Cai H B, Liu Q. 2009. Competition and corporate tax avoidance: Evidence from Chinese industrial firms. The Economic Journal, 119 (537): 764-795.

Chemmanur T J, He S, Nandy D K. 2010. The going-public decision and the product market. The Review of Financial Studies, 23 (5): 1855-1908.

Cheng W Y, Morrow J, Tacharoen K. 2013. Productivity as if Space Mattered: An Application to Factor Markets across China. Cambridge: NBER.

Cho K R, Padmanabhan P. 2005. Revisiting the role of cultural distance in MNC's foreign ownership mode choice: The moderating effect of experience attributes. International Business Review, 14 (3): 307-324.

Cho H J, Pucik V. 2005. Relationship between innovativeness, quality, growth, profitability, and market value. Strategic Management Journal, 26 (6): 555-575.

Chor D, Manova K B, Yu Z H. 2014. The global production line position of Chinese firms. Stockholm: Industrial Upgrading and Urbanization Conference: 29.

Christoper M B. 2008. States, markets and gatekeepers: Public-private regulatory regimes in an era of economic globalization. Michigan Journal of International Law, 30: 125-176.

Cingano F, Pinotti P. 2016. Trust, firm organization, and the pattern of comparative advantage. Journal of International Economics, 100: 1-13.

Cockburn I M, Lanjouw J O, Schankerman M. 2016. Patents and the global diffusion of new drugs. American Economic Review, 106 (1): 136-164.

Colantone I, Crinò R. 2014. New imported inputs, new domestic products. Journal of International Economics, 92 (1): 147-165.

Coles J L, Daniel N D, Naveen L. 2006. Managerial incentives and risk-taking. Journal of Financial Economics, 79 (2): 431-468.

Crinò R, Ogliari L. 2017. Financial imperfections, product quality, and international trade. Journal of International Economics, 104: 63-84.

Damijan J P, Kostevc Č, Polanec S. 2010. From innovation to exporting or vice versa? . The World Economy, 33 (3): 374-398.

Dasgupta P, Stiglitz J. 1980. Uncertainty, industrial structure, and the speed of R&D. The Bell Journal of Economics, 11 (1): 1-28.

Daudin G, Rifflart C, Schweisguth D. 2011. Who produces for whom in the world economy? . Canadian Journal of Economics/Revue Canadienne d'Economique, 44 (4): 1403-1437.

David P A, Greenstein S. 1990. The economics of compatibility standards: An introduction to recent research. Economics of Innovation and New Technology, 1 (1-2): 3-41.

de Loecker J, Goldberg P K, Khandelwal A K, et al. 2016. Prices, markups, and trade reform.

Econometrica，84（2）：445-510.

de Loecker J，Warzynski F. 2012. Markups and firm-level export status. American Economic Review，102（6）：2437-2471.

Dean J M，Fung K C，Wang Z. 2011. Measuring vertical specialization：The case of China. Review of International Economics，19（4）：609-625.

Ding S，Guariglia A，Knight J. 2013. Investment and financing constraints in China：Does working capital management make a difference？. Journal of Banking & Finance，37（5）：1490-1507.

Domowitz I，Hubbard R G，Petersen B C. 1986. Business cycles and the relationship between concentration and price-cost margins. The RAND Journal of Economics，17（1）：1-17.

Driffield N，Love J H. 2003. Foreign direct investment，technology sourcing and reverse spillovers. The Manchester School，71（6）：659-672.

Duguet E. 2003. Are R&D Subsidies a Substitute or a Complement to Privately Funded R&D？Evidence from France Using Propensity Score Methods for Non-experimental Data. Paris：Université Paris-Est Créteil Val de Marne.

Dunning D，Fetchenhauer D，Schlösser T M. 2012. Trust as a social and emotional act：Noneconomic considerations in trust behavior. Journal of Economic Psychology，33（3）：686-694.

Edwards J R，Lambert L S. 2007. Methods for integrating moderation and mediation：A general analytical framework using moderated path analysis. Psychological Methods，12（1）：1-22.

Ernst D，Kim L. 2002. Global production networks，knowledge diffusion，and local capability formation. Research Policy，31（8-9）：1417-1429.

Fally T. 2012. Production Staging：Measurement and Facts. Boulder：University of Colorado Boulder.

Fama E F，Fisher L，Jensen M C，et al. 1969. The adjustment of stock prices to new information. International Economic Review，10（1）：1-21.

Fan H C，Li Y A，Yeaple S R. 2015. Trade liberalization，quality，and export prices. Review of Economics and Statistics，97（5）：1033-1051.

Fang E E，Palmatier R W，Steenkamp J B E M. 2008. Effect of service transition strategies on firm value. Journal of Marketing，72（5）：1-14.

Fang V W，Tian X，Tice S R. 2014. Does stock liquidity enhance or impede firm innovation. The Journal of Finance，69（5）：2085-2125.

Faruq H A. 2011. How institutions affect export quality. Economic Systems，35（4）：586-606.

Feenstra R C. 2003. Advanced International Trade：Theory and Evidence. Princeton：Princeton University Press.

Feenstra R C. 2010. Measuring the gains from trade under monopolistic competition. Canadian Journal of Economics/Revue Canadienne d'Économique，43（1）：1-28.

Feenstra R C，Romalis J. 2014. International prices and endogenous quality. The Quarterly Journal of Economics，129（2）：477-527.

Franke G R，Nadler S S. 2008. Culture，economic development，and national ethical attitudes. Journal of Business Research，61（3）：254-264.

Freeman C. 2012. The Economics of Industrial Innovation. 2nd ed. London：Routledge.

Gandal N，Shy O. 2001. Standardization policy and international trade. Journal of International

Economics，53（2）：363-383.

Gao H S，Hsu P H，Li K. 2018. Innovation strategy of private firms. Journal of Financial and Quantitative Analysis，53（1）：1-32.

Garvin D A. 1984. What does product quality really mean? Sloan Management Review，26（1）：25-43.

Gebauer H，Edvardsson B，Gustafsson A，et al. 2010. Match or mismatch：Strategy-structure configurations in the service business of manufacturing companies. Journal of Service Research，13（2）：198-215.

Gebauer H，Fleisch E，Friedli T. 2005. Overcoming the service paradox in manufacturing companies. European Management Journal，23（1）：14-26.

Gebauer H，Worch H，Truffer B. 2012. Absorptive capacity，learning processes and combinative capabilities as determinants of strategic innovation. European Management Journal，30（1）：57-73.

Gereffi G. 1999. International trade and industrial upgrading in the apparel commodity chain. Journal of International Economics，48（1）：37-70.

Gereffi G，Fernandez-Stark K. 2019. Global Value Chain Analysis：A Primer. 2nd ed. Cheltenham：Edward Elgar Publishing.

Gereffi G，Humphrey J，Sturgeon T. 2005. The governance of global value chains. Review of International Political Economy，12（1）：78-104.

Glaeser E L，Laibson D I，Scheinkman J A，et al. 2000. Measuring trust. The Quarterly Journal of Economics，115（3）：811-846.

Goldberg P K，Khandelwal A K，Pavcnik N，et al. 2010a. Multi-product firms and product turnover in the developing world：Evidence from India. Review of Economics and Statistics，92（4）：1042-1049.

Goldberg P K，Khandelwal A K，Pavcnik N，et al. 2010b. Imported intermediate inputs and domestic product growth: Evidence from India. The Quarterly Journal of Economics，125（4）：1727-1767.

González J L，Jouanjean M A. 2017. Digital trade：Developing a framework for analysis. OECD Trade Policy Papers（205）：24.

Görg H，Henry M，Strobl E. 2008. Grant support and exporting activity. Review of Economics and Statistics，90（1）：168-174.

Görg H，Strobl E. 2007. The effect of R&D subsidies on private R&D. Economica，74（294）：215-234.

Granger C W J. 1969. Investigating causal relations by econometric models and cross-spectral methods. Econometrica，37（3）：424-438.

Greif A，Tabellini G. 2010. Cultural and institutional bifurcation：China and Europe compared. American Economic Review，100（2）：135-140.

Griliches Z. 1998. R&D and productivity：The unfinished business//Griliches Z. R&D and Productivity：The Econometric Evidence. Chicago：University of Chicago Press：269-283.

Grossman G M，Helpman E. 2002. Integration versus outsourcing in industry equilibrium. The Quarterly Journal of Economics，117（1）：85-120.

Grossman G M, Rossi-Hansberg E. 2008. Trading tasks: A simple theory of offshoring. American Economic Review, 98 (5): 1978-1997.

Guariglia A, Liu P. 2014. To what extent do financing constraints affect Chinese firms' innovation activities? International Review of Financial Analysis, 36: 223-240.

Guiso L, Sapienza P, Zingales L. 2015. Corporate culture, societal culture, and institutions. American Economic Review, 105 (5): 336-339.

Guo D, Guo Y, Jiang K. 2016. Government-subsidized R&D and firm innovation: Evidence from China. Research Policy, 45 (6): 1129-1144.

Hall B H, Lerner J. 2010. The Financing of R&D and innovation//Hall N, Rosenberg N. Handbook of the Economics of Innovation. Amsterdam: Elsevier, 1: 609-639.

Hall B H, Mairesse J, Mohnen P. 2010. Measuring the returns to R&D//Hall N, Rosenberg N. Handbook of the Economics of Innovation. Amsterdam: Elsevier: 1033-1082.

Hall B H, Rosenberg N. 2010. Handbook of the Economics of Innovation. Amsterdam: Elsevier.

Hall B H, van Reenen J. 2000. How effective are fiscal incentives for R&D? A review of the evidence. Research Policy, 29 (4-5): 449-469.

Hall R E, Jones C I. 1999. Why do some countries produce so much more output per worker than others? . The Quarterly Journal of Economics, 114 (1): 83-116.

Hallak J C. 2006. Product quality and the direction of trade. Journal of International Economics, 68 (1): 238-265.

Halpern L, Koren M, Szeidl A. 2015. Imported inputs and productivity. American Economic Review, 105 (12): 3660-3703.

Hausmann R, Hwang J, Rodrik D. 2007. What you export matters. Journal of Economic Growth, 12 (1): 1-25.

He J J, Tian X. 2013. The dark side of analyst coverage: The case of innovation. Journal of Financial Economics, 109 (3): 856-878.

Head K, Ries J. 2003. Heterogeneity and the FDI versus export decision of Japanese manufacturers. Journal of the Japanese and International Economies, 17 (4): 448-467.

Heckman J J. 1979. Sample selection bias as a specification error. Econometrica, 47 (1): 153-161.

Heckman J J, Ichimura H, Todd P E. 1997. Matching as an econometric evaluation estimator: Evidence from evaluating a job training programme. The Review of Economic Studies, 64 (4): 605-654.

Henrekson M, Johansson D. 2010. Firm Growth, Institutions and Structural Transformation. Cheltenham: Edward Elgar Publishing.

Howell S T. 2017. Financing innovation: Evidence from R&D grants. American Economic Review, 107 (4): 1136-1164.

Hummels D, Ishii J, Yi K M. 2001. The nature and growth of vertical specialization in world trade. Journal of International Economics, 54 (1): 75-96.

Hummels D, Klenow P J. 2005. The variety and quality of a nation's exports. American Economic Review, 95 (3): 704-723.

Hummels D, Skiba A. 2004. Shipping the good apples out? An empirical confirmation of the

Alchian-Allen conjecture. Journal of Political Economy，112（6）：1384-1402.

Humphrey J，Schmitz H. 2002. How does insertion in global value chains affect upgrading in industrial clusters？. Regional Studies，36（9）：1017-1027.

Humphrey J，Schmitz H. 2004. Chain governance and upgrading：Taking stock//Schmitz H. Local Enterprises in the Global Economy. Cheltenham：Edward Elgar Publishing：349.

Hussinger K. 2008. R&D and subsidies at the firm level：An application of parametric and semiparametric two-step selection models. Journal of Applied Econometrics，23（6）：729-747.

Iacus S M，King G，Porro G. 2012. Causal inference without balance checking：Coarsened exact matching. Political Analysis，20（1）：1-24.

Iversen E J. 2001. Patenting and voluntary standards. Science & Technology Studies，14（2）：66-82.

Jaffe A B，Palmer K. 1997. Environmental regulation and innovation：A panel data study. Review of Economics and Statistics，79（4）：610-619.

James H S. 2015. Generalized morality，institutions and economic growth，and the intermediating role of generalized trust. Kyklos，68（2）：165-196.

Kaplinsky R. 2000. Spreading the gains from globalisation：What can be learned from value chain analysis？. Journal of Development Studies，37（2）：117-146.

Kaplinsky R，Morris M. 2002. A Handbook for Value Chain Research. Brighton：University of Sussex.

Kee H L，Tang H W. 2016. Domestic value added in exports：Theory and firm evidence from China. American Economic Review，106（6）：1402-1436.

Khandelwal A K. 2010. The long and short of quality ladders. Review of Economic Studies，77（4）：1450-1476.

Khandelwal A K，Schott P K，Wei S J. 2013. Trade liberalization and embedded institutional reform：Evidence from Chinese exporters. American Economic Review，103（6）：2169-2195.

Kim W C，Mauborgne R. 1997. Value innovation：The strategic logic of high growth. Harvard Business Review，75（1）：103-112.

Kindleberger C P. 1983. Standards as public，collective and private goods. Kyklos，36（3）：377-396.

Klette T J，Griliches Z. 2000. Empirical patterns of firm growth and R&D investment：A quality ladder model interpretation. The Economic Journal，110（463）：363-387.

Knack S，Keefer P. 1997. Does social capital have an economic payoff？A cross-country investigation. The Quarterly Journal of Economics，112（4）：1251-1288.

Koopman R，Powers W，Wang Z，et al. 2010. Give Credit Where Credit Is Due：Tracing Value Added in Global Production Chains. Cambridge：NBER.

Koopman R，Wang Z，Wei S J. 2012. Estimating domestic content in exports when processing trade is pervasive. Journal of Development Economics，99（1）：178-189.

Koopman R，Wang Z，Wei S J. 2014. Tracing value-added and double counting in gross exports. American Economic Review，104（2）：459-494.

Kugler M，Verhoogen E. 2012. Prices，plant size，and product quality. The Review of Economic Studies，79（1）：307-339.

Lach S. 2002. Do R&D subsidies stimulate or displace private R&D？Evidence from Israel. The

Journal of Industrial Economics, 50 (4): 369-390.

Lall S, Weiss J A, Zhang J K. 2006. The "sophistication" of exports: A new trade measure. World Development, 34 (2): 222-237.

Lankhuizen M B M, de Groot H L F. 2016. Cultural distance and international trade: A non-linear relationship. Letters in Spatial and Resource Sciences, 9 (1): 19-25.

Lea G, Hall P. 2004. Standards and intellectual property rights: An economic and legal perspective. Information Economics and Policy, 16 (1): 67-89.

LeBoeuf R A, Simmons J P. 2010. Branding alters attitude functions and reduces the advantage of function-matching persuasive appeals. Journal of Marketing Research, 47 (2): 348-360.

Lee D S, Lemieux T. 2010. Regression discontinuity designs in economics. Journal of Economic Literature, 48 (2): 281-355.

Leiponen A. 2012. The benefits of R&D and breadth in innovation strategies: A comparison of Finnish service and manufacturing firms. Industrial & Corporate Change, 21 (5): 1255-1281.

Levinsohn J, Petrin A. 2003. Estimating production functions using inputs to control for unobservables. Review of Economic Studies, 70 (2): 317-341.

Lieberman M B, Montgomery D B. 1988. First-mover advantages. Strategic Management Journal, 9 (s1): 41-58.

Liu Q, Lu Y. 2015. Firm investment and exporting: Evidence from China's value-added tax reform. Journal of International Economics, 97 (2): 392-403.

Liu X P. 2013. Tax Avoidance through re-imports: The case of redundant trade. Journal of Development Economics, 104: 152-164.

Los B, Timmer M P, de Vries G J. 2015. How global are global value chains? A new approach to measure international fragmentation. Journal of Regional Science, 55 (1): 66-92.

Lu D. 2010. Exceptional Exporter Performance? Evidence from Chinese Manufacturing Firms. Chicago: University of Chicago.

Lu Y, Yu L H. 2015. Trade liberalization and markup dispersion: Evidence from China's WTO accession. American Economic Journal: Applied Economics, 7 (4): 221-253.

Macedoni L, Weinberger A. 2022. Quality heterogeneity and misallocation: The welfare benefits of raising your standards. Journal of International Economics, 134: 103544.

Maksimovic V, Phillips G, Yang L. 2013. Private and public merger waves. The Journal of Finance, 68 (5): 2177-2217.

Manova K, Yu Z H. 2017. Multi-product firms and product quality. Journal of International Economics, 109: 116-137.

Manova K, Zhang Z W. 2009. China's Exporters and Importers: Firms, Products and Trade Partners. Cambridge: NBER.

Manova K, Zhang Z W. 2012. Export prices across firms and destinations. The Quarterly Journal of Economics, 127 (1): 379-436.

Markusen J R. 1989. Trade in producer services and in other specialized intermediate inputs. American Economic Review, 79 (1): 85-95.

Martin J, Mejean I. 2014. Low-wage country competition and the quality content of high-wage country exports. Journal of International Economics，93（1）：140-152.

Matarazzo M，Penco L，Profumo G，et al. 2021. Digital transformation and customer value creation in made in Italy SMEs：A dynamic capabilities perspective. Journal of Business Research，123：642-656.

Matsumoto D A. 2002. Management's incentives to avoid negative earnings surprises. The Accounting Review，77（3）：483-514.

Maurer A，Degain C. 2012. Globalization and trade flows：What you see is not what you get！. Journal of International Commerce，Economics and Policy，3（3）：1-27.

Melitz M J. 2003. The impact of trade on intra-industry reallocations and aggregate industry productivity. Econometrica，71（6）：1695-1725.

Melitz M J，Ottaviano G I P. 2008. Market size，trade，and productivity. Review of Economic Studies，75（1）：295-316.

Miller R E，Temurshoev U. 2017. Output upstreamness and input downstreamness of industries/countries in world production. International Regional Science Review，40（5）：443-475.

Milliman S R，Prince R. 1989. Firm incentives to promote technological change in pollution control. Journal of Environmental Economics and Management，17（3）：247-265.

Miroudot S，Ragoussis A. 2009. Vertical trade，trade costs and FDI. OECD Trade Policy Papers，89（7）：47-89.

Morrison A，Pietrobelli C，Rabellotti R，et al. 2008. Global value chains and technological capabilities：A framework to study learning and innovation in developing countries. Oxford Development Studies，36（1）：39-58.

Mukherjee A. Singh M，Žaldokas A. 2017. Do corporate taxes hinder innovation？. Journal of Financial Economics，124（1）：195-221.

Nadvi K. 2008. Global standards，global governance and the organization of global value chains. Journal of Economic Geography，8（3）：323-343.

Nadvi K，Wältring F. 2004. Making sense of global standards//Schmitz H. Local Enterprises in the Global Economy Issues of Governance and Upgrading. Cheltenham：Edward Elgar Publishing：53-94.

Neely A. 2008. Exploring the financial consequences of the servitization of manufacturing. Operations Management Research，1（2）：103-118.

Nickell S J. 1996. Competition and corporate performance. Journal of Political Economy，104（4）：724-746.

Nunn N. 2007. Relationship-specificity，incomplete contracts，and the pattern of trade. The Quarterly Journal of Economics，122（2）：569-600.

Olley G S，Pakes A. 1996. The dynamics of productivity in the telecommunications equipment industry. Econometrica，64（6）：1263-1297.

Oster E. 2019. Unobservable selection and coefficient stability：Theory and evidence. Journal of Business and Economic Statistics，37（2）：187-204.

Peneder M. 2003. Industrial structure and aggregate growth. Structural Change and Economic Dynamics，14（4）：427-448.

Platteau J P. 2015. Institutions，Social Norms and Economic Development. London：Routledge.

Porter M E. 1990. Competitive advantage of nations. Competitive Intelligence Review，1（1）：14.

Porter M E. 1992. Capital disadvantage：America's failing capital investment system. Harvard Business Review，70（5）：65-82.

Posner R A. 1997. Social norms and the law：An economic approach. American Economic Review，87（2）：365-369.

Prajogo D I，Sohal A S. 2006. The relationship between organization strategy，total quality management（TQM），and organization performance—The mediating role of TQM. European Journal of Operational Research，168（1）：35-50.

Pyatt T R，Redding S G. 2000. Trust and forbearance in ethnic Chinese business relationships in Hong Kong and Thailand. Journal of Asian Business，16（1）：41-64.

Rahman J，Zhao T，Org J，et al. 2013. Export Performance in Europe：What Do We Know from Supply Links？. Washington，D.C.：IMF.

Robinson T，Clarke-Hill C M，Clarkson R. 2002. Differentiation through service：A perspective from the commodity chemicals sector. Service Industries Journal，22（3）：149-166.

Rodrik D. 2006. What's so special about China's exports？. China & World Economy，14（5）：1-19.

Saka-Helmhout A，Chappin M，Vermeulen P. 2020. Multiple paths to firm innovation in Sub-Saharan Africa：How informal institutions matter. Organization Studies，41（11）：1551-1575.

Santacreu A M. 2015. Innovation，diffusion，and trade：Theory and measurement. Journal of Monetary Economics，75：1-20.

Sasidharan S，Jijo Lukose P J，Komera S. 2015. Financing constraints and investments in R&D：Evidence from Indian manufacturing firms. The Quarterly Review of Economics and Finance，55（2）：28-39.

Schmitz H. 2004. Local Upgrading in Global Chains：Recent Findings. Brighton：University of Sussex.

Schott L，Schaefer K J. 2023. Acceptance of Chinese latecomers' technological contributions in international ICT standardization—The role of origin，experience and collaboration. Research Policy，52（1）：104656.

Schumpeter J A. 1934. The Theory of Economic Development：An Inquiry into Profits，Capital，Credit，Interest，and the Business Cycle. New Brunswick and London：Transaction Publishers.

Schumpeter J A. 1942. Capitalism，socialism，and democracy. American Economic Review，3（4）：594-602.

Seker M，Rodriguez-Delgado J D. 2011. Imported Intermediate Goods and Product Innovation：Evidence from India. Washington，D.C.：World Bank.

Senderovitz M，Klyver K，Steffens P. 2016. Four years on：Are the gazelles still running？A longitudinal study of firm performance after a period of rapid growth. International Small Business Journal，34（4）：391-411.

Shu P，Steinwender C. 2019. The impact of trade liberalization on firm productivity and innovation. Innovation Policy and the Economy，19：39-68.

Sidak J G. 2009. Patent holdup，and oligopsonistic collusion in standard-setting organizations. Journal of Competition Law & Economics, 5 (1): 123-188.

Singh N, Vives X. 1984. Price and quantity competition in a differentiated duopoly. The RAND Journal of Economics, 15 (4): 546-554.

Sobel M E. 1982. Asymptotic confidence intervals for indirect effects in structural equation models. Sociological Methodology, 13: 290-312.

Steffens P, Senyard J, Baker T. 2009. Linking resource acquisition and development processes to resource based advantage: Bricolage and the resource-based view. Adelaide: 6th AGSE International Entrepreneurship Research Exchange: 409-423.

Stein J C. 1989. Efficient capital markets, inefficient firms: A model of myopic corporate behavior. Quarterly Journal of Economics, 104 (4): 655-669.

Stern C W, Stalk G. 1998. Perspectives on Strategy from the Boston Consulting Group. New York: Wiley.

Sutton J. 2007. Quality, trade and the moving window: The globalisation process. The Economic Journal, 117 (524): 469-498.

Swann G, Peter M. 2010. The Economics of Standardization: An Update. London: UK Department of Business, Innovation and Skills.

Swann P, Temple P, Shurmer M. 1996. Standards and trade performance: The UK experience. The Economic Journal, 106 (438): 1297-1313.

Tabellini G. 2008a. The scope of cooperation: Values and incentives. The Quarterly Journal of Economics, 123 (3): 905-950.

Tabellini G. 2008b. Institutions and culture. Journal of the European Economic Association, 6 (2-3): 255-294.

Tabellini G. 2010. Culture and institutions: Economic development in the regions of Europe. Journal of the European Economic Association, 8 (4): 677-716.

Tang H, Qi S, Lai E. 2019. Global Sourcing and Domestic Value Added in Exports. Cambridge: NBER.

Tassey G. 2000. Standardization in technology-based markets. Research Policy, 29 (4-5): 587-602.

Topalova P, Khandelwal A. 2011. Trade liberalization and firm productivity: The case of India. Review of Economics and Statistics, 93 (3): 995-1009.

Trefler D, Zhu S C. 2010. The structure of factor content predictions. Journal of International Economics, 82 (2): 195-207.

Uotila J, Keil T, Maula M. 2017. Supply-side network effects and the development of information technology standards. MIS Quarterly, 41 (4): 1207-1226.

Upward R, Wang Z, Zheng J H. 2013. Weighing China's Export basket: The domestic content and technology intensity of Chinese exports. Journal of Comparative Economics, 41 (2): 527-543.

Uslaner E M. 2008. Trust as a moral value//Dario C, Jan W D, Guglielmo W. The Handbook of Social Capital. Oxford: Oxford University Press: 101-121.

van Grunsven L, Smakman F. 2005. Industrial restructuring and early industry pathways in the Asian first-generation NICs: The Singapore garment industry. Environment and Planning A: Economy and Space, 37 (4): 657-680.

Vandermerwe S, Rada J. 1988. Servitization of business: Adding value by adding services. European Management Journal, 6 (4): 314-324.

Verhoogen E A. 2008. Trade, quality upgrading, and wage inequality in the Mexican manufacturing sector. The Quarterly Journal of Economics, 123 (2): 489-530.

Wallsten S J. 2000. The effects of government-industry R&D programs on private R&D: The case of the small business innovation research program. The RAND Journal of Economics, 31 (1): 82-100.

Wang Z, Wei S J, Yu X, et al. 2017. Characterizing Global Value Chains: Production Length and Upstreamness. Cambridge: NBER.

Wang Z, Wei S J, Zhu K. 2013. Quantifying International Production Sharing at the Bilateral and Sector Levels. Cambridge: NBER.

White H. 1980. A heteroskedasticity-consistent covariance matrix estimator and a direct test for heteroskedasticity. Econometrica: Journal of the Econometric Society, 48 (4): 817-838.

Wiegmann P M, de Vries H J, Blind K. 2017. Multi-mode standardisation: A critical review and a research agenda. Research Policy, 46 (8): 1370-1386.

Williamson O E. 1983. Markets and Hierarchies: Analysis and Antitrust Implications. New York: MacMillan Publisher.

Yan X M, Zhang Z. 2009. Institutional investors and equity returns: Are short-term institutions better informed. The Review of Financial Studies, 22 (2): 893-924.

Yu M J. 2015. Processing trade, tariff reductions and firm productivity: Evidence from Chinese firms. The Economic Journal, 125 (585): 943-988.

Zahra S A, George G. 2002. Absorptive capacity: A review, reconceptualization, and extension. Academy of Management Review, 27 (2): 185-203.

Zhu S J, Fu X L. 2013. Drivers of export upgrading. World Development, 51: 221-233.

附 录 1

关于式（5.24）～式（5.26）的推导过程如下。

证明： 均衡由式（5.22）和式（5.23）同时成立时所决定，即 $\{q^*(\theta(\lambda),\gamma(\lambda)),$ $q_\gamma^*(\theta(\lambda),\gamma(\lambda))\}$ 在均衡处分别将 q^*、q_γ^* 对 θ 进行微分，可得

$$
\begin{bmatrix} \dfrac{\partial q^*}{\partial \theta} \\[2mm] \dfrac{\partial q_\gamma^*}{\partial \theta} \end{bmatrix} = \begin{bmatrix} 2(1-\theta)(1-k)p_1' - c''(q^*) & (1-\theta)(1-k)p_2' \\[2mm] p_1' & 2p_2' \end{bmatrix}^{-1} \begin{bmatrix} \dfrac{c'(q^*)}{1-\theta} \\[2mm] 0 \end{bmatrix}
$$

由 θ、k、p_1'、p_2'、$c'(q^*)$ 和 $c''(q^*)$ 的取值范围可以得到 $\dfrac{\partial q^*}{\partial \theta} < 0$ 且 $\dfrac{\partial q_\gamma^*}{\partial \theta} > 0$。
因此，式（5.24）得证。

类似地，在均衡处分别将 q^*、q_γ^* 对 γ 进行微分，可得

$$
\begin{bmatrix} \dfrac{\partial q^*}{\partial \gamma} \\[2mm] \dfrac{\partial q_\gamma^*}{\partial \gamma} \end{bmatrix} = \begin{bmatrix} -\dfrac{(1-\theta)(1-k)}{3(1-\theta)(1-k)p_1' - 2c''(q^*)} \\[4mm] \dfrac{2(1-\theta)(1-k)p_1' - c''(q^*)}{p_2'\left[3(1-\theta)(1-k)p_1' - 2c''(q^*)\right]} \end{bmatrix}
$$

$$
= \begin{bmatrix} \dfrac{2c'(q^*)}{(1-\theta)\left[3(1-\theta)(1-k)p_1' - 2c''(q^*)\right]} \\[4mm] \dfrac{-c'(q^*)p_1'}{(1-\theta)p_2'\left[3(1-\theta)(1-k)p_1' - 2c''(q^*)\right]} \end{bmatrix}
$$

可以证明 $\dfrac{\partial q^*}{\partial \gamma} > 0$ 和 $\dfrac{\partial q_\gamma^*}{\partial \gamma} < 0$。因此，式（5.25）得证。

在均衡处分别将 q^*、q_γ^* 对 λ 进行微分，可得

$$
\begin{bmatrix} \dfrac{\partial q^*}{\partial \lambda} \\[2mm] \dfrac{\partial q_\gamma^*}{\partial \lambda} \end{bmatrix} = \begin{bmatrix} 2(1-\theta)(1-k)p_1' - c''(q^*) & (1-\theta)(1-k)p_2' \\[2mm] p_1' & 2p_2' \end{bmatrix}^{-1} \begin{bmatrix} \dfrac{\theta'(\lambda)c'(q^*)}{1-\theta} \\[2mm] \gamma'(\lambda) \end{bmatrix}
$$

根据 $\gamma'(\lambda) > 0$ 并将 $\theta'(\lambda) = -(1-k)/\lambda^2$ 代入上式，可得

$$
\begin{cases}
\dfrac{\partial q^*}{\partial \lambda} = -\dfrac{(1-k)\left[\gamma'(\lambda)(1-\theta)^2\lambda^2 + 2c'(q^*)\right]}{(1-\theta)\lambda^2\left[3(1-\theta)(1-k)p_1' - 2c''(q^*)\right]} > 0 \\[4mm]
\dfrac{\partial q_\gamma^*}{\partial \lambda} = \dfrac{-(1-k)p_1'\left[2\gamma'(\lambda)(1-\theta)^2\lambda^2 + c'(q^*)\right] + (1-\theta)c''(q^*)\gamma'(\lambda)\lambda^2}{-(1-\theta)\lambda^2 p_2'\left[3(1-\theta)(1-k)p_1' - 2c''(q^*)\right]} < 0
\end{cases}
$$

因此，式（5.26）得证。

附 录 2

附表 2.1 样本期间各省区市服务业增加值占生产总值比值情况（单位：%）

省区市	2000年	2001年	2002年	2003年	2004年	2005年	2006年	2007年	2008年	2009年	2010年	2011年	2012年	2013年	2014年	2015年	2016年	2017年	2018年	2019年
上海市	52	53	53	51	51	52	53	55	56	60	58	59	61	64	65	68	71	71	71	73
云南省	37	39	40	41	40	42	42	43	42	44	44	45	45	46	47	49	51	53	53	52
内蒙古自治区	39	41	42	47	47	44	43	44	45	46	45	43	43	43	44	47	48	49	50	50
北京市	66	69	71	71	70	72	74	76	78	78	78	78	79	80	80	82	82	83	83	84
吉林省	39	39	40	40	40	42	46	45	45	46	47	48	48	49	49	49	52	53	54	54
四川省	39	41	41	41	40	39	38	38	38	38	38	39	40	41	43	44	48	50	52	53
天津市	45	47	47	46	45	45	45	46	46	49	50	52	53	54	55	57	60	62	63	63
宁夏回族自治区	43	45	45	44	43	43	42	41	41	44	44	43	45	45	46	48	49	48	50	50
安徽省	42	42	44	46	45	44	44	43	42	42	40	38	39	40	41	45	47	49	51	51
山东省	35	36	36	34	32	32	33	34	34	36	38	39	41	43	44	46	48	50	51	53
山西省	44	44	43	39	37	35	35	34	34	37	34	33	36	38	41	50	51	49	51	51
广东省	44	46	47	45	44	43	44	44	44	46	45	46	47	48	49	50	53	54	55	56
广西壮族自治区	38	41	43	42	41	40	40	40	40	42	40	39	41	44	44	46	48	49	51	51

续表

省区市	2000年	2001年	2002年	2003年	2004年	2005年	2006年	2007年	2008年	2009年	2010年	2011年	2012年	2013年	2014年	2015年	2016年	2017年	2018年	2019年
新疆维吾尔自治区	41	44	45	42	39	36	35	38	36	40	35	37	39	43	43	48	49	49	50	52
江苏省	36	37	37	36	35	36	37	38	38	40	41	42	43	45	47	48	49	50	50	52
江西省	41	41	40	38	36	35	34	34	35	35	34	34	35	36	37	40	43	44	47	48
河北省	36	37	38	37	37	38	39	38	37	39	39	39	40	41	42	45	46	48	50	52
河南省	33	33	32	34	32	31	32	32	31	32	32	34	36	37	39	41	43	44	47	48
浙江省	36	39	40	40	39	40	40	40	41	43	44	44	46	47	47	49	50	52	53	55
海南省	44	43	42	41	41	41	41	43	43	46	48	47	49	53	53	54	55	56	58	59
湖北省	41	42	43	42	41	41	42	42	41	41	40	39	39	42	43	45	46	48	50	50
湖南省	41	42	43	43	43	44	41	42	41	43	42	40	41	43	44	46	49	51	53	52
甘肃省	42	41	42	42	42	42	41	39	41	42	42	42	43	45	46	51	52	54	54	55
福建省	41	41	40	40	39	39	40	41	41	42	40	40	40	40	40	42	43	45	45	46
西藏自治区	47	51	56	53	57	57	57	57	58	57	57	57	58	57	58	58	57	56	54	54
贵州省	36	38	39	40	39	40	42	43	44	45	46	47	47	48	47	46	46	49	50	51
辽宁省	39	41	42	42	42	41	41	38	39	38	38	38	40	42	45	49	52	53	53	53
重庆市	42	43	43	43	41	42	42	43	46	46	47	47	47	47	47	48	50	52	53	54
陕西省	42	43	43	41	41	42	40	40	39	40	39	37	37	38	39	43	44	45	46	47
青海省	54	53	54	54	52	49	50	50	49	50	50	49	48	48	50	52	52	51	50	51
黑龙江省	30	31	32	32	31	30	30	30	30	33	35	33	34	35	38	43	46	47	49	50

附表 2.2　样本期间各省区市服务业从业人数占比情况（单位：%）

省区市	2000年	2001年	2002年	2003年	2004年	2005年	2006年	2007年	2008年	2009年	2010年	2011年	2012年	2013年	2014年	2015年	2016年	2017年	2018年	2019年
上海市	45	47	49	52	54	56	57	56	55	56	56	56	56	61	62	63	64	66	66	73
云南省	17	17	18	18	20	21	22	24	25	26	27	28	30	31	33	33	34	36	38	38
内蒙古自治区	31	32	33	30	31	31	30	30	33	34	34	36	37	40	43	44	44	43	40	42
北京市	55	54	55	59	66	67	69	69	72	74	74	74	76	77	77	79	80	81	82	83
吉林省	31	31	32	33	35	36	36	36	36	36	37	37	38	38	39	41	44	46	46	47
四川省	25	26	27	28	28	29	31	30	30	31	31	32	34	35	36	38	39	40	42	43
天津市	38	40	42	41	41	43	44	45	46	47	48	49	50	50	53	57	59	60	62	63
宁夏回族自治区	24	25	25	26	29	29	31	32	30	34	34	35	35	35	35	38	40	41	44	45
安徽省	25	25	26	27	29	30	31	33	35	36	36	36	37	38	39	39	40	40	40	41
山东省	24	24	25	25	26	27	28	28	29	30	31	32	32	33	34	36	37	38	39	41
山西省	27	28	28	31	31	32	32	34	34	35	36	36	39	39	41	44	46	47	49	50
广东省	32	33	33	28	28	30	31	31	32	33	33	35	37	40	42	44	46	49	52	52
广西壮族自治区	28	28	29	29	31	32	33	30	30	27	27	28	28	28	29	31	32	33	33	34
新疆维吾尔自治区	29	30	30	32	33	33	35	35	36	36	36	36	36	38	39	41	42	45	46	50
江苏省	27	28	29	30	31	32	33	34	35	35	36	37	37	38	39	40	41	43	44	46
江西省	29	30	32	32	32	33	33	34	34	34	35	37	37	38	39	40	41	42	44	45

续表

省区市	2000年	2001年	2002年	2003年	2004年	2005年	2006年	2007年	2008年	2009年	2010年	2011年	2012年	2013年	2014年	2015年	2016年	2017年	2018年	2019年
河北省	24	24	25	25	26	27	28	29	29	29	30	30	31	32	33	33	33	34	35	35
河南省	19	19	20	20	21	22	23	24	24	25	26	27	28	28	29	30	31	32	34	36
浙江省	29	30	32	31	30	30	32	33	35	36	38	39	40	41	42	44	45	46	48	49
海南省	30	30	32	32	32	33	33	33	35	36	38	39	42	47	49	50	51	53	55	56
湖北省	31	31	32	32	32	32	32	32	32	33	33	33	34	36	37	39	40	41	43	43
湖南省	17	22	23	26	28	30	32	33	34	34	35	35	35	35	35	36	36	37	39	39
甘肃省	21	22	22	22	23	22	22	22	23	23	23	23	24	25	26	27	28	29	31	32
福建省	29	29	29	30	30	31	32	32	33	35	35	36	36	38	40	42	43	46	47	50
西藏自治区	21	23	25	27	28	30	31	33	35	35	36	37	40	41	42	46	46	45	44	43
贵州省	18	12	14	16	18	15	15	17	18	19	20	21	22	23	23	24	33	35	37	39
辽宁省	35	37	37	37	38	38	39	40	41	42	42	43	44	44	45	45	44	44	45	47
重庆市	27	28	30	32	33	34	35	35	36	36	38	40	41	41	43	45	46	48	50	51
陕西省	28	28	30	29	32	33	33	34	35	34	32	32	30	30	32	35	37	38	41	46
青海省	32	27	30	30	32	33	33	35	34	35	36	37	39	40	41	41	42	42	45	48
黑龙江省	28	28	29	29	30	33	34	35	36	36	39	45	42	38	44	43	45	45	46	51

附表 2.3　样本期间各省区市服务业劳动生产率情况（单位：元/人）

省区市	2000年	2001年	2002年	2003年	2004年	2005年	2006年	2007年	2008年	2009年	2010年	2011年	2012年	2013年	2014年	2015年	2016年	2017年	2018年	2019年
上海市	67770	77929	79668	82551	91444	99885	110998	138539	141661	159318	169956	188336	206435	176225	195563	214462	243345	258845	280110	276944
云南省	19311	20861	22749	24856	26763	28878	30673	35621	38383	42247	44769	55173	59306	67013	70353	78296	87007	96962	104193	112115
内蒙古自治区	18608	20735	22535	37098	43926	48956	56781	69437	77259	83165	90346	90246	91951	87780	85535	94268	100937	120747	147820	151993
北京市	64308	77636	85256	89843	78482	88173	98229	121046	129136	136425	151246	170470	179368	192140	204986	216245	227578	245839	272304	280346
吉林省	19035	20460	21246	21173	22937	26178	33261	40312	46880	53377	62267	74892	80791	84941	85921	80131	80771	85464	88169	91651
四川省	13545	14483	15501	16979	19072	20909	22041	28502	33558	36556	44647	54149	61328	67048	73162	77113	86937	101159	114376	119658
天津市	39422	42458	44453	49469	52814	60669	64800	69931	80439	86802	97563	112709	118725	126786	125423	121997	130734	142595	151455	157724
宁夏回族自治区	19102	21638	23930	25285	25965	28770	29677	37086	51225	48956	62332	70932	78797	85420	90174	89934	92817	99851	104982	108313
安徽省	15600	16999	18438	20542	22470	22787	24357	27120	29606	32004	36231	41980	45114	49954	54862	61949	70994	82119	97707	106748
山东省	22571	25081	26963	26476	29176	34090	39662	46781	54692	59938	69845	82234	92375	103939	112603	124422	134213	144473	154700	164590
山西省	21459	23109	25247	24380	28636	30508	32778	37764	45072	46174	47119	54068	59158	63347	65270	72812	72634	83585	93062	98973
广东省	37330	41615	46946	59149	61935	63588	70724	83818	91777	96036	103672	114038	117175	122064	122524	130069	139013	148517	152397	165118
广西壮族自治区	11043	12739	14398	15449	16190	17553	19766	26368	30309	38549	43751	50090	60940	70302	74892	77743	83827	94447	104357	110984
新疆维吾尔自治区	29401	32034	34280	34845	34781	34807	36539	44787	49110	54148	58069	70255	79971	87158	91822	91378	88467	94311	108028	106784
江苏省	25750	28114	30530	33620	37190	44482	50940	61462	72989	82110	100940	119083	130997	146918	160758	173801	190587	204267	217791	227439
江西省	13684	14192	14256	15329	17353	18526	20461	24317	28947	31872	37932	45859	51029	56793	63199	71630	81632	90909	107269	115265

续表

省区市	2000年	2001年	2002年	2003年	2004年	2005年	2006年	2007年	2008年	2009年	2010年	2011年	2012年	2013年	2014年	2015年	2016年	2017年	2018年	2019年
河北省	20190	22270	24834	27444	30590	34394	38599	43533	48982	54245	61387	69881	73440	74098	77360	84905	93023	102086	110681	123701
河南省	15961	17657	17926	21385	22358	25135	28770	34874	38249	41026	46635	53420	59438	66014	71793	75340	82370	91076	103539	110133
浙江省	28446	31436	35904	43855	49792	55040	60800	70269	71195	82783	94029	105961	114910	122789	127822	138229	149527	163585	174161	183845
海南省	23129	24155	24401	25733	28021	29190	32895	39753	45188	49081	56182	63563	68085	71696	74745	78532	86077	90496	97076	105999
湖北省	13716	15149	16583	18235	20330	23482	27579	34799	40347	45975	57958	68333	75079	87744	96880	103593	113506	128749	145383	155996
湖南省	23916	20410	20872	21419	22557	24650	25833	29984	35589	40743	46951	54661	62165	70925	79340	92057	105536	121392	134338	144038
甘肃省	13832	14049	15459	17395	20000	26096	29240	33389	38359	40728	48472	62389	71043	80311	85943	91906	96119	100794	107980	112861
福建省	29627	31347	33127	35948	38578	42117	48628	59823	65712	71947	81451	90792	100813	107224	112869	118880	130681	149778	167894	179431
西藏自治区	21393	24790	27911	28009	32634	31575	34807	37483	40316	43443	48834	53985	58300	66695	73928	73774	79229	90458	102272	114130
贵州省	10840	17601	16084	16060	16635	27544	32365	39374	45938	50738	58563	69458	79332	90512	96351	103726	89004	99858	109387	114471
辽宁省	25679	27368	30577	32928	34684	36930	41634	47558	52089	51844	53944	60623	65792	72295	71197	90407	104443	113506	122596	124612
重庆市	17044	18867	21173	23487	25630	28978	32685	40006	50560	55630	63692	76453	82941	90821	97441	105873	118309	130045	136954	148509
陕西省	15143	17575	17115	19307	20794	24436	28373	33214	39355	46725	57985	68337	112157	124977	126454	121957	126775	135279	135865	124200
青海省	15905	20576	21119	23707	24646	25566	29548	34656	43035	44030	51233	58571	60529	66309	71290	78631	86628	90065	92549	94329
黑龙江省	18819	21176	23193	24562	25034	24699	26528	29208	32033	35494	37818	42103	43693	47022	50737	58602	60305	64011	68684	74193